D1068777

FRA4-A-ZONES-002

L'école du Sas

Zones tome 1

ZONES
Français

Manuel de l'élève • Volume 1
Corpus de textes intégré
2ᵉ année • 2ᵉ cycle du secondaire

Dominique Fortier
Roger Lazure
Emanuele Setticasi
Avec la collaboration de Ginette Rochon

LES ÉDITIONS
CEC
Une compagnie de Quebecor Media

8101, boul. Métropolitain Est, Anjou (Québec) Canada H1J 1J9
Téléphone : 514-351-6010 • Télécopieur : 514-351-3534

Direction de l'édition
Marie-Josée Charette

Direction de la production
Danielle Latendresse

Direction de la coordination
Rodolphe Courcy

Charge de projet
Hélène Lévesque
Raymonde Abenaim (corpus de textes)
Geneviève Blanchette

Révision linguistique
Raymonde Abenaim
Nicole Blanchette

Correction d'épreuves
Jacinthe Caron

Recherche iconographique
Monique Rosevear

Rédaction
Alexandre Lanoix, textes historiques
François Morin, notices biographiques
Catherine Melillo, appréciations critiques de publicités

Conception et réalisation graphique

matteau parent
graphisme et communication
Geneviève Guérard

Consultation scientifique
Alexandre Lanoix, M.A. histoire
Marie-Christine Paret, professeure
  honoraire de didactique du français,
  Université de Montréal
Myriam Laporte, auteure d'ouvrages
  grammaticaux

Consultation pédagogique
• **Concept**
  Ali Rezoug (Académie de Roberval).
  Marie-Pierre Caron (École Antoine-de-
  Saint-Exupéry). Geneviève Caouette
  (École Antoine-de-Saint-Exupéry).
  Marc Landry (École d'Éducation
  internationale de McMasterville).
  Muriel Opinel (École d'Éducation
  internationale de McMasterville).
  Caroline Harpin (École Édouard-
  Montpetit). Benoît Laforce (École
  Édouard-Montpetit). Alice Poirier
  (École Jacques-Rousseau). Benoît
  Paquin (École Jacques-Rousseau).
  Isabelle Jobin (École Léopold-Gravel).
  Nathalie Therrien (École Léopold-
  Gravel). Diana Mihele (École
  d'éducation internationale de Laval).
  Pierre Cloutier (École André-
  Laurendeau). Maxime Lachance
  (École Riverdale).

• **Contenu**
  Guy Lessard (coauteur du Guide
  d'enseignement). Serge Lirette
  (coauteur du Guide d'enseignement).
  Nathalie Brouard (École Pointe-Lévy).
  Maxime Lachance (École Riverdale)
  Pierre Cloutier (École André-
  Laurendeau).

**Illustrations originales des pages
intérieures**
Virginie Egger : p. 20, 25, 62-63, 67, 70,
74, 76, 87, 111-113, 157, 158, 170,
186, 193, 247, 288, 290, 292, 300,
302, 314, 323, 325, 346, 349, 350.
Franfou : p. 178.
Garnotte : p. 394.
Catherine Gauthier : p. 139, 383, 386.
Reno : 80, 84, 85, 86.
Stéphane Jorisch : p. 9, 15, 52, 59,
60-61, 81, 82, 25, 132, 150, 156, 315,
318, 320, 321, 333, 334, 354, 357, 399.
Volta Création : p. 30, 33, 35, 40, 42,
49, 179, 195, 313, 331, 336, 340, 360,
362, 363.
Daniela Zékina : p. 96, 99, 105.

Réalisation des cartes
Les Studios Artifisme

Les Éditions CEC inc. remercient le gouvernement du Québec de l'aide financière accordée à l'édition de cet ouvrage par l'entremise du Programme de crédit d'impôt pour l'édition de livres, administré par la SODEC.

ZONES – Manuel de l'élève – 2ᵉ année 2ᵉ cycle du secondaire

© 2008, Les Éditions CEC inc.
8101, boul. Métropolitain Est
Anjou (Québec) H1J 1J9

Dépôt légal : 2008
Bibliothèque et Archives nationales du Québec
Bibliothèque et Archives Canada

ISBN 9782-7617-2607-8

Imprimé au Canada
1   2   3   4   5   12   11   10   09   08

Présentation du manuel *Zones*

Le manuel *Zones* est articulé autour de 8 situations d'apprentissage et d'évaluation présentées sous forme de dossiers thématiques liés à des problématiques actuelles.

Ces problématiques sont axées autour de thèmes aussi diversifiés et stimulants que le destin, le hasard, les superstitions, le conflit, l'avarice, les groupes de pression, la démesure, la quête d'équilibre, les dépendances, la censure, la parole, etc.

Le manuel *Zones* se présente en deux volumes, divisés chacun selon les grandes sections suivantes : quatre dossiers d'apprentissage, une section grammaire comprenant des fiches d'information et une banque d'activités, une section de stratégies ainsi qu'un corpus de textes en complément des dossiers.

Nous souhaitons que la collection *Zones* vous permette de développer vos compétences en lecture, en écriture et en communication orale, tout en goûtant la richesse de la langue française.

Pictogrammes

ⓘ Renvoi à une fiche information de la partie grammaire.

ⓐ Renvoi à une fiche d'activités de la partie grammaire.

Renvoi à un texte du corpus de textes.

🄾 Renvoi à des fiches complémentaires reproductibles.

Indiquent une activité ou une stratégie reliée à lire, écrire ou communiquer oralement.

Abréviations utilisées

CLASSES DE MOTS

Adj	adjectif
Adv	adverbe
Conj	conjonction
Dét	déterminant
N	nom
Prép	préposition
Pron	pronom
V	verbe

FONCTIONS

Attr. du compl. dir.	attribut du complément direct
Attr. du S	attribut du sujet
Compl.	complément
Compl. dir.	complément direct
Compl ind.	complément indirect
Compl. de l'Adj	complément de l'adjectif
Compl. de l'Adv	complément de l'adverbe
Compl. de P	complément de phrase
Compl. du N	complément du nom
Compl. du Pron	complément du pronom
Compl. du V impers.	complément du verbe impersonnel
Modif.	modificateur
S	sujet

MARQUAGE

◯	Phrase correcte
⊘	Phrase incorrecte

STRUCTURES : GROUPES ET PHRASES

GAdj	groupe de l'adjectif
GAdv	groupe de l'adverbe
GN	groupe du nom
GPrép	groupe de la préposition
GV	groupe du verbe
GVinf	groupe du verbe à l'infinitif
GVpart	groupe du verbe au participe présent
P	phrase
Sub.	subordonnée
Sub. rel.	subordonnée relative
Sub. complét.	subordonnée complétive
Sub. compl. de P	subordonnée complément de phrase

AUTRES ABRÉVIATIONS

antéc.	antécédent
aux.	auxiliaire
f.	féminin
inf.	infinitif
m.	masculin
p. p.	participe passé
p. prés.	participe présent
pers.	personne (1re, 2e, 3e)
pl.	pluriel
s.	singulier
subord.	subordonnant
qqch.	quelque chose
qqn	quelqu'un
qqpart	quelque part

Table des matières

ZONE destin

IV Table des matières

ZONE conflit

Grammaire

ⓘ Information

ⓐ Banque d'activités

Stratégies

CORPUS *de textes*

ZONE destin

ZONE conflit

Aperçu d'une zone

Pages d'ouverture d'une zone

Une citation ouvre chacune des zones pour stimuler des réflexions par rapport à la thématique.

Un texte de présentation met en appétit pour les deux dossiers.

Des questions permettent de réfléchir sur la thématique et de puiser dans les connaissances antérieures.

Figure ici une brève description des textes complémentaires et des thèmes liés à la zone dans le corpus de textes.

Aperçu d'un dossier

Chaque dossier constitue une situation d'apprentissage et d'évaluation (SAÉ) présentée selon une démarche d'apprentissage en quatre temps : préparation, réalisation, intégration et réinvestissement.

PRÉPARATION

Cette partie permet de prendre connaissance du plan du dossier tout en poursuivant la réflexion sur la thématique et la problématique proposées.

Une œuvre est présentée en vue de nourrir la réflexion sur le thème et d'enrichir le bagage culturel.

RÉALISATION · Explorer

Cette partie permet de réaliser des apprentissages par quatre portes d'entrée dont trois en lecture et une en écriture ou en communication orale. Cette dernière constitue une étape préparatoire à la production proposée dans la partie *À vous de jouer.*

Chacun des textes ou extraits de **textes littéraires** proposés est assorti d'une biographie de l'auteure ou l'auteur, d'une présentation de l'œuvre de laquelle il est tiré ainsi que du contexte historique dans lequel il a été écrit ou qui est mis en place par le texte.

Les deux premiers textes sont accompagnés de questions en marge liées à des notions ciblées. Le troisième texte permet une lecture autonome et propose des questions liées aux mêmes notions, qui figurent à la suite du texte.

Chacun des textes ou extraits de **textes courants** est présenté selon la thématique abordée, mise dans le contexte historique correspondant. Les questions en marge accompagnent aussi la lecture des deux premiers textes, le troisième texte permettant quant à lui une lecture autonome.

INTÉGRATION ⊕ À vous de jouer

Cette étape permet l'intégration des apprentissages par la réalisation d'une production écrite et/ou orale dans le cadre d'un projet présenté sous forme de défi.

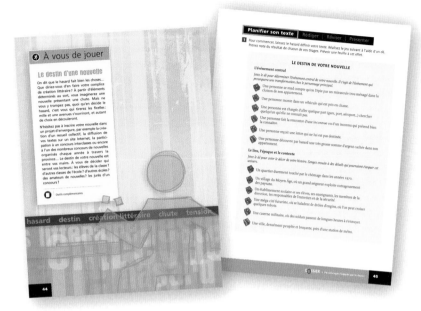

Une démarche en étapes est proposée pour assurer un maximum d'autonomie.

RÉINVESTISSEMENT ⊕ Dossier *plus*

Cette partie présente trois propositions d'activités pour le transfert des apprentissages : en écriture, en communication orale ainsi qu'en lecture.

Des rubriques et des sections particulières

Contexte **H**istorique

Présente au début de chacun des textes exploités dans les dossiers, cette section permet de situer les textes dans le contexte sociohistorique de leur création et de découvrir les raisons pour lesquelles une œuvre ou un texte peut être considéré comme marquant pour une personne, une société, une époque.

Regard sur le texte

Cet encadré se retrouve à la fin des deux premiers textes explorés dans chacun des dossiers.

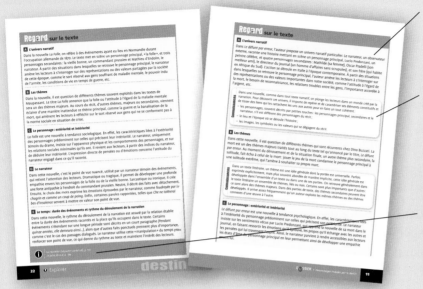

Chacune des notions exploitées en cours de lecture est expliquée à l'aide d'exemples précis tirés du texte.

Des *connaissances* présentées en abrégé permettent de faire le point sur chacune des notions. C'est le cas pour le premier texte seulement, mais on peut y référer pour les trois textes du dossier.

Des fiches d'information sont ciblées pour aller chercher davantage d'explications à propos de certaines notions.

COMPARER LES TEXTES

À la fin des trois textes exploités dans chacun des dossiers, on propose de classer les textes par rapport à des critères d'appréciation ciblés. Tout au cours des 8 dossiers, cela permettra de construire une banque de critères d'appréciation.

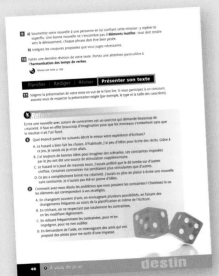

Présentée à la fin de la partie *À vous de jouer*, cette étape permet de faire une autoévaluation sur un aspect de la démarche qui a mené à la production. Cela renvoie à l'exploitation d'une compétence transversale.

Aperçu du traitement de la grammaire

Dans chacun des dossiers, une notion grammaticale plus large a été ciblée pour être vue ou revue en parallèle avec les apprentissages en cours. Cette notion peut notamment être réinvestie dans la tâche proposée dans *À vous de jouer*.

Pour l'exploiter, il s'agit d'aller voir ou revoir les connaissances présentées dans la fiche de la partie *Information* et de faire les trois pages d'activités proposées dans la banque d'activités.

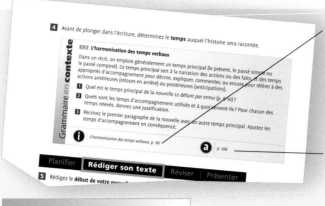

4 Avant de plonger dans l'écriture, déterminez le **temps** auquel l'histoire sera racontée.

L'harmonisation des temps verbaux

Dans un récit, on emploie généralement un temps principal (le présent, le passé simple ou le passé composé). Ce temps principal sert à la narration des actions ou des faits, et des temps appropriés d'accompagnement pour décrire, expliquer, commenter, ou encore pour référer à des actions antérieures (retours en arrière) ou postérieures (anticipations).

1 Quel est le temps principal de la nouvelle *Le défunt par erreur* (p. 410)?
2 Quels sont les temps d'accompagnement utilisés et à quoi servent-ils? Pour chacun des temps relevés, donnez une justification.
3 Récrivez le premier paragraphe de la nouvelle avec un autre temps principal. Ajustez les temps d'accompagnement en conséquence.

ℹ *L'harmonisation des temps verbaux*, p. 181   ⓐ p. 266

| Planifier | **Rédiger son texte** | Réviser | Présenter |

5 Rédigez le **début de votre nouv...**

Une notion grammaticale plus large est signalée pour parfaire les apprentissages en lien avec la notion de la capsule.

Une fiche d'activités supplémentaire spécifiquement en lien avec la notion de la capsule est proposée dans le manuel et disponible également en matériel reproductible.

Capsule qui présente une notion grammaticale spécifique en lien avec les apprentissages en cours de lecture ou dans la démarche du projet.

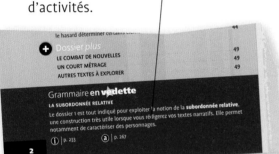

le hasard déterminer certains élé...   44

➕ Dossier *plus*
LE COMBAT DE NOUVELLES   49
UN COURT MÉTRAGE   49
AUTRES TEXTES À EXPLORER   49

Grammaire **en vedette**
LA SUBORDONNÉE RELATIVE
Le dossier 1 est tout indiqué pour exploiter la notion de la **subordonnée relative**, une construction très utile lorsque vous rédigerez vos textes narratifs. Elle permet notamment de caractériser des personnages.

ℹ p. 233   ⓐ p. 267

2

lexique

En marge des textes, des mots, des expressions ou des procédés sont ciblés sous forme de courtes tâches afin d'exploiter des notions en lien avec l'origine, la formation, l'usage, le sens et l'orthographe des mots.

LE DÉ.

Un matin, le célèbre peintre Lu
retiré depuis longtemps dans s
pétrifié en ouvra
d'apercevoir en tr
colonnes, le titr

Pétrifié
Que signifie ce
terme? Proposez
deux synonymes
exprimant le même
sens que dans
le texte.

Et pui

Vimercate, 2...

laquelle les médecins sont demeurés immu
s'éteindre il va à...

Grammaire

Située au centre du livre, cette section se divise en deux parties :

ℹ **Information**   ⓐ **Banque d'activités**

ℹ Information

Cette partie référentielle reprend, sous forme de fiches synthèses, l'ensemble des notions et contenus qui doivent être vus ou passés en revue au cours de l'année. Les notions ont été regroupées en quatre grandes sections : texte, phrase, lexique et orthographe.

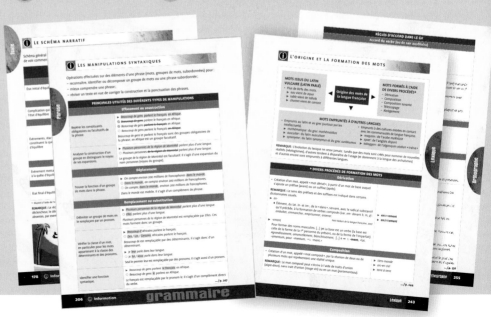

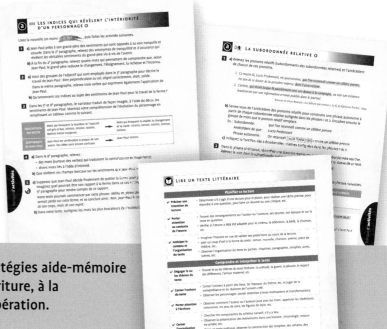

a Banque d'activités

Chacune des trois capsules Grammaire en contexte de chacun des dossiers ainsi que chacune des notions de Grammaire en vedette ciblées sont assorties de fiches d'activités supplémentaires figurant dans le manuel et également disponibles en format reproductible dans le guide d'enseignement.

Stratégies

Cette section propose un ensemble de stratégies aide-mémoire aux fins d'activités liées à la lecture, à l'écriture, à la communication orale ou au travail en coopération.

Aperçu du Corpus de texte

À la fin de chacun des volumes, cette section, annoncée par une page cartonnée, propose un ensemble de textes supplémentaires en lien avec les thèmes et les contenus de chacune des zones. Cette partie constitue également un lieu de lecture libre.

OUVERTURE

Un court extrait de texte permet d'entrer dans l'ambiance thématique de la zone.

Chacun des textes est précédé d'une courte introduction qui met en contexte le texte principal et stimule l'intérêt avant de plonger dans la lecture.

Des biographies présentant la vie et les réalisations importantes de certains auteurs sont proposées.

Des encadrés viennent préciser ou ajouter des informations complémentaires en soutien au texte principal.

Cette rubrique, présentée à la fin de chacun des textes, propose des pistes de questionnement pour comprendre, interpréter, apprécier le texte et y réagir.

ZONE destin

« *Le destin mêle les cartes et nous jouons.* »

Arthur Schopenhauer

Il est intéressant de noter que le mot *destin* est de la même famille que *destination*. Le destin, c'est la route imaginaire que semble emprunter la vie de chacune et chacun d'entre nous, jalonnée de toutes sortes d'événements, tant heureux que malheureux. Parfois, la chance nous sourit : on fait des rencontres déterminantes, on profite de coïncidences inespérées. Mais d'autres fois, la malchance s'acharne sur nous : une maladie, un accident, un revers de fortune, un ouragan, une inondation… Certains font fi de leur prétendue destinée. Ils se fixent des objectifs et considèrent qu'ils peuvent traverser toutes les tempêtes. Ils choisissent eux-mêmes leur destination.

Dans les pages qui suivent, nous vous invitons à découvrir et à explorer diverses facettes du destin. Nous vous convions également à prêter attention à la voix des différentes personnes qui cherchent à vous conseiller et à vous montrer que vous êtes, d'une certaine façon, maîtres de votre destinée.

DOSSIER ① Personnages frappés par le destin

DOSSIER ② La sagesse des autres

? • Selon votre expérience personnelle, jusqu'à quel point est-on maître de sa destinée ?

• Quelle est votre définition de la réussite ? du bonheur ?

CORPUS *de textes*
p. 308-363

• Des textes sur l'**héritage**, les **hasards** et les **coïncidences**, la **volonté**.
• Plusieurs nouvelles mettant en vedette des personnages pris dans les engrenages de leur existence.
• Un extrait de roman, une pièce de théâtre et une chanson qui traitent du destin.

DOSSIER 1

LA NOUVELLE LITTÉRAIRE

Personnages frappés par le destin

Dans les œuvres de fiction, les personnages sont les marionnettes de leurs créateurs. En effet, ils sont placés dans des situations conçues par des écrivains à l'imagination débridée qui ont même droit de vie ou de mort sur eux ! Qu'il s'agisse de nouvelles ou de romans, les personnages sont toujours prisonniers du texte. C'est sûrement la raison pour laquelle on aime tant lire de la fiction : notre curiosité nous pousse à observer ces héroïnes ou ces héros, pris au piège dans un univers fabriqué, qui fait écho à notre propre réalité.

Nous vous invitons à lire trois nouvelles dans lesquelles des personnages font face à leur destin, ce qui vous portera à réfléchir à l'expérience humaine. Vous approfondirez vos connaissances sur les textes narratifs tout en explorant quelques notions sur la nouvelle littéraire. Puis vous serez amenés à composer avec le destin d'un personnage. Vous aurez en effet à écrire une nouvelle en laissant le hasard déterminer certains éléments de votre histoire.

D'autres idées d'activités vous sont ensuite proposées pour vous permettre d'approfondir ce genre passionnant qu'est la nouvelle littéraire.

? Donnez des exemples de personnages de films ou de romans qui n'ont aucun contrôle sur leur destin.

plan

Grammaire **en vedette**

LA SUBORDONNÉE RELATIVE

Le dossier 1 est tout indiqué pour exploiter la notion de la **subordonnée relative**, une construction très utile lorsque vous rédigerez vos textes narratifs. Elle permet notamment de caractériser des personnages.

ⓘ p. 233   ⓐ p. 267

Décrivez les analogies que l'on peut faire entre les marionnettistes et les écrivains.

Et si la réalité ne tenait qu'à un fil ? Le marionnettiste albertain Ronnie Burkett, reconnu mondialement, donne vie à ses personnages articulés depuis plus de trente ans. On le voit à l'œuvre, dans une de ses créations, la pièce *Happy*.

Le recueil **Le K**, duquel est tirée la nouvelle *Le défunt par erreur*, ne laisse personne indifférent. La brièveté du récit, la simplicité de l'écriture, l'originalité des thèmes abordés, l'heureux mélange du réel et du fantastique, la particularité de l'humour rende captivante la lecture de cette nouvelle de Buzzati.

Dino Buzzati

Écrivain reconnu mondialement, Dino Buzzati (1906-1972) est né en Italie. D'abord étudiant en droit, il entre, après son service militaire, comme stagiaire à la rédaction du grand quotidien de Milan, le *Corriere della Sera*. C'est en tant que journaliste qu'il se fait d'abord connaître du grand public. Son intérêt pour l'insolite et le mystérieux se révèle déjà dans ses reportages. Parallèlement à cet emploi qu'il occupera jusqu'à la fin de sa vie, Buzzati rédige des nouvelles, des contes, des récits, des poèmes, des pièces de théâtre et des livrets d'opéra. Il écrit aussi des romans pour jeunes et pour adultes. *Le Désert des Tartares* (1940) est considéré comme son œuvre la plus importante. Artiste accompli, il s'essaie à diverses formes d'art, comme la peinture, la gravure et les décors de théâtre. Même si l'écriture l'a rendu célèbre, il ne s'est jamais considéré comme un écrivain à part entière ; il s'est toujours perçu comme un journaliste et un artiste amateur, écrivant de temps en temps des textes littéraires !

LE K

Publié en Italie en 1966 sous le titre *Il Colombre*, *Le K* comprend de courtes nouvelles qui proposent des univers insolites et qui racontent, avec humour, des histoires surprenantes : un capitaine se fait poursuivre toute sa vie par un monstre marin, surnommé le K ; des jeunes prennent plaisir à aller à la chasse aux personnes âgées... L'ensemble de ces nouvelles traite de thèmes récurrents dans l'œuvre de Buzzati : l'attitude à l'égard de la mort, l'absurdité de l'existence, le passage du temps, la solitude, etc.

Contexte **H**istorique

L'ÉVOLUTION DE LA NOUVELLE LITTÉRAIRE

Dans l'histoire littéraire, les nouvelles apparaissent dès le Moyen Âge (vers 1350). Elles sont présentées comme de courts récits enchâssés dans une histoire plus longue, qui est très proches des contes populaires transmis oralement. Peu à peu raffinée, la nouvelle littéraire devient l'occasion d'aborder des questions plus profondes, comme celle du sens de la vie. Au XVIIᵉ siècle, certains auteurs célèbres, notamment Cervantes et La Fontaine, publient plusieurs nouvelles et font évoluer le genre.

Au XIXᵉ siècle, la nouvelle connaît un essor important grâce à des auteurs comme Edgar Allan Poe et Guy de Maupassant. Elle fait une forte impression sur les lecteurs grâce à sa fin abrupte et inattendue, qui devient un trait caractéristique du genre. Jusqu'alors, les auteurs publient leurs nouvelles dans des recueils rassemblant plusieurs de leurs œuvres.

À cette même époque, quotidiens et revues littéraires publient régulièrement des nouvelles. Les recueils prennent alors forme : ils deviennent un assemblage de textes parus dans ces publications.

Au XXᵉ siècle, le recueil se transforme en une anthologie de nouvelles d'auteurs différents. Plusieurs nouvelles sont liées entre elles par un fil conducteur, comme un thème commun.

Voici des recueils de nouvelles d'ici et d'ailleurs qui ont marqué l'histoire du genre.

© Le Livre de Poche.

Edgar Allan Poe,
Histoires extraordinaires **1856**

Univers souvent macabre, sombre, peu rassurant. Un grand recueil de nouvelles rassemblées par Charles Baudelaire, qui les a traduites en français. Des récits saisissants qui ont marqué la littérature mondiale. Une réflexion sur la logique et l'irrationnel.

Julio Cortázar,
Les armes secrètes **1959**

Un humour particulier, près du surréalisme. Des personnages qui ont des « armes secrètes » pour fuir leur propre existence. Un univers représentatif du réalisme magique des auteurs sud-américains.

Anton Tchékhov,
La Steppe **1888**

Voyage initiatique d'un gamin de neuf ans de la *steppe* vers la ville. Ce récit a consacré le talent de conteur de l'auteur.

Gabrielle Roy,
Ces enfants de ma vie **1977**

Des histoires inspirées par le passé d'institutrice de l'écrivaine. Une série de textes très liés, chacun portant sur un personnage d'enfant, se lisant d'une couverture à l'autre comme un roman. Un livre traitant de l'école, de l'enfance et de l'apprentissage de la vie.

Yves Thériault,
Contes pour un homme seul **1944**

Des histoires dans un village gaspésien. Un homme souffrant de solitude, malgré la présence de personnages colorés. La mort omniprésente. Une langue qui évoque la parlure québécoise du début du XXᵉ siècle et son riche vocabulaire.

Monique Proulx,
Les Aurores montréales **1996**

Montréal : personnage principal… Des gens de toutes les origines sociales ou culturelles qui se rencontrent dans un univers résolument moderne, urbain, typique du Québec d'aujourd'hui.

- Quelles nouvelles avez-vous déjà lues? Est-ce un genre littéraire qui vous attire? Pourquoi?
- Selon vous, quelle est la recette d'une bonne nouvelle?

Lire et comprendre le texte

Dans la nouvelle «Le défunt par erreur», tirée de *Le K*, Dino Buzzati raconte à sa manière une histoire des plus insolites avec une touche d'humour noir. À la lecture de ce texte, portez attention aux notions ci-dessous en vous laissant guider par les questions présentées en marge.

A L'univers narratif

B Les thèmes

C Le personnage: extériorité et intériorité

D Le narrateur

E Le temps: durée des événements et rythme du déroulement de la narration

LE DÉFUNT PAR ERREUR

Un matin, le célèbre peintre Lucio Predonzani, quarante-six ans, qui s'était retiré depuis longtemps dans sa maison de campagne à Vimercate, resta pétrifié en ouvrant son journal quotidien, car il venait d'apercevoir en troisième page, à droite en bas, sur quatre
5 colonnes, le titre suivant:

Pétrifié
Que signifie ce terme? Proposez deux synonymes exprimant le même sens que dans le texte.

L'ART ITALIEN EN DEUIL
Le peintre Predonzani est mort

Et puis au-dessous, une petite note en italique:

Vimercate, 21 février. À la suite d'une brève maladie devant
10 *laquelle les médecins sont demeurés impuissants, le peintre Lucio Predonzani vient de s'éteindre il y a deux jours. Le défunt avait exprimé la volonté que l'annonce de son décès ne soit communiquée qu'après les obsèques.*

Suivit un article nécrologique fort élogieux, d'une colonne environ, plein de louanges, signé du grand critique d'art Steffani. Et il y avait même
15 une photographie qui datait d'une vingtaine d'années.

Abasourdi, n'en croyant pas ses yeux, Predonzani parcourut fébrilement l'article nécrologique, relevant en un clin d'œil, malgré sa précipitation, quelques petites phrases d'une réserve venimeuse, glissées çà et là avec une diplomatie indéniable, au milieu de volées d'adjectifs élogieux.

20 «Mathilde! Mathilde! appela Predonzani aussitôt qu'il eut repris son souffle.

— Qu'est-ce qu'il y a? répondit sa femme de la pièce voisine.

— Viens, viens vite, Mathilde! implora-t-il.

1. **C** Dès les premières lignes de la nouvelle, qu'apprend-on sur le personnage principal?

2. **C** Comment Lucio Predonzani réagit-il à ce qui lui arrive?

3. **B** À partir de l'élément déclencheur, pouvez-vous présumer du thème principal abordé dans cette nouvelle?

4. **D** Quels mots le narrateur utilise-t-il pour mettre en évidence la notoriété du peintre?

5. **C** Predonzani est-il sensible à la critique? Quels indices du texte le font croire?

destin

— Attends un moment. Je suis occupée à repasser!

25 — Mais viens donc, je te dis!»

Sa voix était tellement angoissée que Mathilde planta là son fer et accourut.

«Tiens... lis!...» gémit le peintre en lui tendant le journal.

Elle le prit, pâlit et, avec le merveilleux illogisme des femmes, éclata en sanglots désespérés.

30 «Oh! mon Lucio, mon pauvre Lucio, mon trésor...» balbutiait-elle dans ses larmes.

La scène finit par exaspérer l'homme.

«Mais tu deviens folle, Mathilde? Tu ne vois donc pas que je suis là? Mais tu ne comprends donc pas que c'est une erreur, une épouvantable 35 erreur?»

Mathilde cessa immédiatement de pleurer, regarda son mari, son visage se rasséréna, et alors, soudain, tout aussi rapidement qu'elle s'était sentie veuve un instant auparavant, touchée par le côté comique de la situation, elle fut prise d'une crise d'hilarité.

40 «Oh! mon Dieu! que c'est drôle! oh! oh! quelle histoire! excuse-moi, Lucio mais tu sais... un deuil pour l'art... et tu es ici frais et rose!... piaillait-elle en pouffant de rire.

— Allons! ça suffit! s'emporta-t-il. Tu ne te rends pas compte? C'est terrible, absolument terrible! Ah! il va m'entendre, le directeur du journal! 45 Ça va lui coûter cher, cette plaisanterie!»

Predonzani se précipita en ville, courut tout droit au journal. Le directeur l'accueillit avec affabilité:

«Je vous en prie, mon cher maître, asseyez-vous. Non, non. Ce fauteuil-là est plus confortable. Une cigarette? Oh! ces briquets qui ne fonctionnent 50 jamais, c'est énervant. Tenez; voilà le cendrier... Et maintenant, je vous écoute: quel bon vent vous amène?»

Simulait-il ou ignorait-il vraiment ce que son journal avait publié? Predonzani en resta pantois.

«Mais?... mais?... sur le journal d'aujourd'hui... en 55 troisième page... Il y a l'annonce de ma mort...

— De votre mort?»

Le directeur prit un journal qui traînait plié sur le bureau, l'ouvrit, vit, comprit (ou fit semblant de comprendre), eut un bref moment d'embarras, oh! juste une fraction de seconde, se reprit mer- 60 veilleusement, toussota.

«Eh! eh! effectivement une petite erreur s'est glissée... une légère divergence...»

On aurait dit un père qui tançait pour la forme son enfant devant un passant excédé par le bambin.

65 Predonzani perdit patience.

«Divergence? hurla-t-il. Vous m'avez tué, voilà ce que vous m'avez fait! C'est monstrueux!

6. **D** La mort est-elle présentée de façon dramatique ou humoristique? Pourquoi?

7. **E** D'après vous, combien de temps s'est passé depuis le début de l'histoire?

8. **A** Dans quel contexte social se déroule cette scène? Quels mots le révèlent?

9. **C** Croyez-vous que Predonzani a raison de perdre patience? Quels mots employés par le directeur ont déclenché cette réaction?

Pantois

Dans le contexte, quel sens peut avoir ce mot? Vérifiez-en la signification dans un dictionnaire.

lexique

— Oui, oui, fit le directeur placide. Il se peut... je dirai que... heu... le contexte de l'information a... heu... un peu dépassé nos intentions... D'autre part, j'espère que vous avez su apprécier à sa juste valeur l'hommage que mon journal a rendu à votre art ?

— Bel hommage ! Vous m'avez ruiné !

— Hem ! je ne nie pas qu'une légère erreur se soit glissée dans...

— Comment ! vous dites que je suis mort alors que je suis vivant ?... Et vous appelez ça une erreur ? Mais il y a de quoi devenir fou ; tout simplement ! J'exige une rectification en bonne et due forme et exactement à la même place que cet article encore ! Et je me réserve tous les droits de vous poursuivre en dommages et intérêts !

— Dommages ? mais mon bon monsieur – du « maître » il était passé au simple « monsieur », mauvais signe – vous ne réalisez pas la chance extraordinaire qui vous arrive ! N'importe quel autre peintre ferait des bonds de joie hauts comme ça...

— La chance ?

— Oui la chance ! et comment ! Quand un artiste meurt, les prix de ses tableaux montent considérablement. Sans le vouloir, oui parfaitement, sans le vouloir, je l'admets, nous vous avons rendu un service i-nes-ti-ma-ble.

— Et alors, moi, il va falloir que je fasse le mort ? que je disparaisse ? que je me volatilise ?

— Mais certainement, si vous voulez profiter de cette sensationnelle occasion... Parbleu... vous ne voudrez pas la laisser échapper ? Réfléchissez un peu : une belle exposition posthume, un battage bien orchestré... Nous ferons nous-mêmes tout notre possible pour la lancer... Ce sera une affaire de plusieurs millions, mon cher maître.

— Mais moi dans tout cela, qu'est-ce que je deviens ? Il faudra que je disparaisse de la circulation ?

— Dites-moi... Est-ce que vous n'auriez pas un frère par hasard ?

— Si, pourquoi ? Il vit en Afrique du Sud.

— Magnifique ! Et il vous ressemble ?

— Assez, oui. Mais il porte la barbe.

— À merveille ! Laissez pousser la vôtre aussi et dites que vous êtes votre frère. Tout passera comme une lettre à la poste... Faites-moi confiance : il vaut mieux laisser les choses suivre leur cours... Et puis comprenez-moi : une rectification de ce genre... On ne sait trop à qui elle sert... Vous, personnellement, pardonnez ma sincérité, vous feriez une figure un peu ridicule... Inutile de le contester, les ressuscités ne sont jamais sympathiques... Et dans le monde de l'art, vous savez bien comment vont les choses, votre résurrection, après tant d'éloges, produirait une très mauvaise impression et serait d'un goût plus que douteux... »

Il ne sut pas dire non. Il rentra dans sa maison de campagne. Il se terra dans une pièce, et laissa pousser sa barbe. Sa femme prit le deuil. Des amis vinrent la voir, tout spécialement Oscar Pradelli, peintre lui aussi, qui avait

Lexique

Posthume
Selon la composition de ce mot, quelle est sa signification ? Relevez trois autres mots du texte en lien avec le thème de la mort.

10. A Que vous révèle la variété de langue employée à propos du bagage culturel des interlocuteurs ? Relevez-en quelques indices.

11. C Comment Predonzani se sent-il lorsqu'il prononce les mots *qu'est-ce que je deviens* ?

12. D Le narrateur porte un jugement sur la réponse de Predonzani. Quels mots le révèlent ?

toujours été l'ombre de Predonzani. Et puis les acheteurs commencèrent à
115   arriver : marchands, collectionneurs, gens qui flairaient une bonne affaire.
Des tableaux qui, avant, atteignaient péniblement quarante, cinquante
mille, se vendaient maintenant sans peine deux cents. Et là, dans son antre
clandestin, Predonzani travaillait, une toile après l'autre, en antidatant bien
entendu.

120   Un mois plus tard – sa barbe était assez fournie – Predonzani se risqua à
sortir, se faisant passer pour le frère arrivé d'Afrique du Sud. Il avait mis des
lunettes, et imitait un accent exotique. C'est fou ce qu'il lui ressemble,
disaient les gens.

       Par curiosité, lors d'une de ses premières promenades après sa claustra-
125   tion, il poussa jusqu'au cimetière. Sur la grande dalle de marbre, dans le
caveau de famille, un tailleur de pierre était en train de graver son nom avec
la date de sa naissance et celle de sa mort.

       Il lui dit qu'il était le frère du défunt. Il ouvrit la serrure de la petite porte
de bronze, descendit dans la crypte où les cercueils de ses parents étaient
130   empilés l'un sur l'autre. Comme ils étaient nombreux ! Il y en avait un tout
neuf, très beau. « Lucio Predonzani », lut-il sur la plaque de cuivre. Le couvercle
était fixé par des vis. Avec une crainte obscure il frappa de ses doigts repliés
sur un pan de la caisse. Le cercueil sonna creux. Heureusement !

13. **E** Combien de
temps se passe
durant la narration
aux lignes 111-123 ?
Que remarquez-
vous de particulier
entre la durée des
événements et la
longueur de ce
passage ?

Curieux. Au fur et à mesure que les visites d'Oscar Pradelli se faisaient
135 plus fréquentes, Mathilde s'épanouissait, semblait rajeunir. Le deuil, c'est
certain, lui allait bien. Predonzani observait sa métamorphose avec un sentiment mêlé de plaisir et d'appréhension. Un soir il se rendit compte qu'il
la désirait, comme cela ne lui était plus arrivé depuis des années. Il désirait
sa veuve.

140 Quant à Pradelli, son assiduité n'était-elle pas intempestive ? Mais quand Predonzani le fit remarquer à Mathilde,
elle réagit presque avec agressivité : « Qu'est-ce qui te prend ?
Pauvre Oscar. Ton unique véritable ami. Le seul qui te
regrette sincèrement. Il se donne la peine de consoler ma
145 solitude et tu le soupçonnes. Tu devrais avoir honte ! »

lexique

**Son assiduité...
intempestive**
Reformulez cette
locution en vos
propres mots.

En attendant, l'exposition posthume fut organisée et remporta un
magnifique succès. Elle rapporta, tous frais payés, cinq millions et demi. Après
quoi l'oubli, avec une rapidité impressionnante, descendit sur Predonzani et
son œuvre. Son nom était cité de plus en plus rarement dans les rubriques et
150 dans les revues artistiques. Et bientôt il en disparut complètement.

Avec une stupeur désolée il constatait que même sans Lucio Predonzani
le monde continuait à tourner comme avant : le soleil se levait et se couchait
comme avant, comme avant les domestiques secouaient leurs tapis le matin,
les trains fonçaient, les gens mangeaient et s'amusaient, et la nuit les garçons
155 et les filles s'embrassaient, debout, contre les grilles sombres du parc, comme
avant.

Jusqu'au jour où, revenant d'une promenade à la
campagne, il reconnut, perdu dans l'antichambre, l'imperméable de son cher ami Oscar Pradelli. La maison était
160 calme, étrangement intime et accueillante. Et, par là, des
voix qui parlaient tout bas, des chuchotements, de tendres
soupirs.

lexique

Antichambre
Que signifie ce
mot ? Validez-le à
partir des éléments
de sa composition.

Sur la pointe des pieds, il fit demi-tour jusqu'à la porte. Il sortit tout
doucement et se dirigea vers le cimetière. C'était une douce soirée pluvieuse.

165 Lorsqu'il se trouva devant la chapelle de famille, il regarda tout autour
de lui. Il n'y avait pas âme qui vive. Alors il ouvrit le battant de bronze.

Sans hâte, tandis que la nuit venait, lentement il enleva avec un canif les
vis qui fermaient le cercueil tout neuf, son cercueil, celui de Lucio
Predonzani.

170 Il l'ouvrit, très calme, s'y étendit sur le dos, prenant la pose qu'il supposait
devoir convenir aux défunts pour leur sommeil éternel. Il la trouva plus
confortable qu'il ne l'avait prévu.

Sans se troubler, il ramena tout doucement au-dessus de lui le
couvercle. Lorsqu'il ne resta plus qu'une toute petite fente, il prêta l'oreille
175 quelques instants, au cas où quelqu'un l'aurait appelé. Mais personne ne
l'appelait.

Alors il laissa retomber complètement le couvercle.

Extrait de Dino Buzzati, « Le défunt par erreur », *Le K*, © Éditions Pocket, 1994.

14. **B** Quels thèmes
sont abordés
dans les deux
paragraphes, aux
lignes 134-145 ?

15. **D** Avec quels
mots de la scène
peut-on affirmer
que le narrateur
est omniscient ?

16. **C** Comment
Predonzani réagit-il
au changement ?

17. **E** Aux lignes 163-
177, relevez les mots
qui contribuent à
créer l'illusion que
le temps semble
« suspendu ».

18. **D** Quel effet le
narrateur produit-il
en terminant la
nouvelle de cette
façon ? Quels
passages la fin
vous amène-t-elle
à réinterpréter ?

A L'univers narratif

Dans *Le défunt par erreur*, l'auteur propose un univers narratif particulier. Le narrateur, un observateur externe, raconte une histoire mettant en scène un personnage principal, Lucio Predonzani, un peintre célèbre, et quatre personnages secondaires : Mathilde (sa femme), Oscar Pradelli (son meilleur ami), le directeur du journal (un homme d'affaires sans scrupules), et son frère (qui habite en Afrique du Sud). L'action se déroule en Italie à l'époque contemporaine. À partir des situations dans lesquelles se retrouve le personnage principal, l'auteur amène les lecteurs à s'interroger sur des représentations ou des valeurs importantes dans notre société, comme l'attitude à l'égard de la mort, le besoin de reconnaissance, les relations troubles entre les gens, l'importance accordée à l'argent, etc.

Connaissances

Dans une nouvelle, comme dans tout texte narratif, on plonge les lecteurs dans un monde créé par la narration. Pour découvrir cet univers, il importe de repérer et de caractériser ses éléments constitutifs et de tisser des liens qui les rattachent les uns aux autres pour en faire un tout cohérent :

– les personnages, souvent décrits par petites touches : les personnages principal, secondaires et le narrateur, s'il est différent des personnages du récit ;

– le lieu et l'époque où se déroule l'histoire ;

– les images, les symboles ou les valeurs qui se dégagent du récit.

B Les thèmes

Dans cette nouvelle, il est question de différents thèmes qui sont récurrents chez Dino Buzzati. La mort est un des thèmes majeurs traités tout au long du texte tel qu'annoncé par le titre, *Le défunt par erreur*. Au moment du dénouement et de la situation finale, un autre thème plus secondaire, la solitude, fait écho à celui de la mort : jouer le jeu de la mort condamne le personnage principal à une solitude extrême, qui l'amène à souhaiter sa propre mort.

Connaissances

Dans un texte littéraire, un thème est une idée générale dont la portée est universelle. Parfois exprimée explicitement, mais plus souvent abordée de manière implicite, cette idée générale est développée dans l'ensemble d'un texte ou dans une de ses parties. On retrouve généralement dans le texte littéraire un ensemble de thèmes, liés ou non. Certains sont plus importants que d'autres : ce sont alors des thèmes majeurs. Dans des parties de texte, des thèmes secondaires peuvent être développés. Il arrive assez fréquemment qu'un auteur exploite les mêmes thèmes ou des thèmes connexes d'une œuvre à l'autre.

C Le personnage : extériorité et intériorité

Le défunt par erreur est une nouvelle à tendance psychologique. En effet, les caractéristiques liées à l'intériorité du personnage prédominent sur celles qui précisent son extériorité. Le narrateur insiste sur les sentiments vécus par Lucio Predonzani, qui apprend la nouvelle de sa mort dans le journal, en faisant ressortir les émotions qu'il éprouve, les propos qu'il échange avec les autres et les pensées qui lui traversent l'esprit. Ainsi, le narrateur parvient à rendre accessibles aux lecteurs les états d'âme du personnage principal en leur permettant ainsi de développer une empathie envers lui.

Dans un texte narratif, pour que les lecteurs puissent se faire une représentation appropriée de l'évolution du personnage, on le présente souvent sous deux angles complémentaires :

– son **extériorité** : son apparence physique, son âge, ses comportements, ses relations avec les autres, son statut social, ses paroles, etc. ;

– son **intériorité** : ses sentiments, ses émotions, ses pensées, ses représentations, son attitude, ses motivations, etc.

D Le narrateur

Dans cette nouvelle, c'est d'abord le ton, teinté d'humour noir, utilisé par un narrateur omniscient qui permet d'établir une certaine distance par rapport au caractère dramatique des événements vécus par le personnage principal. Ensuite, le choix de différents mots exprimant les émotions fortes éprouvées par ce personnage, comme *pétrifié* et *abasourdi*, révèle l'attitude du narrateur à propos des réactions de ce dernier. Enfin, certaines formules employées par le personnage dans les dialogues, telles *une épouvantable erreur*, *C'est monstrueux !*, *C'est terrible, absolument terrible !*, ou certains procédés de style, comme *La maison était calme, étrangement intime et accueillante*, permettent au narrateur de nuancer sa vision personnelle des pensées ou des perceptions du personnage.

Le narrateur décrit et met en scène le ou les personnages d'un récit et, par son attitude, en véhicule une image ou une représentation. C'est en s'appuyant sur différents indices que les lecteurs arrivent à dégager cette attitude du narrateur. Ces indices, qui servent à exprimer un point de vue, constituent diverses **marques de modalité**, comme le vocabulaire appréciatif, les constructions de phrases, les formules liées aux convenances, les procédés ou figures de style et le ton employé.

E Le temps : durée des événements et rythme du déroulement de la narration

Dans cette nouvelle, le rythme du déroulement de la narration est assuré, entre autres, par la relation établie entre la durée des événements racontés et la place que ces derniers occupent dans le texte. Les séquences dialogales contribuent à l'effet d'« étirement » du temps. Par ailleurs, d'autres passages relativement courts traitent d'événements qui se sont déroulés sur une période assez longue. À l'aide de cette « manipulation » du temps, le narrateur donne du rythme au texte et maintient l'intérêt des lecteurs.

Dans un récit, il y a rarement une correspondance exacte entre la durée des événements racontés et la narration. En effet, certains événements relativement brefs sont « étirés » par la narration, ce qui leur donne plus d'importance, alors que d'autres événements s'étalant dans le temps sont condensés en quelques phrases ou en quelques paragraphes. L'effet d'étirement dans la narration peut être créé par les retours en arrière, qui présentent des événements antérieurs à l'action principale, ou des anticipations, qui précisent des événements postérieurs, ce qui allonge la narration. Ces façons de contrôler le temps permettent au narrateur de créer un rythme dans le déroulement du récit en exploitant la perception relative du temps.

La narration (séquence narrative), p. 177
Le point de vue, p. 198-199

destin

1 À l'aide du tableau suivant, résumez en quelques lignes l'univers de la nouvelle en décrivant les trois éléments de l'univers narratif présentés ici.

ÉLÉMENTS DE L'UNIVERS NARRATIF	MOTS TIRÉS DE LA NOUVELLE *LE DÉFUNT PAR ERREUR*
Personnages	*célèbre peintre* (ligne 1), *grand critique d'art* (ligne 14), *Abasourdi* (ligne 16), *Mathilde* (ligne 20), *voix... angoissée* (ligne 26), *le directeur du journal* (ligne 44), *mon cher maître* (ligne 48), *un frère... en Afrique du Sud* (lignes 97-99), *Oscar Pradelli... l'ombre de Predonzani* (lignes 113-114)
Lieu	*maison de campagne* (ligne 2), *Vimercate* (ligne 2), *en ville* (ligne 46), *au journal* (ligne 46), *Afrique du Sud* (ligne 99), *cimetière* (ligne 125), *caveau de famille* (ligne 126), *campagne* (ligne 158), *chapelle de famille* (ligne 165)
Contexte socioculturel	*art italien* (ligne 6), *hommage* (ligne 70), *poursuivre en dommages et intérêts* (lignes 77-78), *exposition* (ligne 91), *battage bien orchestré* (ligne 92), *plusieurs millions* (ligne 94), *monde de l'art* (ligne 108), *marchands, collectionneurs* (ligne 115), *domestiques* (ligne 153)

2 **a)** Associez chacun des passages suivants, tirés du texte *Le défunt par erreur*, à l'un des thèmes abordés dans la nouvelle.

Passages de la nouvelle

A. *Predonzani en resta pantois.*
   « Mais ?... mais ?... sur le journal d'aujourd'hui... en troisième page... Il y a l'annonce de ma mort... (lignes 53-55)

B. *Réfléchissez un peu : une belle exposition posthume, un battage bien orchestré... Nous ferons nous-mêmes tout notre possible pour la lancer... Ce sera une affaire de plusieurs millions...* (lignes 91-94)

C. *Jusqu'au jour où, revenant d'une promenade à la campagne, il reconnut, perdu dans l'antichambre, l'imperméable de son cher ami Oscar Pradelli.* (lignes 157-159)

D. *Lorsqu'il ne resta plus qu'une toute petite fente, il prêta l'oreille quelques instants, au cas où quelqu'un l'aurait appelé. Mais personne ne l'appelait.* (lignes 174-176)

Thèmes abordés

1. La gloire après la mort

2. L'attitude à l'égard de la mort

3. La solitude

4. L'adultère

b) Lequel de ces thèmes vous semble le thème majeur de la nouvelle ? Justifiez votre choix.

3 Qu'est-ce que le narrateur nous permet de découvrir à propos de Predonzani ? Pour chacun des aspects suivants, citez deux passages.

A. Son statut social

B. Ses relations avec le directeur du journal

C. Les rapports avec sa femme Mathilde

1.1 **Les indices qui révèlent l'intériorité d'un personnage**

Pour donner accès à l'intériorité d'un personnage, le narrateur recourt à un vocabulaire appréciatif, à diverses expressions, à une ponctuation expressive, etc. Ce sont ces indices, entre autres, qui aident les lecteurs à percevoir l'évolution du personnage.

1 Dans la narration, relevez des mots expressifs qui traduisent les émotions, les sentiments et les attitudes du personnage principal du *Défunt par erreur*. Ajoutez deux exemples à chacune des catégories suivantes.

- des adjectifs : *pétrifié, abasourdi,* ▬▬▬, ▬▬▬.

- des adverbes (ou des groupes prépositionnels équivalents) : *fébrilement, avec une stupeur désolée,* ▬▬▬, ▬▬▬.

- des verbes : *implora, gémit,* ▬▬▬, ▬▬▬.

2 Dans les paroles que Predonzani adresse au directeur du journal, relevez trois phrases non verbales qui révèlent les sentiments vifs du personnage principal.

3 Dans le paragraphe de la ligne 130, à deux reprises, le narrateur rapporte directement les exclamations de Predonzani. Relevez les phrases qui traduisent ces impressions et dites de quelle sorte de phrases il s'agit.

4 Dans les six derniers paragraphes, le champ lexical suivant traduit de façon imagée l'état d'âme de Predonzani à la fin de sa vie. Décrivez cet état d'âme.

sur la pointe des pieds – tout doucement – douce soirée pluvieuse – sans hâte lentement – très calme – sans se troubler – tout doucement

 Le narrateur, p. 179   p. 264

4 **a)** Déduisez le temps qui s'est écoulé entre le début et la fin de l'histoire ?

b) À partir du découpage de la nouvelle, comparez la durée des événements et la longueur du passage narratif (nombre de lignes). Que constatez-vous ?

COMPOSANTES DU SCHÉMA NARRATIF	PASSAGES DE LA NOUVELLE	DURÉE DES ÉVÉNEMENTS
Situation initiale et élément déclencheur	lignes 1-19	
Déroulement d'actions 1: Échanges avec Mathilde	lignes 20-45	
Déroulement d'actions 2: Rencontre avec le directeur du journal	lignes 46-110	
Déroulement d'actions 3: Mise en vente des tableaux et première visite au cimetière	lignes 111-133	
Dénouement: Découverte de l'adultère de sa femme avec son ami	lignes 134-162	
Situation finale	lignes 163-177	

c) Selon vous, pourquoi y a-t-il tant de différence entre la durée des événements présentés et la longueur des passages ? Quel effet le narrateur veut-il créer en procédant ainsi ?

5 Quelles sont les deux principales raisons invoquées par le directeur du journal pour dissuader Lucio Predonzani de porter plainte ?

6 Pour faire ressortir ce que pense le narrateur, à quelle figure de style a-t-on recours dans chacun des passages suivants ?

A. *… au milieu de volées d'adjectifs élogieux.* (ligne 19)

B. *On aurait dit un père qui tançait pour la forme son enfant devant un passant excédé par le bambin.* (lignes 63-64)

C. *Et alors, moi, il va falloir que je fasse le mort ? que je disparaisse ? que je me volatilise ?* (lignes 87-88)

D. *Avec une stupeur désolée il constatait que même sans Lucio Predonzani le monde continuait à tourner comme avant : le soleil se levait et se couchait comme avant, comme avant les domestiques secouaient leurs tapis le matin…* (lignes 151-153)

Réagir au texte

1 **a)** D'après vous, l'artiste peintre a-t-il eu raison de suivre le conseil du directeur du journal ?

b) Les motifs qui l'ont poussé à accepter cet arrangement sont-ils raisonnables, selon vous ?

c) Qu'auriez-vous fait à sa place ?

2 **a)** La profession ou le métier que l'on exerce est-il déterminant dans notre parcours de vie ? Pourquoi ?

b) Selon vous, est-ce le fait de perdre son métier ou d'être trompé par sa femme qui a amené Lucio Predonzani à mettre fin à ses jours ? Justifiez votre réponse.

3 Quels traits d'humour noir de l'auteur avez-vous le plus appréciés ? Justifiez vos choix.

4 Récrivez la situation finale de la nouvelle (lignes 163-177) en vue de créer un effet de surprise complètement différent de celui proposé par Buzzati.

Contes de la Bécasse est l'un des recueils de nouvelles les plus marquants de Maupassant, maître de ce genre littéraire. La nouvelle *La Folle* présente une histoire sordide, dans laquelle on retrouve les caractéristiques d'écriture de l'auteur qui contribuent à troubler les lecteurs: sobriété du style, atmosphère inquiétante, caractère réaliste glissant parfois vers le fantastique.

Guy de Maupassant

Écrivain majeur du XIXᵉ siècle, Guy de Maupassant (1850-1893) est né en Normandie (France). À l'adolescence, il rencontre Gustave Flaubert et s'essaie à la littérature. Après son baccalauréat ès lettres, il s'inscrit à la Faculté de droit, mais doit s'enrôler en 1870 lors de la guerre franco-allemande, dite aussi franco-prussienne. De retour dans la vie civile, il abandonne ses études faute d'argent et s'établit à Paris où il occupe un emploi de fonctionnaire. C'est durant cette période qu'il fait paraître des chroniques et des nouvelles dans différentes publications. Entre 1880 et 1890, il occupe tous ses loisirs au voyage et à l'écriture: il publie six romans, dont *Une vie*, *Bel-Ami* et *Pierre et Jean*, qui sont considérés comme des chefs-d'œuvre, et rédige plus de 300 contes et nouvelles, rassemblés en une quinzaine de recueils tels *Boule-de-suif*, *La maison Tellier*, *Mademoiselle Fifi* et *Le Horla*. Parmi ces nombreux récits, mentionnons quelques incontournables: *La parure*, *Le testament*, *Aux champs*, *La ficelle*, *Une partie de campagne*. À partir de 1888, Maupassant manifeste les premiers signes de la maladie mentale qui le conduira à l'internement dans une clinique de Paris. Il s'éteint à 43 ans.

Contes de la Bécasse

Publié en 1883, le recueil *Contes de la Bécasse* comprend dix-sept nouvelles introduites par un récit, « La Bécasse », qui sert de préambule au livre. Paralysé, un ancien chasseur réunit ses amis le temps d'un dîner; chacun d'eux, désigné par un tourniquet composé d'une tête de bécasse, propose un récit. L'ensemble de ces nouvelles, qui se déroule pour la plupart en Normandie, traitent des thèmes chers à Maupassant: la mort, la folie, les bassesses de l'âme humaine, etc.

LA FOLIE À L'ÉPOQUE DE MAUPASSANT

Dans la nouvelle *La Folle* de Maupassant, la question du sort réservé aux gens souffrant de maladie mentale est abordée de façon centrale.

Dans l'histoire, les « fous » sont généralement traités comme des gens « anormaux ». Au Moyen Âge, on accusait souvent ces personnes d'être des possédés ou des sorcières. Elles étaient exorcisées ou envoyées au bûcher. Jusqu'au XIXe siècle, bien peu a été fait pour soigner ces malades, on se contentait généralement de les isoler du reste de la société. Peu à peu, les hôpitaux généraux se sont transformés en hospices, institutions vouées au traitement des malades mentaux. La médecine a commencé à s'intéresser plus sérieusement aux maladies mentales, les associant particulièrement à un dysfonctionnement du cerveau.

Guy de Maupassant a souvent évoqué la folie dans ses nouvelles. Des thèmes comme la peur l'ont amené à explorer les aspects les plus obscurs de l'âme humaine. Malgré son appartenance au réalisme, un courant littéraire qui visait à décrire sans artifices la vie de gens ordinaires, l'œuvre de Maupassant a fait plusieurs incursions dans le surnaturel et le fantastique.

Illustration de *Le Horla*, par Julian-Damazy, 1908

© Le Livre de Poche.

Le recueil de nouvelles *Le Horla*, écrit par Guy de Maupassant en 1887, est fondateur de la littérature fantastique. Les thèmes abordés, l'invisible, le surnaturel et la folie, soulèvent les inquiétudes d'une époque qui s'apprête à vivre des bouleversements scientifiques importants.

Le cri, de Edward Munch, 1893

- Que savez-vous à propos de la maladie mentale ? Sur quoi s'appuient vos connaissances sur ce sujet : des intuitions, des données scientifiques, des préjugés ou des stéréotypes, etc. ?
- Connaissez-vous des œuvres de fiction (films, romans, etc.) qui abordent le thème de la folie ?

Lire et comprendre le texte

Dans la nouvelle *La Folle*, Guy de Maupassant relate une histoire des plus cruelles qui est assez représentative de ce qui peut se passer durant une guerre. À la lecture de ce texte, portez attention aux notions ci-dessous en vous laissant guider par les questions présentées en marge.

A L'univers narratif

B Les thèmes

C Le personnage : extériorité et intériorité

D Le narrateur

E Le temps : durée des événements et rythme du déroulement de la narration

LA FOLLE

À Robert de Bonnières.

Tenez, dit M. Mathieu d'Endolin, les bécasses me rappellent une bien sinistre anecdote de la guerre.

Vous connaissez ma propriété dans le faubourg de Cormeil. Je l'habitais au moment de l'arrivée des Prussiens.

5 J'avais alors pour voisine une espèce de folle, dont l'esprit s'était égaré sous les coups du malheur. Jadis, à l'âge de vingt-cinq ans, elle avait perdu, en un seul mois, son père, son mari et son enfant nouveau-né.

Quand la mort est entrée une fois dans une maison, elle y revient presque toujours immédiatement, comme si elle connaissait la porte.

10 La pauvre jeune femme, foudroyée par le chagrin, prit le lit, délira pendant six semaines. Puis, une sorte de lassitude calme succédant à cette crise violente, elle resta sans mouvement, mangeant à peine, remuant seulement les yeux. Chaque fois qu'on voulait la faire lever, elle criait
15 comme si on l'eût tuée. On la laissa donc toujours couchée, ne la tirant de ses draps que pour les soins de sa toilette et pour retourner ses matelas.

Une vieille bonne restait près d'elle, la faisant boire de temps en temps ou mâcher un peu de viande froide. Que
20 se passait-il dans cette âme désespérée ? On ne le sut jamais ; car elle ne parla plus. Songeait-elle aux morts ? Rêvassait-elle tristement, sans souvenirs précis ? Ou bien sa pensée anéantie restait-elle immobile comme de l'eau sans courant ?

Lexique

Foudroyé
De quel mot de base ce terme est-il dérivé ? A-t-il un sens propre ou un sens figuré ? Proposez deux synonymes exprimant le même sens que dans le texte.

1. **A** Où et quand se passe l'histoire que le narrateur s'apprête à raconter ?

2. **D** Qui est le narrateur ? De quel type de narrateur s'agit-il ?

3. **B** À partir des éléments présentés dans la situation initiale, quel est le thème principal abordé dans cette nouvelle ?

4. **C** Démontrez quels aspects (extériorité / intériorité) du personnage le narrateur choisit de présenter aux lignes 10-17.

destin

Pendant quinze années, elle demeura ainsi fermée et inerte.

25   La guerre vint ; et, dans les premiers jours de décembre, les Prussiens pénétrèrent à Cormeil.

     Je me rappelle cela comme d'hier. Il gelait à fendre les pierres ; et j'étais étendu moi-même dans un fauteuil, immobilisé par la goutte, quand j'entendis le battement lourd et rythmé de leurs pas. De ma fenêtre, je les vis
30 passer.

     Ils défilaient interminablement, tous pareils, avec ce mouvement de pantins qui leur est particulier. Puis les chefs distribuèrent leurs hommes aux habitants. J'en eus dix-sept. La voisine, la folle, en avait douze, dont un
35 commandant, vrai soudard, violent, bourru.

     Pendant les premiers jours tout se passa normalement. On avait dit à l'officier d'à côté que la dame était malade ; et il ne s'en inquiéta guère. Mais bientôt cette femme qu'on ne voyait jamais l'irrita. Il s'informa de la maladie ;
40 on répondit que son hôtesse était couchée depuis quinze ans par suite d'un violent chagrin. Il n'en crut rien sans doute, et s'imagina que la pauvre insensée ne quittait pas son lit par fierté, pour ne pas voir les Prussiens, et ne leur point parler, et ne les point frôler.

     Il exigea qu'elle le reçût ; on le fit entrer dans sa chambre. Il demanda, d'un
45 ton brusque :

     — Je vous prierai, Matame, de fous lever et de tescentre pour qu'on fous foie.

     Elle tourna vers lui ses yeux vagues, ses yeux vides, et ne répondit pas.

     Il reprit :

     — Che ne tolérerai bas d'insolence. Si fous ne fous levez bas de ponne
50 folonté, che trouferai pien un moyen de fous faire bromener tout seule.

     Elle ne fit pas un geste, toujours immobile comme si elle ne l'eût pas vu.

     Il rageait, prenant ce silence calme pour une marque de mépris suprême. Et il ajouta :

     — Si vous n'êtes pas tescentue temain...

55   Puis il sortit.

     Le lendemain, la vieille bonne, éperdue, la voulut habiller ; mais la folle se mit à hurler en se débattant. L'officier monta bien vite ; et la servante, se jetant à ses genoux, cria :

     — Elle ne veut pas, monsieur, elle ne veut pas. Pardonnez-lui ; elle est si
60 malheureuse.

     Le soldat restait embarrassé, n'osant, malgré sa colère, la faire tirer du lit par ses hommes. Mais soudain il se mit à rire et donna des ordres en allemand.

     Et bientôt on vit sortir un détachement qui soutenait un matelas comme on porte un blessé. Dans ce lit qu'on n'avait point défait, la folle, toujours
65 silencieuse, restait tranquille, indifférente aux événements tant qu'on la laissait couchée. Un homme par-derrière portait un paquet de vêtements féminins.

lexique

Soudard
Selon le contexte, quel sens peut avoir ce mot ? Vérifiez-en la signification dans un dictionnaire en vous référant à son étymologie.

5. **D** Pourquoi le narrateur se limite-t-il à décrire l'intériorité du personnage à l'aide de questions ?

6. **E** Aux lignes 24-26, que remarquez-vous de particulier entre la durée des événements et la longueur de ce passage ?

7. **D** Que pense le narrateur de l'armée d'occupation ? Sur quels mots aux lignes 31-35 vous appuyez-vous pour dégager son point de vue ?

8. **C** Quelles caractéristiques du commandant prussien le narrateur choisit-il de décrire ?

9. **A** Au cours de cette scène, quel contraste observe-t-on entre les deux personnages ? Quel effet le narrateur cherche-t-il à créer ?

10. **A** De quelle manière le narrateur s'y prend-il pour mettre en évidence l'accent allemand employé par le commandant prussien de l'armée d'occupation ?

11. **D** Le narrateur peut-il avoir eu connaissance de cette scène ? Pourquoi la relate-t-il ?

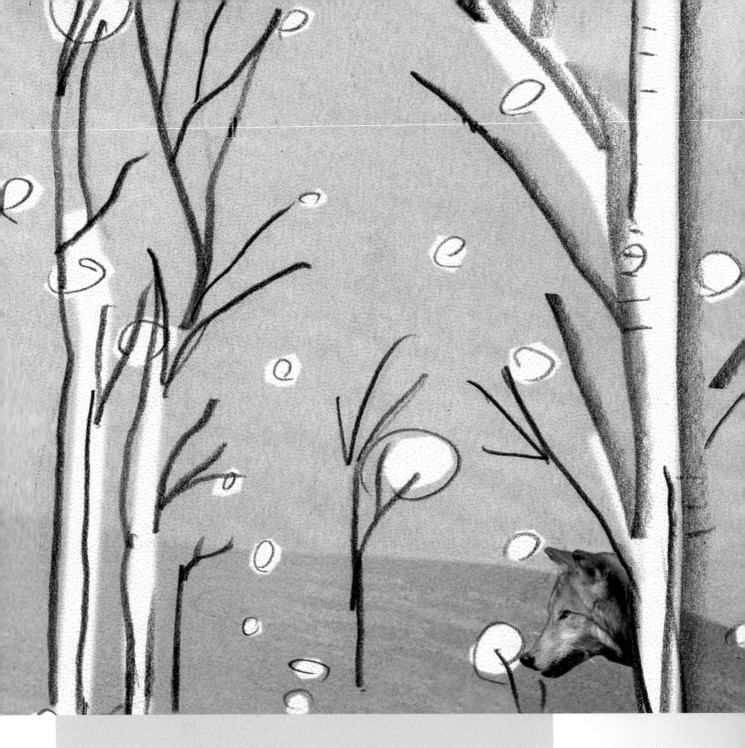

Et l'officier prononça en se frottant les mains :

— Nous ferrons pien si vous ne poufez bas vous hapiller toute seule et faire une bétite bromenate.

70 Puis on vit s'éloigner le cortège dans la direction de la forêt d'Imauville.

Deux heures plus tard les soldats revinrent tout seuls.

On ne revit plus la folle. Qu'en avaient-ils fait ? Où l'avaient-ils portée ? On ne le sut jamais.

12. **D** Aux lignes 63-69, le narrateur adopte-t-il un point de vue subjectif ou objectif ?

destin

lexique

Linceul
Que signifie ce terme ? En quoi est-ce une métaphore ?

75 La neige tombait maintenant jour et nuit, ensevelissant la plaine et les bois sous un linceul de mousse glacée. Les loups venaient hurler jusqu'à nos portes.

La pensée de cette femme perdue me hantait ; et je fis plusieurs démarches auprès de l'autorité prussienne, afin d'obtenir des renseignements. Je faillis être fusillé.

80 Le printemps revint. L'armée d'occupation s'éloigna. La maison de ma voisine restait fermée ; l'herbe drue poussait dans les allées.

La vieille bonne était morte pendant l'hiver. Personne ne s'occupait plus de cette aventure ; moi seul y songeais sans cesse.

Qu'avaient-ils fait de cette femme ? s'était-elle enfuie à travers les bois ?
85 L'avait-on recueillie quelque part, et gardée dans un hôpital sans pouvoir obtenir d'elle aucun renseignement ? Rien ne venait alléger mes doutes ; mais, peu à peu, le temps apaisa le souci de mon cœur.

Or, à l'automne suivant, les bécasses passèrent en masse ; et, comme ma goutte me laissait un peu de répit, je me traînai jusqu'à la forêt. J'avais déjà
90 tué quatre ou cinq oiseaux à long bec, quand j'en abattis un qui disparut dans un fossé plein de branches. Je fus obligé d'y descendre pour y ramasser ma bête. Je la trouvai tombée auprès d'une tête de mort. Et brusquement le souvenir de la folle m'arriva dans la poitrine comme un coup de poing. Bien d'autres avaient expiré dans ces bois peut-être en cette année sinistre ; mais
95 je ne sais pourquoi, j'étais sûr, sûr, vous dis-je, que je rencontrais la tête de cette misérable maniaque.

Et soudain je compris, je devinai tout. Ils l'avaient abandonnée sur ce matelas, dans la forêt froide et déserte ; et, fidèle à son idée fixe, elle s'était laissée mourir sous l'épais et léger duvet des neiges et sans remuer le bras ou
100 la jambe.

Puis les loups l'avaient dévorée.

Et les oiseaux avaient fait leur nid avec la laine de son lit déchiré.

J'ai gardé ce triste ossement. Et je fais des vœux pour que nos fils ne voient plus jamais de guerre.

Extrait de Guy de Maupassant, « La Folle », *Contes de la Bécasse*,
coll. Petits classiques Larousse, © Larousse, Paris, 2003.

13. **E** Combien de temps s'est-il passé aux lignes 74-96 ? Relevez les indices de temps qui le révèlent.

14. **D** Dans ce même passage, quels mots et quelles constructions de phrases indiquent le point de vue subjectif du narrateur ?

15. **D** Quel effet le narrateur produit-il en terminant la nouvelle de cette façon ? La fin vous amène-t-elle à réinterpréter certains passages du texte ?

16. **B** Quels sont les thèmes qui portent à la réflexion ? Reformulez dans vos mots le message qu'il désire livrer.

Regard sur le texte

A L'univers narratif

Dans la nouvelle *La Folle*, on réfère à des événements ayant eu lieu en Normandie durant l'occupation allemande de 1870. Le texte met en scène un personnage principal, « la folle », et trois personnages secondaires : la vieille bonne, un commandant prussien et Mathieu d'Endolin, le narrateur. À partir des situations dans lesquelles se retrouve le personnage principal, le narrateur amène les lecteurs à s'interroger sur des représentations ou des valeurs partagées par la société de cette époque, comme le sort réservé aux gens souffrant de maladie mentale, le pouvoir indu de l'armée, les conditions de vie en temps de guerre, etc.

B Les thèmes

Dans la nouvelle, il est question de différents thèmes souvent exploités dans les textes de Maupassant. Le titre *La Folle* annonce que la folie ou l'attitude à l'égard de la maladie mentale sera un des thèmes majeurs. Au cours du récit, d'autres thèmes, majeurs ou secondaires, viennent éclairer d'une manière inattendue ce thème principal, comme la guerre et la banalisation de la mort, qui amènent les lecteurs à réfléchir sur le sort réservé aux gens qui ne se conforment pas à la norme sociale en situation de crise.

C Le personnage : extériorité et intériorité

La Folle est une nouvelle à tendance sociologique. En effet, les caractéristiques liées à l'extériorité des personnages prédominent sur celles qui précisent leur intériorité. Le narrateur, uniquement témoin du drame, insiste sur l'apparence physique et les comportements des personnages, et sur les relations sociales minimales qu'ils ont. Il revient aux lecteurs, à partir des indices du narrateur, de déduire leur intériorité. L'expression directe de pensées ou d'émotions concerne l'attitude du narrateur engagé dans ce qu'il raconte.

D Le narrateur

Dans cette nouvelle, c'est le point de vue nuancé, utilisé par un narrateur témoin des événements, qui retient l'attention des lecteurs. Dramatique ou tragique, il permet de développer une profonde empathie envers les personnages de la folle ou de la vieille bonne. Sarcastique ou ironique, il crée une forte antipathie à l'endroit du commandant prussien. Neutre, il décrit des faits avec détachement. Ensuite, le choix des mots exprime les émotions éprouvées par le narrateur, comme *foudroyée par le chagrin* et *comme un coup de poing*. Enfin, certaines paroles rapportées, telles que *Che ne tolérerai bas d'insolence* servent à mettre en valeur son point de vue.

E Le temps : durée des événements et rythme du déroulement de la narration

Dans cette nouvelle, le rythme du déroulement de la narration est assuré par la relation établie entre la durée des événements racontés et la place qu'ils occupent dans le texte. Certains événements s'étendant sur une longue période sont décrits en un court paragraphe *(Pendant quinze années, elle demeura ainsi...)*, alors que d'autres faits ponctuels prennent plus d'importance, comme c'est le cas des passages dialogués. Le narrateur utilise cette « manipulation » du temps pour renforcer son point de vue, ce qui donne du rythme au texte et maintient l'intérêt des lecteurs.

La narration (séquence narrative), p. 177
Le point de vue, p. 198-199

destin

Approfondir le texte

1 Prêtez attention aux différents éléments de l'univers narratif de la nouvelle *La Folle*. Relevez trois mots clés qui servent à décrire les personnages de la folle, du commandant et de la vieille bonne.

2 **a)** Pour chacun des thèmes suivants, indiquez s'ils sont majeurs ou secondaires dans la nouvelle de Maupassant.

A. L'armée d'occupation   C. La folie

B. L'abus de pouvoir   D. La mort

b) Justifiez vos réponses en relevant cinq mots qui font partie du champ lexical lié aux thèmes majeurs et trois mots relatifs aux thèmes secondaires.

3 **a)** Dans sa description des personnages, le narrateur privilégie-t-il les aspects extérieurs ou intérieurs? Pour y répondre, trouvez les mots clés servant à les décrire en les classant dans un tableau semblable à celui ci-dessous.

PERSONNAGES	EXTÉRIORITÉ DU PERSONNAGE	INTÉRIORITÉ DU PERSONNAGE
	Traits physiques, comportements, relations	Émotions, pensées, attitudes
La folle		
Le commandant		
La vieille bonne		

b) Pourquoi, selon vous, les personnages ont-ils été décrits de cette façon?

4 Précisez, dans les passages suivants, si le point de vue du narrateur est objectif ou subjectif. Dans ce dernier cas, relevez les mots qui le révèlent.

Passages de la nouvelle

A. *La pauvre jeune femme, foudroyée par le chagrin, prit le lit, délira pendant six semaines. Puis, une sorte de lassitude calme succédant à cette crise violente, elle resta sans mouvement, mangeant à peine, remuant seulement les yeux.* (lignes 10-14)

B. *Je me rappelle cela comme d'hier. Il gelait à fendre les pierres; et j'étais étendu moi-même dans un fauteuil, immobilisé par la goutte, quand j'entendis le battement lourd et rythmé de leurs pas. De ma fenêtre, je les vis passer.* (lignes 27-30)

C. *Le lendemain, la vieille bonne, éperdue, la voulut habiller; mais la folle se mit à hurler en se débattant. L'officier monta bien vite; et la servante, se jetant à ses genoux, cria:*
  – Elle ne veut pas, monsieur, elle ne veut pas. Pardonnez-lui; elle est si malheureuse.
  (lignes 56-60)

DOSSIER • Personnages frappés par le destin   **23**

Grammaire en contexte

1.2 La fonction de modificateur

Pour exprimer un point de vue, on a souvent recours à des groupes de l'adverbe (GAdv) ou à des groupes prépositionnels (GPrép) qui ont la fonction de modificateur d'un adjectif, d'un verbe ou d'un adverbe. C'est le cas de l'exemple suivant tiré de la nouvelle de Maupassant :

Ex. : *Rêvassait-elle* tristement *,* sans souvenir précis *? (GAdv et GPrép modificateurs du verbe* rêvassait*)*

1 Dans les huit premiers paragraphes de la nouvelle, relevez trois groupes qui ont la fonction de modificateur et qui contribuent à exprimer le point de vue du narrateur.

2 Indiquez le type de groupe et la fonction précise de chacun des groupes que vous avez relevés (modificateur d'un adjectif, d'un verbe ou d'un adverbe).

3 Transformez le court paragraphe suivant, tiré de la nouvelle, en y ajoutant des GAdv ou des GPrép en vue de renforcer le point de vue du narrateur.

Le soldat restait embarrassé, n'osant, malgré sa colère, la faire tirer du lit par ses hommes. Mais soudain il se mit à rire et donna des ordres en allemand. (lignes 61-62)

 Les fonctions syntaxiques, p. 224   p. 265

5 **a)** Déduisez le temps qui s'est écoulé entre le début et la fin de l'histoire racontée par le narrateur ?

b) À partir du découpage de la nouvelle, comparez la durée des événements et la longueur du passage narratif (nombre de lignes). Que constatez-vous ?

COMPOSANTES DU SCHÉMA NARRATIF	PASSAGES DE LA NOUVELLE	DURÉE DES ÉVÉNEMENTS
Situation initiale et élément déclencheur	lignes 1-26	
Déroulement d'actions 1 : Entrée de l'armée d'occupation et rencontre entre le commandant et la folle	lignes 27-55	
Déroulement d'actions 2 : Transport de la folle sur son matelas	lignes 56-73	
Déroulement d'actions 3 : Passage du temps et inquiétude du narrateur	lignes 74-87	
Dénouement : Chasse à la bécasse	lignes 88-96	
Situation finale	lignes 97-104	

c) Selon vous, pourquoi y a-t-il tant de différence entre la durée des événements présentés et la longueur des extraits ? Quel effet le narrateur veut-il créer en procédant ainsi ?

1 **a)** Dès les premiers paragraphes, quels termes le narrateur utilise-t-il pour reformuler à sa manière le dicton populaire *Un malheur n'arrive jamais seul* ?

b) Êtes-vous d'accord avec ce dicton ? Pourquoi ?

2 **a)** Que pensez-vous du fait que « la folle » habite toujours chez elle ? Appuyez-vous sur le contexte historique page 17 pour répondre à cette question.

b) Si le récit se passait à notre époque, que croyez-vous qu'il arriverait à cette personne ? Aurait-elle pu terminer ses jours de la même façon ?

3 **a)** Pourquoi croyez-vous que le narrateur prend tant à cœur le sort de sa voisine ?

b) Quelles émotions exprime-t-il lorsqu'il en parle ? Justifiez vos réponses à l'aide de passages de la nouvelle.

c) Si vous aviez été à sa place, comment auriez-vous réagi ?

4 Réagissez à l'une des opinions suivantes, dans un paragraphe de cinq ou six lignes, en vous appuyant sur des exemples du texte.

A. L'histoire *La Folle* illustre de manière tragique le destin cruel vécu par une personne sans défense.

B. Ce qui est marquant dans la nouvelle *La Folle*, c'est la fin, qui est particulièrement saisissante.

C. Le narrateur, qui manifeste beaucoup de compassion à l'égard de « la folle », représente bien la « voix » de Maupassant, qui commençait, à l'époque, à souffrir d'une maladie mentale.

5 **a)** Comment réagissez-vous à la décision du commandant prussien ? Avait-il le droit d'agir ainsi ?

b) D'après vous, comment les soldats occupants agissent-ils auprès des civils dans les guerres qui se déroulent actuellement dans le monde ?

La nouvelle *Le plus beau livre du monde* tirée du recueil **Odette Toulemonde et autres histoires** nous plonge dans le dur univers des camps de travail forcé de l'ex-URSS. L'auteur, Schmitt, y raconte comment des prisonnières ont trouvé un moyen pour que leurs enfants ne les oublient pas.

Éric-Emmanuel Schmitt

Éric-Emmanuel Schmitt est né en 1960, à Lyon, en France, mais réside depuis de nombreuses années en Belgique. Après des études universitaires en philosophie, il écrit pour le théâtre. Sa pièce *Le visiteur* (1993) est acclamée partout. Schmitt y présente la rencontre hypothétique entre Dieu et le psychologue Sigmund Freud. Fort de ce succès, il poursuit sa carrière de dramaturge en signant de nombreuses pièces, mais aussi plusieurs romans, dont *La part de l'autre* (2001) et *Oscar et la dame en rose* (2002). Il a deux recueils de nouvelles à son actif ainsi qu'un livre autobiographique intitulé *Ma vie avec Mozart* (2005), qui témoigne de son affection pour la musique classique, et plus particulièrement l'opéra. Dans son œuvre, Éric-Emmanuel Schmitt aborde des thèmes variés, tels la tolérance, la culture, l'histoire, la spiritualité, l'enfance et la mort. Son écriture charme un public très large et fidèle, qui apprécie son humanisme, son érudition et son humour.

Odette Toulemonde et autres histoires

Odette Toulemonde et autres histoires est un recueil de huit nouvelles publié en 2006. La plus connue d'entre elles est « Odette Toulemonde », qui a d'ailleurs été adaptée un an plus tard pour le cinéma, par Éric-Emmanuel Schmitt lui-même. Dans ces nouvelles empreintes de tendresse et d'amour, des personnages féminins cherchent le bonheur, malgré l'adversité.

LES CAMPS DU GOULAG DE L'EX-U.R.S.S.

L'U.R.S.S. (Union des républiques socialistes soviétiques), créée à partir de 1917, était une puissante fédération qui avait adopté le système politique socialiste visant la répartition égale des richesses entre les citoyens. Dans les faits, ses dirigeants craignaient toute forme de résistance du peuple qui pourrait remettre le socialisme en question. Ce fut particulièrement le cas de Staline qui créa les camps du goulag dans le but de faire taire toute opposition à sa volonté. Le goulag était un réseau de prisons où plusieurs des prisonniers étaient forcés de travailler. On y a conduit et enfermé quantité de criminels, mais surtout des opposants au gouvernement. À l'époque, un simple désaccord avec la politique du gouvernement pouvait être perçu comme contre-révolutionnaire et pouvait mener à plusieurs mois ou années d'emprisonnement, voire à une condamnation à mort.

Après la mort de Staline, les camps de travail ont été démantelés et les prisonniers politiques libérés. À partir de cette époque, il n'y a plus eu de goulag, même si la liberté d'expression était limitée en U.R.S.S. Cette dernière a été dissoute en 1991 alors que plusieurs républiques ont déclaré leur indépendance. Le libéralisme économique a remplacé le socialisme, mais le douloureux souvenir des camps du goulag hante toujours ses survivants et les familles qui ont été brisées par la disparition de leurs proches.

Joseph Staline a été le dirigeant de l'URSS de 1922 à 1953. C'est sous son règne que des millions de prisonniers politiques ont été internés dans les camps de travail. On estime que plus de dix millions de prisonniers politiques y ont été exécutés ou y sont morts.

Le mot goulag est l'acronyme de *Glávnoie Oupravlénïe Lageréi*. Il s'agit d'un terme bureaucratique russe signifiant « Direction principale des camps de travail ».

Moscou

SIBÉRIE

Главное Управление Лагерей

0 1690 km

Ci-contre, on peut lire l'inscription *goulag* en russe.

- Qu'est-ce que le titre de la nouvelle vous inspire ? Qu'est-ce qu'il vous permet d'anticiper par rapport à l'histoire que vous lirez ?
- Si l'on vous enfermait dans un camp de travail forcé, qu'est-ce qui vous ferait le plus souffrir ?

Lire et comprendre le texte

Dans la nouvelle *Le plus beau livre du monde*, on assiste à l'arrivée d'une prisonnière dans un camp du goulag. À la lecture de ce texte, portez attention aux notions ci-dessous en vous laissant guider par les questions.

A L'univers narratif

B Les thèmes

C Le personnage : extériorité et intériorité

D Le narrateur

E Le temps : durée des événements et rythme du déroulement de la narration

LE PLUS BEAU LIVRE DU MONDE

Elles eurent un frémissement d'espoir lorsqu'elles virent arriver Olga.

Certes, Olga ne semblait pas particulièrement bienveillante. Sèche, longue, les os des mâchoires et des coudes saillant sous une peau sombre, elle n'adressa d'abord aucun regard aux femmes du pavillon. Elle s'assit sur la paillasse bancale qu'on lui avait attribuée, rangea ses effets
5 au fond du coffre en bois, écouta la gardienne lui hurler le règlement comme si elle braillait du morse, ne tourna la tête que lorsqu'elle lui indiqua d'un geste les lieux de propreté puis, au départ de celle-ci, s'étendit sur le dos, fit craquer ses doigts et s'absorba dans la contemplation des planches noircies au plafond.

– Vous avez vu ses cheveux ? murmura Tatiana.

10 Les prisonnières ne comprirent pas ce qu'insinuait Tatiana.

La nouvelle arborait une tignasse épaisse, crépue, robuste, drue, qui doublait le volume de sa tête. Tant de santé et de vigueur, c'était d'ordinaire l'apanage des Africaines... Cependant Olga, malgré son teint mat, n'avait aucun trait négroïde et devait provenir d'une ville d'Union soviétique puisqu'elle se retrouvait aujourd'hui en Sibérie dans ce camp de femmes où le régime punissait
15 celles qui ne pensaient pas de façon orthodoxe.

– Eh bien quoi, ces cheveux ?

– Une Caucasienne à mon avis.

– Tu as raison. Parfois les Caucasiennes ont de la paille sur la tête.

– Ils sont horribles, ces cheveux, oui.

20 – Ah, non ! Ils sont magnifiques. Moi qui les ai plats et fins, j'aurais rêvé de les avoir ainsi.

– Plutôt mourir. On dirait du crin.

destin

– Non, des poils de sexe!

Des petits rires vite étouffés accompagnèrent la dernière remarque de Lily.

Tatiana fronça les sourcils et fit taire le groupe en précisant:

25 – Ils pourraient bien nous apporter la solution.

Désireuses de plaire à Tatiana qu'elles traitaient en chef bien qu'elle ne fût qu'une prisonnière comme elles, elles tentèrent de se concentrer sur ce qui leur échappait: quelle solution apportaient les cheveux de cette inconnue à leur vie de déviantes politiques en rééducation forcée? Ce soir-là, une neige épaisse avait enseveli le camp. Au-dehors tout était sombre au-delà de la lanterne
30 que la tempête essayait d'éteindre. La température descendue en dessous de zéro ne les aidait pas à réfléchir.

– Tu veux dire...

– Oui. Je veux dire qu'on peut cacher bien des choses dans une tignasse pareille.

Elles marquèrent un silence respectueux. L'une d'elles devina enfin:

35 – Elle aurait apporté un...

– Oui!

Lily, une douce blonde qui, malgré les rigueurs du travail, le climat et l'immonde nourriture, demeurait aussi ronde qu'une fille entretenue, se permit de douter.

– Il faudrait qu'elle y ait pensé...

40 – Pourquoi pas?

– Ben moi, avant de venir ici, je n'y aurais jamais pensé.

– Justement, je te parle d'elle, pas de toi.

Sachant que Tatiana aurait toujours le dessus, Lily renonça à exprimer sa vexation et se remit à coudre l'ourlet de sa jupe de lainage.

45 On entendait les hurlements glacés de la tempête.

Quittant ses camarades, Tatiana s'engagea dans l'allée, s'approcha du lit de la nouvelle, resta un temps au pied de celui-ci en attendant qu'un signe lui montrât qu'on l'avait remarquée.

Un maigre feu agonisait dans le poêle.

Après quelques minutes de silence sans réaction, Tatiana se résolut à le casser:

50 – Comment t'appelles-tu?

Une voix grave prononça «Olga» sans qu'on vît bouger sa bouche.

– Et tu es là pourquoi?

Rien ne réagit sur le visage d'Olga. Un masque de cire.

– J'imagine que, comme nous toutes, tu étais la fiancée préférée de Staline et qu'il s'est lassé?

55 Elle croyait énoncer quelque chose de drôle, une phrase quasi rituelle qui accueillait ici les rebelles au système stalinien; la phrase glissa sur l'inconnue tel un galet sur la glace.

– Moi, je m'appelle Tatiana. Tu veux que je te présente les autres?

– On a le temps, non?

– Sûr qu'on a le temps... on va passer des mois, des années dans ce trou, on va peut-être y
60 mourir...

– Donc on a le temps.

En conclusion, Olga ferma ses paupières, se tourna contre le mur, n'offrant plus que ses épaules pointues à la conversation.

Comprenant qu'elle n'en tirerait pas davantage, Tatiana revint vers ses camarades.

65 – C'est une dure. Plutôt rassurant. On a des chances que…

Approuvant de la tête – même Lily –, elles décidèrent d'attendre.

Pendant la semaine qui suivit, la nouvelle ne concéda guère plus d'une phrase par jour, et encore fallait-il la lui tirer des lèvres. Ce comportement validait l'espoir des plus anciennes pensionnaires.

70 – Je suis sûre qu'elle y a pensé, finit par dire Lily, à chaque heure plus conquise. Elle est définitivement du genre à y avoir pensé.

Le jour apportait peu de clarté, le brouillard le forçant à rester gris; quand il se dissipait, un écran impénétrable de nuages oppressants pesait sur le camp, telle une armée de sentinelles.

Puisque personne n'arrivait à provoquer la confiance d'Olga, elles comptèrent qu'une douche 75 leur permettrait de découvrir si la nouvelle cachait… mais il faisait si froid que personne n'entreprenait plus de se déshabiller; l'impossible séchage et l'improbable réchauffement les restreignaient à une toilette furtive, minimale. Elles découvrirent en outre un matin de pluie que la crinière d'Olga était si fournie que les gouttes glissaient sur elle sans la pénétrer; elle possédait une coiffure imperméable.

80 – Tant pis, arbitra Tatiana : il faut prendre le risque.

– De lui demander ?

– Non. De lui montrer.

– Imagine que ce soit une espionne ? Que quelqu'un l'ait envoyée pour nous piéger ?

– Elle n'a pas le genre, dit Tatiana.

destin

85 – Non, elle n'a pas le genre du tout, certifia Lily en tirant un fil de son ouvrage.

– Si, elle a le genre ! Jouer la sauvage, la dure, la muette, celle qui ne pactise avec personne : n'est-ce pas le meilleur moyen de nous donner confiance ?

C'est Irina qui avait crié ce raisonnement, surprenant les autres femmes, se surprenant elle-même, stupéfaite par la cohérence de ce qu'elle avançait. Elle continua, étonnée :

90 – J'imagine que si l'on me confiait la mission d'espionner une cabane de femmes, je ne pourrais pas m'y prendre mieux. Passer pour une taiseuse, une solitaire, et, ainsi, avec le temps, déclencher les confidences. C'est plus habile que de se montrer cordiale, non ? Nous sommes peut-être infiltrées par la plus grande cafteuse de l'Union soviétique.

Lily en fut soudain si convaincue qu'elle s'enfonça l'épingle dans le gras du doigt. Une goutte 95 de sang perla qu'elle regarda avec terreur.

– Je veux qu'on me change de baraque, vite !

Tatiana intervint :

– C'est bien raisonné, Irina, ce n'est cependant qu'un raisonnement. Moi, mon intuition m'affirme le contraire. On peut lui faire confiance, elle est comme nous. Voire plus dure que nous.

100 – Attendons. Parce que si nous sommes pincées...

– Oui, tu as raison. Attendons. Et surtout, essayons de la pousser à bout. Ne lui parlons plus. Si c'est une espionne placée là pour nous dénoncer, elle va paniquer et se rapprocher de nous. À la moindre avancée, elle nous dévoilera sa tactique.

– Bien vu, confirma Irina. Ignorons-la et guettons sa réaction.

105 – C'est épouvantable..., soupira Lily en léchant son doigt pour hâter la cicatrisation.

Pendant dix jours, aucune prisonnière du pavillon 13 ne s'adressa à Olga. Celle-ci sembla d'abord ne pas le remarquer puis, lorsqu'elle en prit conscience, son œil devint plus dur, quasi minéral ; elle n'esquissa pourtant pas le moindre geste pour briser ce glacis de silence. Elle acceptait l'isolement.

110 Après la soupe, les femmes se réunirent autour de Tatiana.

– La preuve est là, non ? Elle n'a pas craqué.

– Oui, c'est effrayant...

– Oh, toi, Lily, tout t'effraie...

– Avouez que c'est cauchemardesque : être rejetée par un groupe, s'en rendre compte et ne pas 115 bouger un doigt pour empêcher cette exclusion ! C'est à peine humain... Je me demande si elle a un cœur, cette Olga.

– Qui te dit qu'elle n'en souffre pas ?

Lily suspendit sa couture, l'aiguille coincée au plus épais du tissu : elle n'y avait pas pensé. Aussitôt ses paupières s'alourdirent de larmes.

120 – Nous l'avons rendue malheureuse ?

– Je pense qu'elle est arrivée malheureuse ici et qu'elle l'est devenue davantage.

– La pauvre ! Par notre faute...

– Je pense surtout qu'on peut compter sur elle.

– Oui, tu as raison, s'exclama Lily en essuyant ses pleurs avec sa manche. Faisons-lui vite 125 confiance. J'ai trop mal à l'idée qu'elle n'est qu'une prisonnière, comme nous, et que nous rajoutons à son chagrin en lui rendant la vie impossible.

En quelques minutes de conciliabule, les femmes décidèrent qu'elles allaient prendre le risque de dévoiler leur plan et que ce serait Tatiana qui en aurait l'initiative.

Le camp retomba ensuite dans sa somnolence ; dehors, il gelait fort ; quelques écureuils furtifs bruissèrent sur la neige entre les baraquements.

De la main gauche, Olga émiettait une vieille croûte de pain, de l'autre elle tenait sa gamelle vide.

Tatiana s'approcha.

– Sais-tu que tu as droit à un paquet de cigarettes tous les deux jours ?

– Figure-toi que j'ai remarqué et que je les fume !

La réponse avait fusé de la bouche d'Olga, vive, précipitée, la brusque sortie d'une semaine silencieuse accélérant son élocution.

Tatiana remarqua que, malgré son agressivité, Olga venait de parler plus que naguère. Les rapports humains devaient lui manquer... elle estima qu'elle pouvait continuer.

– Puisque tu remarques tout, tu as sans doute noté qu'aucune de nous ne fume. Ou alors nous fumons un peu en présence des surveillantes.

– Euh... oui. Non. Que veux-tu dire ?

– Tu ne t'es pas demandé à quoi nous utilisons les cigarettes ?

– Ah, je vois : vous les échangez. C'est la monnaie du camp. Tu veux m'en vendre ? Je n'ai rien pour payer...

– Tu te trompes.

– Si on ne paie pas avec de l'argent, on paie avec quoi alors ?

Olga inspecta Tatiana avec une grimace soupçonneuse, comme si, à l'avance, ce qu'elle allait découvrir la dégoûtait. Tatiana prit donc le temps de lui répondre :

– Nous ne vendons pas nos cigarettes, nous ne les échangeons pas non plus. Nous nous en servons pour autre chose que fumer.

Parce qu'elle sentit qu'elle avait piqué la curiosité d'Olga, Tatiana rompit la discussion, sachant qu'elle serait plus forte si l'autre revenait vers elle pour apprendre la suite.

Le soir même, Olga rejoignit Tatiana, la contempla longuement comme pour lui demander de rompre le silence. En vain. Tatiana lui rendait la monnaie du premier jour.

Olga finit par craquer :

– Bon, que faites-vous des cigarettes ?

Tatiana se tourna vers elle et fouilla son regard.

– As-tu abandonné des gens que tu aimes derrière toi ?

En guise de réponse, un rictus douloureux lézarda le visage d'Olga.

– Nous aussi, poursuivit Tatiana, nos hommes nous manquent mais pourquoi on devrait s'inquiéter davantage pour eux que pour nous ? Ils sont dans un autre camp. Non, ce qui tracasse, ce sont les enfants...

La voix de Tatiana se brisa : l'image de ses deux filles venait d'envahir sa conscience. Par compassion, Olga lui posa la main sur l'épaule, une main costaude, puissante, presque une main d'homme.

destin

– Je comprends, Tatiana. Moi aussi, j'ai une fille derrière moi. Heureusement, elle a vingt et un ans.

– Les miennes ont huit et dix ans...

170 Trouver l'énergie de retenir ses larmes l'empêcha de continuer. D'ailleurs, qu'avait-elle à ajouter?

La poigne brusque d'Olga précipita Tatiana contre son épaule et Tatiana le chef de réseau, Tatiana l'éternelle rebelle, la dure Tatiana, parce qu'elle avait trouvé plus dure qu'elle, pleura quelques instants sur la poitrine d'une inconnue.

175 Lorsqu'elle fut soulagée de son excès d'émotion, Tatiana reprit le fil de ses pensées.

– Voilà à quoi nous servent les cigarettes: on vide le tabac, on garde les feuilles. Après, en collant les feuilles les unes sur les autres, on obtient une vraie page de papier. Tiens, viens, je vais te montrer.

Soulevant une latte du plancher, Tatiana dégagea d'une cache pleine de pommes de terre une
180 liasse craquante de papier à cigarettes où soudures et jointures épaississaient les fines membranes, tels des papyrus millénaires découverts en Sibérie par on ne sait quelle aberration archéologique.

Elle les posa avec précaution sur les genoux d'Olga.

– Voilà. Forcément, un jour, l'une de nous sortira... Elle pourra alors porter nos messages.

– Bien.

185 – Or, tu l'as deviné, il y a un problème.

– Oui. Je vois : les feuilles sont vides.

– Vides. Recto. Verso. Parce que nous n'avons ni stylo ni encre. J'ai bien essayé d'écrire avec mon sang, en piquant une épingle à Lily, ça s'efface trop vite... En plus, je cicatrise mal. Un souci de plaquettes. Malnutrition. Pas envie d'aller à
190 l'infirmerie pour éveiller des soupçons.

– Pourquoi me dis-tu ça? En quoi ça me concerne?

– Toi aussi, j'imagine que tu veux écrire à ta fille?

Olga laissa s'épaissir une bonne minute avant de répondre d'un ton rêche :

195 – Oui.

– Alors voici: nous te fournissons le papier, tu nous fournis le crayon.

– Pourquoi t'attends-tu à ce que je possède un crayon? C'est ce qu'ils nous arrachent d'abord lorsqu'ils nous arrêtent. Et nous
200 avons toutes été fouillées à plusieurs occasions avant d'arriver ici.

– Tes cheveux...

Tatiana désigna la crinière touffue qui auréolait le masque sévère d'Olga. Elle insista.

– Quand je t'ai vue arriver, je me suis dit que...

Olga l'interrompit de la main et pour la première fois sourit.

205 – Tu as raison.

Sous les yeux émerveillés de Tatiana, elle glissa sa main derrière son oreille, farfouilla dans ses boucles puis, le regard brillant, en sortit un fin crayon à papier qu'elle tendit à sa compagne de captivité.

– Marché conclu!

On a du mal à mesurer la joie qui réchauffa le cœur des femmes durant les jours qui suivirent. Avec cette petite mine de plomb, c'était leur cœur, leur lien avec le monde d'avant, la possibilité d'embrasser leurs enfants qui leur étaient rendus. La captivité devenait moins lourde. La culpabilité aussi. Car certaines s'en voulaient d'avoir fait passer l'action politique avant la vie familiale; maintenant qu'elles se trouvaient reléguées au fond d'un goulag, ayant livré leurs enfants à une société qu'elles avaient détestée et combattue, elles ne pouvaient s'empêcher de regretter leur militantisme, de se soupçonner d'avoir fui leurs devoirs et de s'être révélées de mauvaises mères. Ne valait-il pas mieux, à l'instar de tant d'autres Soviétiques, se taire et se replier sur les valeurs domestiques? Sauver sa peau et la peau des siens, au lieu de lutter pour la peau de tout le monde?

Si chaque recluse jouissait de plusieurs feuilles, il n'y avait qu'un crayon. Après plusieurs réunions, elles convinrent que chaque femme aurait droit à trois feuillets avant qu'on ne relie l'ensemble en un cahier cousu qui sortirait dès que l'opportunité se présenterait.

Deuxième règle: chaque femme serait astreinte à rédiger ses pages sans ratures pour ne pas user le crayon.

Si, le soir même, cette décision provoqua l'enthousiasme collectif, les jours suivants se montrèrent pénibles. Confrontée à la contrainte de concentrer sa pensée en trois feuillets, chaque femme souffrait: tout dire en trois feuillets... Comment constituer trois feuillets essentiels, trois feuillets testamentaires qui graveraient l'essentiel de sa vie, qui légueraient à ses enfants son âme, ses valeurs et leur indiqueraient à jamais quel avait été le sens de son passage sur terre?

L'exercice tourna à la torture. Chaque soir des sanglots sortaient des couches. Certaines perdirent le sommeil; les autres gémissaient pendant leurs rêves.

Dès que les pauses du travail obligatoire le leur permettaient, elles tentaient d'échanger leurs idées.

– Moi, je vais raconter à ma fille pourquoi je suis ici et pas auprès d'elle. Afin qu'elle me comprenne et, peut-être, me pardonne.

– Trois feuilles de mauvaise conscience pour te filer bonne conscience, tu trouves vraiment que c'est une bonne idée?

– Moi, à ma fille, je vais raconter comment j'ai rencontré son père pour qu'elle sache qu'elle est le fruit d'une histoire d'amour.

– Ah oui? Elle va surtout se demander pourquoi tu n'as pas continué l'histoire d'amour avec elle.

– Moi, j'ai envie de raconter à mes trois filles mes accouchements, les plus beaux moments de ma vie.

– Court, non? Tu ne crois pas qu'elles vont t'en vouloir de limiter tes souvenirs à leur arrivée? Il vaudrait mieux leur parler de la suite.

– Moi, j'ai envie de leur raconter ce que j'aurais envie de faire pour elles.

– Mm...

En discutant, elles découvrirent un détail étrange: toutes avaient donné le jour à des filles. La coïncidence les amusa, puis les surprit, au point qu'elles se demandèrent si la décision d'incarcérer ensemble des mères de filles dans le pavillon 13 n'avait pas été prise sciemment par les autorités.

Cette diversion n'interrompit cependant pas leur martyre: qu'écrire?

Chaque soir Olga brandissait le crayon et le proposait à la cantonade:

– Qui veut commencer?

Chaque soir s'installait un silence diffus. Le temps s'écoulait de manière perceptible, comme les stalactites gouttent au plafond d'une grotte. Les femmes, tête basse, attendaient que l'une 255 d'elles criât «Moi» et les délivrât provisoirement de leur gêne mais, après quelques toux et des œillades furtives, les plus courageuses finissaient par répondre qu'elles réfléchissaient encore.

– Je suis en train de trouver... demain peut-être...

– Oui, moi aussi, j'avance, pourtant je ne suis pas encore certaine...

Les jours se succédaient, tourbillonnant de bourrasques ou sertis de givre immaculé. Alors 260 que les prisonnières avaient attendu le crayon pendant deux ans, trois mois passèrent sans qu'aucune le réclamât ou même ne l'acceptât.

Aussi quelle ne fut pas la surprise lorsque, un dimanche, après qu'Olga eut levé l'objet en prononçant la phrase rituelle, Lily répondit avec empressement:

– Je le veux bien, merci.

265 Elles se tournèrent, médusées, vers la blonde et grasse Lily, la plus écervelée d'entre elles, la plus sentimentale, la moins volontaire, bref, disons-le: la plus normale. Si l'on avait dû pronostiquer quelle prisonnière inaugurerait la rédaction des feuillets, sûr que Lily aurait été désignée parmi les dernières. Tatiana d'abord, Olga peut-être, ou bien Irina... mais la suave et ordinaire Lily?

Tatiana ne put s'empêcher de bredouiller:

270   – Tu... tu es sûre... Lily?

– Oui, je crois.

– Tu ne vas pas... gribouiller, te tromper... enfin user le crayon?

– Non, j'ai bien réfléchi: j'y parviendrai sans ratures.

Sceptique, Olga confia le stylo à Lily. En le lui abandonnant, elle échangea un regard avec
275 Tatiana; celle-ci lui confirma qu'elles étaient en train de commettre une bourde.

Les jours suivants, les femmes du pavillon 13 fixaient Lily chaque fois que celle-ci s'isolait
pour écrire, assise par terre, alternant inspiration – yeux au plafond – et expiration – ses épaules
se courbaient pour cacher aux autres les signes qu'elle inscrivait sur le papier.

Le mercredi, elle annonça avec satisfaction:

280   – J'ai fini. Qui veut le crayon?

Un silence maussade suivit sa question.

– Qui veut le crayon?

Aucune femme n'osait en dévisager une autre. Lily conclut avec tranquillité:

– Bon, je le remets dans les cheveux d'Olga en attendant demain.

285 Olga émit juste un grognement lorsque Lily dissimula l'objet au fond de sa tignasse.

Toute autre que Lily, moins bonne, plus alertée sur les complexités du cœur humain, aurait
remarqué que les femmes du pavillon l'étudiaient désormais avec jalousie, voire un brin de haine.
Comment Lily, qui n'était pas loin de l'idiotie, avait-elle réussi là où les autres échouaient?

Une semaine s'écoula, chaque soir offrant à chaque femme l'occasion de revivre sa défaite.

290 Enfin, le mercredi suivant, à minuit, pendant que les respirations indiquaient que la plupart
des femmes dormaient, Tatiana, épuisée de se tourner et se retourner sur sa couche, se traîna en
silence jusqu'au lit de Lily.

Celle-ci souriait en lorgnant le plafond sombre.

– Lily, je t'en supplie, peux-tu m'expliquer ce que tu as écrit?

295   – Bien sûr, Tatiana, tu veux le lire?

– Oui.

Comment allait-elle faire? Le couvre-feu était passé.

Tatiana se blottit près de la fenêtre. Derrière la toile d'araignée s'étend une neige pure qu'une
pleine lune rend bleue; en se tordant le cou, Tatiana parvint à déchiffrer les trois feuillets.

300 Lily s'approcha et demanda, sur le ton d'une petite fille coupable d'une sottise:

– Alors, qu'en penses-tu?

– Lily, tu es géniale!

Et Tatiana prit Lily dans ses bras pour embrasser plusieurs fois ses joues dodues.

Le lendemain, Tatiana demanda deux grâces à Lily: la permission de suivre son exemple, la
305 permission d'en parler aux autres femmes.

Lily baissa les cils, rosit comme si on lui offrait des fleurs, et gazouilla une phrase qui, par ses
entrelacs et ses roucoulements de gorge, signifiait oui.

ÉPILOGUE

Moscou, décembre 2005.

Cinquante ans se sont écoulés depuis ces événements.

310 L'homme qui écrit ces lignes visite la Russie. Le régime soviétique est tombé, il n'y a plus de camps, ce qui ne signifie pas que l'injustice a disparu pour autant.

Dans les salons de l'ambassade de France, je rencontre les artistes qui jouent mes pièces de théâtre depuis des années.

Parmi eux, une femme de soixante ans me saisit le bras avec une sorte de familiarité
315 affectueuse, un mélange d'effronterie et de respect. Son sourire ruisselle de bonté. Impossible de résister à ces iris mauves... Je la suis jusqu'à la fenêtre du palais qui permet de contempler Moscou illuminé.

– Voulez-vous que je vous montre le plus beau livre du monde ?

– Moi qui gardais encore l'espoir de l'écrire, vous venez m'annoncer que c'est trop tard. Vous
320 me tuez. En êtes-vous certaine ? Le plus beau livre du monde ?

– Oui. Même si d'autres peuvent en écrire de beaux, celui-là est le plus beau.

Nous nous asseyons sur ces canapés trop grands et trop usés qui ornent les lambris de toutes les ambassades du monde.

Elle me raconte l'histoire de sa mère, Lily, qui passa plusieurs années au goulag, puis l'histoire
325 des femmes qui avaient partagé ces moments avec elle, et enfin l'histoire du livre telle que je viens de vous la raconter.

– C'est moi qui possède le cahier. Parce que ma mère fut la première à quitter le pavillon 13, elle réussit à le sortir cousu dans ses jupons. Maman est morte, les autres aussi. Cependant les filles des camarades captives viennent le consulter de temps en temps: nous prenons le thé, nous
330 évoquons nos mères, puis nous le relisons. Elles m'ont confié la mission de le conserver. Quand je ne serai plus là, je ne sais où il ira. Y aura-t-il un musée qui le recueillera ? J'en doute. Pourtant, c'est le plus beau livre du monde. Le livre de nos mères.

Elle passe son visage sous le mien, comme si elle allait m'embrasser et me décoche un clin d'œil.

335 – Voulez-vous le voir ?

Rendez-vous est pris.

Le lendemain, j'emprunte l'escalier gigantesque qui conduit à l'appartement qu'elle partage avec sa sœur et deux cousines.

Au milieu de la table, entre le thé et les gâteaux sablés, le livre m'attend, un cahier de feuilles
340 fragiles que les décennies ont rendues plus cassantes encore.

Mes hôtesses m'installent dans un fauteuil aux bras épuisés et je commence à lire le plus beau livre du monde, écrit par des combattantes pour la liberté, des rebelles que Staline estimait dangereuses, les résistantes du pavillon 13 qui avaient chacune rédigé trois feuillets pour leurs filles en craignant de ne les revoir jamais.

345 Sur chaque page était rédigée une recette de cuisine.

Extrait de Éric-Emmanuel Schmitt, « Le plus beau livre du monde », *Odette Toulemonde et autres histoires*,
© Les Éditions Albin Michel, 2006.

Après avoir lu le texte, répondez aux questions suivantes en lien avec les notions ciblées.

A L'univers narratif

D Le narrateur

B Les thèmes

E Le temps : durée des événements et rythme du déroulement de la narration

C Le personnage : extériorité et intériorité

1. **A** **a)** Précisez l'univers narratif de la nouvelle *Le plus beau livre du monde* en identifiant :

    – les personnages ; – les lieux ; – l'époque.

    b) Les femmes du goulag sont prisonnières et traitées comme des criminelles. Identifiez cinq éléments dans le texte qui révèlent leur misérable condition.

    c) Dans l'épilogue, l'univers narratif change. Résumez ce qui caractérise les personnages, les lieux et l'époque dans cette dernière partie du récit.

2. **A** L'univers narratif de cette nouvelle est basé sur des faits historiques associés à l'ancien régime communiste soviétique. Relevez au moins trois passages qui précisent le contexte politique du récit.

3. **A** La Sibérie est reconnue pour son climat des plus rigoureux. Relevez au moins trois passages qui font ressentir aux lecteurs le froid qui règne dans ce camp de travail.

4. **B** **a)** Parmi les mots de la liste ci-dessous, lequel choisiriez-vous comme thème principal du texte ? Justifiez votre réponse.

    – L'injustice – L'héritage familial – L'écriture – Les goulags

    – Les prisonnières politiques – La solidarité – La postérité – L'amitié

    – L'U.R.S.S. – La promiscuité – La mémoire – La Sibérie

    b) Selon vous, quel serait, parmi les propositions de la liste précédente, un des thèmes secondaires de la nouvelle ? Justifiez votre réponse.

5. **C** À votre avis, qui sont les personnages principaux de cette nouvelle ?

6. **C** Olga et Lily sont deux personnages très opposés. Pour nous faire comprendre leur personnalité, l'auteur a insisté sur certaines caractéristiques extérieures qui révèlent leur intériorité. Repérez-les dans la nouvelle et complétez un tableau semblable à celui ci-dessous :

	INTÉRIORITÉ	EXTÉRIORITÉ
Lily		Elle est blonde, douce et ronde (lignes 37-38). Elle pleure (ligne 119). C'est elle qui a l'idée des recettes, son goût pour les bonnes choses de la vie l'a sans doute inspirée. À la fin, on dit qu'elle gazouille une phrase, en roucoulant (lignes 306-307).
Olga	Il s'agit d'une femme très dure (lignes 51-65), fermée sur elle-même.	

destin

7. **C** Quelle transformation psychologique vit Tatiana au cours de l'histoire ? Relevez un passage du texte qui rend compte de cette transformation.

8. **D** **a)** Qu'apprend-on sur le narrateur dans l'épilogue ?

b) Déterminez de quel type de narrateur il s'agit.

c) Si on enlevait l'épilogue, de quel type de narrateur s'agirait-il ?

9. **E** **a)** Dans une prison, le temps n'est plus perçu de la même façon. Il semble suspendu… À quoi le narrateur compare-t-il le temps qui passe au goulag (p. 35) ? Tentez d'expliquer le sens de sa comparaison en la rattachant au vécu des prisonnières.

b) Relevez deux autres passages brefs qui expriment bien ce sentiment du temps qui s'écoule très lentement.

10. **E** Le narrateur prend lui aussi du temps et plusieurs lignes pour raconter deux journées particulières dans la vie de ces femmes prisonnières.

a) Indiquez entre quelles lignes ces deux journées importantes sont décrites.

b) Que s'est-il passé pendant ces deux journées auxquelles le narrateur s'est attardé ?

Approfondir le texte

1 Observez les passages dialogués dans le texte des lignes 16 à 22 et des lignes 233 à 246. Il y est bien difficile de savoir avec précision qui parle à qui. Pourquoi l'auteur n'a-t-il pas toujours précisé qui prononçait ces paroles ?

2 De façon métaphorique, on démontre qu'une lueur d'espoir s'est introduite dans le cœur des femmes. Complétez les énoncés de ce tableau de façon à montrer l'évolution intérieure des personnages.

AU DÉBUT DE L'HISTOIRE		VERS LA FIN DE L'HISTOIRE
Dans le texte, on insiste sur la noirceur à l'extérieur : *Au-dehors tout était sombre au-delà de la lanterne que la tempête essayait d'éteindre.* (lignes 29-30)	Les femmes ont trouvé une bonne idée à rédiger dans leur cahier.	**Dans le texte…**
Cela démontre un certain désespoir dans le camp.		**Cela démontre…**

3 À la ligne 288, on peut lire que Lily n'est pas loin de l'idiotie. S'agit-il du point de vue du narrateur ? Justifiez votre réponse.

4 **a)** Voici un schéma présentant les personnes ou les personnages concernés par cette nouvelle. Déterminez qui est représenté par les numéros 1, 2, 3 et 4.

b) Pourquoi peut-on dire que les figures des numéros 1 et 2 n'ont pas tout à fait la même identité ?

5 Expliquez pourquoi la fille de Lily considère que ces petits papiers assemblés constituent *le plus beau livre du monde*.

Réagir au texte

1 Quelle a été votre réaction quand vous avez pris connaissance de ce qui a été écrit sur les bouts de papier à la dernière ligne de la nouvelle ? Justifiez votre réponse.

2 À votre avis, cette histoire est-elle véridique ? Justifiez votre réponse.

3 Que pensez-vous des questions posées aux lignes 216-218 ? Ces femmes sont-elles responsables de leur destin de prisonnières ? Comment agiriez-vous si vous viviez dans un système politique oppressif ?

4 Imaginez une autre fin pour cette nouvelle. En d'autres mots, qu'auraient aussi pu écrire ces femmes à leurs enfants ? Reprenez l'histoire à partir de la ligne 219.

Vous venez de lire un extrait des œuvres suivantes :

manuel, p. 6-10

manuel, p. 18-21

manuel, p. 28-37

1 Que pensez-vous de ces trois textes ? Mettez vos impressions en commun en les situant simultanément, du point de vue de chacun des six aspects suivants, sur une échelle de 1 à 5.

−				+
1	2	3	4	5

Évaluez :

a) l'univers narratif
Attribuez 5 à l'histoire qui vous semble la plus réaliste.

b) les personnages
Attribuez 5 à la nouvelle présentant l'analyse psychologique la plus fine.

c) les thèmes
Attribuez 5 à l'histoire présentant les thèmes vous touchant le plus.

d) le temps
Attribuez 5 à l'histoire la moins linéaire par ses retours en arrière ou ses anticipations.

e) le narrateur
Attribuez 5 à l'histoire où le narrateur semble le plus impliqué dans son récit.

f) l'intrigue
Attribuez 5 à la nouvelle la plus captivante, qui mériterait à votre avis d'être adaptée au cinéma.

2 Une fois les comparaisons faites, sélectionnez la nouvelle qui vous donne le plus envie de lire le recueil en entier. Justifiez votre choix en 8 à 10 lignes.

La nouvelle

La nouvelle est un genre narratif difficile à définir, car ses caractéristiques peuvent changer d'une époque à l'autre et d'une culture à l'autre. Cependant, on distingue la nouvelle du roman en lui reconnaissant les caractéristiques suivantes :

1. Longueur : la nouvelle est un récit bref.

2. Espace et temps : les lieux sont peu nombreux et esquissés seulement. Les événements racontés sont de très courte durée. Lorsqu'un événement s'étend dans le temps, il est rendu succinctement.

3. Personnage(s) : la nouvelle implique un seul personnage ou peu de personnages, décrits à grands traits.

4. Histoire : la nouvelle se concentre sur un seul événement (très peu de péripéties, au contraire du roman) qui va changer irrémédiablement la vie du personnage principal.

La chute d'une histoire, c'est sa fin inattendue. Cette façon de clore un récit est souvent associée à la nouvelle, car les auteurs du XIXe qui ont donné au genre ses lettres de noblesse cherchaient, avec leurs récits courts et resserrés, à surprendre le lecteur.

Il n'y a pas de recette pour créer une chute, mais voici tout de même quelques trucs :
- choisir un titre qui produit une fausse interprétation des faits ou des actions ;
- mystifier les lecteurs en jouant sur le double sens d'un mot important dans le récit ;
- dénouer l'histoire par un retournement de situation ;
- révéler un élément, à la toute fin, qui apportera un nouvel éclairage à l'histoire ;
- clore le récit par une réflexion déroutante ou équivoque.

1 Lisez la nouvelle *Le fait du jour*, d'Anna Gavalda.  p. 351

2 Montrez comment la nouvelle *Le fait du jour* s'approche ou s'éloigne de chacune des quatre caractéristiques de la nouvelle présentées ci-dessus.

3 Selon vous, cette nouvelle comporte-t-elle une chute ? Justifiez votre réponse.

4 Le début d'une nouvelle est souvent très accrocheur.

a) Est-ce le cas pour *Le fait du jour* ? Justifiez votre réponse.

b) Le récit aurait-il pu commencer par *Je commence par le début* et respecter la chronologie des événements : 29 septembre 1997, départ pour le travail – 1er rendez-vous à 8 h – etc. ? Selon vous, pourquoi le narrateur bouleverse-t-il cette chronologie ?

5 Le choix du narrateur est crucial dans un récit.

a) Qui est-il dans *Le fait du jour*? Relevez quelques mots ou phrases qui le révèlent.

b) Selon vous, pourquoi l'auteure de la nouvelle a-t-elle choisi ce type de narrateur pour raconter son histoire?

c) Dites pourquoi le narrateur n'aurait pu, en toute logique, formuler la phrase suivante:

« Juste au moment où je terminais mon récit, ma femme a été assaillie par une affreuse vision, mais elle n'en a rien montré. »

6 **a)** Lisez la mise en situation suivante.

LE SOLDAT PORTÉ DISPARU

C'est l'histoire d'un soldat porté disparu depuis plusieurs années. Croyant que l'État-major avait annoncé depuis longtemps sa mort à sa femme, le soldat décide un beau jour de rentrer chez lui discrètement, au cas où sa « veuve » aurait refait sa vie. Mais, sans qu'il le sache, sa femme a été prévenue de son retour au pays. Alors qu'elle
5 était par fidélité restée seule toutes ces années, elle dresse la table pour deux, achète des fleurs. L'homme arrive chez lui. Par la fenêtre, il voit sur la table deux couverts...

b) Seul ou en équipe, imaginez (sans l'écrire) une fin inattendue à l'histoire du soldat.

c) Avec d'autres élèves, comparez vos idées, puis déterminez la fin qui pourrait être la plus surprenante et constituer une chute.

7 **a)** À partir de la fin choisie, dressez le schéma narratif de la nouvelle intégrale que vous imaginez.

ⓘ *Le schéma narratif,* p. 178

b) Si vous aviez à écrire la nouvelle, dans quel ordre raconteriez-vous les événements ou les actions du récit? En respectant la chronologie ou en la bouleversant? Précisez votre choix.

8 **a)** Inspirez-vous de l'histoire du soldat porté disparu pour rédiger le début de la nouvelle. Pour écrire ces quelques phrases, choisissez un narrateur, et tenez compte de la fin imaginée et du schéma dressé.

b) Soumettez votre texte à un ou une autre élève pour qu'il ou elle le commente.

- Est-ce que votre début de nouvelle donne envie de connaître la suite de l'histoire? Pourquoi?

- Comment pourriez-vous l'améliorer?

Le destin d'une nouvelle

On dit que le hasard fait bien les choses... Que diriez-vous d'en faire votre complice de création littéraire ? À partir d'éléments déterminés au sort, vous imaginerez une nouvelle présentant une chute. Mais ne vous y trompez pas, quoi qu'en décide le hasard, c'est vous qui tirerez les ficelles : mille et une avenues s'ouvriront, et autant de choix en découleront.

N'hésitez pas à inscrire votre nouvelle dans un projet d'envergure, par exemple la création d'un recueil collectif, la diffusion de vos textes sur un site Internet, la participation à un concours interclasses ou encore à l'un des nombreux concours de nouvelles organisés chaque année à travers la province... Le destin de votre nouvelle est entre vos mains. À vous de décider qui seront vos lecteurs : les élèves de la classe ? d'autres classes de l'école ? d'autres écoles ? des amateurs de nouvelles ? les jurés d'un concours ?

 Outils complémentaires

hasard   destin   création littéraire   chute   tension

1 Pour commencer, laissez le hasard définir votre texte. Réalisez le jeu suivant à l'aide d'un dé. Prenez note du résultat de chacun de vos tirages. Prévoir une feuille à cet effet.

LE DESTIN DE VOTRE NOUVELLE

L'événement central

Jetez le dé pour déterminer l'événement central de votre nouvelle. Il s'agit de l'événement qui provoquera une transformation chez le personnage principal.

 Une personne se rend compte qu'on l'épie par un minuscule trou ménagé dans une cloison de son appartement.

 Une personne monte dans un véhicule qui est pris en chasse.

 Une personne est chargée d'aller quelque part (gare, port, aéroport...) chercher quelqu'un qu'elle ne connaît pas.

 Une personne fait la rencontre d'une inconnue ou d'un inconnu qui prétend bien la connaître.

 Une personne reçoit une lettre qui ne lui est pas destinée.

 Une personne découvre par hasard une très grosse somme d'argent cachée dans son appartement.

Le lieu, l'époque et le contexte

Jetez le dé pour créer le décor de votre histoire. Songez ensuite à des détails qui pourraient évoquer cet univers.

 Un quartier durement touché par le chômage dans les années 1970.

 Un village du Moyen Âge, où un grand seigneur exploite impunément des paysans.

 Un établissement scolaire et ses élèves, ses enseignants, les membres de la direction, les responsables de l'entretien et de la sécurité.

 Une mégacité futuriste, où se baladent de drôles d'engins, où l'on peut croiser quelques robots.

 Une caserne militaire, où des soldats passent de longues heures à s'ennuyer.

 Une ville, densément peuplée et bruyante, près d'une station de métro.

La personnalité du personnage principal

Jetez le dé pour savoir comment le personnage réagit devant ce qui lui arrive.

 ou Il est courageux et a tendance à prendre son destin en main.

 ou Il est plutôt passif, il laisse les choses aller et subit les événements.

ou Il est maladroit. Il plonge dans l'action, mais il prend constamment de mauvaises décisions et commet des erreurs les unes à la suite des autres.

La narration

Jetez le dé pour déterminer comment la narration sera menée.

 Le narrateur a été témoin de l'histoire et la raconte à une amie ou à un ami plusieurs années plus tard.

 Le narrateur est le personnage principal de l'histoire. Il couche sur papier sa version des faits.

 Le narrateur est interrogé par la police et lui raconte les faits.

 Le narrateur est le personnage principal. Il écrit une lettre d'adieu à une personne qu'il aime.

 Le narrateur, de type omniscient, s'attarde surtout au point de vue du personnage principal.

 Le narrateur, de type omniscient, sait tout. Il sait prédire l'avenir et peut lire dans la tête de tous les personnages.

Le ton du récit

Jetez le dé pour déterminer le ton du narrateur. Il faut penser à l'effet qu'aura la nouvelle sur les lecteurs.

 Le ton est plutôt humoristique. On se moque des autres personnages, de la situation ; on utilise des comparaisons amusantes ; on fait des jeux de mots.

 Le ton est plutôt lyrique, à la limite larmoyant. On s'attarde beaucoup aux émotions.

 Le ton est dramatique. On sent la gravité de la situation.

 Le ton est sérieux, très froid, en apparence objectif. On ne décrit que les événements, très peu les émotions.

 Le ton est fantaisiste, un peu surréaliste. La réalité semble déformée, exagérée.

 Le ton est inquiétant. On cherche à faire peur.

2 En tenant compte de l'**événement central** et de l'**univers** (lieu, époque et contexte) déterminés, construisez le schéma de votre histoire. Notez seulement les événements importants.

 Le schéma narratif, p. 178

3 En tenant compte de sa personnalité, définissez d'autres aspects du **personnage principal** (son physique, sa situation, etc.). Précisez également la transformation (psychologique ou sociale) qu'il subira au cours du récit.»

4 Avant de plonger dans l'écriture, déterminez le **temps** auquel l'histoire sera racontée.

1.3 **L'harmonisation des temps verbaux**

Dans un récit, on emploie généralement un temps principal (le présent, le passé simple ou le passé composé). Ce temps principal sert à la narration des actions ou des faits, et des temps appropriés d'accompagnement pour décrire, expliquer, commenter, ou encore pour référer à des actions antérieures (retours en arrière) ou postérieures (anticipations).

1 Quel est le temps principal de la nouvelle *Le défunt par erreur* (p. 6-10) ?

2 Quels sont les temps d'accompagnement utilisés et à quoi servent-ils ? Pour chacun des temps relevés, donnez une justification.

3 Récrivez le premier paragraphe de la nouvelle avec un autre temps principal. Ajustez les temps d'accompagnement en conséquence.

L'harmonisation des temps verbaux, p. 181   p. 266

| Planifier | **Rédiger son texte** | Réviser | Présenter |

5 Rédigez le **début de votre nouvelle**, qui met en scène le personnage principal.

6 À partir de votre schéma, poursuivez la première version de votre nouvelle. Tenez-vous-en au **ton** prédéterminé. Gardez à l'esprit les contraintes et les possibilités liées au **type de narrateur** de votre histoire :

- Quelle information est-il logique qu'il détienne au sujet des personnages et des événements ?

- Que doit-il révéler, dissimuler ou ignorer en vue de surprendre les lecteurs à la fin ?

7 Trouvez un **titre** à votre nouvelle. Mettra-t-il les lecteurs sur une fausse piste dans l'interprétation des événements (pour contribuer à l'effet de chute) ? Annoncera-t-il simplement le thème ou le ton ?

| Planifier | Rédiger | **Réviser son texte** | Présenter |

8 Relisez votre récit en réfléchissant aux trois aspects suivants, puis modifiez votre texte s'il y a lieu.

Personnage principal	• Les indices (comportements, paroles, pensées…) au sujet du personnage permettent-ils : – de s'en faire une représentation juste dès le début ? – de comprendre la transformation psychologique qui s'opère chez lui entre le début et la fin de l'histoire ?
Narrateur	• A-t-il une attitude particulière à l'égard des personnages et des événements qu'il présente ? Qu'est-ce qui révèle cette attitude (ton, remarques, etc.) ? • Son point de vue pourrait-il être accentué ou atténué ? Est-il maintenu et cohérent ?
Rythme	• Les événements occupent-ils une place bien dosée dans la narration (selon son importance relativement à l'effet de chute recherché) ?

9 **a)** Soumettez votre nouvelle à une personne en lui confiant cette mission : y repérer le superflu. Une bonne nouvelle ne s'encombre pas d'**éléments inutiles** : tout doit tendre vers le dénouement, chaque phrase doit être bien pesée.

b) Intégrez les coupures proposées que vous jugez nécessaires.

10 Faites une dernière révision de votre texte. Portez une attention particulière à l'**harmonisation des temps de verbes**.

 Réviser son texte, p. 299

Planifier | Rédiger | Réviser | **Présenter son texte**

11 Soignez la présentation de votre texte en vue de le faire lire. Si vous participez à un concours, assurez-vous de respecter la présentation exigée (par exemple, le type et la taille des caractères).

Retour

Écrire une nouvelle avec autant de contraintes est un exercice qui demande beaucoup de créativité. Il faut en effet beaucoup d'imagination pour que les morceaux s'emboîtent sans que le résultat n'ait l'air forcé.

1 Quel énoncé parmi les suivants décrit le mieux votre expérience d'écriture ?

A. Le hasard a bien fait les choses. D'habitude, j'ai peu d'idées pour écrire des récits. Grâce à ce jeu, je savais où je m'en allais.

B. J'ai toujours de bonnes idées pour imaginer des scénarios. Les contraintes imposées par le jeu ont été une source de stimulation supplémentaire.

C. Le hasard m'a joué de mauvais tours. J'aurais préféré que le dé tombe sur d'autres chiffres. Certaines contraintes me semblaient plus stimulantes que d'autres.

D. Ce jeu a complètement brimé ma créativité. J'aurais eu plus de plaisir à écrire une nouvelle sans contrainte. Je n'aurais pas été en panne d'idées.

2 Comment avez-vous résolu les problèmes que vous posaient les contraintes ? Choisissez le ou les éléments qui correspondent à vos stratégies.

A. En changeant souvent d'avis, en envisageant plusieurs possibilités, en faisant des changements fréquents au cours de la planification et même de l'écriture.

B. En trichant, en ne respectant pas totalement les contraintes, en les modifiant légèrement.

C. En relisant fréquemment les contraintes, pour m'en imprégner, pour ne rien oublier.

D. En demandant de l'aide, en interrogeant des amis qui ont proposé des pistes pour me sortir d'une impasse.

destin

⊕ Dossier *plus*

Le combat de nouvelles

Voici un jeu où s'affrontent un certain nombre de nouvelles dans un combat sans merci...

Convenez en classe de cinq nouvelles à lire et des élèves qui représenteront chacun des textes. Nommez une animatrice ou un animateur et engagez le débat entre le groupe classe et les panelistes en vue de procéder à l'aide d'un vote à l'élimination d'une des nouvelles. L'argumentation doit être solide et s'appuyer sur de nombreux critères établis (structure de la nouvelle, qualité de la langue, intérêt de l'histoire, efficacité de la chute, etc.). Le jeu se poursuit quelques jours durant jusqu'à ce qu'il ne reste plus qu'une nouvelle. Que la meilleure gagne !

Un court métrage

La nouvelle littéraire, tout comme le court métrage, est un genre bref, axé sur un petit nombre de personnages et, en général, un seul événement important. Choisissez donc une nouvelle qui vous paraît particulièrement «cinématographique» et élaborez un projet d'écriture pour l'adapter à l'écran. Inspirez-vous du modèle de scénario de C.R.A.Z.Y. présenté aux pages 387-393 du manuel. Si le contexte le permet, réalisez le film. Attribuez les rôles. Prévoyez les accessoires, les costumes et les décors. Répétez puis tournez. Pourquoi ne pas organiser une projection spéciale de votre court métrage ?

Autres textes à explorer

Lisez les trois nouvelles suivantes.

Tenue de ville, p. 322

Mammon et le petit archer, p. 336

Le fait du jour, p. 351

Quel personnage semble le plus en contrôle de son existence ? Quel personnage semble être le plus soumis à un destin déjà tracé ?

 Activités d'approfondissement

DOSSIER 2

L'ÉNONCIATION

La sagesse des autres

Certes, à l'adolescence, on cherche à tracer sa propre voie. On n'est pas toujours sensible à ces innombrables conseils que peuvent donner les gens plus âgés. On souhaite être maître à bord, diriger sa vie à sa guise. Pourtant, il est bien difficile de faire abstraction de l'héritage légué par ses ancêtres. Il existe une certaine sagesse culturelle, ancrée en chacune et chacun, qui permet d'avancer individuellement et collectivement.

Cette sagesse transmise de diverses manières est enrichie par les rencontres que nous faisons. Bon nombre de livres, de films, de journaux et de sites Internet contribuent également à communiquer des voix qui méritent d'être entendues. Ces voix nous aident, parfois de manière inconsciente, à façonner nos valeurs, nos opinions, nos goûts.

Dans cette section, nous nous intéresserons à la voix des aînés, à celle de la sagesse populaire et à celle des scientifiques. Pour mieux comprendre ces «voix» qui s'expriment à travers un texte, nous nous attarderons aux éléments de l'énonciation tels que l'énonciateur, le destinataire, le point de vue et le discours rapporté. Nous vous amènerons ensuite à réfléchir à la sagesse exprimée dans les proverbes, ces petites phrases qui traversent le temps et qu'on aime se répéter lorsque vient le temps de prendre des décisions importantes. Vous aurez ainsi à faire entendre votre propre voix, en énonçant un commentaire sur un proverbe.

Par la suite, d'autres activités vous sont proposées afin de vous mettre en contact avec la voix d'autres formes de sagesse.

? Dans quels livres peut-on trouver des leçons de sagesse ?

Grammaire **en ★ vedette**

LA SUBORDONNÉE COMPLÉTIVE

Le dossier 2 est tout indiqué pour exploiter la notion de la **subordonnée complétive**. La complétive est en effet très utile pour rapporter les sages paroles des autres.

En observant cette photographie, quel lien pouvez-vous faire avec le thème du destin?

L'inukshuk, en langue inuite «forme humaine», est un monument de pierres construit par les Autochtones pour servir de point de repère aux voyageurs du Grand Nord. Certaines de ces statues sont millénaires.

S'interroger sur son passé permet de mieux saisir le présent et de se projeter dans l'avenir. Nos expériences de vie et celles de nos parents et de nos ancêtres contribuent à tracer le chemin que nous empruntons aujourd'hui. En effet, nous pouvons tirer des leçons de vie de la sagesse que nos aînés sont en mesure de nous transmettre.

LA TRADITION ORALE

Dans *L'armoire aux souvenirs*, un grand-père raconte à sa petite-fille l'histoire de sa vie au moyen d'un enregistrement. Pendant des millénaires, la culture et l'histoire se sont transmises oralement, d'une génération à l'autre. Puisque seul un petit nombre de personnes maîtrisaient l'écriture dans la société, il revenait donc aux aînés et aux sages de communiquer les savoirs, les croyances et les valeurs aux générations montantes afin d'assurer la survie de la culture des peuples.

Bien qu'encore vivante dans plusieurs cultures, la tradition orale s'est vue peu à peu transposée en documents écrits, tandis qu'une proportion de plus en plus grande des sociétés devenait lettrée. Désormais, les médias électroniques consignent même sous formes vidéo et audio les événements, l'histoire et les productions culturelles.

Aujourd'hui, la tradition orale est toujours présente, qu'on pense aux proverbes et aux dictons, aux chansons de folklore ou aux contes et légendes. Cependant, elle n'est plus le principal moyen de transmettre l'histoire et les valeurs de la société. Il n'en demeure pas moins que certaines communautés retirées, comme les Inuits, s'appuient encore et toujours sur la tradition orale pour faire passer aux jeunes les valeurs des ancêtres.

Encore aujourd'hui, plusieurs cultures reposent sur la tradition orale. Des sages et des chamans sont les gardiens de rites et de savoirs qu'eux seuls peuvent accomplir.

En 2003, l'Organisation des Nations Unies pour l'éducation, la science et la culture (UNESCO) a adopté la *Convention pour la sauvegarde du patrimoine culturel immatériel* dans le but de préserver tout le patrimoine culturel issu de la tradition orale.

Dans le nord du Canada, les Inuits organisent des événements où les « anciens » enseignent les formes d'expression traditionnelles au jeunes, comme la danse. C'est la seule façon de procéder puisque ces traditions ne sont pas encore consignées par écrit.

- Selon vous, qu'est-ce qu'une *armoire aux souvenirs*?
- Que croyez-vous que nos aînés ont d'important à transmettre?

Lire et comprendre le texte

Dans le texte biographique *L'armoire aux souvenirs*, la journaliste présente, sous forme de commentaire, une personne de sa famille qui lui a inculqué des leçons de vie marquantes. À la lecture de ce texte, portez attention aux notions ci-dessous en vous laissant guider par les questions présentées en marge.

A La situation d'énonciation

B Le point de vue

C Le discours rapporté

L'ARMOIRE AUX SOUVENIRS

La mémoire dans la naphtaline

La mémoire dans la naphtaline

Que signifie le terme *naphtaline*? Quelle figure de style l'auteure emploie-t-elle dans cet intertitre? Formulez-en le sens dans vos mots.

Son testament le plus tangible, je l'ai devant moi et il tient sur deux rubans qui totalisent trois heures d'écoute. Mon grand-père Alban m'y raconte, du plus loin que ses neurones se remémorent, la Gaspésie d'une
5 époque révolue. Il n'avait que 87 ans en cet automne de 1996 et nous avions décidé de remonter le chenal de ses souvenirs.

Depuis hier, depuis toujours, j'écoute mon grand-père conter sa famille de douze enfants dans le rang Saint-
10 Martin, la pauvreté qu'il fuyait en allant aider ses grands-parents pour les sucres: «J'allais jouer aux cartes avec ma grand-mère Julienne et elle me faisait des crêpes. Ça, c'était mon mets! On n'avait pas ça chez nous, on était trop pauvres. Ma mère a eu ses six gars et ses six filles entre 1909 et 1923!»

Et mon ancêtre conte, s'arrête, tire sur la pipe de sa mémoire, empoigne
15 le gouvernail, tourne les coins ronds et repart en baissant le ton, comme pour me livrer un secret. Mon grand-père adorait conter. Il connaissait la valeur d'un silence, l'apnée d'une pause, le revirement d'une situation qu'on retrousse comme un bas. Et entre nous, cette délirante conversation s'est poursuivie durant 35 ans.

[...]

1. **A** Par quels moyens la journaliste manifeste-t-elle sa présence dans le texte aux lignes 1-19? Relevez trois indices différents.

2. **C** Aux lignes 8-13, qu'apprend-on au sujet du grand-père de la journaliste à l'aide du discours rapporté direct? Et du discours rapporté indirect?

3. **B** Que pense la journaliste de son grand-père? Relevez trois mots appréciatifs et deux figures de style servant à révéler son point de vue.

lexique

Les filles de Caleb (1985) est un populaire roman d'Arlette Cousture, qui a été adapté pour la télévision en 1990. On voit sur cette photo le personnage principal, Émilie Bordeleau (incarnée par Marina Orsini), une institutrice d'une école de rang en Mauricie, accompagnée de Berthe, sa meilleure amie (jouée par Nathalie Malette).

Dans cette histoire, qui nous plonge dans le Québec de la fin du XIXe siècle, on trouve également le personnage d'Ovila Pronovost (interprété par Roy Dupuis). Cet homme travailleur est l'amoureux d'Émilie. Il partait lui aussi, tous les hivers, pour couper du bois, comme le grand-père du texte *L'armoire aux souvenirs*.

lexique lexique

Écrivain public
À l'aide du contexte, comment définiriez-vous cette expression?

Amalgame
Quels autres mots l'auteure aurait-elle pu employer pour exprimer le même sens?

L'écrivain public

20   Un amalgame entre *Les Filles de Caleb* et *L'Ombre de l'épervier*, la vie de jeunesse de mon grand-père est un monde de légendes et de trésors débusqués au fond d'un puits. Jamais mon imaginaire n'a cessé de s'émerveiller devant la rudesse de cette vie de colons et de défricheurs.
25 Jamais ma curiosité ne s'est lassée d'en apprendre un peu plus sur le quotidien de ces femmes et de ces hommes triomphant de l'aridité du climat, de l'inhospitalité d'un coin de pays de roches, de vents et de sel.

    Alban ne se fatigue pas de dépeindre les camps de
30 bûcherons où son père l'a entraîné dès onze ans: « À onze ans, on te traitait en homme! Il faisait moins 40, on dormait dans des tentes avec dix couvertures de laine. On pouvait voir la buée sortir de nos corps! Il y avait un feu dehors toute la nuit. Mais un feu, ça chauffe seulement le devant pis le derrière!», me dit-il. C'est dans les camps de bûcherons qu'il
35 devient cuisinier à 13 ans, puis charretier, en charge des teams de chevaux, sa passion. Il arrondit son salaire de 35 cennes de l'heure avec le métier d'écrivain public: « J'étais allé à l'école jusqu'à dix ans. Les gars savaient pas écrire, oublie pas ça! J'écrivais à leurs femmes. Dix cennes la lettre. Les gars me disaient: "Dis-lui que je suis bien et que je m'ennuie d'elle." Mais moi, ça
40 finissait pas là! Je leur racontais toutes sortes de menteries, que j'avais hâte de me coucher près d'elle. À la fin de l'hiver, les femmes demandaient à leur mari

4. **B** Aux lignes 20-28, de quelle façon la journaliste renforce-t-elle son point de vue?

5. **C** Comment la journaliste s'y prend-elle pour donner plus d'authenticité aux propos de son grand-père?

6. **A** À qui réfèrent les pronoms employés dans les propos du grand-père?

de m'emmener avec eux à la maison. Elles voulaient rencontrer celui qui avait écrit les lettres... »

[...]

Bain nordique et spa rustique

Se laver ? « Oublie ça. Au Québec, on se lavait pas. [...] Il y avait des
45 Polonais dans les chantiers et ils construisaient des saunas dans une petite cabane. Ils mettaient des pierres à chauffer pis ils entraient dans la cabane tout nus. On suait là-dedans ! Pis après, ils se roulaient dans la neige. Quand on avait des poux, on allait les faire geler dehors pis on r'virait notre combine de bord. »

50 Qu'il soit dans le fond des bois à Murdochville, Stoneham ou l'île d'Anticosti, mon grand-père a fui la pauvreté et la faim de l'âge de 11 ans à 17 ans, avant de partir pour Montréal avec une « couple de cents dans les poches », juste avant « la Crise » : « J'envoyais tout mon
55 argent chez nous mais je pouvais pas rester là. Je pouvais pas supporter la misère. C'était trop triste. J'ai fini par prendre un bateau à Gaspé. Je savais même pas où il allait. J'ai juste demandé : "Êtes-vous en montant ou en descendant ?" Ils étaient en montant ! Ils s'en allaient à Montréal. C'est comme ça que j'ai retonti à
60 Montréal. S'ils avaient été à Vancouver, c'est là qu'on serait. »

Les récits de mon grand-père ne valent rien sur le marché de l'or, à peine plus sur le marché de la nostalgie, mais dans la balance de l'histoire, dans ce rapport à la survie et à la nature, son témoignage vaut plus que tous les musées de la mer, de la forêt et de la soutane réunis. Entre les fissures des
65 mots, dans la mesure des syllabes, au bout du quai d'une phrase, mon grand-père m'a légué un passé, une continuité. Et une ressource naturelle qui se fait rare : du temps et la capacité d'en créer, de le faire durer, de l'apprécier quand il passe. Et puis, surtout, de savoir que tout ce temps passé ne repasse guère. Et que tout le temps sauvé n'est que du temps perdu.

Josée Blanchette, « L'armoire aux souvenirs », *Le Devoir*, vendredi 1er avril 2005.

---

lexique

Combine

Qu'est-ce que veut dire ce mot de la langue populaire québécoise ? Relevez dans le texte trois autres mots de cette variété de langue.

---

7. [C] Que remarquez-vous de particulier à l'intérieur du discours rapporté des lignes 37-43 ?

8. [C] Comment est introduit le discours rapporté direct aux lignes 44-46 ? De quelle manière ce type de discours est-il généralement annoncé ?

9. [B] Relevez les indices aux lignes 54-60 qui révèlent le point de vue subjectif du grand-père.

10. [B] Relevez et nommez les passages du dernier paragraphe qui illustrent la manière employée par la journaliste pour exprimer son point de vue.

destin

A La situation d'énonciation

Dans *L'armoire aux souvenirs*, article paru dans un quotidien québécois, une journaliste présente aux lecteurs son grand-père en s'appuyant sur les propos qu'elle a recueillis. En montrant à quel point elle voue de l'admiration pour cette personne marquante dans sa vie, elle vise à en dresser un portrait qui, tout en étant personnalisé, se veut le plus fidèle possible aux paroles échangées avec son grand-père.

> **Connaissances**
>
> La situation d'énonciation, c'est le contexte particulier de production d'un message. On cerne la situation d'énonciation d'un message en identifiant différents éléments. Considérer l'ensemble de ces éléments permet de faire une lecture plus riche du message :
>
> – un **énonciateur principal**, qui est la « voix » manifestant plus ou moins sa présence dans le texte ; le statut social de cet énonciateur (écrivain, journaliste, scientifique, etc.) peut contribuer à donner de la crédibilité à son message ;
>
> – un ou des **énonciateurs seconds**, auxquels se réfère l'énonciateur principal pour compléter l'information véhiculée, pour mieux appuyer ses propos et les rendre plus fiables ;
>
> – un **destinataire** précis (par exemple un groupe d'individus), que l'énonciateur choisit d'interpeller ou non ;
>
> – un **message** ou un **énoncé**, produit par l'énonciateur principal ;
>
> – un **contexte de production**, qui englobe la situation à l'origine de l'acte d'énonciation, la date, le lieu de publication et le support original du texte.

B Le point de vue

Dans son texte, la journaliste indique clairement comment elle se représente son grand-père et surtout ce qu'elle pense de lui. Pour révéler son point de vue ou encore faire valoir le point de vue de son grand-père, elle a recours à différentes marques de modalité :

– un vocabulaire appréciatif, comme *trop pauvres* et *s'émerveiller* ;

– des constructions de phrases comme des phrases interrogatives, exclamatives, emphatiques, etc., telles que *Son testament le plus tangible, je l'ai devant moi…* ;

– des figures de style comme *… la vie de jeunesse de mon grand-père est un monde de légendes et de trésors débusqués au fond d'un puits.*

> **Connaissances**
>
> Pour présenter une opinion dans un texte journalistique ou scientifique, l'énonciateur doit amener le destinataire à bien cerner son point de vue. Ainsi, lorsqu'il présente sa version des faits ou quand il formule un commentaire, il a recours à diverses **marques de modalité** lui permettant d'exprimer un point de vue subjectif, notamment :
>
> – un vocabulaire appréciatif ou dépréciatif ;
>
> – des constructions de phrases de formes ou de types variés, y compris à l'occasion des phrases incidentes ou des groupes incidents ;
>
> – des figures de style ;
>
> – les temps et modes des verbes, comme le futur antérieur et le conditionnel.

C Le discours rapporté

Dans son article, la journaliste rapporte les propos de son grand-père de deux manières différentes :

– à l'aide du discours rapporté direct, qui reprend les propos échangés avec son grand-père, comme dans « *J'allais jouer aux cartes avec ma grand-mère Julienne et elle me faisait des crêpes…* » ;

– à l'aide du discours rapporté indirect, introduit par un verbe de parole ou par un groupe incident, comme dans … *j'écoute mon grand-père conter sa famille de douze enfants…*

Dans un texte courant, l'énonciateur principal s'appuie parfois sur les propos d'énonciateurs seconds, c'est-à-dire des personnes dont on rapporte le discours pour compléter l'information véhiculée et appuyer son point de vue. Il peut alors avoir recours à deux types de discours rapporté :

– le **discours rapporté direct**, introduit par un verbe de parole ou accompagné d'une phrase incise, en vue de présenter explicitement les propos d'un énonciateur second. Ces propos, s'ils sont recueillis verbalement, peuvent être transposés en langue écrite ;

– le **discours rapporté indirect**, introduit ou non par un verbe de parole, si les propos présentés se rapprochent de la formule employée par l'énonciateur second, ou encore à l'aide d'une phrase ou d'un groupe incident, si ces propos s'éloignent de la formule employée par l'énonciateur second.

L'énonciation, p. 198
Le point de vue, p. 198-199
Le discours rapporté, p. 200

Approfondir le texte

1 En vue de cerner la situation d'énonciation du texte, remplissez une fiche semblable à celle-ci.

> ## L'ARMOIRE AUX SOUVENIRS
>
> Énonciateur principal :
>
> Crédibilité de l'énonciateur :
>
> Énonciateur(s) second(s) :
>
> Destinataire :
>
> Contexte de production :
>
> Support original du texte :
>
> Idée générale du texte :

2 Dans les passages suivants tirés du texte, déterminez si l'énonciateur adopte un point de vue objectif ou subjectif. Dans ce dernier cas, indiquez les marques de modalité qui le révèlent.

PASSAGES DU TEXTE	TYPE DE POINT DE VUE
A. *Il n'avait que 87 ans en cet automne de 1996 et nous avions décidé de remonter le chenal de ses souvenirs.* (lignes 5-7)	
B. *Mon grand-père adorait conter.* (ligne 16)	
C. *Alban ne se fatigue pas de dépeindre les camps de bûcherons où son père l'a entraîné dès onze ans.* (lignes 29-30)	
D. *À onze ans, on te traitait en homme !* (lignes 30-31)	
E. *... son témoignage vaut plus que tous les musées de la mer, de la forêt et de la soutane réunis.* (lignes 63-64)	

3 **a)** Indiquez si le discours rapporté des passages suivants est direct ou indirect.

PASSAGES DU TEXTE	TYPE DE DISCOURS RAPPORTÉ
A. *Mon grand-père Alban m'y raconte, du plus loin que ses neurones se remémorent, la Gaspésie d'une époque révolue.* (lignes 3-5)	
B. *Il arrondit son salaire de 35 cennes de l'heure avec le métier d'écrivain public : « J'étais allé à l'école jusqu'à dix ans. Les gars savaient pas écrire, oublie pas ça ! J'écrivais à leurs femmes. Dix cennes la lettre. Les gars me disaient : "Dis-lui que je suis bien et que je m'ennuie d'elle." Mais moi, ça finissait pas là !... »* (lignes 36-40)	
C. *Qu'il soit dans le fond des bois à Murdochville, Stoneham ou l'île d'Anticosti, mon grand-père a fui la pauvreté et la faim de l'âge de 11 ans à 17 ans, avant de partir pour Montréal avec une « couple de cents dans les poches », juste avant « la Crise »...* (lignes 50-54)	

b) Reformulez ce que l'énonciateur veut exprimer en recourant au discours rapporté.

4 L'information présentée par la journaliste et à l'aide du discours rapporté montre divers traits de la personnalité du grand-père. Relevez les passages qui les caractérisent.

TRAITS PSYCHOLOGIQUES	PASSAGES DU TEXTE
Doué d'une excellente mémoire	
Conteur né	
Courageux	
Résistant	
Imaginatif	
Responsable et généreux	
Débrouillard et aventurier	

destin

2.1 **Les marques d'oralité familière dans le discours rapporté direct**

Pour donner plus d'authenticité aux propos rapportés ou pour conserver le caractère savoureux du langage employé, l'énonciateur transcrit le discours rapporté en utilisant des caractéristiques typiques du langage parlé :

- omission de la négation *ne* (*savaient pas écrire*) ;
- emploi de mots imprécis (*ça*) ;
- utilisation du *on* au lieu du *nous* (*on dormait*) ;
- emploi de québécismes, de régionalismes ou d'anglicismes (*teams de chevaux*) ;
- omission de certains sons (*r'virait*).

1 Relevez, dans *L'armoire aux souvenirs*, un exemple de chacune des caractéristiques présentées ci-dessus.

2 Dans le passage suivant, relevez des mots ou des expressions que l'auteure a probablement modifiés au moment de l'écriture de son texte et qui ont pu être prononcés autrement par son grand-père.

Il y avait des Polonais dans les chantiers et ils construisaient des saunas dans une petite cabane. (lignes 44-46)

 Les variétés de langue, p. 249   p. 270

Réagir au texte

1 Selon vous, qu'a légué le grand-père à la journaliste, à travers son témoignage, d'encore plus précieux que les deux rubans d'enregistrement ? Justifiez votre réponse.

2 Choisissez une personne de votre entourage qui vous inspire la sagesse. Comme Josée Blanchette, rédigez un texte biographique sous la forme d'un commentaire d'une vingtaine de lignes pour lui rendre hommage. Exprimez votre point de vue en vous appuyant sur certains de ses propos.

3 Croyez-vous que ce que raconte le grand-père à sa petite-fille dans le texte est véridique ? Pourquoi ?

 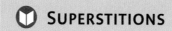
Est-il possible de contrôler tout ce qui nous arrive dans la vie ? Considérant qu'il est nécessaire de s'adapter aux situations imprévisibles, plusieurs personnes entretiennent des superstitions qui, de leur point de vue, les aident à faire face à l'adversité. Elles voient dans certaines coïncidences des « signes du destin » ! Mais qu'en est-il au juste de ces croyances fondées sur la sagesse populaire ?

destin

LES ORIGINES DES SUPERSTITIONS

Depuis longtemps, les superstitions, généralement liées à la pratique religieuse, occupent une grande place dans plusieurs sociétés. Cherchant à expliquer ce qu'ils ne comprenaient pas par l'action de forces surnaturelles, comme les divinités, les humains se sont créé des rituels, des superstitions, des pratiques ésotériques, qu'ils confondent parfois avec la « magie ».

À partir de la fin du Moyen Âge et plus particulièrement durant le Siècle des lumières (XVIIIe siècle), philosophes et scientifiques ont remis en question la vision traditionnelle du monde pour formuler des interprétations rationnelles aux phénomènes jusque-là inexpliqués. À mesure que les connaissances scientifiques ont progressé, ces explications ont démystifié bon nombre de superstitions et de croyances.

- Connaissez-vous des personnes superstitieuses ? Quelles sont leurs croyances ?
- Pourquoi, selon vous, des gens de plusieurs cultures du monde entretiennent des superstitions ?

Lire et comprendre le texte

Dans le texte *Superstitions*, la journaliste fait connaître son opinion à propos de diverses croyances populaires qui dictent la conduite ou orientent le cheminement personnel de certaines personnes. À la lecture de ce texte, portez attention aux notions ci-dessous en vous laissant guider par les questions présentées en marge.

A La situation d'énonciation

B Le point de vue

C Le discours rapporté

SUPERSTITIONS

IMAGINEZ : croiser un chat noir juché sur une échelle un vendredi 13 ! Calamité ou chance inouïe, selon vous ? Connues ou méconnues, les superstitions, des plus cocasses aux plus surprenantes, sont installées depuis toujours sur toute la surface du globe. Certaines d'entre elles iraient même,
5 semble-t-il, jusqu'à flirter avec la sorcellerie ! On peut lutter contre elles, celles-ci se logent dans les moindres replis de nos cerveaux, comme inscrites dans une mémoire universelle. Sornettes, comme l'assurent les cartésiens, ou messages subliminaux, on ne sait trop. Les superstitions forment un monde dans un monde, un paradoxe
10 dans notre univers basé sur la logique.

Chez certains, le 13 engendre une peur maladive. Pour d'autres, il constitue le plus heureux des présages. Quant aux chats noirs, n'en parlons plus, le seul fait de les évoquer pourrait nous porter malheur ! D'autres superstitions nous
15 semblent beaucoup plus étranges. Comme celle qui veut qu'une chemise de nuit confectionnée un vendredi attire les poux ! Ou cette autre, véritable bénédiction pour les ivrognes, qui professe qu'on peut boire tant qu'on veut sans crainte de s'enivrer à condition de réciter ce vers : « *Jupiter his alta sonuit elementer ab*
20 *Ida* ». Décidément, le latin n'aura jamais été aussi utile !

Sur 500 000 croyances, 13 sont universelles

Auteur du *Bon usage des superstitions* (1998 – Éditions de la Table ronde) et du *Dictionnaire des superstitions et des croyances* (Éditions Pocket), Pierre Canavaggio, chroniqueur au *Point* et à la *Revue des Deux Mondes*, a consacré trois ans à son enquête sur le sujet. D'après lui, sur les quelque 500 000 croyances
25 recensées dans le monde, 13 ont universellement cours. Parmi elles, le vendredi 13 bien sûr.

Lexique

Paradoxe
Formulez une définition de ce terme composé de deux éléments d'origine grecque *para-* (à côté de) et *-doxe* (opinion), pour en préciser le sens.

---

1. **A** Qui est l'énonciateur de ce texte ? Qui est le destinataire ? Comment repérez-vous leur présence dans l'introduction ?

2. **B** Dans les deux paragraphes de l'introduction, quels mots appréciatifs l'auteure emploie-t-elle pour exprimer un point de vue ? Relevez-en cinq.

3. **C** Dans l'introduction, relevez trois courts passages du texte où l'auteure précise qu'elle évoque les paroles d'autres personnes.

4. **A** Comment établit-on la crédibilité de Pierre Canavaggio ?

destin

Mais d'où viennent ces prétendus signes du destin?

lexique

Mythes

Quels sens peut-on donner à ce terme? Dans le contexte, que signifie-t-il au juste?

L'auteur d'origine corse explique: «Elles sont issues des mythes qui jalonnent la vie quotidienne des hommes, 30 elles prennent aussi leur source dans un fait historique ou dans un événement anodin et répétitif. Ce qui explique qu'il se crée des superstitions nouvelles encore aujourd'hui.»

«Bien que placé sous le signe de Vénus, le vendredi est considéré comme 35 un mauvais jour parce que c'est un vendredi que le Christ est mort. Dans l'Histoire, les marins refusaient de prendre la mer ce jour-là. Pour conjurer cette crainte commune à tous les marins du monde, un lord de l'Amirauté fit construire en Angleterre une goélette qu'il fit baptiser *Friday*, et en confia le commandement à un capitaine du nom de *Friday*. Après que ce dernier eut 40 réussi enfin à recruter un équipage, la *Friday* prit la mer. Elle coula, à peine sortie du port.» Chose certaine, l'événement n'a donné que plus de crédibilité aux superstitions entourant le vendredi.

lexique

Maléfique

À quel mot de même famille ce terme est-il associé? Que signifie-t-il?

«Quant au 13, son caractère maléfique remonte à l'Antiquité la plus haute, poursuit M. Canavaggio. Dans ce 45 temps-là, on comptait par 12. Douze était considéré comme le nombre parfait: les signes du zodiaque, les dieux de l'Olympe, les heures du jour et de la nuit, les apôtres... Ajouter "un" à ce nombre parfait pour obtenir 13, c'est rompre un cycle ou en commencer un autre. On redoutait que ce 50 cycle rompu apporte le mal. Ainsi, le Christ connut le destin que l'on sait pour s'être trouvé le treizième à une table en compagnie de ses 12 apôtres. Le 13 peut cependant connoter la puissance, et non le malheur. Ainsi, Zeus, treizième dieu de l'Olympe, est-il le dieu des dieux; quant à Jésus-Christ, il demeure maître des apôtres.»

55 Unique parmi les vendredis, le vendredi 13 porte bonheur, explique M. Canavaggio, car il conjugue deux mauvais présages: le vendredi, réputé funeste et le 13, censé porter malheur. Or, moins par moins égale plus, deux présages négatifs s'annulent. On peut donc se trouver 13 à table sans dommage ce jour-là ou s'adonner à des jeux de chance avec l'espoir de gagner. Et 60 pourquoi ne pas miser sur le 13?

Une arme pour contrer le destin

Pourquoi certaines personnes continuent-elles à y croire, jusqu'à s'empêcher de vivre?

«Les superstitions, souligne Pierre Canavaggio, [...] sont faites pour se défendre, et non pour porter malheur. Dans l'inconscient collectif, elles 65 représentent la transgression d'un mythe. C'est un moyen de dire "non, la vie ce n'est pas écrit". Au Moyen Âge, poursuit-il, elles ont permis aux paysans de ne plus accepter leur triste sort. Parce qu'elles sont fondées sur la mise en doute de l'ordre établi et sur la liberté de chacun, les superstitions permettent de contester son prétendu destin et d'en modifier la version 70 que l'on n'a pas écrite soi-même pour en réécrire une autre, comme les techniciens de l'espace corrigent la trajectoire d'une fusée.»

5. **B** L'auteure croit-elle aux superstitions? Quel mot révèle son point de vue?

6. **C** Aux lignes 28-54, comment les paroles rapportées ont-elles été vraisemblablement recueillies?

7. **B** Le point de vue de Canavaggio est-il objectif ou subjectif aux lignes 28-54? Justifiez votre réponse à l'aide d'exemples tirés du discours rapporté direct.

8. **A** Pourquoi l'auteure insiste-t-elle tant sur le vendredi 13? Reportez-vous au contexte de publication pour y répondre.

9. **B** Aux lignes 61-62, comment s'y prend l'auteure pour révéler son point de vue?

10. **C** Résumez l'analyse des superstitions proposée par Canavaggio. Cette analyse se fonde-t-elle sur des données ou sur des hypothèses?

L'analyse de M. Canavaggio, que contestent plusieurs de ses confrères, est assez unique : « Les superstitions sont des béquilles pour les jours de grand vent. Elles restent très vivaces, sont un refuge, une non-acceptation de la fatalité, voire une arme. C'est pourquoi elles n'ont cessé d'être récupérées en tant qu'instrument de pouvoir. »

Mais alors, quel sens leur attribuer ? Étymologiquement, d'après le *Dictionnaire historique de la langue française* d'Alain Rey, le mot « superstition » dérive du latin *superstare* : « se tenir au-dessus, surmonter, dominer ». Au IVe siècle avant Jésus-Christ, le verbe a même signifié « survivre ».

Pour Pierre Canavaggio, les superstitions représentent un simple signal, présage de malheur ou de bonheur. À ceux qui reçoivent ces signaux d'en faire bon usage. « Les superstitions échappent au rationnel, elles ne sont pas mesurables et représentent une échappatoire à une civilisation technologique et scientifique à outrance. »

11. **C** Selon vous, à quoi s'opposent les confrères de Canavaggio ?

Lexique

Superstition
À partir de l'information du texte sur l'étymologie de ce terme, comment le définiriez-vous ? Vérifiez dans un dictionnaire de quelle manière a évolué le sens de ce terme.

Certaines personnes, à l'esprit très scientifique, peuvent parfois céder à une superstition. Ainsi, Neil Armstrong, premier homme à avoir foulé le sol de la Lune, le 21 juillet 1969, avait emporté avec lui son fétiche : un ours en peluche.

destin

Un répertoire superstitieux sur mesure

La quête de sens serait-elle la clé du mystère de l'existence des superstitions ? Pierre Canavaggio est formel.

90 « À chacun la possibilité de s'approprier les croyances qui fonctionnent pour lui, après en avoir fait sa propre vérification. Les 12 treizièmes des superstitions ne visent qu'à avertir, selon des codes connus des initiés, de ce qui peut arriver de mauvais ou de bon. Pour ne pas rater les avertissements qu'elles proposent, à leur manière, il suffit de les connaître et de rester sur le
95 qui-vive... Cependant, il appartient à chacun de faire une place dans sa vie aux superstitions ou de les rejeter individuellement ou en bloc. »

Certaines personnes, à l'esprit très scientifique, peuvent parfois céder à une superstition. Ainsi, Neil Armstrong, premier homme à avoir foulé le sol de la Lune, le 21 juillet 1969, avait emporté avec lui son fétiche : un ours en
100 peluche. L'anecdote, qui passerait pour tout à fait normale dans un milieu de jeunes sportifs, peut étonner chez un astronaute. Que la NASA lui ait permis d'emporter un fétiche dans une fusée où tout était pesé au gramme près signifie que, pour la première fois peut-être, une superstition a été considérée comme un paramètre entrant dans la réussite d'une expérience scientifique,
105 lourde de symbole pour l'humanité, peut-on lire dans le *Bon usage des superstitions*. L'ours de Neil était pour lui aussi primordial que les performances techniques de sa fusée. Le cerveau gauche, temple du rationnel, et le cerveau droit, temple de l'instinctif, demandent peut-être parfois à se rejoindre...

110 Il semblerait que les superstitions prennent de l'importance selon l'idée que l'on s'en fait. Ainsi, le vendredi 13 porterait bonheur aux optimistes et malheur aux pessimistes. En gros, il suffirait peut-être d'y croire pour que ça marche !

Céline Hauet, « Les superstitions superstars », *La Presse*, vendredi 13 septembre 2002.

**Cerveau gauche/
Cerveau droit**
À quoi font référence ces termes ? Faites une consultation dans Internet pour en découvrir la signification.

---

12. **C** Dans quel but l'auteure reprend-elle l'exemple de Neil Armstrong, rapporté par Canavaggio dans son ouvrage ?

13. **B** Au dernier paragraphe, à l'aide de quelles marques de modalité l'auteure exprime-t-elle du scepticisme par rapport à la position de Canavaggio ?

LES SUPERSTARS SUPERSTITIEUSES

Dans le hockey professionnel, d'après le psychologue Clément Patenaude, la pression est très forte, le jeu est rapide et l'occasion de marquer ne dure que
5 quelques secondes. Afin de réduire le stress et de calmer les angoisses, les superstitions sont monnaie courante et elles semblent jouer un rôle non négligeable pour sécuriser les joueurs.

10 Selon M. Patenaude, les rituels superstitieux s'installent sournoisement dans le quotidien des joueurs et, une fois ancrés, il est bien difficile de les chasser. « Ce sont des croyances sans aucun
15 fondement, mais à force d'y adhérer et d'en faire un rituel, elles peuvent avoir un impact réel sur le jeu. La raison ? L'effet placebo, bien enten-
20 du. Si un joueur ne peut respecter sa routine, il sera insécurisé et pourra même perdre sa concentration. Au contraire, si le
25 rituel est respecté, il se sentira plus alerte. »

Selon Clément Patenaude, les superstitions sont, en général, le fait d'individus anxieux. « Celui qui est
30 superstitieux le sera peut-être un peu plus s'il a davantage de responsabilités – c'est le cas du gardien ou du capitaine –, mais c'est plutôt une question de personnalité. Plus un individu est
35 insécurisé, plus il risque de développer des superstitions. »

D'après Sophie Allard, « Les superstars superstitieuses », *La Presse*, dimanche 11 avril 2004.

Effet placebo
Que signifie le terme latin *placebo* ? En science, qu'est-ce que l'*effet placebo* ?

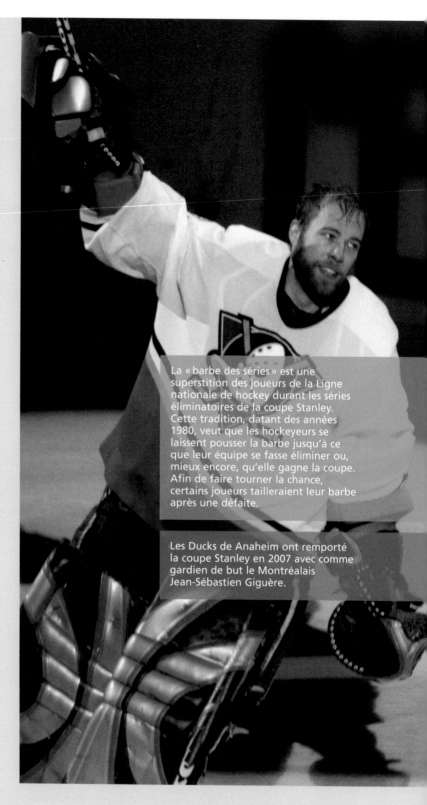

La « barbe des séries » est une superstition des joueurs de la Ligue nationale de hockey durant les séries éliminatoires de la coupe Stanley. Cette tradition, datant des années 1980, veut que les hockeyeurs se laissent pousser la barbe jusqu'à ce que leur équipe se fasse éliminer ou, mieux encore, qu'elle gagne la coupe. Afin de faire tourner la chance, certains joueurs tailleraient leur barbe après une défaite.

Les Ducks de Anaheim ont remporté la coupe Stanley en 2007 avec comme gardien de but le Montréalais Jean-Sébastien Giguère.

---

1. **A** L'auteure manifeste-t-elle sa présence dans le texte ? Justifiez votre réponse.

2. **C** Quels moyens l'auteure emploie-t-elle pour se distancier du sujet abordé ?

3. **B** Relevez cinq mots qui traduisent le point de vue de Clément Patenaude.

destin

Regard sur le texte

A La situation d'énonciation

Dans le texte *Superstitions*, un article d'un quotidien, la journaliste profite de l'occasion d'un vendredi 13 pour énoncer son opinion et aborder le sujet des superstitions. Cette énonciatrice, qui connaît bien son public cible, se doit d'en tenir compte dans la manière de manifester sa présence dans son texte et dans les propos et commentaires qu'elle formule. Étant donné le caractère controversé de ce thème, elle ne doit pas choquer ses lecteurs. C'est pourquoi elle interpelle le destinataire dans le but de l'amener à endosser son acte d'énonciation et fait référence, par souci d'objectivité, aux propos tenus par des énonciateurs seconds, c'est-à-dire au discours d'un spécialiste de la question et aux idées reçues partagées par divers groupes de personnes dans la société.

B Le point de vue

Dans son texte sur les superstitions, dont le thème suscite *a priori* divers points de vue, la journaliste formule clairement son opinion à l'aide de différentes marques de modalité :

- un vocabulaire dépréciatif, comme *des plus cocasses aux plus surprenantes, beaucoup plus étranges* ;
- des constructions de phrases comme des phrases exclamatives, interrogatives, impersonnelles, etc. ;
- des figures de style comme l'ironie dans *Quant aux chats noirs, n'en parlons plus, le seul fait de les évoquer pourrait nous porter malheur !* ;
- des temps de verbes comme le conditionnel (*il semblerait*) ou le futur antérieur (*... le latin n'aura jamais été aussi utile !*).

Par ailleurs, lorsque la journaliste considère les opinions d'autres énonciateurs, elle se garde de porter un jugement trop catégorique sur les propos rapportés. Malgré qu'elle ne souhaite pas toujours gommer son point de vue, elle s'efforce d'adopter un point de vue plus objectif :

- en recourant à un vocabulaire neutre, par exemple dans les phrases incises (comme *explique, poursuit, souligne*) ;
- en citant les paroles d'une personne (discours rapporté direct) ;
- en employant le présent de l'indicatif.

C Le discours rapporté

Dans son article, la journaliste s'appuie sur les propos d'énonciateurs seconds de deux manières différentes :

- à l'aide du discours rapporté direct, qui reprend les propos échangés avec Pierre Canavaggio, comme dans *L'auteur d'origine corse explique : «Elles sont issues des mythes qui jalonnent la vie quotidienne des hommes...»* ;
- à l'aide du discours rapporté indirect, tantôt introduit par un verbe de parole (*veut que, professe que*) ou par une phrase incise (*comme l'assurent les cartésiens*), tantôt accompagné de groupes incidents (*Chez certains, Pour d'autres, D'après lui, Pour Pierre Canavaggio*).

L'énonciation, p. 198
Le point de vue, p. 198-199
Le discours rapporté, p. 200

Approfondir le texte

1 Associez chacun des énonciateurs proposés de la colonne de gauche à l'un des passages du texte de la colonne de droite.

ÉNONCIATEUR PRINCIPAL ET ÉNONCIATEUR(S) SECOND(S)	PASSAGES DU TEXTE
1) L'auteure	A. *Certaines d'entre elles iraient même, semble-t-il, jusqu'à flirter avec la sorcellerie !* (lignes 4-5)
2) Pierre Canavaggio, que l'auteure a consulté	B. *Sornettes, comme l'assurent les cartésiens...* (ligne 7)
3) Un groupe relativement défini de personnes	C. *Quant aux chats noirs, n'en parlons plus, le seul fait de les évoquer pourrait nous porter malheur ! D'autres superstitions nous semblent beaucoup plus étranges.* (lignes 12-15)
4) L'auteure et un groupe indéterminé de personnes, qui partagent la même idée	D. *Mais d'où viennent ces prétendus signes du destin ?* (ligne 27)
	E. *Quant au 13, son caractère maléfique remonte à l'Antiquité la plus haute, poursuit M. Canavaggio.* (lignes 43-44)

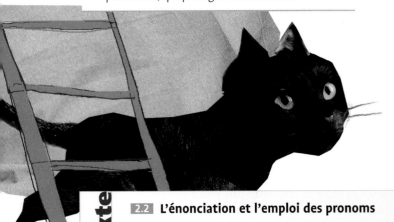

Grammaire en contexte

2.2 L'énonciation et l'emploi des pronoms

Pour préciser l'énonciateur, le destinataire ou d'autres énonciateurs dont on rapporte les paroles, on a souvent recours à différents types de pronoms : des pronoms personnels ou possessifs de la 1re personne ou de la 2e personne, des pronoms démonstratifs et des pronoms indéfinis. Pour bien comprendre la portée de ces pronoms, il est important d'en reconnaître les référents.

1 Dans l'introduction du texte *Superstitions* (lignes 1-20), relevez uniquement les pronoms qui réfèrent à l'énonciateur (principal ou second) ou au destinataire.

2 Comparez les phrases suivantes, tirées du texte *Superstitions*, à la formulation différente qui en est proposée, puis indiquez quelle information on obtient sur les énonciateurs ou les destinataires, grâce à l'emploi des pronoms en gras.

A. *Et pourquoi ne pas miser sur le 13 ?* (lignes 59-60)
   Et pourquoi ne misons-**nous** pas sur le 13 ?

B. *Pourquoi certaines personnes continuent-elles à y croire, jusqu'à s'empêcher de vivre ?* (lignes 61-62)
   Pourquoi, selon **vous**, **certains** d'entre **nous** continuent-ils à y croire, jusqu'à s'empêcher de vivre ?

C. *Mais alors, quel sens leur attribuer ?* (ligne 79)
   Mais alors, quel sens, d'après **vous**, pourrait-**on** leur attribuer ?

 Les fonctions syntaxiques, p. 224   p. 271

destin

2 **a)** Relevez quatre passages du texte dans lesquels l'auteure laisse transparaître son point de vue sur les superstitions.

b) À l'aide de ces passages, dégagez en quelques lignes la position de l'auteure à propos du sujet dont elle traite dans son article.

c) De quelle manière l'auteure se montre-t-elle respectueuse à l'égard de la position de Pierre Canavaggio? Ciblez des passages qui en témoignent et soulignez les mots qui révèlent son souci d'objectivité.

3 Parmi les phrases suivantes tirées du texte, déterminez celles qui comportent un discours rapporté et précisez, lorsque c'est le cas, s'il s'agit d'un discours direct ou indirect.

PASSAGES DU TEXTE	TYPE DE DISCOURS RAPPORTÉ
A. *On peut lutter contre elles, celles-ci se logent dans les moindres replis de nos cerveaux, comme inscrites dans une mémoire universelle.* (lignes 5-7)	
B. *D'après lui, sur les quelque 500 000 croyances recensées dans le monde, 13 ont universellement cours.* (lignes 24-25)	
C. *«Quant au 13, son caractère maléfique remonte à l'Antiquité la plus haute, poursuit M. Canavaggio...»* (lignes 43-44)	
D. *Que la Nasa lui ait permis d'emporter un fétiche dans une fusée où tout était pesé au gramme près signifie que, pour la première fois peut-être, une superstition a été considérée comme un paramètre entrant dans la réussite d'une expérience scientifique, lourde de symbole pour l'humanité, peut-on lire dans le* Bon usage des superstitions. (lignes 101-106)	

Réagir au texte

1 **a)** Après avoir lu l'encadré *Les superstars superstitieuses*, pourquoi croyez-vous que les joueurs de hockey ont tendance à entretenir des superstitions?

b) Connaissez-vous d'autres célébrités qui sont portées à s'adonner à des rituels particuliers? Est-ce pour les mêmes raisons, d'après vous?

2 «Les superstitions échappent au rationnel, elles ne sont pas mesurables et représentent une échappatoire à une civilisation technologique et scientifique à outrance.»

Qu'en pensez-vous? Exprimez votre commentaire en une vingtaine de lignes en tenant compte des points suivants:

– s'appuyer sur la citation pour formuler son commentaire;

– manifester sa présence dans le texte;

– exprimer son point de vue à l'aide de marques de modalité.

3 Dans un de ses propos retenus par la journaliste, Canavaggio émet la réserve suivante: «... il appartient à chacun de faire une place dans sa vie aux superstitions ou de les rejeter individuellement ou en bloc.» (lignes 95-96)

Quelle place accordez-vous aux superstitions pour faire face à votre destin?

À un moment ou l'autre dans notre vie, on se questionne sur ce que l'avenir nous réserve. Ce questionnement peut être personnel ou s'ouvrir sur les autres, sur le monde. Des spécialistes s'inquiètent présentement de la survie de l'humanité. Prêtons-donc une oreille attentive à ces scientifiques qui nous préviennent de certaines menaces à notre destin.

Hubert Reeves

Hubert Reeves est reconnu mondialement comme vulgarisateur scientifique engagé dans la sauvegarde de l'environnement. Depuis 1999, un astéroïde porte son nom.

LA SAGESSE DE LA SCIENCE

C'est en faisant appel à la logique, en observant patiemment la nature, en élaborant des calculs complexes que des gens comme Isaac Newton, Marie Curie ou Albert Einstein ont changé notre perception du monde en partageant avec tous leurs connaissances. Ils ont, selon certains, contribué à rendre notre monde meilleur en sensibilisant l'humanité à la complexité de l'univers.

Le XXe siècle a été particulièrement foisonnant, car la connaissance scientifique s'est en quelque sorte démocratisée. Grâce au travail de vulgarisation de Françoise Dolto, d'Albert Jacquard, de Jacques-Yves Cousteau, on connaît un peu mieux les disciplines complexes que sont la psychologie, la génétique, l'océanographie, etc. C'est dans un esprit de partage que ces gens de sciences ont choisi de prendre la plume pour sensibiliser les gens à l'équilibre nécessaire à la survie de l'humain et de la nature.

Depuis les années 1970, certains chercheurs préviennent les décideurs et la population qu'il est urgent d'agir pour préserver l'environnement et sauver la planète. En effet, comme ils sont aux premières loges, ils ont l'occasion de constater que la planète a de graves problèmes de santé.

Marie Curie (1867-1934) a fait d'importantes découvertes sur le radium pour traiter le cancer. Elle a reçu deux prix Nobel : l'un en physique (1903) et l'autre en chimie (1911).

Albert Jacquard, généticien, est un vulgarisateur scientifique.

Françoise Dolto (1908-1988) a été une spécialiste de la psychanalyse chez les enfants.

Isaac Newton (1642-1727), savant anglais. Il a énoncé la théorie de l'attraction universelle et conçu le premier télescope.

Jacques-Yves Cousteau (1910-1997) a réalisé de nombreux films sur le monde sous-marin.

- Considérez-vous que la science puisse aider à faire des choix de vie éclairés ?
- Qu'est-ce qui peut motiver des spécialistes à prendre la parole pour défendre une cause environnementale ?

Lire et comprendre le texte

Dans la chronique Homo sapiens *au pays des merveilles*, on peut lire le commentaire d'un scientifique reconnu qui tente d'expliquer aux humains toute la responsabilité qu'ils ont à l'égard de la survie de leur planète. À la lecture de ce texte, portez attention aux notions ci-dessous en vous laissant guider par les questions présentées à la suite du texte.

A La situation d'énonciation

B Le point de vue

C Le discours rapporté

HOMO SAPIENS AU PAYS DES MERVEILLES

« Soudain, surgissant à l'horizon de la Lune, avec une lenteur majestueuse indicible, est apparu un joyau bleu et blanc scintillant, une sphère d'un bleu ciel délicat et léger nimbée de voiles blancs en lentes volutes, telle une petite perle émergeant des profondeurs d'un océan sombre et mystérieux. Il faut un certain temps pour réaliser que c'est la Terre, notre Terre. » –
5 Edgar Mitchell.

Vous l'avez compris, l'auteur de cette belle description est un astronaute. Depuis, le regard porté sur notre planète a changé.

Regarder la Terre depuis l'espace, c'est ce qui nous a fait changer d'ère. L'ère de l'exploration spatiale est d'une importance qui se révèle vitale. Surtout, ne regrettons pas le coût des investisse-
10 ments qui l'ont permise. Grâce à elle, nous avons compris que la planète est limitée et si petite dans l'immensité du cosmos. Enfin, nous avons réalisé ce que les savants nous disaient : notre Terre n'est pas infinie… Nous ne pouvons plus nous conduire comme avant, comme du temps des Romains, par exemple, ou même comme au siècle dernier. Enfin, nous prenons conscience de la fragilité de notre situation.

Planète bleue

15 Cette Terre, chantée par Diane Dufresne, abrite la vie sous ses innombrables formes. Le texte de la chanson *Terre planète bleue** nous présente certaines scènes de la vie contemporaine. Il évoque aussi le temps – des milliards d'années – qu'il a fallu pour que se développe le phénoménal processus qui a permis la naissance de l'humanité. Il serait insensé de continuer d'en perturber l'évolution.

*N.D.L.R. : Le texte de cette chanson est de Hubert Reeves.

destin

20   Car indéniablement, nos activités perturbent et fragilisent la planète, et les risques de pénuries alimentaires ou énergétiques continueront de s'accroître... si rien n'est entrepris. Nous sommes entrés dans l'ère d'une prise de conscience irréversible.

Guerres

    Les humains ont réussi à additionner des connaissances qui permettent de faire face à une situation qui s'est dégradée. L'idéal est qu'ils ne se fassent plus la guerre mais qu'ils la fassent
25 ensemble, au gaspillage de l'énergie et du vivant. Bien que les guerres opposant les êtres humains entre eux existent toujours, nous avons tout à gagner à ne pas attendre pour enrayer la destruction d'espèces non humaines.

    En guerre ou en paix, nous sommes tributaires des services rendus par les écosystèmes et tributaires des espèces végétales et animales pour notre existence quotidienne.

30   Notre seule demeure possible, c'est notre planète : nous ne pouvons émigrer sur une autre. L'astronaute l'a dit, c'est un bijou. Et nous sommes des Homo sapiens. Nous nous décrétons même « doublement sapiens ». Une telle sagesse ne peut que marquer de son sceau nos actions présentes et à venir pour ne pas dévaloriser ce précieux bijou. Tout ce qui se passe sur Terre regarde tous les Terriens.

Si l'on pulvérise des pesticides sur un endroit du monde, les nuages et les vents en transportent une partie bien plus loin que la zone ciblée. Si une forêt brûle, le gaz carbonique émis réchauffe la planète entière. Si l'on pollue l'eau d'un fleuve, c'est la mer qui reçoit une part de la pollution, ainsi imposée à d'autres pays riverains...

Une précédente chronique traitait déjà de cette identité de Terrien à adjoindre à celle de Français ou de Québécois. Il faudrait bien que nos passeports soulignent cette identité commune puisque nous habitons tous ce pays des merveilles qu'est la Terre.

Hubert Reeves et son équipe, « *Homo sapiens* au pays des merveilles », *Le Journal de Montréal*, 27 janvier 2008.

destin

Après avoir lu le texte, répondez aux questions suivantes en lien avec les notions ciblées.

A La situation d'énonciation   **B** Le point de vue   **C** Le discours rapporté

1. **A** En vue de cerner la situation d'énonciation du texte, remplissez une fiche semblable à celle-ci.

> *HOMO SAPIENS* AU PAYS DES MERVEILLES
>
> Énonciateur principal :
>
> Crédibilité de l'énonciateur :
>
> Énonciateur(s) second(s) :
>
> Destinataire :
>
> Contexte de production :
>
> Support original du texte :
>
> Idée générale du texte :

2. **A** Selon vous, quelle partie du texte montre le mieux qu'Hubert Reeves est un scientifique et que c'est avec ce regard qu'il envisage les choses ?

3. **A** **a)** À qui réfèrent tous les pronoms *nous* qui parsèment le texte ?

    b) Pourquoi Hubert Reeves abandonne-t-il le *nous* pour le *on* (un pronom indéfini) dans l'avant-dernier paragraphe ? Quelle nuance veut-il faire ?

4. **A** **a)** Relevez le passage où l'énonciateur interpelle plus directement le destinataire.

    b) Pourquoi interpelle-t-il les lecteurs ainsi ?

5. **B** Hubert Reeves donne son avis sur l'exploration spatiale. Quelles marques de modalité emploie-t-il pour signifier qu'il a un point de vue très favorable à l'égard des voyages dans l'espace ?

6. **B** Pour exprimer son point de vue sur la gravité de la situation, Hubert Reeves emploie un vocabulaire dépréciatif. Relevez ces mots qui reviennent souvent dans les discours environnementaux.

7. **C** **a)** Quels mots Hubert Reeves choisit-il pour qualifier ou pour nommer la Terre ?

    b) Que révèlent ces mots sur le point de vue de l'auteur ?

8. **C** **a)** À deux occasions, Hubert Reeves se cite lui-même. Relevez ces deux occasions.

    b) Relevez d'autres discours rapportés indirects dans le texte.

9. **A** Le *N.D.L.R.*, au bas de la page 74, signifie *note de la rédaction*. Pourquoi la rédaction a-t-elle pris la peine d'ajouter cette information ?

Approfondir le texte

1 Si on compare le ton de l'astronaute et celui d'Hubert Reeves, lequel des deux hommes a le point de vue le plus expressif ? Justifiez votre réponse.

2 Pourquoi le texte d'Hubert Reeves débute-t-il avec une citation d'Edgar Mitchell ?

3 Qu'est-ce qu'Hubert Reeves a voulu dire par *nous sommes tributaires des services rendus par les écosystèmes et tributaires des espèces végétales et animales pour notre existence quotidienne* (lignes 28-29) ? Exprimez-le dans vos mots.

Réagir au texte

1 L'opinion d'Hubert Reeves a-t-elle du poids à vos yeux ? Justifiez votre réponse.

2 Hubert Reeves est un grand scientifique habitué à discuter de phénomènes extrêmement complexes. Avez-vous trouvé ses propos faciles à comprendre ou non ? Pourquoi ?

3 Lisez le texte de la chanson *Terre, planète bleue* composée par Hubert Reeves. Pour sensibiliser les gens à l'avenir fragile de leur planète, quel texte est le plus efficace, à votre avis : une chanson ou une chronique ? Justifiez.

4 Est-ce que le texte d'Hubert Reeves vous encourage ou est-ce qu'il vous décourage face à l'avenir de la planète ? Discutez de votre réaction avec d'autres élèves.

5 Imaginez que vous avez l'adresse courriel d'Hubert Reeves et que vous voulez réagir à sa chronique. Rédigez quelques lignes pour lui dire ce que vous pensez de son texte. Assurez-vous de respecter les points suivants :

– marquez votre présence en choisissant des pronoms de la première personne ;

– adoptez un point de vue subjectif ;

– si cela est pertinent, appuyez vos propos à l'aide de discours rapportés.

Terre, planète bleue

Terre, planète bleue, où des astronomes exaltés capturent la lumière des étoiles aux confins de l'espace.

Terre, planète bleue, où un cosmonaute, au hublot de sa navette, nomme les continents des géographies de son enfance.

Terre, planète bleue, où une asphodèle germe dans les entrailles d'un migrateur mort d'épuisement sur un rocher de haute mer.

Terre, planète bleue, où un dictateur fête Noël en famille alors que, par milliers, des corps brûlent dans les fours crématoires.

Terre, planète bleue, où, décroché avec fracas de la banquise polaire, un iceberg bleuté entreprend son long périple océanique.

Terre, planète bleue, où, dans une gare de banlieue, une famille attend un prisonnier politique séquestré depuis vingt ans.

Terre, planète bleue, où à chaque printemps le Soleil ramène les fleurs dans les sous-bois obscurs.

Terre, planète bleue, où seize familles ont accumulé plus de richesses que quarante-huit pays démunis.

Terre, planète bleue, où un orphelin se jette du troisième étage pour échapper aux sévices des surveillants.

Terre, planète bleue, où, à la nuit tombée, un maçon contemple avec fierté le mur de briques élevé tout au long du jour.

Terre, planète bleue, où un maître de chapelle écrit les dernières notes d'une cantate qui enchantera le coeur des hommes pendant des siècles.

Terre, planète bleue, où une mère tient dans ses bras un enfant mort du sida transmis à son mari à la fête du village.

Terre, planète bleue, où un navigateur solitaire regarde son grand mât s'effondrer sous le choc des déferlantes.

Terre, planète bleue, où, sur un divan de psychanalyse, un homme reste muet.

Terre, planète bleue, où un chevreuil agonise dans un buisson, blessé par un chasseur qui ne l'a pas recherché.

Terre, planète bleue, où, vêtue de couleurs éclatantes, une femme choisit ses légumes verts sur les étals d'un marché africain.

Terre, planète bleue, qui accomplit son quatre-milliard-cinq-cent-cinquante-six-millionième tour autour d'un Soleil qui achève sa vingt-cinquième révolution autour de la Voie Lactée.

Hubert Reeves

COMPARER LES TEXTES

Vous venez de lire les trois textes suivants :

L'armoire aux souvenirs
manuel, p. 54-56

Superstitions
manuel, p. 64-67

Homo sapiens aux pays des merveilles
manuel, p. 74-76

1 Que pensez-vous des trois textes que vous venez de lire ? Mettez vos impressions en commun en les situant, du point de vue de chacun des six aspects suivants, sur une échelle de 1 à 5.

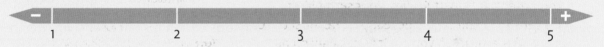

− 1   2   3   4   5 +

Évaluez :

a) la présence de l'énonciateur
Attribuez 5 à l'énonciateur qui se révèle le plus dans son texte.

b) le point de vue
Attribuez 5 au texte le plus subjectif par rapport au sujet.

c) l'importance du discours rapporté
Attribuez 5 au texte qui rapporte le plus de points de vue différents.

d) l'effet produit sur le destinataire
Attribuez 5 au texte que vous avez préféré.

e) la complexité du texte
Attribuez 5 au texte qui vous a paru le plus facile à comprendre.

2 Une fois les comparaisons faites, sélectionnez l'extrait qui vous a fait le plus réfléchir sur le destin. Justifiez votre choix en 10 à 12 lignes.

Le commentaire

Le commentaire propose et justifie une réaction à ce que d'autres ont dit, fait ou écrit.

Dans la vie de tous les jours, les occasions de formuler des commentaires sont très nombreuses. En effet, on réagit quotidiennement aux propos des gens qui nous entourent, aux événements de l'actualité, aux films ou aux livres qu'on a aimés ou non, etc., et ces réactions prennent bien souvent la forme de commentaires. L'intention alors n'est pas tant d'obtenir l'adhésion de ses interlocuteurs, mais d'exprimer et d'affiner des jugements personnels, de provoquer des discussions…

Ces commentaires de la vie courante sont rarement préparés. Cependant, présenter un commentaire de façon formelle, dans un cadre scolaire par exemple, suppose :

- **une étude personnelle du sujet** : avant d'élaborer un commentaire, on examine les différents aspects du sujet en vue de mieux le comprendre, de faire naître des idées, de soulever une interrogation particulière en lien avec ce sujet ;

- **la construction d'un texte structuré** : il ne s'agit pas de présenter à bâtons rompus ses réflexions sur le sujet, mais d'organiser son commentaire de façon cohérente pour maintenir l'intérêt des lecteurs, voire pour les séduire.

Qu'on le formule librement ou de façon plus structurée, un commentaire est d'autant mieux reçu qu'il est soutenu de façon pertinente. L'affirmation, par exemple, que telle idée est absurde ou pleine de vérité sera mieux accueillie si on expose les **raisons** de son jugement et si on illustre sa pensée à l'aide d'**exemples** ou de **comparaisons**. Par ailleurs, rapporter les **propos d'autres personnes** peut aussi contribuer à appuyer son point de vue.

1 Lisez le texte *Œil pour œil, dent pour dent*. Résumez ensuite en une phrase la pensée de l'auteur au sujet de ce proverbe.

ŒIL POUR ŒIL, DENT POUR DENT

Comment réagir en situation de menace, d'attaque ou de conflit? La réaction la plus spontanée semble être de riposter, de se venger: on obéit alors au proverbe *Œil pour œil, dent pour dent*. Cette vieille loi biblique, dite «loi du talion», consiste à *infliger au coupable le traitement même qu'il a*
5 *fait subir à sa victime* (Petit Robert). Ce principe mérite certainement réflexion et, en ce qui me concerne, soulève la question suivante: faut-il résister à l'idée de vengeance?

Si la vengeance apparaît souvent comme moyen de sauver son honneur et de remettre l'ennemi à sa place, d'innombrables situations conflictuelles
10 montrent que cette attitude ne mène à rien. Les attentats du 11 septembre 2001 et la riposte des États-Unis, avec comme résultat, selon plusieurs experts, que le conflit demeure toujours ouvert, est un bel exemple que la vengeance est improductive et peut même être destructrice. Dans la vie quotidienne, pour ma part, il arrive souvent que des conflits entre amis
15 réveillent en moi l'instinct de riposter ou de me venger. Bien que ce genre de réaction apparaisse tout à fait normal pour plusieurs d'entre nous, ne vaudrait-il pas mieux prendre le temps d'analyser les motivations et les conséquences de ses réflexes de vengeance? Dans ses relations avec les autres, ce qui est primordial, ne serait-ce pas de développer un climat de
20 tolérance et de compréhension, qui soit à la mesure de l'intelligence humaine?

En somme, le proverbe *Œil pour œil, dent pour dent* n'est pas le seul principe qui puisse régir les situations conflictuelles. Si l'on peut résister à la tentation de se venger, il est possible de mettre à l'essai d'autres modes
25 d'interactions avec les autres. Selon moi, engager une négociation, un dialogue réfléchi, est sans aucun doute une option à envisager. Ne dit-on pas d'ailleurs que *De la discussion jaillit la lumière*?

Arthur Mercier (2006)

Introduction

– Amener le sujet

– Définir certains aspects du sujet

– Poser le sujet de la réflexion

Développement

– Présenter l'idée principale

– Appuyer l'idée à l'aide d'exemples

– Formuler son opinion

Conclusion

– Présenter une synthèse des propos

– Élargir la réflexion

2 La réflexion de l'auteur du texte *Œil pour œil, dent pour dent* est personnelle. Quelle autre pensée pourrait-on développer en réaction au même proverbe ?

3 L'auteur utilise différentes marques de modalité, qui révèlent ou annoncent qu'il y a expression d'un point de vue. Observez les passages en couleur dans son texte, puis associez une couleur à chacun des cas suivants.

1. L'auteur utilise un vocabulaire appréciatif ou dépréciatif qui révèle sa subjectivité.

2. L'auteur recourt à un vocabulaire ou à un mode verbal qui marque le doute, la certitude, l'hypothèse ou l'éventualité.

3. L'auteur emploie des formules qui montrent qu'il endosse ce qu'il énonce.

4 **a)** Quelle différence observez-vous entre la formulation ci-dessous et celles qui introduit le texte *Œil pour œil, dent pour dent* ? Laquelle préférez-vous ? Pourquoi ?

On peut se demander comment réagir en situation de menace, d'attaque ou de conflit.

b) Relevez dans le texte toutes les formulations qui interpellent directement les lecteurs.

5 Repérez les discours rapportés dans le texte et répondez aux questions suivantes.

a) Quel est l'intérêt de citer une définition de dictionnaire ?

b) Pourquoi l'auteur rapporte-t-il les propos d'experts ?

c) De quelle nature est la dernière citation du texte ?

6 Remplacez le passage suivant du texte en développant un autre exemple et en respectant l'idée principale du développement.

> *Les attentats du 11 septembre 2001 et la riposte des États-Unis, avec comme résultat, selon plusieurs experts, que le conflit demeure toujours ouvert, est un bel exemple que la vengeance est improductive et peut même être destructrice.*

Pensez à utiliser quelques marques de modalité. Et, si cela est pertinent, interpellez le destinataire et appuyez-vous sur les propos d'autres énonciateurs.

destin

⊛ À vous de jouer

Des slogans sur la vie

Ils s'apparentent à des slogans: ils sont courts, percutants et faciles à retenir: *Qui vole un œuf vole un bœuf*, *Rira bien qui rira le dernier*, *Vouloir, c'est pouvoir*... À la différence des slogans, cependant, ils n'ont pas été concoctés par des publicitaires: ils sont nés de l'expérience humaine et du savoir populaire. Vous l'aurez deviné: ce sont les proverbes!

De façon générale, avez-vous l'impression que nos vieux proverbes sont dépassés? Au contraire, demeurent-ils actuels malgré leur vieil âge? Vous aurez bientôt l'occasion de réfléchir à ces questions et plus particulièrement à un proverbe que vous aurez choisi et qui, de votre point de vue, propose une façon valable ou inacceptable de penser ou de se comporter. Vous rédigerez ensuite un commentaire sur ce proverbe.

Enfin, au cours d'une discussion informelle, vous ferez part de vos impressions sur les commentaires formulés par d'autres élèves de la classe. Vous pourriez vous interroger sur le sens, la pertinence, l'utilité, la force des proverbes que vous avez choisis et sur les points de vue exprimés à leur sujet.

 Outils complémentaires

1 Déterminez en grand groupe le **contexte** dans lequel vos commentaires seront partagés : les lirez-vous individuellement ? à voix haute ?

2 Choisissez un **proverbe** qui exprime une leçon, une règle de conduite, une observation qui vous fait réagir positivement ou négativement, et indiquez le sens communément admis de ce proverbe.

3 Prenez **position** par rapport au proverbe retenu : selon vous, ce proverbe est-il juste et recevable ?

4 Pour amorcer votre réflexion, construisez le **champ lexical** de votre proverbe.

Ex. : *Œil pour œil, dent pour dent* : loi du talion ; victime / coupable ; justice / injustice ; subir une offense, une injure, un affront ; causer un tort ; rancœur, haine, désir de vengeance ; rendre la pareille, punir, pardonner, défendre son honneur...

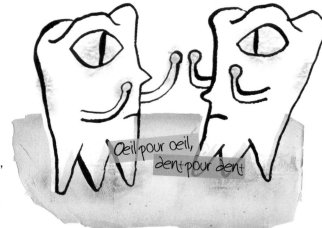

Œil pour œil, dent pour dent

5 Explorez les pistes suivantes pour orienter votre commentaire et soutenir votre point de vue.

PISTES À EXPLORER POUR ÉLABORER SON COMMENTAIRE	EXEMPLES À PARTIR DU PROVERBE *ŒIL POUR ŒIL, DENT POUR DENT*
• Mettre le proverbe en lien avec un autre proverbe (similaire ou qui énonce le contraire) ou une réflexion d'une personne connue.	– *La violence engendre la violence.* – *De la discussion jaillit la lumière* (Shakespeare) – *Pardonner est une action plus noble et plus rare que celle de se venger.*
• Formuler un questionnement en lien avec le proverbe.	– Si chacun se croit légitime d'appliquer ce proverbe, comment une « chaîne de coups » se romprait-elle ?
• En vue d'illustrer le proverbe ou ses propos sur le proverbe : – établir un parallèle avec une œuvre connue (un roman, un film, etc.) ; – se rappeler une situation où le proverbe a été énoncé ; – faire un lien avec un fait d'actualité ou un fait historique.	– Dans le film *Gangs of New York* (É.-U., 2002, de Martin Scorsese), un fils est obsédé par l'idée de venger son père tué par un chef de gang tout-puissant.

6 Faites un plan de votre texte. Notez sommairement :

• une idée d'entrée en matière ;

• un aspect de votre sujet que vous développerez et un exemple ou une comparaison qui illustrera votre propos ;

• une idée pour clore votre texte.

7 Rédigez une première version de votre commentaire en suivant les indications suivantes.

Introduction
- Rédigez votre entrée en matière.
- Posez votre sujet : énoncez votre proverbe, éclairez-en le sens et donnez-en l'origine (si possible).
- Présentez l'aspect du sujet qui vous intéresse et « annoncez vos couleurs ».

Développement
- Présentez l'opinion que vous souhaitez développer.
- Liez vos idées entre elles et marquez votre point de vue, notamment à l'aide d'éléments incidents (sans en abuser).

Conclusion
- Synthétisez votre réflexion en reprenant l'idée principale du développement.
- Terminez votre texte en proposant une nouvelle piste de réflexion.

Grammaire en contexte

2.3 Les phrases incidentes et les groupes incidents

Les éléments incidents (phrases ou groupes) permettent de marquer un point de vue engagé. Ils s'insèrent dans la phrase pour en commenter ou en nuancer le propos et peuvent être effacés sans nuire à la lisibilité de la phrase. On reconnaît également les éléments incidents au fait qu'ils n'ont pas de fonction syntaxique dans la phrase.

1 Dans les phrases suivantes, relevez les trois éléments incidents (phrases ou groupes).

Le film Gangs of New York *illustre très bien, à mon avis, où peut mener la loi du talion. Ce drame historique présente un personnage obsédé par l'idée de venger son père qu'un chef de gang tout-puissant a tué. Œil pour œil, dent pour dent, raisonne l'orphelin qui (reconnaissons-le) a de bonnes raisons d'avoir la rage au cœur. Cette histoire de vengeance – vous l'aurez deviné – se termine mal. Elle démontre que la vengeance est une justice barbare, qu'elle est illusoire en ce sens qu'elle ne répare pas tous les torts, quels qu'ils soient.*

2 À l'oral, les phrases incidentes et les groupes incidents sont caractérisés par une pause avant et après, et par une baisse de l'intonation. Comment cela se traduit-il à l'écrit ?

ⓘ *L'insertion*, p. 231

ⓐ p. 272

8 Trouvez un titre accrocheur à votre texte.

9 Vérifiez les éléments suivants et ajustez au besoin votre texte.

Contenu
- Montrez-vous l'intérêt de votre sujet dans l'introduction ?
- Vos propos sont-ils toujours en lien avec le proverbe retenu ?
- La réflexion progresse-t-elle entre le début et la fin du texte ?
- La conclusion découle-t-elle logiquement du reste du texte ?

Point de vue
- Votre point de vue subjectif est-il assez ou trop marqué ?

De la discussion jaillit la lumière

10 Faites une dernière révision de votre commentaire en portant une attention particulière à la façon de traiter les citations, les proverbes et les titres d'œuvres. Prenez note :

- qu'une citation doit être encadrée de guillemets et son auteur nommé ;

- qu'un proverbe ou un titre d'œuvre doit être souligné (ou en italique si le texte est produit à l'ordinateur).

 Réviser son texte, p. 299

Planifier | Rédiger | Réviser | **Présenter son texte**

11 Préparez-vous à présenter votre commentaire.

SI VOUS PRÉSENTEZ VOTRE TEXTE À L'ÉCRIT...	SI VOUS LISEZ VOTRE TEXTE À VOIX HAUTE...
Soignez la présentation visuelle. Pensez à distinguer les parties du texte : – passez une ligne entre les trois principales parties du texte ; – marquez un alinéa au début des paragraphes.	Exercez-vous en portant attention : – au niveau sonore de votre voix ; – aux intonations ; – à la vitesse de lecture ; – à l'articulation des mots.

Retour

La manière de mener à terme une même tâche d'écriture diffère selon les personnes.

1 Selon votre façon d'aborder la page blanche, choisissez ou complétez l'un des énoncés ci-dessous.

> Une fois mes idées trouvées...
>
> a) je rédige un plan pour les organiser : avec un bon plan, je ne crains pas la page blanche !
>
> b) je me lance dans l'écriture, j'écris sans m'arrêter, de façon « automatique » ; je dégage ensuite un plan de ce premier jet et je structure mon texte.
>
> c) je...

2 Parmi les comportements suivants, lesquels adoptez-vous en situation d'écriture ?

A. Avant l'écriture : explorer le sujet en faisant des lectures, en discutant avec d'autres, en faisant des liens avec l'actualité, avec des expériences personnelles...

B. En cours d'écriture : discuter de ses difficultés avec son entourage, consulter un enseignant ou un autre adulte.

C. Une fois le texte bien avancé ou terminé : se relire, demander l'avis de quelqu'un sur le contenu et la forme.

3 Avec d'autres élèves, énoncez quelques moyens ou ressources pour gérer avec efficacité une tâche d'écriture (pour générer des idées et les structurer, pour faire face à la page blanche, améliorer son texte, etc.).

La définition de la réussite

La réussite est une notion plutôt subjective. À partir de vos propres représentations du succès et de l'échec, rédigez un commentaire sur la « réussite ». Réfléchissez à vos objectifs de vie et à vos rêves, même les plus fous ! Appuyez vos propos en citant en exemple des personnes admirables de votre entourage qui ont réussi sur le plan artistique, personnel, professionnel ou communautaire. Expliquez en quoi elles sont des modèles. Conservez votre texte : lorsque vous le lirez, dans quelques années, vous pourrez évaluer si votre conception de la réussite a évolué ou non avec le temps.

Comme le disait si bien Schopenhauer...

Lisez la citation de Schopenhauer ci-contre présentée en ouverture de Zone. Réfléchissez à sa signification. Quelle image, quel événement de la vie y associez-vous ? Jusqu'à quel point avez-vous l'impression d'être maîtresse ou maître de votre destin après avoir lu cette pensée de Schopenhauer ? Discutez en équipe de vos réflexions personnelles. Ce genre d'activité à caractère philosophique vous a-t-il paru plus facile à faire individuellement ou en équipe ?

« Le destin mêle les cartes et nous jouons. »

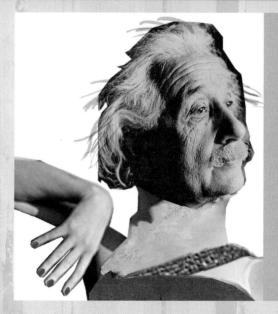

Autres textes à explorer

Lisez les trois textes suivants.

Le moine Mendel et les petits pois,   p. 312

De quoi avez-vous hérité ?,   p. 314

*Les coïncidences : fruit du hasard...
ou clins d'œil du destin ?,*   p. 343

Relevez un passage qui vous a fait réfléchir à la question du destin.

 Activités d'approfondissement

ZONE conflit

« *Les difficultés doivent pousser a l'action et non decourager. L'esprit de l'homme se renforcera par le conflit.* »

William Ellery Channing

Un conflit est un combat entre deux êtres, deux pays, deux idées, deux façons de voir… Les conflits retenus dans cette zone s'expriment à travers le langage. Toute situation d'argumentation vient d'une polémique, qui se polarise entre deux camps: les «pour» et les «contre». On pourrait s'attrister du fait que les humains vivent des situations conflictuelles, mais il faut voir ce qu'il y a de positif dans ces débats d'idées. En effet, le conflit permet de faire avancer les choses. C'est si vrai que nous cherchons même à être spectateurs de conflits au théâtre, au cinéma, à la télévision. Dans tous ces genres où triomphe le dialogue, on retrouve des personnages qui s'opposent avec une certaine intensité. Et nous, nous voulons savoir qui d'entre eux aura finalement le dernier mot.

Dans les pages qui suivent, nous vous invitons à assister ni plus ni moins à des combats… d'idées, que défendront non seulement des personnages, mais aussi des gens dans la vraie vie.

DOSSIER ③ Dialogues animés
DOSSIER ④ Rapports de force

❓
• Les deux animaux qui luttent dans ces pages le font pour leur survie. Les humains se comportent-ils aussi de la sorte? Justifiez.

• Comment réagissez-vous en présence d'un conflit? Prenez-vous position? Vous retirez-vous?

CORPUS de textes
p. 364-427

- Des textes sur des **problèmes personnels**, des **nations en crise**, des **bouleversements planétaires**.
- Des scènes de théâtre mettant en vedette des personnages qui confrontent leurs valeurs.
- Des textes argumentatifs qui accompagnent les scènes de théâtre, pour découvrir comment les conflits soulevés ont écho dans le réel.

DOSSIER 3

LE THÉÂTRE

Dialogues animés

L e texte théâtral est destiné à être dit par des acteurs sur une scène ou devant une caméra. Sauf exception, le texte théâtral est axé sur les dialogues. Les personnages conversent et offrent aux spectateurs d'entrer dans leur intimité. Mais de quoi parle-t-on au juste au théâtre ? Il y est question de la vie et de ses difficultés. Dans une pièce de théâtre, les personnages se parlent d'abord pour identifier un problème qu'ils ont du mal à cerner. Si les choses ne se déroulent pas trop mal, des pistes de solution peuvent être envisagées pour régler tous ces chocs d'idées ou de valeurs exprimés à travers les dialogues. Merveilleux laboratoire où toutes les situations de la réalité peuvent être reproduites, le théâtre est un grand simulateur de conflits.

Nous vous présentons donc trois extraits de pièces qui montrent bien le pouvoir du théâtre de faire comprendre des situations conflictuelles. Vous développerez aussi des connaissances sur les textes dramatiques tout en réfléchissant aux déchirements que vivent les personnages. Vous apprendrez également à écrire un dialogue afin de créer une saynète avec des personnages qui défendent des points de vue opposés.

Par la suite, d'autres idées d'activités vous sont proposées pour vous permettre de mieux connaître ce genre passionnant qu'est le théâtre.

? Rappelez-vous la scène d'une dispute mémorable entre deux personnages de la télévision, du cinéma ou du théâtre. Exposez les idées qui y étaient débattues.

plan

Grammaire **en vedette**

LA SUBORDONNÉE COMPLÉMENT DE PHRASE EXPRIMANT L'OPPOSITION

Le dossier 3 est tout indiqué pour exploiter la notion de la **subordonnée complément de phrase exprimant l'opposition**, une ressource linguistique très utile pour exprimer deux idées contradictoires.

90

 p. 237   p. 279

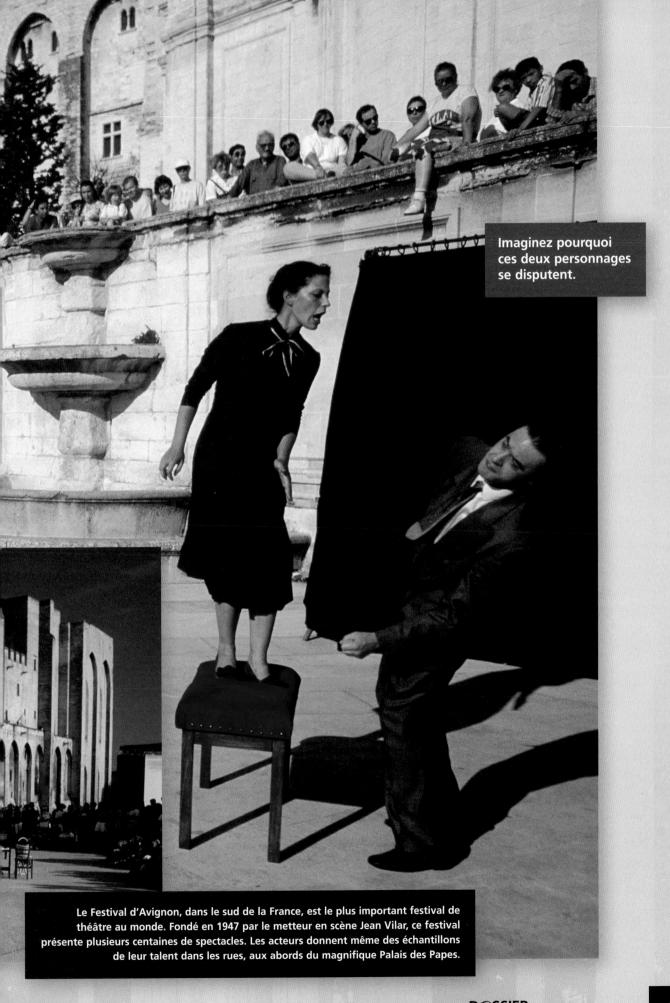

Imaginez pourquoi
ces deux personnages
se disputent.

Le Festival d'Avignon, dans le sud de la France, est le plus important festival de théâtre au monde. Fondé en 1947 par le metteur en scène Jean Vilar, ce festival présente plusieurs centaines de spectacles. Les acteurs donnent même des échantillons de leur talent dans les rues, aux abords du magnifique Palais des Papes.

L'Avare, comédie très représentative du génie de Molière, est encore jouée aujourd'hui, plus de trois siècles après sa création. Un personnage principal à l'allure bouffonne, l'avare Harpagon, amoureux de la fiancée de son fils Cléante, fait la loi dans sa maison et entre en conflit avec son entourage. Ses enfants et ses valets, qui le connaissent bien, cherchent par tous les moyens à contrer ses manœuvres.

Jean-Baptiste Poquelin, dit Molière (1622-1673), s'intéresse dès son jeune âge au théâtre. En 1637, il fait la connaissance d'une famille de comédiens, les Béjart, alors qu'il poursuit des études de droit. En 1643, avec sa femme, Madeleine Béjart, il fonde l'Illustre Théâtre. Après des débuts difficiles, la troupe, qui interprète surtout des tragédies, part en tournée en province pendant plusieurs années. Profitant de la protection de *Monsieur*, frère du roi Louis XIV, la troupe revient à Paris en 1658 et présente désormais des comédies pour le Roi et le public parisien, qui découvrent en Molière un talent inégalé pour la farce et la comédie bouffe. On dit de Molière que sa voix et ses mimiques déclenchent l'hilarité générale. Certaines de ses pièces, comme *Les précieuses ridicules*, *Le bourgeois gentil-homme* et *Le médecin malgré lui* sont de véritables triomphes ; d'autres, comme *L'école des femmes*, *Tartuffe* et *Dom Juan*, sèment la controverse. Après avoir perdu le soutien du Roi, Molière présente *Le malade imaginaire*, qu'il ne joue que quatre fois. Il meurt en 1673, quelques heures après avoir interprété le rôle d'Argan, le personnage principal de la pièce.

L'Avare

Présentée pour la première fois au public en 1668, la pièce *L'Avare* ne remporte pas le franc succès qu'elle connaît aujourd'hui. Inspirée entre autres de la comédie *Aulularia* de Plaute, poète latin du IIe siècle avant Jésus-Christ, la pièce bouscule les habitudes du public par son style en prose et son dénouement invraisem-blable. Dans cette comédie, il est question d'avarice, d'amour et de rivalité père-fils. Différents conflits sont à la source de situations loufoques, qui sont autant d'occasions de rire des travers des autres... et de soi-même.

LA COMÉDIE SATIRIQUE DE MOLIÈRE

À l'époque de Molière, au XVIIe siècle, Louis XIV, surnommé le Roi-Soleil, incarnait l'autorité suprême en France. Grand amateur d'œuvres classiques, dont il s'entourait pour souligner sa gloire, le roi avait l'habitude de prendre sous sa protection de nombreux artistes, qui, en retour, lui rendaient hommage dans leurs œuvres. Ce faisant, Louis XIV a largement contribué à populariser le style classique en Europe.

Si sa troupe de théâtre parvenait à survivre grâce à de nombreuses tournées en province, Molière n'a connu la gloire qu'à partir du jour où le roi l'invita à s'installer au théâtre du Petit-Bourbon afin d'y produire des pièces pour lui et le public parisien.

À titre de courtisan, Molière se devait de séduire le monarque ainsi que les nobles qui vivaient à la cour. Il n'hésitait pourtant pas à s'inspirer dans ses pièces, des travers des gens de son époque, et particulièrement de la noblesse suscitant souvent ainsi la controverse. En proposant des comédies aussi satiriques, qui dénonçaient certains problèmes moraux typiques de l'aristocratie de son temps, Molière s'attirait les foudres des représentants les plus conformistes de l'Église (appelés « jansénistes » ou « dévots »), qui, considérant ses pièces immorales, s'efforçaient de les interdire.

Malgré tout, Molière a continué de faire rire le public et de se moquer de l'allure ridicule des précieux, du charlatanisme des médecins, de l'ignorance et de l'inculture des bourgeois et de l'aveuglement des gens épris.

L'école des femmes aborde la question litigieuse de la différence d'âge entre époux (Arnolphe, riche vieillard, marie Agnès, âgée de 17 ans).

Tartuffe met en scène un religieux hypocrite qui abuse de la confiance des honnêtes gens et profite de leur innocence.

Dom Juan traite de la séduction : un grand seigneur dans la force de l'âge se complaît à briser impunément le cœur des jeunes filles, qui le croient amoureux d'elles.

- Selon vous, qu'est-ce qu'une personne avare?
- Croyez-vous qu'il s'agisse d'un défaut ou d'une qualité? Pourquoi?

Lire et comprendre le texte

Dans la pièce de théâtre *L'Avare*, Molière campe à larges traits son personnage d'Harpagon en ayant recours à une langue un peu vieillie aujourd'hui, puisque la pièce date du XVIIe siècle. À la lecture de ce texte, portez attention aux notions ci-dessous en vous laissant guider par les questions présentées en marge.

A La présentation du texte dramatique

B La progression du dialogue

C Les valeurs véhiculées par les personnages

D Les procédés stylistiques au service du texte dramatique

L'AVARE
extrait
ACTE PREMIER

SCÈNE III. – HARPAGON, LA FLÈCHE

HARPAGON – Hors d'ici tout à l'heure, et qu'on ne réplique pas. Allons, que l'on détale de chez moi, maître juré filou, vrai gibier de potence.

5 **LA FLÈCHE,** *à part* – Je n'ai jamais rien vu de si méchant que ce maudit vieillard, et je pense, sauf correction, qu'il a le diable au corps.

HARPAGON – Tu murmures entre tes dents.

LA FLÈCHE – Pourquoi me chassez-vous?

HARPAGON – C'est bien à toi, pendard, à me demander des 10 raisons: sors vite, que je ne t'assomme.

LA FLÈCHE – Qu'est-ce que je vous ai fait?

HARPAGON – Tu m'as fait que je veux que tu sortes.

LA FLÈCHE – Mon maître, votre fils, m'a donné ordre de l'attendre.

15 **HARPAGON** – Va-t'en l'attendre dans la rue, et ne sois point dans ma maison planté tout droit comme un piquet, à observer ce qui se passe, et faire ton profit de tout. Je ne veux point avoir sans cesse devant moi un espion de mes affaires, un traître, dont les yeux maudits assiègent toutes 20 mes actions, dévorent ce que je possède, et furettent de tous côtés pour voir s'il n'y a rien à voler.

lexique

Pendard

Que signifie ce terme vieilli? Aux lignes 1-24, relevez d'autres mots ou expressions qui ne s'emploient plus aujourd'hui ou dont le sens est différent. À l'aide du contexte, quel sens pouvez-vous donner à ces termes?

1. **A** Quelles sont les indications qui relèvent du découpage de la pièce? Que signifient-elles?

2. **A** Quelle signification attribuez-vous à l'indication *à part*?

3. **B** Aux lignes 8-14, quel type de phrase, employé par La Flèche, fait progresser le dialogue?

4. **D** Dans la réplique ci-contre d'Harpagon, relevez deux figures de style qui servent à caricaturer le comportement de La Flèche.

conflit

LA FLÈCHE – Comment diantre voulez-vous qu'on fasse pour vous voler? Êtes-vous un homme volable, quand vous renfermez toutes choses, et faites sentinelle jour et nuit?

25 **HARPAGON** – Je veux renfermer ce que bon me semble, et faire sentinelle comme il me plaît. Ne voilà pas de mes mouchards¹, qui prennent garde à ce qu'on fait? *(À part.)* Je tremble qu'il n'ait soupçonné quelque chose de mon argent. *(Haut.)* Ne serais-tu point homme à faire aller courir le bruit que j'ai chez moi de l'argent caché?

30 **LA FLÈCHE** – Vous avez de l'argent caché?

HARPAGON – Non, coquin, je ne dis pas cela. *(À part.)* J'enrage. *(Haut.)* Je demande si malicieusement tu n'irais point faire courir le bruit que j'en ai.

LA FLÈCHE – Hé! que nous importe que vous en ayez ou que vous n'en ayez pas, si c'est pour nous la même chose?

35 **HARPAGON** – Tu fais le raisonneur. Je te baillerai² de ce raisonnement-ci par les oreilles. *(Il lève la main pour lui donner un soufflet³.)* Sors d'ici, encore une fois.

LA FLÈCHE – Hé bien! je sors.

HARPAGON – Attends. Ne m'emportes-tu rien?

LA FLÈCHE – Que vous emporterai-je?

40 **HARPAGON** – Viens çà⁴, que je voie. Montre-moi tes mains.

LA FLÈCHE – Les voilà.

HARPAGON – Les autres.

LA FLÈCHE – Les autres?

HARPAGON – Oui.

45 **LA FLÈCHE** – Les voilà.

HARPAGON, *désignant les chausses* – N'as-tu rien mis ici dedans?

LA FLÈCHE – Voyez vous-même.

HARPAGON, *il tâte le bas de ses chausses* – Ces grands hauts-de-chausses sont propres à devenir les receleurs⁵ des 50 choses qu'on dérobe et je voudrais qu'on en eût fait pendre quelqu'un.

LA FLÈCHE, *à part* – Ah! qu'un homme comme cela mériterait bien ce qu'il craint! et que j'aurais de joie à le voler!

HARPAGON – Euh?

55 **LA FLÈCHE** – Quoi?

HARPAGON – Qu'est-ce que tu parles de voler?

LA FLÈCHE – Je dis que vous fouillez bien partout, pour voir si je vous ai volé.

HARPAGON – C'est ce que je veux faire.

60 *Il fouille dans les poches de La Flèche.*

LA FLÈCHE, *à part* – La peste soit de l'avarice et des avaricieux!

* **Les chiffres en exposant renvoient à des notes à la page 102.**

Haut-de-chausses
Qu'est-ce que cette pièce d'habillement portée à l'époque de Molière? Dans la scène III, relevez trois autres mots désignant des vêtements. Cherchez-les dans un dictionnaire pour mieux vous les représenter.

5. **C** Dans les deux répliques aux lignes 22-29, les personnages expriment un conflit de valeurs. Comment le formuleriez-vous?

6. **B** Quel effet la répétition produit-elle aux lignes 29 et 30?

7. **A** Que permettent d'exprimer les deux répliques en aparté de La Flèche aux lignes 52-53 et 61?

HARPAGON – Comment ? que dis-tu ?

LA FLÈCHE – Ce que je dis ?

HARPAGON – Oui : qu'est-ce que tu dis d'avarice et d'avaricieux ?

65 **LA FLÈCHE** – Je dis que la peste soit de l'avarice et des avaricieux !

HARPAGON – De qui veux-tu parler ?

LA FLÈCHE – Des avaricieux !

HARPAGON – Et qui sont-ils, ces avaricieux ?

conflit

LA FLÈCHE – Des vilains et des ladres[6].

70 **HARPAGON** – Mais qui est-ce que tu entends par là ?

LA FLÈCHE – De quoi vous mettez-vous en peine ?

HARPAGON – Je me mets en peine de ce qu'il faut.

LA FLÈCHE – Est-ce que vous croyez que je veux parler de vous ?

HARPAGON – Je crois ce que je crois ; mais je veux que tu me dises à qui tu 75 parles quand tu dis cela.

LA FLÈCHE – Je parle… je parle à mon bonnet.

HARPAGON – Et moi, je pourrais bien parler à ta barrette[7].

LA FLÈCHE – M'empêcherez-vous de maudire les avaricieux ?

HARPAGON – Non ; mais je t'empêcherai de jaser[8] et d'être insolent. Tais-toi.

80 **LA FLÈCHE** – Je ne nomme personne.

HARPAGON – Je te rosserai, si tu parles.

LA FLÈCHE – Qui se sent morveux, qu'il se mouche.

HARPAGON – Te tairas-tu ?

LA FLÈCHE – Oui, malgré moi.

85 **HARPAGON** – Ha, ha !

LA FLÈCHE, *lui montrant une des poches de son justaucorps* – Tenez, voilà encore une poche : êtes-vous satisfait ?

HARPAGON – Allons, rends-le-moi sans te fouiller.

LA FLÈCHE – Quoi ?

90 **HARPAGON** – Ce que tu m'as pris.

LA FLÈCHE – Je ne vous ai rien pris du tout.

HARPAGON – Assurément ?

LA FLÈCHE – Assurément.

HARPAGON – Adieu : va-t'en à tous les diables.

95 **LA FLÈCHE** – Me voilà fort bien congédié.

HARPAGON – Je te le[9] mets sur ta conscience, au moins. Voilà un pendard de valet qui m'incommode fort, et je ne me plais point à voir ce chien de boiteux-là.

SCÈNE IV. – ÉLISE, CLÉANTE, HARPAGON

100 **HARPAGON** – Certes, ce n'est pas une petite peine que de garder chez soi une grande somme d'argent ; et bienheureux qui a tout son fait[10] bien placé, et ne conserve seulement que ce qu'il faut pour sa dépense. On n'est pas peu embarrassé à inventer dans toute une maison une cache[11] fidèle ; car pour moi, les coffres-forts me sont suspects, et je ne veux jamais m'y fier : je les tiens[12] 105 justement une franche amorce[13] à voleurs, et c'est toujours la première chose que l'on va attaquer. Cependant je ne sais si j'aurais bien fait d'avoir enterré

8. **C** Comment La Flèche montre-t-il qu'il ne prend pas au sérieux le jeu de pouvoir auquel veut le soumettre Harpagon ?

9. **A** Observez comment se termine la scène précédente et comment débute celle-ci. Quand change-t-on de scène dans un texte dramatique ?

10. **C** Aux lignes 100-108, comment se manifeste l'obsession de l'argent chez Harpagon ? Relevez des mots de ce champ lexical.

Écu

Qu'est-ce qu'un écu? Relevez, dans la scène IV, d'autres termes liés à l'argent et tentez d'en trouver la valeur (grande ou minime) selon le contexte.

dans mon jardin dix mille écus qu'on me rendit hier. Dix mille écus en or chez soi est une somme assez...

Ici le frère et la sœur paraissent, s'entretenant bas.

110 Ô Ciel! je me serai trahi moi-même: la chaleur m'aura emporté, et je crois que j'ai parlé haut en raisonnant tout seul. Qu'est-ce?

CLÉANTE – Rien, mon père.

HARPAGON – Y a-t-il longtemps que vous êtes là?

115 **ÉLISE** – Nous ne venons que d'arriver.

HARPAGON – Vous avez entendu...

CLÉANTE – Quoi? mon père.

HARPAGON – Là...

ÉLISE – Quoi?

120 **HARPAGON** – Ce que je viens de dire.

CLÉANTE – Non.

HARPAGON – Si fait, si fait[14].

ÉLISE – Pardonnez-moi.

HARPAGON – Je vois bien que vous en avez ouï quelques mots. C'est que je
125 m'entretenais en moi-même de la peine qu'il y a aujourd'hui à trouver de l'argent, et je disais qu'il est bienheureux qui peut avoir dix mille écus chez soi.

CLÉANTE – Nous feignions à[15] vous aborder, de peur de vous interrompre.

HARPAGON – Je suis bien aise de vous dire cela, afin que vous n'alliez pas prendre les choses de travers et vous imaginer que je dise que c'est moi qui ai
130 dix mille écus.

CLÉANTE – Nous n'entrons point dans vos affaires.

HARPAGON – Plût à Dieu que je les eusse, dix mille écus.

CLÉANTE – Je ne crois pas...

HARPAGON – Ce serait une bonne affaire pour moi.

135 **ÉLISE** – Ce sont des choses...

HARPAGON – J'en aurais bon besoin.

CLÉANTE – Je pense que...

HARPAGON – Cela m'accommoderait fort.

ÉLISE – Vous êtes...

140 **HARPAGON** – Et je ne me plaindrais pas, comme je fais, que le temps est misérable.

CLÉANTE – Mon Dieu! mon père, vous n'avez pas lieu de vous plaindre, et l'on sait que vous avez assez de bien.

HARPAGON – Comment? j'ai assez de bien! Ceux qui le disent en ont menti.
145 Il n'y a rien de plus faux; et ce sont des coquins qui font courir tous ces bruits-là.

11. **B** Qu'est-ce qui caractérise les répliques aux lignes 110-123? Que font-elles ressortir à propos du caractère d'Harpagon?

12. **C** Pourquoi Harpagon veut-il cacher son argent à ses enfants?

13. **C** Quel est ici l'enjeu du conflit entre Harpagon et son fils Cléante?

ÉLISE – Ne vous mettez point en colère.

HARPAGON – Cela est étrange, que mes propres enfants me trahissent et deviennent mes ennemis!

150 **CLÉANTE** – Est-ce être votre ennemi, que de dire que vous avez du bien?

HARPAGON – Oui: de pareils discours et les dépenses que vous faites seront cause qu'un de ces jours on me viendra chez moi couper la gorge, dans la pensée que je suis tout cousu de pistoles[16].

CLÉANTE – Quelle grande dépense est-ce que je fais?

155 **HARPAGON** – Quelle? Est-il rien de plus scandaleux que ce somptueux équipage[17] que vous promenez par la ville? Je querellais[18] hier votre sœur; mais c'est encore pis. Voilà qui crie vengeance au Ciel; et à vous prendre depuis les pieds jusqu'à la tête, il y aurait là de quoi faire une bonne 160 constitution. Je vous l'ai dit vingt fois, mon fils, toutes vos manières me déplaisent fort: vous donnez furieusement dans le marquis[19]; et pour aller ainsi vêtu, il faut bien que vous me dérobiez.

lexique

Une bonne constitution

Que signifie, dans le contexte, cette expression vieillie? Vérifiez votre hypothèse dans un dictionnaire. Que signifie-t-elle aujourd'hui?

14. **D** Quelle(s) figure(s) de style emploie Harpagon:

– pour exagérer le fait qu'il a de l'argent?

– pour ridiculiser son fils?

CLÉANTE – Hé! comment vous dérober?

165 **HARPAGON** – Que sais-je? Où pouvez-vous prendre de quoi entretenir l'état[20] que vous portez?

CLÉANTE – Moi, mon père? C'est que je joue, et comme je suis fort heureux, je mets sur moi tout l'argent que je gagne.

HARPAGON – C'est fort mal fait. Si vous êtes heureux au jeu, vous en devriez 170 profiter et mettre à honnête intérêt[21] l'argent que vous gagnez, afin de le trouver un jour. Je voudrais bien savoir, sans parler du reste, à quoi servent tous ces rubans dont vous voilà lardé[22] depuis les pieds jusqu'à la tête, et si une demi-douzaine d'aiguillettes[23] ne suffit pas pour attacher un haut-de-chausses? Il est bien nécessaire d'employer de l'argent à des perruques, 175 lorsque l'on peut porter des cheveux de son cru[24], qui ne coûtent rien. Je vais gager qu'en perruques et rubans, il y a du moins vingt pistoles; et vingt pistoles rapportent par année dix-huit livres six sols huit deniers, à ne les placer qu'au denier douze[25].

CLÉANTE – Vous avez raison.

180 **HARPAGON** – Laissons cela, et parlons d'autre affaire. Euh? *(Bas, à part.)* Je crois qu'ils se font signe l'un à l'autre de me voler ma bourse. *(Haut.)* Que veulent dire ces gestes-là?

ÉLISE – Nous marchandons[26], mon frère et moi, à qui parlera le premier; et nous avons tous deux quelque chose à vous dire.

185 **HARPAGON** – Et moi, j'ai quelque chose aussi à vous dire à tous deux.

CLÉANTE – C'est de mariage, mon père, que nous désirons vous parler.

HARPAGON – Et c'est de mariage aussi que je veux vous entretenir.

ÉLISE – Ah! mon père!

HARPAGON – Pourquoi ce cri? Est-ce le mot, ma fille, ou la chose, qui vous fait 190 peur?

CLÉANTE – Le mariage peut nous faire peur à tous deux, de la façon que vous pouvez l'entendre; et nous craignons que nos sentiments ne soient pas d'accord avec votre choix.

HARPAGON – Un peu de patience. Ne vous alarmez point. Je sais ce qu'il faut 195 à tous deux; et vous n'aurez ni l'un ni l'autre aucun lieu de vous plaindre de tout ce que je prétends faire. Et pour commencer par un bout: avez-vous vu, dites-moi, une jeune personne appelée Mariane, qui ne loge pas loin d'ici?

CLÉANTE – Oui, mon père.

HARPAGON, *à Élise* – Et vous?

200 **ÉLISE** – J'en ai ouï parler.

HARPAGON – Comment, mon fils, trouvez-vous cette fille?

CLÉANTE – Une fort charmante personne.

HARPAGON – Sa physionomie?

CLÉANTE – Toute honnête, et pleine d'esprit.

205 **HARPAGON** – Son air et sa manière?

15. **C** Sur quoi Harpagon et Cléante sont-ils encore en conflit aux lignes 167-178?

16. **C** Pourquoi Élise et Cléante sont-ils inquiets à l'idée de parler mariage avec leur père?

conflit

CLÉANTE – Admirables, sans doute.

HARPAGON – Ne croyez-vous pas qu'une fille comme cela mériterait assez que l'on songeât à elle ?

CLÉANTE – Oui, mon père.

210 **HARPAGON** – Que ce serait un parti souhaitable ?

CLÉANTE – Très souhaitable.

HARPAGON – Qu'elle a toute la mine de faire un bon ménage[27] ?

CLÉANTE – Sans doute.

HARPAGON – Et qu'un mari aurait satisfaction avec elle ?

215 **CLÉANTE** – Assurément.

HARPAGON – Il y a une petite difficulté : c'est que j'ai peur qu'il n'y ait pas avec elle tout le bien qu'on pourrait prétendre.

CLÉANTE – Ah ! mon père, le bien n'est pas considérable, lorsqu'il est question d'épouser une honnête personne.

220 **HARPAGON** – Pardonnez-moi, pardonnez-moi. Mais ce qu'il y a à dire, c'est que si l'on n'y trouve pas tout le bien qu'on souhaite, on peut tâcher de regagner cela sur autre chose.

CLÉANTE – Cela s'entend.

HARPAGON – Enfin je suis bien aise de vous voir dans mes sentiments ; car son
225 maintien honnête et sa douceur m'ont gagné l'âme, et je suis résolu de l'épouser, pourvu que j'y trouve quelque bien.

CLÉANTE – Euh ?

HARPAGON – Comment ?

CLÉANTE – Vous êtes résolu, dites-vous... ?

230 **HARPAGON** – D'épouser Mariane.

CLÉANTE – Qui, vous ? vous ?

HARPAGON – Oui, moi, moi, moi. Que veut dire cela ?

CLÉANTE – Il m'a pris tout à coup un éblouissement, et je me retire d'ici.

HARPAGON – Cela ne sera rien. Allez vite boire dans la cuisine un grand verre
235 d'eau claire. Voilà de mes damoiseaux flouets[28], qui n'ont non plus de vigueur que[29] des poules. C'est là, ma fille, ce que j'ai résolu pour moi. Quant à ton frère, je lui destine une certaine veuve dont ce matin on m'est venu parler ; et, pour toi, je te donne au seigneur Anselme.

ÉLISE – Au seigneur Anselme.

240 **HARPAGON** – Oui, un homme mûr, prudent et sage, qui n'a pas plus de cinquante ans, et dont on vante les grands biens.

ÉLISE, *elle fait une révérence* – Je ne veux point me marier, mon père, s'il vous plaît.

HARPAGON, *il contrefait sa révérence* – Et moi, ma petite fille, ma mie, je veux
245 que vous vous mariiez, s'il vous plaît.

17. **B** Quel effet produit le questionnement en rafale dans les échanges entre les personnages ?

18. **C** Comment Harpagon voit-il le mariage ?

19. **B** Aux lignes 231-232, quel effet la répétition produit-elle ?

ÉLISE – Je vous demande pardon, mon père.

HARPAGON – Je vous demande pardon, ma fille.

ÉLISE – Je suis très humble servante au seigneur Anselme ; mais, avec votre permission, je ne l'épouserai point.

250 **HARPAGON** – Je suis votre très humble valet ; mais, avec votre permission, vous l'épouserez dès ce soir.

ÉLISE – Dès ce soir ?

HARPAGON – Dès ce soir.

ÉLISE – Cela ne sera pas, mon père.

255 **HARPAGON** – Cela sera, ma fille.

ÉLISE – Non.

HARPAGON – Si.

ÉLISE – Non, vous dis-je.

HARPAGON – Si, vous dis-je.

260 **ÉLISE** – C'est une chose où vous ne me réduirez point.

HARPAGON – C'est une chose où[30] je te réduirai.

ÉLISE – Je me tuerai plutôt que d'épouser un tel mari.

HARPAGON – Tu ne te tueras point, et tu l'épouseras. Mais voyez quelle audace ! A-t-on jamais vu une fille parler de la sorte à son père ?

265 **ÉLISE** – Mais a-t-on jamais vu un père marier sa fille de la sorte ?

HARPAGON – C'est un parti où[31] il n'y a rien à redire ; et je gage que tout le monde approuvera mon choix.

ÉLISE – Et moi, je gage qu'il ne saurait être approuvé d'aucune personne raisonnable.

[...]

Molière, *L'Avare*.

20. **C** Aux lignes 242-269, comment Élise tient-elle tête à son père ?

Regard sur le texte

A La présentation du texte dramatique

La scène III de *L'Avare* présente une altercation entre deux personnages. Il s'agit d'un dialogue dans lequel Harpagon, le maître de maison avare, entre en conflit avec La Flèche, valet de son fils, qu'il veut voir sortir au plus tôt parce qu'il le soupçonne de venir le voler. Les quelques didascalies qui parsèment le texte théâtral indiquent les répliques en aparté et les gestes des personnages. La fin de la scène coïncide avec la sortie de La Flèche et un passage monologué d'Harpagon.

À la scène IV, ce sont les deux enfants d'Harpagon, Cléante et Élise, qui font leur entrée pendant que l'avare continue son monologue. Comme dans la scène précédente, les didascalies précisent la mise en scène et le jeu des acteurs.

Un texte dramatique est constitué de deux éléments bien différents : les didascalies et le dialogue théâtral.

Les **didascalies** sont les indications de mise en scène et de jeu des acteurs. On distingue :
– les didascalies **initiales**, qui donnent des indications sur le lieu, l'organisation de l'espace scénique, le temps de l'action et les personnages qui participent à la pièce ;
– les didascalies **intégrées au dialogue**, qui comportent les didascalies dénominatives (nom des personnages avant chaque réplique), les didascalies expressives (sentiments, attitudes ou ton à employer), et les didascalies liées à l'action (déplacements ou gestes des personnages) ; ces didascalies peuvent suivre le nom d'un personnage ou encore être placées entre parenthèses en italique dans le corps du texte.

Le **dialogue théâtral** est le texte prononcé par les comédiens. Ce sont les personnages qui s'expriment : les propos échangés révèlent de quoi ils parlent (les sujets abordés) et comment ils le disent (la variété de langue utilisée). Ce dialogue est souvent organisé en **actes** (cinq actes dans une pièce classique), qui structurent le déroulement de l'action dramatique, et en **scènes**, qui correspondent généralement à l'entrée ou à la sortie de certains personnages.

B La progression du dialogue

Dans les deux scènes de *L'Avare*, les échanges de paroles sont très animés : des questions, des exclamations, des ordres, des commentaires, des répétitions, des répliques en opposition, des phrases entrecoupées… Cette variété d'interventions a pour effet de faire progresser le texte théâtral de manière très rythmée, très dynamique. Presque toutes les répliques sont brèves, sauf parfois dans le cas d'Harpagon, le personnage principal, qui prend plus longuement la parole, surtout lorsqu'il s'agit de monologues. De cette manière, le texte constitue un véritable dialogue, où chaque rôle ajoute à son élaboration.

Au cours de chaque scène, le dialogue est construit selon le schéma suivant de la **séquence dialogale** :
– une **phase d'ouverture**, amorce du dialogue ;
– une **phase d'interaction**, ensemble des propos échangés ;
– une **phase de clôture**, constituée de la dernière réplique de la scène.
À l'intérieur de la phase d'interaction, le dialogue progresse de différentes façons, de manière à « calquer » un dialogue réel entre personnes, à l'aide :
– de questions et de réponses ou de commentaires ;
– de reprises de la réplique précédente ;
– de répliques en opposition ou de répliques entrecoupées, etc.

Connaissances

Dans une scène, on peut aussi retrouver un **monologue** (discours d'un personnage qui parle à voix haute pour lui-même) ou un **aparté** (intervention d'un personnage qui s'adresse au public, même s'il y a d'autres personnages sur scène, pour émettre un commentaire ou faire connaître sa réaction). Les nombreuses répliques en aparté (indiquées *à part* dans la pièce de Molière) sont typiques de la comédie classique, où les personnages cherchent à communiquer directement avec le public.

C Les valeurs véhiculées par les personnages

Dans la scène III de *L'Avare*, deux personnages entrent en conflit de valeurs : Harpagon exerce son pouvoir sur La Flèche, le valet de son fils Cléante, qui est habitué à dépenser sans compter et à faire la grande vie. À la scène IV, Harpagon entre en conflit avec ses deux enfants : il se voit comme un père ayant tous les droits sur eux, alors que Cléante et Élise remettent en question les valeurs paternelles et veulent voler de leurs propres ailes.

Un texte dramatique est presque toujours l'**enjeu de conflits** entre les personnages. Dans une comédie de caractères, qui met en scène un ou des personnages représentant des types généraux ou « archétypes » comme c'est le cas de *L'Avare*, ou dans une comédie de mœurs, centrée sur les us et coutumes des gens d'une époque, ces personnages ont une personnalité très bien définie et les paroles qu'ils échangent font référence à des **valeurs sociales** et parfois **morales**. L'action dramatique est souvent liée à l'entrechoc des valeurs à l'origine des agissements et des représentations des personnages. Ces valeurs opposant les personnages les amènent à entrer en conflit les uns avec les autres et révèlent les diverses manières de penser et de se comporter en société.

D Les procédés stylistiques au service du texte dramatique

Dans les répliques de *L'Avare*, différents procédés stylistiques sont employés au service de l'humour. Voici des exemples de procédés utilisés pour mettre en valeur ce que veulent exprimer les personnages :

– l'hyperbole (ou l'emphase) : *... il a le diable au corps.* (ligne 6) ;

– la métaphore : *... les yeux maudits assiègent toutes mes actions...* (lignes 19-20) ;

– l'ironie : *Est-ce que vous croyez que je veux parler de vous ?* (ligne 73) ;

– la comparaison : *Voilà de mes damoiseaux flouets, qui n'ont non plus de vigueur que des poules.* (lignes 235-236).

Dans une comédie, tout est « plus grand que nature » : les personnages ont une personnalité campée de manière exagérée, les situations sont des plus loufoques et les paroles échangées tiennent de la caricature. C'est pour contribuer à ce grossissement des traits caractéristiques de l'humour que l'on y retrouve régulièrement certains **procédés stylistiques** comme :

– l'**hyperbole** (effet d'emphase) ;

– la **métaphore** (effet de rapprochement par transfert de sens) ;

– l'**ironie** (effet de moquerie consistant à dire le contraire de ce que l'on pense) ;

– la **comparaison** (effet de rapprochement par des termes semblables).

 Le dialogue (séquence dialogale), p. 195
Les figures de style, p. 246

conflit

1 Associez chacun des passages ci-dessous de *L'Avare* à l'un des procédés suivants relatifs à la progression du texte dramatique.

1. Question – Réponse

2. Question – Commentaire

3. Répétition de mots, de groupes de mots ou de phrases

4. Répliques en opposition

5. Répliques entrecoupées

A. **HARPAGON** – ... Ne serais-tu point homme à faire aller courir le bruit que j'ai chez moi de l'argent caché?

LA FLÈCHE – Vous avez de l'argent caché?

(lignes 28-30)

B. **HARPAGON** – De qui veux-tu parler?

LA FLÈCHE – Des avaricieux!

HARPAGON – Et qui sont-ils, ces avaricieux?

LA FLÈCHE – Des vilains et des ladres.

(lignes 66-69)

C. **HARPAGON** – Te tairas-tu?

LA FLÈCHE – Oui, malgré moi.

(lignes 83-84)

D. **CLÉANTE** – Je ne crois pas...

HARPAGON – Ce serait une bonne affaire pour moi.

ÉLISE – Ce sont des choses...

HARPAGON – J'en aurais bon besoin.

CLÉANTE – Je pense que...

HARPAGON – Cela m'accommoderait fort.

ÉLISE – Vous êtes...

(lignes 133-139)

E. **ÉLISE** – Cela ne sera pas, mon père.

HARPAGON – Cela sera, ma fille.

ÉLISE – Non.

HARPAGON – Si.

ÉLISE – Non, vous dis-je.

HARPAGON – Si, vous dis-je.

(lignes 254-259)

2 Mis à part l'argent, relevez au moins deux sujets à propos desquels les personnages entrent en conflit de valeurs avec Harpagon et expliquez-en les enjeux.

3 Dans la scène III de *L'Avare*, dressez la liste des mots relatifs au thème général du conflit et classez-les dans un tableau semblable à celui-ci.

CHAMP LEXICAL RELATIF AU CONFLIT	MOTS TIRÉS DE *L'AVARE*
A. Violence physique	
B. Violence verbale	
C. Jugements, commentaires	
D. Invectives	

4 Précisez cinq stratégies déployées par Harpagon pour faire valoir qu'il exerce un pouvoir absolu sur son entourage.

Grammaire en contexte

3.1 L'expression d'une injonction (ordre, demande, conseil)

- Au moment d'exprimer une injonction, par exemple une requête, un ordre ou une interdiction, on dispose de différents procédés d'expression. Le choix du procédé dépend en grande partie du degré de volonté de l'énonciateur de faire agir le destinataire ou de s'en faire obéir. Dans *L'Avare*, Molière a recours à plusieurs des procédés syntaxiques suivants :
  - une phrase impérative (*Attends.*) ;
  - une phrase contenant un verbe exprimant un ordre ou une demande suivi d'une subordonnée complétive ou d'un GVinf (*Je veux que tu me dises... Je t'empêcherai de jaser et d'être insolent.*) ;
  - Une phrase dont le verbe au subjonctif est introduit par *que* (*... que l'on détale de chez moi*).
  - une phrase non verbale (*Un peu de patience.*).
- Comme l'injonction s'exprime surtout à l'oral, l'intonation peut à elle seule transformer en injonction une phrase déclarative (*...vous l'épouserez dès ce soir.*) ou une phrase interrogative (*Te tairas-tu ?*).
- Des éléments peuvent servir à accentuer ou à atténuer une injonction, par exemple le point d'exclamation, une périphrase ou une formule de politesse (*... je veux que vous vous mariiez, s'il vous plaît.*), l'emploi de différents modes et temps (*... tu l'épouseras.*).

1 Précisez le procédé d'injonction employé dans les répliques suivantes. À l'aide du texte, indiquez s'il s'agit plutôt d'un ordre ou d'une demande.
  A. *Hors d'ici... !* (ligne 3)
  B. *... qu'on ne réplique pas !* (ligne 3)
  C. *Montre-moi tes mains.* (ligne 39)
  D. *... mais je veux que tu me dises à qui tu parles quand tu dis cela.* (lignes 73-74)
  E. *Ne vous mettez point en colère.* (ligne 147)

2 Relevez, dans les deux scènes de *L'Avare*, un exemple d'injonction pour chacun des procédés suivants :
  - phrase impérative ;
  - phrase contenant un verbe exprimant un ordre ou une demande ;
  - phrase dont le verbe au subjonctif est introduit par *que* ;
  - phrase non verbale.

i *Les types de phrases*, p. 209
Les phrases à construction particulière, p. 214

 p. 276

 conflit

1 Quels sont les passages de la pièce que vous avez trouvés comiques ? Selon vous, qu'est-ce qui a créé cet effet comique ?

2 Selon vous, jusqu'où peut mener l'avarice ? Pour répondre, basez-vous sur ce que vous connaissez d'Harpagon.

3 On entend souvent le proverbe *Tel père, tel fils*. Est-ce vrai dans le cas d'Harpagon et de Cléante ? Justifiez votre réponse.

4 Pensez-vous que le conflit qui oppose Harpagon et ses enfants pourrait exister aujourd'hui entre des parents et leurs enfants ? Pourquoi ?

5 Selon vous, le thème de l'avarice est-il encore actuel ? L'argent est-il objet de conflit aujourd'hui ? Partagez vos opinions en les justifiant à l'aide d'exemples tirés de faits d'actualité.

Le 9 octobre 1951, à Montréal, le rideau se lève sur *L'Avare* de Molière, la première production du Théâtre du Nouveau Monde. C'est Jean Gascon, l'un des six fondateurs de ce théâtre, qui a mis en scène la pièce et y a tenu le rôle d'Harpagon.

Les voisins est une pièce culte de la dramaturgie québécoise. Bien des gens récitent par cœur les répliques absurdes des personnages de banlieusards de cette œuvre. Certes, cette pièce est une comédie, mais elle propose également une critique de la vie en banlieue et un commentaire sur les problèmes de communication interpersonnels.

Claude Meunier et Louis Saïa

Claude Meunier, auteur et réalisateur, est né en 1951 à Montréal. Il s'est d'abord fait connaître dans les années 1970 au sein du trio (!) Paul et Paul, puis du duo Ding et Dong. De 1993 à 1998, il a écrit le succès télévisuel *La petite vie* où il a interprété le rôle de Popa.

Louis Saïa, auteur, réalisateur et scénariste, est né à Montréal en 1950. Il a écrit pour la scène, notamment pour la pièce *Bachelor*, avec Louise Roy, en 1979. Comme réalisateur, on lui doit notamment les films *Les Boys*.

La collaboration de Louis Saïa et de Claude Meunier date du début des années 1970, alors qu'ils montaient ensemble des numéros humoristiques. En 1980, ils ont signé deux pièces importantes : *Appelez-moi Stéphane* et *Les voisins*. Les deux amis ont aussi fait partie de l'équipe d'auteurs de la pièce *Broue*, créée en 1979 et encore jouée aujourd'hui.

Claude Meunier.

Louis Saïa.

Les voisins

D'abord présentée en 1980 au théâtre, la pièce *Les voisins* a été adaptée pour la télévision en 1987, permettant aux textes des auteurs de rejoindre un plus vaste public. *Les voisins*, c'est l'histoire d'une journée chez trois familles de banlieue qui se réunissent pour visionner des diapositives. Le génie de cette pièce réside dans ses dialogues volontairement creux. Il se passe peu de choses dans la vie de ces personnages, qui ont du mal à communiquer et qui semblent donner toute leur affection à leur haie ou à la carrosserie de leur automobile.

LE THÉÂTRE DE LA DÉRISION À PORTÉE SOCIALE

La comédie de mœurs *Les voisins* est d'abord présentée sur la scène québécoise au tout début des années 1980. Elle se veut un miroir à peine déformant de la société de cette époque, qui est en plein changement.

Après s'être centrée sur la préservation de sa culture et de sa langue, la société dont s'inspirent Claude Meunier et Louis Saïa s'ouvre sur le monde. Le nationalisme s'essouffle quelque peu et les Québécois portent davantage leur attention sur des considérations économiques. La consommation et le mode de vie qui l'accompagnent prennent de plus en plus de place dans leur vie. Les auteurs de cette pièce culte critiquent sévèrement la société matérialiste, où les objets sont souvent considérés comme plus importants que les êtres humains.

L'essence de la pièce *Les voisins* se cache derrière un humour facilement accessible. Cette pièce doit être appréciée au second degré, dans l'existence vide des personnages eux-mêmes. Elle traite de sujets universels, et les problèmes qui y sont soulevés sont encore tout à fait actuels. En ce sens, l'univers des *Voisins*, créé par Meunier et Saïa, ressemble un peu à celui d'Eugène Ionesco. Cet auteur roumain a été, dans les années 1950-1960, le pionnier de l'absurde, employé pour dénoncer certains travers de la société, comme dans la pièce *Rhinocéros*. Claude Meunier a d'ailleurs poursuivi sa carrière dans cette veine, en jouant dans le duo Ding et Dong et en créant, entre autres, l'émission de télévision *La petite vie*.

On voit ici, de gauche à droite, Serge Thériault, Claude Meunier et Guylaine Tremblay incarnant des personnages de la série télévisée *La petite vie*.

- Quelles sont les sources de conflit que vous pouvez vivre dans une relation amoureuse ?
- Croyez-vous que les biens matériels rendent heureux ? Pourquoi ?

Lire et comprendre le texte

Tirée de la pièce de théâtre *Les voisins*, la scène 2 de l'acte 1 présente un couple en crise : Laurette est malheureuse et déprimée, et Georges tente maladroitement de s'intéresser à elle. À la lecture de ce texte, portez attention aux notions ci-dessous en vous laissant guider par les questions présentées en marge.

A La présentation du texte dramatique

B La progression du dialogue

C Les valeurs véhiculées par les personnages

D Les procédés stylistiques au service du texte dramatique

LES VOISINS extrait

Acte 1, scène 2

LAURETTE ET GEORGES

La scène se déroule dans la chambre à coucher de Georges et de Laurette. Laurette est étendue en déshabillé sur son lit. Elle est déprimée ; elle a le regard fixe. Georges entre
5 *dans la chambre, pétant de bonne humeur.*

GEORGES. Bonjour, princesse, t'as l'air de bonne humeur à matin…

LAURETTE. Ah ! pas tellement…

GEORGES. Ça paraît pas… ça fait-tu longtemps qu't'es debout ?

LAURETTE. J'te dis qu'y a des matins, j'passerais tout droit jusqu'à fin de mes
10 jours…

GEORGES, *regardant ailleurs.* Dis pas ça, voyons. Comment tu veux être en forme si tu dis des affaires de même ? *(Georges se dirige vers la fenêtre. Laurette commence à pleurer doucement, en silence presque. Elle tente de se retenir.)* En tout cas, t'es pas comme moi, toi ! J't'assez de bonne humeur moi là. Soda que la
15 vie est belle ! Ça s'peux-tu ? Qu'est-ce que j'ai à être en forme de même ? Peux-tu me le dire, toi ? *(Il ouvre le rideau de la fenêtre.)* Ah non ! Dis-moi pas qu'y fait beau en plus… Regarde-moi le temps, toi. Ça c'est de la météo. Moi, un petit peu de bleu dins nuages, là, mon affaire est gorlo… *(Il chante.)* Bleu, bleu, the sky is bleu… la, la, la… *(Il se retourne vers Laurette et l'aperçoit qui pleure.)* Ah ben !… Dis-moi pas que tu pleures ?

LAURETTE, *tentant de retenir ses larmes.* Non, non.

---

1. **A** À quoi sert cette première didascalie ?

2. **B** Qu'est-ce que l'enchaînement des premières répliques laisse deviner au sujet des relations entre Laurette et Georges ?

3. **C** Comment Georges se perçoit-il par comparaison avec sa femme ?

---

lexique

Mon affaire est gorlo
Connaissez-vous d'autres expressions typiquement québécoises qui ont le même sens ? Comment pourriez-vous exprimer la même chose en langue standard ?

conflit

GEORGES. Tu peux me le dire, t'sais, ça me fait rien que tu pleures.

25 **LAURETTE.** Non, non...

GEORGES. Hon!... J'r'ai pas dit ça. On est invités chez Bernard ce soir... Ça c'est de la nouvelle, hein?... *(Puis, comme s'il parlait à un enfant:)* Ben dis quèque chose... Qu'est-cé tu mijotes là? Pas du boudin, j'espère?

LAURETTE, *un peu replacée.* J'serai pas capable d'y aller, j'ai de
30 la misère à me traîner... À part de ça, j'ai l'air de rien de ce temps-là.

GEORGES. Ben non t'as toujours cet air-là, voyons.

LAURETTE. Tu dis ça pour me faire plaisir.

GEORGES. Pourquoi je voudrais te faire plaisir?

35 **LAURETTE.** Qu'est-cé qu'y se passe entre nous deux, Georges?

GEORGES. Rien. Y se passe absolument rien.

LAURETTE. Me semble que c'était différent avant...

GEORGES. Ben aujourd'hui aussi c'est différent, non?

LAURETTE, *un peu agressive.* Tu comprends pas, Georges...

40 **GEORGES.** C'est pas grave.

LAURETTE. J'm'ennuie, Georges.

GEORGES. De qui tu t'ennuies?

LAURETTE. J'm'ennuie pas de personne en particulier; j'trouve la maison grande.

45 **GEORGES.** Tu veux-tu qu'on déménage?

LAURETTE. C'pas ça... Chus tannée de toujours faire la même chose, de juste faire à manger pis de laver la vaisselle.

Air

Dans les répliques *j'ai l'air de rien* et *t'as toujours cet air-là*, comment la polysémie des expressions impliquant le mot *air* contribue-t-elle au jeu de mots?

4. **C** Quelle est la source du conflit entre Laurette et Georges?

5. **A** Qu'est-ce que les didascalies vous apprennent au sujet de Laurette?

GEORGES. Ben fais d'autre chose... T'as une balayeuse neuve, sers-toi-z-en... T'as un fil de trente pieds après, c'est pas ça tu voulais ?

50 **LAURETTE,** *un peu abattue.* Je l'sais ben... Peut-être que chus pas heureuse.

GEORGES, *bizarre.* Pourtant, tu fais une belle vie. T'as de l'argent, t'as un bon mari, t'es à deux minutes du centre d'achats, qu'est-cé que tu veux de plus ?

LAURETTE. Je l'sais pas... On dirait que j'ai 65 ans, Georges ; pourtant j'en ai juste 39.

55 **GEORGES.** Dis pas ça. T'as l'air de 38.

LAURETTE. T'es pas à mode, Georges. Les maris modernes comprennent ça que leur femme fasse un burn-out... Toi, on dirait que ça te fait rien...

GEORGES. Dis pas ça... j'trouve ça très plate.

Dépité

Dans la didascalie, que signifie le terme *dépitée* ? Donnez trois mots qui pourraient être synonymes.

Laurette se retourne dans le lit, dépitée.

60 **LAURETTE.** En tout cas...

Petit temps. Georges ne sait plus quoi faire. Il devient encore plus suppliant.

GEORGES, *exaspéré mais toujours en douceur.* Écoute, mon ti-pinson. J't'aime, mais j'ai pas juste ça à faire, moi là... Mon 65 char m'attend devant le garage, là...

LAURETTE, *piquée.* C'est ça, va le rejoindre avant qu'y s'ennuie trop... Tu t'occupes plus de ton char que de moi, Georges...

GEORGES, *suppliant.* Qu'est-cé que tu veux que je fasse avec toi ? On mange ensemble, on dort ensemble ; chus pas pour te passer le « chamois » sur le 70 dos, coudonc !

LAURETTE. Pourquoi pas ?

GEORGES. T'es pas un char quand même.

LAURETTE. Des fois j'aimerais ça en être un...

GEORGES, *ne sachant plus trop quoi dire.* Qu'est-cé tu veux, on fait pas toujours 75 qu'est-ce qu'on veut dans vie... Écoute, Laurette, pourquoi tu vas pas t'étendre un peu au soleil... t'es blanche, blanche... t'as l'air d'une morte.

LAURETTE, *sèche.* Chus pas en état de griller...

La voix de leur fils Junior parvient tout à coup à l'intercom situé sur un des murs de la chambre.

80 **JUNIOR,** *voix off.* Un, deux, *testing...* Un deux... allô, occupez-vous pas de moi, continuez ce que vous dites, j'commence à vous entendre là... *Roger.*

Georges va vers le haut-parleur de l'intercom sur le mur.

6. **A** Dans ces didascalies, qu'apprend-on sur le jeu des comédiens ?

7. **D** Quel rapprochement peut-on établir entre Laurette et le « char » de Georges ? Relevez les deux métaphores sur lesquelles s'appuie ce rapprochement.

8. **C** Comment Junior contribue-t-il à renforcer le conflit entre ses parents ?

conflit

GEORGES, *enjoué.* Hey! C'est Junior. Ça va marcher, son intercom.

JUNIOR, *voix off.* Un... deux...

85 **LAURETTE.** Ah pas encore lui! Lui, si ça continue, y va coucher entre nous deux... Des fois, j'me demande ce qui m'a pris d'être enceinte de lui... C'est pas mon fils que j'ai mis au monde, c'est ton frère.

GEORGES. Bon! Qu'est-cé qui t'a fait encore?

LAURETTE. Je pense que si j'mourais demain matin, y faudrait que j'y dise,
90 pour qu'y s'en rende compte.

GEORGES. Y t'aime dans le fond, c'est juste qu'y l'ignore.

LAURETTE. Ah chus tannée, tannée...
75

GEORGES. Ben non, t'es pas tannée...

LAURETTE. *près d'éclater.* Oui, chus tannée...

95 **GEORGES,** *insistant.* Ben non, voyons.

LAURETTE. J'te l'dis, chus tannée, O.K. là?! Tiens... *(Elle s'empare du téléphone sur la table de chevet et le jette par terre violemment puis éclate en sanglots sur le lit.)* J'en peux pus, Georges... J'en peux pus. ... Au secours Georges... au secours.

Georges explose à son tour. Il ne supporte pas qu'elle ait lancé le
100 *téléphone par terre.*

GEORGES. Wô! Hey, ça va faire là, hein! Ça va faire l'énervage. Y a moyen de faire une crise comme du monde, me semble... Un téléphone flambant neuf, torna.

LAURETTE, *en sanglots.* Georges, qu'est-cé que j'vas faire?...

105 **GEORGES,** *ramassant le téléphone.* Laisse faire, j'vas le ramasser... T'es trop gâtée, toi. C'est pas tout le monde qui a un téléphone sans fil dans sa chambre. C'est ça ton problème.

lexique

Énervage
Comment ce terme familier est-il composé? Donnez-en un synonyme en langue standard. Connaissez-vous d'autres québé-cismes formés de la même manière?

9. **B** Aux lignes 85-98, comment les répliques font-elles ressortir que le conflit est impossible à régler?

10. **C** Qu'est-ce qui est important pour Georges? Laurette partage-t-elle la même valeur?

11. **C** Georges a-t-il de la considération pour sa femme Laurette?

Georges joue avec l'interrupteur et colle le combiné à son oreille. Il est assis sur le lit.

110 **LAURETTE.** Georges, dis-moi quèque chose.

GEORGES. Allô? Allô?

Il compose un numéro.

LAURETTE. Qu'est-cé tu fais, Georges?

GEORGES. J't'appelle une ambulance.

115 **LAURETTE.** Georges, s'il vous plaît...

GEORGES, *attendant que quelqu'un réponde.* C'est mieux de répondre comme du monde...

LAURETTE. Georges, ch't'après venir folle.

GEORGES. C'est pas le temps, ça sonne là... Allô? Marcel? *(Soulagé.)* Bon!...
120 Hein? Oui oui, c'est Georges... Euh, j'voulais savoir... Comment ça va toi?...
Numéro un? Good!... Moi? Ah splendide! *(Laurette pleure toujours. Elle se rapproche de Georges.)* Quoi? Non, non, y a rien qui braille.

Laurette est à genoux devant Georges, pleine de repentir.

LAURETTE. Georges, Georges.

125 **GEORGES.** Laurette? En grande forme. *(Laurette agite une main devant les yeux de Georges, pour attirer son attention.)* A vous envoye la main justement... Bon, t'es ben fin d'avoir appelé. O.K. Bye! *(Georges raccroche. Il est calmé.)* Bon ben, tout est correct. *(Il regarde le combiné.)* Je pense qu'y a eu plus de peur que de mal.

130 **LAURETTE,** *un peu calmée mais pleurant encore.* Je m'excuse, Georges, d'être déprimée. Tu dois être tanné d'être marié avec une folle comme moi?

GEORGES. Dis pas ça, j't'ai marié de même.

LAURETTE. T'aimerais pas ça des fois être heureux?

GEORGES. Ch't'assez heureux comme ça, qu'est-ce que ça donne de l'être
135 plus?

LAURETTE, *se rapprochant de Georges.* J'vas être mieux là.

GEORGES. Tu l'es déjà.

LAURETTE. Tu trouves?

GEORGES. Certain, t'as l'air d'un vrai clown.

140 **LAURETTE.** T'sais, Georges, j'aimerais tellement ça pas m'ennuyer avec toi.

GEORGES. Ah ben ça y en est pas question.

LAURETTE. On devrait partir tous les deux tout seuls, des fois... n'importe où.

GEORGES. Bien sûr... Pourquoi qu'on irait pas au centre d'achats ensemble, tantôt?

145 **LAURETTE,** *un peu déçue.* Au centre d'achats? O.K. *(Elle se relève.)* Faudrait que j'aille chez la coiffeuse avant.

GEORGES. Pourquoi pas? ... Envoye, va t'habiller...

12. **B** Malgré la gravité de la situation, quel effet cet échange entre Laurette et Georges est-il supposé produire chez les spectateurs?

conflit

LAURETTE. T'as le tour avec moi...

GEORGES. Ben non, voyons... Envoye, donne un bécot à mon oncle, là.

150 *Elle l'embrasse du bout des lèvres. Au même moment, on entend de nouveau la voix de Junior qui provient de l'intercom.*

JUNIOR, *voix off.* Un deux, un deux...

LAURETTE. Bon ben, j'vas y aller.

Laurette sort. Georges se dirige vers l'intercom.

155 **JUNIOR,** *voix off.* Allô? Allô? Pôpa? Pôpa? M'entends-tu, pôpa? Pèse sur le piton si tu m'entends. *Roger.*

Georges pèse sur le piton.

GEORGES. Allô? Junior? Je te pèse sur le piton là... *Roger.*

JUNIOR. Allô? Pôpa, j't'entends complètement... Victoire, *Roger...* popa, je
160 veux dire. J'arrive là.

[...]

Extrait de Claude Meunier, Louis Saïa, *Voisins (Les)*, © Leméac, 2002.

À gauche, on voit le comédien Louis-Martin Despa incarnant Junior.

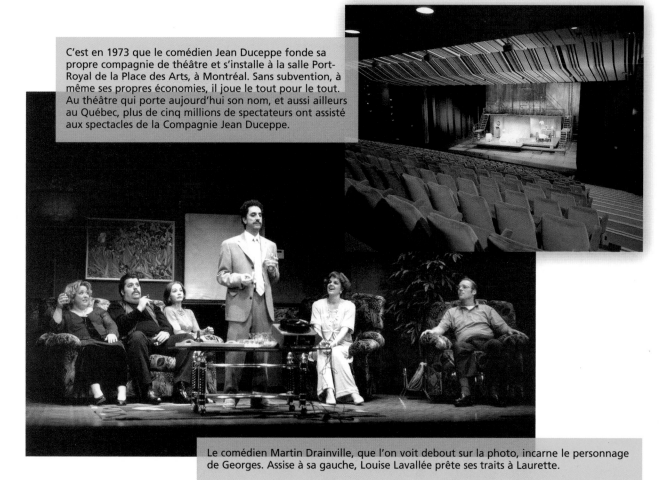

C'est en 1973 que le comédien Jean Duceppe fonde sa propre compagnie de théâtre et s'installe à la salle Port-Royal de la Place des Arts, à Montréal. Sans subvention, à même ses propres économies, il joue le tout pour le tout. Au théâtre qui porte aujourd'hui son nom, et aussi ailleurs au Québec, plus de cinq millions de spectateurs ont assisté aux spectacles de la Compagnie Jean Duceppe.

Le comédien Martin Drainville, que l'on voit debout sur la photo, incarne le personnage de Georges. Assise à sa gauche, Louise Lavallée prête ses traits à Laurette.

Regard sur le texte

A La présentation du texte dramatique

Au début de la scène 2 de la pièce *Les voisins*, la didascalie initiale, qui précède le dialogue, indique deux éléments importants : le lieu où se passe la scène et l'état psychologique fort différent des deux personnages, Laurette et Georges. Au cours de la scène, les didascalies intégrées au dialogue, relativement nombreuses, sont placées soit avant la réplique (**GEORGES**, *regardant ailleurs.*), soit entre parenthèses en cours de dialogue (*Georges se dirige vers la fenêtre. Laurette commence à pleurer doucement, en silence presque. Elle tente de se retenir.*). Celles-ci fournissent des indications générales quant au jeu des comédiens : l'expression, l'attitude, le sentiment ou le ton à adopter par les acteurs ; les déplacements ou les gestes des personnages. Certaines didascalies servent à préciser les réactions des personnages ou l'arrivée d'un personnage en *voix off*, le fils Junior qui parle dans un *intercom*. Quant au dialogue, il est caractéristique du langage québécois populaire employé entre deux personnes qui vivent ensemble depuis bon nombre d'années.

B La progression du dialogue

Au cours de la scène 2, on assiste à une conversation caricaturale entre les deux partenaires du couple. Ce qui fait la particularité de cet échange, c'est l'enchaînement des répliques : les interventions forment un montage étonnant qui suscite le rire, tellement les répliques frôlent parfois le non-sens (**GEORGES.** *Tu peux me le dire, t'sais, ça me fait rien que tu pleures*) ou suscitent l'étonnement (**LAURETTE.** *… j'ai l'air de rien de ce temps-là.* **GEORGES.** *Ben non t'as toujours cet air-là, voyons.*). Ce type de réplique, relativement fréquent au cours de la scène, contribue à l'effet à la fois comique et tragique du « dialogue de sourds » tenu par les deux personnages. Pour donner plus de dynamisme à ce dialogue, les répliques, souvent très brèves, comportent des questions, des commentaires, des expressions souvent répétées, des exclamations, des répliques en opposition, des phrases entrecoupées, etc.

C Les valeurs véhiculées par les personnages

La scène 2 présente un couple qui traverse une crise : Laurette est déprimée de vivre dans un environnement dépourvu de vrais sentiments, alors que Georges, qui a le bonheur plus facile, est « pétant de bonne humeur » et n'est pas vraiment conscient des problèmes de communication du couple qu'ils forment depuis longtemps. Les deux partenaires sont totalement divisés quant à leurs valeurs : Laurette rêve d'être respectée, soutenue, aimée, et Georges croit que le bonheur équivaut à ses possessions, aux apparences. La scène étale au grand jour les différences marquées entre les deux partenaires de ce couple, que le fils a largement contribué à diviser, au grand désespoir de Laurette.

D Les procédés stylistiques au service du texte dramatique

Pour créer des répliques plus humoristiques, on a recours dans *Les voisins* à différents procédés stylistiques pour amener le public à rire, malgré le tragique de la situation, par exemple :

– l'hyperbole : *J'te dis qu'y a des matins, j'passerais tout droit jusqu'à fin de mes jours…* (lignes 9-10) ;

– l'ironie : *… Ah non ! Dis-moi pas qu'y fait beau en plus…* (ligne 17) ;

– l'accumulation : *Pourtant, tu fais une belle vie. T'as de l'argent, t'as un bon mari, t'es à deux minutes du centre d'achats, qu'est-cé que tu veux de plus ?* (lignes 51-52) ;

– la comparaison : *… t'as l'air d'une morte.* (ligne 76).

Le dialogue (séquence dialogale), p. 195
Les figures de style, p. 246

conflit

1 Faites le portrait de la personnalité des personnages de Georges et de Laurette.

2 Expliquez la relation de Georges et Laurette en l'illustrant par des exemples tirés du texte.

Grammaire en contexte

3.2 Les verbes et les auxiliaires de modalité

Pour nuancer la pensée des personnages, on a parfois recours à des marques de modalité. Entre autres, deux sortes de formes verbales permettent d'exprimer un point de vue :

- des **verbes de modalité**, qui servent à introduire :
  - une perception (*sembler, paraître, avoir l'air*, etc.) ;
  - un sentiment (*aimer, espérer, en avoir assez*, etc.) ;
  - une opinion (*penser, se demander, ignorer*, etc.) ;
  - un jugement (*comprendre, supposer, trouver*, etc.).

Le verbe de modalité est employé comme verbe principal dans une phrase.

▶ **LAURETTE.** *Me semble que c'était différent avant…*

- des **auxiliaires de modalité**, qui permettent d'exprimer :
  - l'obligation (*avoir à, devoir*, etc.) ;
  - la possibilité (*pouvoir, être à même de*, etc.) ;
  - la probabilité (*pouvoir, devoir*, etc.) ;
  - la non-réalisation (*faillir, manquer de*, etc.) ;
  - la volonté (*vouloir, avoir le goût de*, etc.) ;
  - la capacité (*savoir, avoir de la difficulté à*, etc.).

L'auxiliaire de modalité précède toujours un verbe à l'infinitif dont il nuance le sens.

▶ **GEORGES.** *… Comment tu veux être en forme si tu dis des affaires de même ?*

1 Dans les répliques suivantes, relevez les verbes de modalité et indiquez le sens que chacun permet d'exprimer.

A. *On dirait que j'ai 65 ans, Georges…* (ligne 53)

B. *Des fois, j'me demande ce qui m'a pris d'être enceinte de lui…* (ligne 86)

C. *… j'aimerais tellement ça pas m'ennuyer avec toi.* (ligne 137)

2 Dans les répliques ci-dessous, relevez les auxiliaires de modalité et indiquez le sens que chacun permet d'exprimer.

A. *Peux-tu me le dire, toi ?* (ligne 16)

B. *Pourquoi je voudrais te faire plaisir ?* (ligne 34)

C. *On devrait partir tous les deux tout seuls…* (ligne 142)

3 Dans chacune des répliques suivantes, indiquez si la modalité est exprimée à l'aide d'un verbe ou d'un auxiliaire.

A. *J'te dis qu'y a des matins, j'passerais tout droit jusqu'à fin de mes jours…* (lignes 9-10)

B. *J'serai pas capable d'y aller, j'ai de la misère à me traîner…* (lignes 29-30)

C. *Je pense que si j'mourais demain matin, y faudrait que j'y dise…* (ligne 89)

 Le point de vue, p. 198-199
Les groupes de mots (groupe du verbe), p. 221

 p. 277

3 Expliquez dans vos mots le double sens qui peut être attribué aux répliques suivantes.

A. GEORGES. Tu peux me le dire, t'sais, ça me fait rien que tu pleures. (ligne 24)

B. LAURETTE. ... À part de ça, j'ai l'air de rien de ce temps-là.

GEORGES. Ben non t'as toujours cet air-là, voyons.

LAURETTE. Tu dis ça pour me faire plaisir. (lignes 30-33)

C. LAURETTE. Me semble que c'était différent avant...

GEORGES. Ben aujourd'hui aussi c'est différent, non?

LAURETTE, *un peu agressive.* Tu comprends pas, Georges...

GEORGES. C'est pas grave. (lignes 37-40)

4 Laurette et Georges vivent une crise de couple qui suppose des divergences sur le plan de leurs valeurs. Pour chaque valeur proposée dans le tableau suivant, relevez une réplique de Laurette et de Georges qui illustre bien ce sur quoi se fonde la crise qu'ils traversent.

VALEURS	EXEMPLES TIRÉS DU TEXTE	
	RÉPLIQUES DE LAURETTE	RÉPLIQUES DE GEORGES
A. Être en forme		
B. Avoir une vie bien remplie		
C. Être en quête du bonheur		
D. Avoir des biens matériels		

5 Précisez le procédé stylistique utilisé dans les répliques suivantes.

A. *Ça c'est de la nouvelle, hein?* (lignes 26-27)

B. *...chus pas pour te passer le « chamois » sur le dos, coudonc!* (lignes 69-70)

C. *C'est pas mon fils que j'ai mis au monde, c'est ton frère.* (lignes 86-87)

conflit

6 En vous appuyant sur les diverses fonctions des didascalies présentées ci-dessous, illustrez-en quatre à l'aide d'un exemple tiré du texte.

> **Fonctions des didascalies**
> – Indiquer le lieu où se passe l'action ou des accessoires du décor.
> – Décrire sommairement l'état psychologique d'un personnage.
> – Donner un détail sur le sentiment à exprimer par un personnage.
> – Décrire la réaction d'un personnage.
> – Informer sur le ton à employer.
> – Préciser la gestuelle d'un personnage.
> – Spécifier les déplacements d'un personnage.
> – Présenter une situation ou une action non soutenue par une parole.

Réagir au texte

1 Dans l'extrait de la pièce *Les voisins*, quel personnage vous paraît le plus drôle ? Pourquoi ?

2 Existe-t-il dans votre entourage des couples en crise, comme Laurette et Georges ? Expliquez.

3 **a)** Selon vous, Laurette a-t-elle des raisons d'être déprimée ? Pourquoi ?

b) Trouvez-vous que Georges a « le tour » avec elle ? Justifiez votre réponse.

4 Selon vous, quelles sont les principales valeurs qu'il faudrait mettre de l'avant pour qu'une relation amoureuse fonctionne harmonieusement ?

5 Choisissez l'une des tâches d'écriture suivantes.

- Glissez-vous dans la peau de Laurette et rédigez une lettre dans laquelle elle exprimerait à Georges ce qu'il ne comprend pas, ce qu'elle désirerait par-dessus tout et ce qui pourrait la rendre heureuse.

- Mettez-vous à la place de Georges et écrivez en son nom une lettre qui pourrait faire valoir l'affection qu'il éprouve encore pour sa conjointe, malgré les apparences, la compassion qu'il éprouve face à sa détresse et les promesses qu'il compte tenir pour changer son attitude.

Jeux de patience est une pièce sur les conflits: d'abord celui qui a fait rage au Liban au cours des années 1970, ensuite celui de deux femmes qui s'opposent dans leur manière de faire face à la douleur, à savoir la revivre par la pensée ou tenter de l'oublier.

Abla Farhoud

Abla Farhoud est née au Liban en 1945. Elle immigre au Québec en 1951 où elle travaille comme comédienne à la télévision et au théâtre. En 1965, elle retourne au Liban, puis, quatre ans plus tard, s'installe à Paris pour parfaire son apprentissage des arts de la scène. Cette femme nomade revient au Québec en 1973 et s'y établit définitivement. C'est alors qu'elle entreprend l'écriture de pièces dramatiques. Elle a écrit notamment *Les filles du 5-10-15*, *La possession du prince*, *Quand le vautour danse*, *Maudite Machine*, *Apatride*. Ses romans, *Le bonheur a la queue glissante* (1998), *Splendide solitude* (2001) et *Le fou d'Omar* (2005), ont obtenu tous trois des critiques élogieuses.

ABLA FARHOUD
Jeux de patience

vlb éditeur

Jeux de patience

La pièce *Jeux de patience* met en scène deux cousines dans la quarantaine qui ont vécu chacune à sa façon la guerre dans leur pays d'origine, le Liban. Celle que la dramaturge appelle *La Mère* y était et y a perdu sa fille de quinze ans sous les bombardements. L'autre femme s'appelle Monique (ou Kaokab, son nom libanais). Elle a quitté le Liban à l'âge de six ans (tout comme Abla Farhoud). Cette pièce a été présentée la première fois en 1994, au théâtre de La Licorne, à Montréal.

Contexte (H)istorique

L'APPORT DES AUTEURS IMMIGRANTS À LA LITTÉRATURE QUÉBÉCOISE

Depuis le début du xxᵉ siècle, la littérature québécoise était uniquement produite par des francophones dits « de souche ». Vers le milieu des années 1980, un phénomène nouveau se produit : de plus en plus d'auteurs de provenances culturelles diverses participent à l'évolution de la littérature. Ces auteurs immigrants enrichissent notre imaginaire en partageant avec leur société d'accueil des chants, des fêtes, des parfums d'ailleurs, mais aussi des douleurs, des images de guerre et des souvenirs de famille brisée. Aussi, une pièce comme *Jeux de patience* est typique du théâtre québécois d'aujourd'hui, qui s'ouvre sur le monde.

Une voix comme celle d'Abla Farhoud fait écho à celles de Wajdi Mouawad, de Ying Chen, de Dany Laferrière et d'Elena Botchorichvili, des Québécois d'adoption qui ont pris la plume pour écrire des poèmes, des romans, des essais, du théâtre.

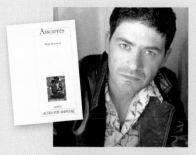

Tout comme Abla Farhoud, l'homme de théâtre Wajdi Mouawad, inspiré par son Liban natal, a abordé le thème de la guerre. Les questions de l'errance et de l'exil sont aussi centrales dans ses écrits.

Ying Chen est arrivée au Québec sans parler le français. Aujourd'hui, c'est dans cette langue qu'elle écrit des romans qui mettent en lumière le choc culturel de la Chine et de l'Occident.

Le Liban d'Abla Farhoud est un pays dévasté, détruit par la guerre et les affrontements qui opposaient sur son territoire des gens de confessions et origines ethniques diverses.

L'œuvre d'Elena Botchorichvili est bien ancrée dans l'histoire de la Géorgie, pays qu'elle a quitté à cause de la situation chaotique provoquée par l'effondrement de l'Union soviétique.

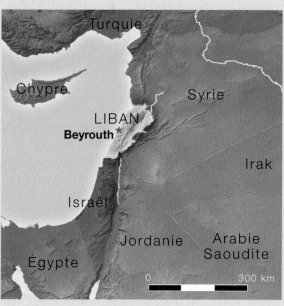

L'écrivain d'origine haïtienne Dany Laferrière a raconté son enfance à Petit-Goâve. Il a aussi écrit sur la répression dans son pays et sur la réalité de l'immigrant qui s'installe à Montréal.

- Connaissez-vous des gens qui ont fui leur pays parce qu'ils vivaient une situation difficile?

- Comment pensez-vous que les réfugiés composent avec leur passé?

Lire et comprendre le texte

Cette scène de la pièce *Jeux de patience* est la toute dernière de l'œuvre. Le personnage de La Mère implore sa cousine écrivaine Monique/Kaokab d'écrire sur sa fille décédée. Au cours de cette discussion animée, La Mère trouvera un texte troublant de sa cousine écrivaine. Lisez le texte en portant une attention particulière aux notions suivantes.

A La présentation du texte dramatique

B La progression du dialogue

C Les valeurs véhiculées par les personnages

D Les procédés stylistiques au service du texte dramatique

JEUX DE PATIENCE extrait

C'est la nuit. Monique/Kaokab marche de long en large, puis revient à son jeu de patience déjà ouvert sur la table. La Mère s'approche.

LA MÈRE

Tu n'arrives pas à dormir?

5 **MONIQUE / KAOKAB**

Je n'arrive pas à écrire. Je fais mes jeux de patience...

LA MÈRE

J'en ai tant vu pendant la guerre... des gens, assis devant leurs jeux de patience...

MONIQUE / KAOKAB

10 Ça aide à passer le temps... à voir le temps passer... à arrêter le temps... Ça m'inspire... Chaque fois que j'ouvre mon jeu, une nouvelle vie s'ouvre devant moi. Il y a ce qui est caché, ce qui est donné ou ce que tu dois prendre avec acharnement ou avec patience. La stagnation, c'est ce qu'il y a de pire. Ça fait au moins 20 ans que je joue, et je n'ai pas eu deux fois le même jeu, la même combinaison, la même vie, jamais! Mais c'est toujours la même fin. De la plus belle vie à la vie la
15 plus épouvantable, chacune va rejoindre le troupeau des morts. Sans exception. Et je brasse les cartes de nouveau. Un jour, j'écrirai l'histoire de chaque jeu que j'ouvrirai. Un livre pour chaque vie. Chaque vie en vaut la peine.

LA MÈRE

Ouvre-moi la vie de Samira!

20 **MONIQUE / KAOKAB**

Samira est morte! Tu ne peux pas toujours vivre comme si elle était vivante.

conflit

LA MÈRE

T'occupe pas de ça! C'est mon affaire. Tout ce que je te demande, c'est de raconter. C'est ton métier, oui ou non? Tu fais vivre des lieux, des personnes, des choses, alors vas-y! Raconte la vie de
25 Samira!

MONIQUE / KAOKAB

Je n'ai pas appris à raconter. J'ai appris à écrire... une autre langue.

LA MÈRE

C'est entre nous. Je ne vais pas enregistrer tes paroles... C'est juste pour passer la nuit...

30 **MONIQUE / KAOKAB**

Conter et écrire, ça n'a rien à voir!

LA MÈRE

Je peux commencer, si tu veux. Je vais te raconter ton histoire.

MONIQUE / KAOKAB

35 Mon histoire, je la connais.

LA MÈRE

Mais moi, je ne la connais pas. Je vais te la raconter pour la connaître.

MONIQUE / KAOKAB

J'aime mieux mes jeux de patience...

40 **LA MÈRE**

Joue! Moi, je vais raconter... *(Empruntant la technique du conteur.)* Il était une fois... dans un lointain pays... un pays sans nom et sans frontières... une petite fille nommée...

MONIQUE / KAOKAB

(La coupant, bourrue.) Mon pays avait un nom...

45 **LA MÈRE**

Joue si tu veux, mais ne m'interromps pas! Dans un pays sans nom, et sans frontières, naquit une petite fille qui n'avait pas reçu de nom. Cette petite fille était la huitième de la famille. La huitième fille! Ses sœurs avaient toutes reçu le nom de leurs grand-mères et de leurs arrière-grand-mères. L'une des arrière-grand-mères, qu'Allah lui pardonne, était morte très jeune et tout le monde
50 avait oublié son nom. Bien que les habitants de ce pays avaient bien d'autres choses à faire, tout occupés qu'ils étaient à survivre, par la grâce d'Allah, affrontant les sauterelles qui avaient ravagé impitoyablement toutes les récoltes, et les envahisseurs plus impitoyables encore qui mangeaient tout ce que les sauterelles avaient eu la grandeur d'âme d'oublier... Tous les habitants de ce pays, du plus petit au plus grand, du soir au matin et du matin au soir, tous cherchaient inlassablement
55 le nom de l'arrière-grand-mère... La petite fille sans nom, qu'Allah lui vienne en aide, attendait, attendait... Un jour, alors que...

MONIQUE / KAOKAB

Je vais aller dormir.

LA MÈRE

60 Tu te défiles, tu ne veux pas me raconter l'histoire de Samira.

MONIQUE / KAOKAB

Elle est morte !

LA MÈRE

Justement ! Parce qu'elle est morte !

65 **MONIQUE / KAOKAB**

Ça ne la fera pas revivre !

LA MÈRE

(Colère, douleur.) Non, ça ne la fera pas revivre, mais je veux entendre son nom par d'autres bouches que la mienne. Je ne veux pas être la seule à me souvenir. Je ne veux pas être toute seule à me 70 souvenir qu'elle a existé, qu'elle était vivante, vivante, belle à couper le souffle, drôle à faire oublier son pays à un étranger, brillante comme la rosée du matin, sa voix transperçait la noirceur de nos vies, elle était vivante, ils me l'ont tuée, ils me l'ont tuée...

MONIQUE / KAOKAB

(La prenant dans ses bras.) Arrête de te torturer. Arrête ! Tu ne peux pas demander au monde de 75 souffrir à ta place, personne ne peut se souvenir à ta place. Tu es ta propre mémoire et tu vas mourir avec elle.

LA MÈRE

(Dans un cri.) Non ! Je ne veux pas que cette mort se perde. Je veux que sa mort serve la vie. Je veux que son corps mêlé à mes pleurs serve d'engrais à notre mémoire. Je veux que son sang refleurisse. 80 Je veux...

MONIQUE / KAOKAB

Moi aussi, je veux, *ya oum* Samira, mais quoi faire...

LA MÈRE

(Avec force.) Kaokab, si tu ne sais pas raconter, écris. Écris dans n'importe quelle langue, écris !

85 **MONIQUE / KAOKAB**

(Impuissante.) J'essaie, j'essaie, je n'y arrive pas. Tout ce que j'écris est en deçà de cette boule qui me ronge l'estomac, en deçà de cette lave qui gruge le monde. Je sais que la mémoire ne se transmet que par l'art, par la littérature, la vraie. Je n'y arrive pas !

LA MÈRE

90 Il faut que tu y arrives. Il le faut !

MONIQUE / KAOKAB

Je ne peux pas... je ne peux pas...
La Mère court vers la table de travail. Elle déplace les papiers avec fureur.

LA MÈRE

95 Tous ces mots ?! Tous ces mots ?! Il doit bien y en avoir un en forme de couteau, plus fort que le silence d'un mort !
La Mère tombe sur un texte et se met à le lire. Elle découvre les mots au fur et à mesure, s'arrête parfois et regarde sa cousine comme si elle ne l'avait jamais vue...

conflit

LA MÈRE

100 J'ai appris la guerre à travers un verre déformant
à travers les images, les rêves, les cauchemars, la culpabilité
j'ai appris la guerre à travers chacun des miens qui se dépaysaient
s'exilaient
l'un après l'autre
105 et ceux qui ne pouvaient s'enfuir
et ceux qui gardaient l'espoir aveugle

j'ai appris la guerre en renonçant à regarder
j'ai appris la guerre en renonçant à voir et à entendre
j'ai appris la guerre en me bouchant les oreilles
110 en faisant semblant de continuer à vivre
j'ai appris la guerre en la reniant, en l'annihilant, en déchirant les journaux
j'ai appris la guerre malgré moi, en la refusant
j'ai appris la guerre de mon pays d'enfance
de mon village rouge et paisible
115 territoire déchiqueté, occupé

J'ai appris que l'innocence est morte à jamais
que les corps éventrés servent de barricades
entassés les uns sur les autres, formant des montagnes odorantes

Je me demande, assise à ma table
120 je me demande, qu'ont-ils fait de tous ces corps puants
je me demande, assise à ma table, est-ce qu'on finit par ne plus sentir les cadavres
est-ce qu'un cœur a la même odeur qu'un pied, un œil, un intestin
les mouches, les cafards, les rats aiment-ils la chair fraîchement éventrée
les mouches, les cafards, les rats attendent-ils que l'âme se détache et monte
125 l'âme arrive-t-elle à se frayer un chemin à travers l'asphalte qui fume
l'âme suffoque-t-elle, elle aussi

Je me demande, assise à ma table, bien cramponnée à mes indispensables objets, je me demande, y
a-t-il encore des chiens et des chats dans les rues de Beyrouth, Babylone, Bethléem
les chats et les chiens aiment-ils lécher le sang humain
130 les chats et les chiens se sont-ils habitués aux coups de canons, aux bombardements, aux mitrail-
lettes, aux cris d'enfants, aux cris de morts, aux cris de celle qui vient de perdre son premier enfant
le cri change-t-il ses modulations quand le troisième ou le quatrième enfant rend à l'asphalte ses
dernières gouttes de sang
le père, la mère, la grand-mère ont-ils encore des larmes
135 où se cachent-elles
le corps un jour donne-t-il sa démission et dit-il : je n'ai plus envie de me battre
la vie est-elle plus forte que la mort
Y a-t-il encore des fleurs qui poussent dans les boîtes en fer-blanc sur les balcons de Bethléem,
Bagdad, Beyrouth
140 Y a-t-il encore des fenêtres en vitre
Y a-t-il encore des enfants qui jouent dans les rues

Attendent-ils que l'on enlève les morts ou les tirent-ils en groupe pour jouer, pour en faire des
remparts de chair humaine

Leurs ballons sont-ils à jamais tachés de sang

145 Dans les rues de centaines de villes à travers le temps, trillions de mouches ont sucé le sang frais
de milliards de corps abattus par leurs frères, tandis que leur sœur, assise à sa table, écrit ou n'écrit
pas, pleure et se tait

conflit

dans les rues de centaines de villes et de villages qui brûlent à travers la terre, les mouches, les rats, les blattes, les bébittes de toutes sortes se pourlèchent, attendant leur proie

150 dans les bureaux de dizaines de villes à travers le monde, des rats se pourlèchent, attendent leur dû en yens, en marks, en dollars, en francs, en lires et en livres

dans les rues de centaines de Babylone à travers la planète, les rats, les mouches et les cafards sucent les orteils des enfants qui n'arrivent pas à les repousser et moi j'écris ou je n'écris pas

je pleure et je me tais

155 Dans les maisons de centaines de villes, des enfants ouvrent grand leurs armoires et se grattent la tête en cherchant le jeu qui les divertira pendant les cinq minutes à venir et moi j'écris ou je n'écris pas je pleure et je me tais

et dans ces mêmes villes des poubelles sont là toutes bien peinturées, garde-manger de milliers de personnes qui n'en sont presque plus

160 sans nom, sans adresse, sans pays

ils sont comme je suis aujourd'hui, je n'écris plus

je ne pleure plus

je me tais

Un long silence.

165 *Monique / Kaokab retourne à sa table et fait ses jeux de patience.*
La Mère rôde, elle semble nue sans son tapis.

LA MÈRE

Je n'ai pas entendu le nom de Samira.

MONIQUE / KAOKAB

170 Elle est pourtant dans chaque mot. Chacun de mes mots parle de la mort. En français, mot et mort ont la même résonance... Une seule petite lettre diffère et je m'y accroche.

Abla Farhoud, Jeux de patience, © VLB Éditeur et Abla Farhoud, 1997.

Après avoir lu le texte, répondez aux questions suivantes en lien avec les notions ciblées.

A La présentation du texte dramatique

B La progression du dialogue

C Les valeurs véhiculées par les personnages

D Les procédés stylistiques au service du texte dramatique

1. **A** a) Relevez les numéros de lignes du texte où des didascalies indiquent les actions que doivent accomplir les comédiennes.

   b) Relevez les numéros de lignes du texte où des didascalies indiquent les façons de livrer les répliques.

2. **B** Expliquez dans vos mots ce que La Mère demande à Monique / Kaokab de faire au début de la pièce. Quelle réplique présente cette injonction?

3. **B** **a)** Entre les lignes 100 et 163, comment expliquer qu'il n'y ait plus d'interactions verbales entre les personnages ?

b) À la ligne 99, il est clairement indiqué que c'est La Mère qui récite le texte. Mais en réalité, qui « parle » dans ce monologue ?

4. **B** Pour assurer l'enchaînement des répliques et la progression du texte, il arrive souvent qu'un personnage reprenne dans sa réplique des mots de la réplique précédente.

Exemple :

> **MONIQUE / KAOKAB**
>
> *Je n'arrive pas à écrire. Je fais mes jeux de patience...*
>
> **LA MÈRE**
>
> *J'en ai tant vu pendant la guerre... des gens, assis devant leurs jeux de patience...*

Relevez au moins trois autres paires de répliques qui illustrent cette façon de faire progresser le texte.

5. **C** Voici un petit jeu de « valeurs croisées ». Pour trouver les six valeurs mises en évidence dans le jeu, complétez les énoncés ci-dessous.

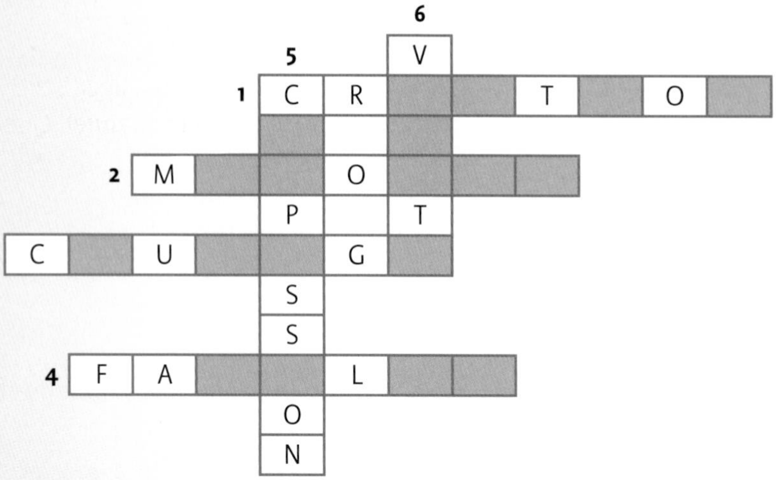

1. *Je sais que la mémoire ne se transmet que par l'art, par la littérature...* (lignes 87-88) Pour Monique / Kaokab, écrivaine, la ▬▬ est importante dans sa vie.
2. *Je ne veux pas être toute seule à me souvenir qu'elle a existé...* (lignes 69-70) Pour La Mère, on ne doit pas oublier. La ▬▬ de sa fille, c'est tout ce qu'il lui reste.
3. *Arrête de te torturer. Arrête !* (ligne 74) Pour Monique / Kaokab, devant les malheurs, il faut faire preuve de ▬▬.
4. *Ses sœurs avaient toutes reçu le nom de leurs grand-mères et de leurs arrière-grand-mères.* (lignes 48-49) Pour La Mère, la ▬▬ et les origines sont fondamentales.
5. *(La prenant dans ses bras.)* (ligne 76) Monique / Kaokab souffre avec sa cousine. Son poème témoigne aussi de la ▬▬ qu'elle éprouve pour les gens de son pays d'origine.
6. *Tu te défiles...* (ligne 50) La Mère reproche à Monique / Kaokab de ne pas vouloir affronter la ▬▬.

6. **C** Quelle est l'importance des arts et de la littérature pour les deux femmes? Formulez les réponses de Monique et de La Mère à cette question.

7. **D** Expliquez dans vos mots la métaphore ... *que son corps mêlé à mes pleurs serve d'engrais à notre mémoire.* (ligne 79)

8. **D** Relevez dans le poème une énumération qui montre la gravité de la guerre.

9. **D** À quoi réfère Monique / Kaokab lorsqu'elle parle d'un *verre déformant* à la ligne 100? Pourquoi emploie-t-elle cette expression?

10. **D** Dans ce texte, relevez une comparaison ou une métaphore:

    – qui évoque la beauté;

    – qui décrit la douleur;

    – qui exprime l'horreur.

Approfondir le texte

1 Comparez la présentation graphique des didascalies de cette pièce avec celle des extraits des pièces *L'Avare* et *Les Voisins*, aux pages 94-102 et 110-115 de ce manuel. Quelles différences remarquez-vous?

2 En tenant compte du message et de l'émotion que voulait transmettre l'auteure, quelles didascalies aurait-on pu inclure à la toute dernière réplique?

3 Justifiez en quelques mots la métaphore contenue dans le titre *Jeux de patience*.

Réagir au texte

1 Si vous aviez à faire la mise en scène de cette pièce, combien de temps feriez-vous durer le long silence de la ligne 164? Justifiez votre estimation.

2 Quel est votre passage préféré dans le long poème à la fin de l'extrait? Dites pourquoi ce passage vous touche davantage.

3 Monique / Kaokab souffre de cette guerre, même si elle n'en subit les conséquences qu'indirectement. Y a-t-il un conflit mondial qui vous touche plus particulièrement? Si oui, lequel et pourquoi? Sinon, comment expliquez-vous votre indifférence?

4 Quel personnage vous touche le plus: Monique / Kaokab ou La Mère? Précisez dans votre réponse en quoi sa façon de vivre un drame vous rejoint.

5 Faites une lecture expressive du passage des lignes 57 à 92 en tenant compte des didascalies. Si vous étiez des comédiens professionnels, quelles répliques, selon vous, seraient les plus difficiles à dire? Pourquoi?

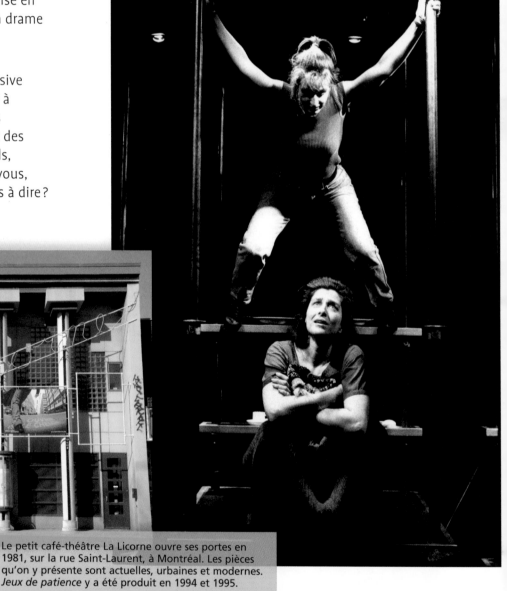

Le petit café-théâtre La Licorne ouvre ses portes en 1981, sur la rue Saint-Laurent, à Montréal. Les pièces qu'on y présente sont actuelles, urbaines et modernes. *Jeux de patience* y a été produit en 1994 et 1995.

conflit

Vous venez de lire un extrait des œuvres suivantes :

manuel, p. 94-102

manuel, p. 110-115

manuel, p. 122-127

1 Que pensez-vous de ces trois textes ? Mettez vos impressions en commun en les situant simultanément, du point de vue de chacun des six aspects suivants, sur une échelle de 1 à 5.

−				+
1	2	3	4	5

Évaluez :

a) la présentation du texte théâtral
Attribuez 5 à la pièce dont les didascalies aident le plus à la mise en scène.

b) l'enchaînement des répliques
Attribuez 5 à la pièce dont le dialogue est le plus animé.

c) les valeurs véhiculées par les personnages
Attribuez 5 à la pièce présentant des personnages qui véhiculent des valeurs qui rejoignent davantage les vôtres.

d) les procédés stylistiques au service du théâtre
Attribuez 5 à la pièce dont le style vous paraît le plus riche (par la qualité des procédés stylistiques employés).

e) la gravité du propos
Attribuez 5 à la pièce dont le propos est abordé de la manière la plus dramatique.

f) l'actualité de la pièce
Attribuez 5 à la pièce qui a le plus de résonance dans le monde actuel.

2 Une fois les comparaisons faites, sélectionnez l'extrait qui vous donne le plus envie de lire l'œuvre en entier. Justifiez votre choix en une quinzaine de lignes.

le dialogue

Le dialogue joue dans les œuvres littéraires divers rôles, dont celui de permettre la confrontation des idées. En effet, dans un dialogue, des personnages énoncent parfois des conceptions opposées, qui peuvent être d'ordre moral (le bien/le mal, la justice/l'injustice, la sincérité/le mensonge), esthétique (la beauté/la laideur, le convenable/le choquant), intellectuel (l'abstrait/le concret), pratique (l'utile/le futile), etc.

Le théâtre, le conte, la fable ou le roman sont des genres de textes où les dialogues sont souvent au service d'un débat d'idées. Dans ces dialogues :

– les **émetteurs** sont les personnages qui parlent. La ou le dramaturge, la conteuse ou le conteur, se sert d'eux pour opposer des idées, suggérer une critique, dénoncer des travers ;

– les **destinataires** sont non seulement les personnages qui dialoguent entre eux, mais aussi les lecteurs ou les spectateurs auprès de qui l'auteure ou l'auteur veut exprimer ses vues ou susciter un questionnement.

Au théâtre, le **dialogue** constitue l'essentiel du texte. C'est à travers lui que les personnages se révèlent, souvent en débattant entre eux, en invoquant des arguments tirés de leur « vécu ».

Le **monologue** est aussi utilisé au théâtre. Un personnage qui se livre ainsi à un dialogue avec lui-même communique en fait au public le « débat intérieur » qui l'anime.

Dialogue et monologue sont accompagnés de **didascalies**, qui sont des indications de la ou du dramaturge.

1 Lisez l'extrait de la pièce *Il n'y a plus d'Indiens* de Bernard Assiniwi p. 398, en portant attention aux idées qu'échangent les deux personnages, Tom, 25 ans et Sonny, 60 ans.

a) Quelle réplique amorce l'échange d'idées ? Laquelle met un terme au débat ?

b) Au cours de l'échange, lequel des personnages apporte chacune des idées suivantes ? Précisez à quelles lignes dans le texte.

1. *C'est malheureux, les traditions se perdent.*

2. *Il faut se faire une raison : le monde change. Aussi, les jeunes ont des aspirations différentes de leurs aînés.*

conflit

3. *Les Blancs et les Indiens nourrissent des préjugés les uns envers les autres.*

4. *Une loi qui brime la liberté, même si elle n'est plus appliquée, a tort d'exister.*

5. *C'est dommage de ne pas profiter d'un droit qu'on a obtenu.*

c) Qu'est-ce qui oppose principalement les personnages?

d) Selon la manière dont les personnages s'opposent, cette pièce se présente-t-elle comme une comédie? une tragédie? un drame?

2 Dans le dialogue entre Tom et Sonny, observez de quelle manière s'articule leur échange.

a) Au début des répliques, relevez trois formules qui indiquent que le personnage partage l'idée de l'autre, mais veut apporter une nuance ou une idée opposée.

b) Relevez une phrase interrogative qui a pour effet de relancer le dialogue.

c) Indiquez les passages où Tom et Sonny utilisent des exemples pour illustrer leurs idées.

d) Expliquez comment la réplique de Sonny à la ligne 55 s'appuie sur la réplique précédente et sert le propos du vieil homme.

 3 **a)** Complétez le dialogue ci-dessous entre une personne âgée et une jeune personne :

• donnez un nom à chaque personnage;

• imaginez les répliques du personnage jeune en veillant à la succession logique des propos. Au besoin, enrichissez celles de la personne âgée;

• poursuivez le dialogue et trouvez-lui une fin;

• prévoyez les didascalies qui pourraient être utiles à l'interprétation des répliques.

La personne âgée: *Dans mon temps, on reprisait nos chaussettes, on rétamait nos casseroles et on réparait nos vieux meubles, alors qu'aujourd'hui, tout le monde se débarrasse des objets usés ou défectueux pour les remplacer par des neufs.*

La jeune personne: ▬▬▬

La personne âgée: *Peut-être...*

La jeune personne: ▬▬▬

La personne âgée: *Sur ce point, je ne peux pas être d'accord avec toi.*

La jeune personne: ▬▬▬

La personne âgée: *Pfff! Il n'y a qu'un jeune pour dire ça!*

La jeune personne: ▬▬▬

---

b) Transcrivez votre dialogue en respectant la mise en page habituelle des textes de théâtre (disposition du texte, traitement typographique des didascalies et des répliques). Prenez en exemple l'extrait de *Il n'y a plus d'Indiens*.

c) Demandez à des personnes de faire une lecture expressive de votre dialogue. Par la suite, s'il y a lieu, faites des modifications pour enrichir le dialogue et le rendre plus vivant.

À vous de jouer

Faire une scène

« Sans conflits, dit Ionesco, il n'y aurait pas de théâtre. » Les œuvres théâtrales, en effet, s'articulent immanquablement autour d'un conflit : conflit entre les dieux et les femmes et les hommes (dans le théâtre antique), entre les humains eux-mêmes, entre les riches et les pauvres, entre les jeunes et les plus âgés, voire à l'intérieur d'un même personnage, en contradiction avec lui-même ! Les matières à conflit : l'injustice, les différences de classes ou de générations, la crise d'identité, etc., sont traitées aussi bien dans la tragédie que dans la farce, la comédie ou le drame.

Sans conflits, donc, pas de théâtre ! C'est sur ce principe que vous rédigerez, en petite troupe, une pièce à une seule scène. Dans cette scène, des personnages seront en opposition d'idées ou d'intérêts. La fin révélera la résolution du conflit.

Après ce travail d'écriture, vous attribuerez les rôles et réglerez votre saynète pour en offrir une représentation à la classe ou à un public plus large.

 Outils complémentaires

« Le monde entier est un théâtre et chaque homme et chaque femme en sont les acteurs. »

Shakespeare

confrontation d'idées   dialogue   répliques   pe

Planifier son texte | Rédiger | Réviser | Présenter

1 Formez votre troupe (de trois à quatre membres).

2 Imaginez une situation qui donne lieu à un conflit d'idées ou d'intérêts, ou choisissez l'une des planifications ci-dessous que vous modifierez à votre goût (en ajoutant un personnage, en remaniant la situation...).

Thème : La vie privée.
Situation : Une adolescente ou un adolescent découvre que ses parents lisent sa correspondance électronique.
Lieu : Autour d'une table de cuisine.
Ton : Drame.
Personnages : Une adolescente ou un adolescent timide qui s'affirme contre ses parents pour la première fois.
Une mère et un père aimants et solidaires.

Thème : L'exclusion.
Situation : Des gens sont dérangés par une personne qui arrive à l'improviste et qui n'est pas bienvenue parce qu'on planifie une surprise pour elle. Cette situation donnera lieu à des quiproquos.
Lieu : Entre quatre murs.
Ton : Comique.
Personnages : Un groupe d'amis.

Thème : L'entraide.
Situation : Dans le cadre d'une collecte de fonds pour les personnes dans le besoin, un ou une bénévole sollicite les passants, qui l'ignorent. Quelqu'un lui porte enfin attention, mais pour lui expliquer pourquoi il refuse de lui donner de l'argent.
Lieu : Un trottoir.
Ton : Tragique.
Personnages : Une ou un bénévole dévoué aux causes humanitaires.
Une passante ou un passant à l'esprit rationnel.

3 Avant de vous lancer dans la rédaction de votre pièce, étoffez vos **personnages** :

- donnez-leur des **traits** contrastés (personnalité, valeurs, etc.), sans les réduire à une simple opposition entre bon(s) et méchant(s) ;
- attribuez-leur un **langage** adapté à leurs caractéristiques et à la situation ;
- notez sommairement quelques **points de vue** en lien avec le thème, que chacun pourrait défendre ;
- « baptisez » vos personnages.

4 Comment s'élabore un dialogue de théâtre ? Lisez le texte suivant, qui expose une façon de faire : celle d'Éric Jean, un jeune metteur en scène québécois.

Éric Jea...

SUR UNE SCÈNE PRÈS DE CHEZ VOUS

Éric Jean place ses comédiens dans un lieu [...] (un sous-sol, une chambre ou un terrain vague) [où] tout prendra forme au fil des « répétitions ». Les comédiens n'ont pas de texte, à peine une amorce [...], et le metteur en scène leur demande de se laisser envahir par ce lieu puis d'**improviser** selon ce qu'il fait surgir en eux.

À ses côtés, un dramaturge [...] **note** les improvisations et s'en sert pour écrire un tout premier texte, qui est remis aux comédiens. Les improvisations s'amorceront ensuite à partir de ce premier jet, chaque jour enrichi puis réécrit, pendant qu'Éric Jean **coordonne** l'ensemble, oriente le travail en privilégiant un aspect plutôt qu'un autre et choisit peu à peu une ligne directrice qui va donner sa couleur particulière à la production. Comme si tous écrivaient le spectacle à mesure, en mettant tout toujours en jeu...

Extrait de Michel Bélair, « Sur une scène près de chez vous – Vivre par l'innovation perpétuelle », *Le Devoir*, samedi 6 et dimanche 7 octobre 2007.

Inspirez-vous de la **démarche** d'Éric Jean et de ses complices de création pour élaborer une première version de votre pièce. Choisissez un lieu de création et distribuez-vous les rôles suivants.

- la **metteure en scène** ou le **metteur en scène** : c'est la personne qui **coordonne** les improvisations, qui ne perd jamais de vue le moteur du dialogue : un conflit d'idées ou d'intérêts.

- Les **comédiennes** ou les **comédiens** : ce sont les membres de la troupe qui **improvisent** à partir des directives du metteur en scène ou de la metteure en scène.

- La ou le **dramaturge** : c'est la personne qui rend compte par écrit du travail des autres, qui **note** les meilleures idées issues des improvisations, et les répliques les plus intéressantes. Elle note sommairement des didascalies relatives au jeu.

5 Trouvez un **titre** pour votre pièce.

6 Revenez sur le **début** et la **fin** de votre pièce :

- assurez-vous que les spectateurs peuvent comprendre rapidement de quoi il retourne ;

- trouvez une réplique ou une action qui conclut nettement le dialogue.

7 Mettez votre première version à l'épreuve en organisant une **lecture à voix haute** : attribuez la lecture des répliques à des membres de la troupe. Afin de vous aider à réviser votre texte, portez attention à ces quelques points essentiels.

- Le dialogue est-il axé sur ce qui oppose les personnages?

- Les répliques sont-elles vivantes?

Contenu
- De façon générale, le dialogue transmet-il le message voulu? Soulève-t-il le questionnement souhaité?

- Les didascalies éclairent-elles le jeu de façon appropriée?

- L'enchaînement des répliques est-il cohérent?

- Y a-t-il une progression entre les idées échangées?

Organisation
- Le dénouement (ouvert, heureux/malheureux) est-il approprié au genre privilégié (dramatique, comique ou tragique)?

- La façon de parler des personnages les caractérise-t-elle de façon appropriée? Convient-elle à la situation?

Langue
- La transposition écrite de la langue parlée est-elle correcte?

8 Faites une dernière révision de votre texte en portant une attention particulière à la façon de rendre à l'écrit la langue parlée.

 Réviser son texte, p. 299

Grammaire en contexte

3.3 La transposition écrite de la langue parlée

La ou le dramaturge, pour obtenir des dialogues vivants, s'inspire des échanges oraux réels. Ces dialogues comprennent donc une grande variété de constructions de phrases, des interjections, des phrases inachevées, des silences, une ponctuation expressive... Dans ces dialogues, on peut également rencontrer une langue familière, dont la transposition soulève parfois des questions. Le ou la dramaturge, généralement, ne transcrit pas fidèlement les prononciations familières : il compte sur les comédiens pour rendre les répliques avec réalisme.

1 Lisez ces deux versions d'un échange familier entre deux personnes.

– *S'lut Bob! J'gage 100 piasses qu'tu peux pas d'viner pourquoi j'me pointe chez vous...*

– *Euh... ché pas... T'as pus d'argent, tu voudrais que j't'en prête?*

– *Eh ben, t'as perdu! Donne-moi lé 100 dollars.*

– *Salut, Bob! Je gage 100 piastres que tu peux pas deviner pourquoi je me pointe chez toi...*

– *Euh... je sais pas... Tu as plus d'argent, tu voudrais que je t'en prête?*

– *Eh bien, tu as perdu! Donne-moi les 100 dollars.*

a) Quelles différences observez-vous entre la première version et la seconde, qui est plus « écrite »?

b) Quel aspect de la langue ces différences touchent-elles?

c) Dans les deux versions, qu'est-ce qui est typique d'un échange familier à l'oral?

2 Ajoutez quelques répliques à ce dialogue en respectant le traitement de la langue parlée familière dans la seconde version.

ℹ *Les variétés de langue*, p. 249   **ⓐ** p. 278

9 Au besoin, testez une nouvelle fois votre texte par une lecture à voix haute : l'aller-retour, de la lecture à l'écriture, contribue à l'amélioration du texte.

9 Soignez la **présentation écrite** de votre texte de façon à en rendre la lecture agréable. Respectez la mise en page habituelle des textes de théâtre en distinguant visuellement le titre, les didascalies et les répliques des personnages.

10 Place à la **représentation** de votre pièce devant public! Mais avant, répétez!

Retour

La troupe de théâtre est le lieu de la coopération par excellence: chacun des membres a les mêmes objectifs, mais a besoin des autres pour les atteindre.

1 Sur l'échelle suivante, estimez globalement la qualité de la coopération entre les membres de votre troupe.

Coopération difficile et improductive

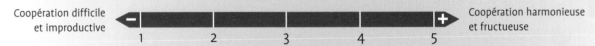

1   2   3   4   5

Coopération harmonieuse et fructueuse

2 Réfléchissez aux tâches que vous avez accomplies dans la réalisation de la pièce et répondez aux questions suivantes.

A. Ces tâches correspondaient-elles à vos forces et à vos intérêts particuliers?

B. Étaient-elles stimulantes? Vous ont-elles permis de faire des apprentissages?

C. Ont-elles contribué de façon significative à l'avancement du travail collectif?

3 Chaque membre d'une troupe est personnellement responsable de faire avancer le travail, mais aussi de respecter et d'aider les autres membres. Classez les attitudes suivantes selon que vous les avez manifestées souvent ou rarement au cours du projet.

A. Écouter activement les autres.

B. Ne pas les interrompre.

C. Offrir son aide.

D. Partager ses stratégies pour travailler plus efficacement.

E. Encourager les autres.

F. Offrir des explications.

G. Exprimer son désaccord de façon respectueuse.

H. Faire des suggestions et des critiques précises et constructives.

4 Ciblez au moins un aspect à améliorer (façon d'organiser le travail, attitude lors des échanges, investissement personnel, etc.) en vue de rendre une éventuelle coopération plus fructueuse sur les plans personnel et collectif.

➕ Dossier *plus*

Une sortie au théâtre

En cette ère de la télévision et d'Internet, voir des personnages en action dans le contexte authentique de la scène permet de savourer la magie du théâtre. Préparez votre sortie en vous informant sur l'auteure ou l'auteur de la pièce. Tentez de mettre la main sur la pièce et lisez-en des extraits. Après la représentation, discutez-en avec vos amis, écrivez une note critique, relisez les répliques pour voir comment elles ont été mises en scène.

Si vous n'avez pas l'occasion d'aller au théâtre, organisez une soirée télé-théâtre afin de visionner une pièce jouée pour le petit écran. Des bibliothécaires ou vos enseignants pourront vous aider à trouver l'enregistrement.

Une lecture expressive

Dans le jargon du théâtre, les comédiens font leurs premières répétitions en attendant de mémoriser le texte. La mise en scène est minimale (pas de costumes, quelques gestes seulement). C'est le dialogue qui est mis en valeur au cours de la « lecture ».

Faites votre choix de scènes, soit dans ces livres qui présentent des pièces de théâtre intégrales, soit dans la zone *conflit* du manuel. Formez des équipes selon le nombre de personnages. Après quelques répétitions, faites votre « lecture » devant des spectateurs, qui pourront imaginer les décors, les éclairages, les effets sonores, etc.

Autres textes à explorer

Lisez les trois textes suivants.

La femme du boulanger, p. 371

La cantatrice chauve, p. 378

En famille, p. 383

Quel conflit semble le plus grave? Des pistes de solution sont-elles envisagées pour résoudre le problème des personnages?

 Activités d'approfondissement

D4SSIER

Rapports de force

Quel que soit son âge, on argumente tous dans la vie de tous les jours : pour avoir le droit de rentrer plus tard le soir, pour choisir le film qu'on veut voir entre amis, pour faire valoir qui est le meilleur hockeyeur de la LNH, etc. Argumenter est également fondamental à une plus large échelle lorsqu'on veut changer les choses : pour s'opposer à la construction d'un pont ; pour modifier une loi sur la possession d'armes à feu ; pour interdire à un gouvernement d'intervenir dans un conflit, etc.

En somme, on argumente pour convaincre. Pour mener à bien cette démarche, il faut prendre du recul et analyser les composantes de la situation, organiser ses idées, choisir ses alliés de façon stratégique, déterminer les procédés les plus judicieux pour faire adhérer la partie adverse à son raisonnement et adopter le ton juste.

Dans ce dossier, nous nous intéressons à la place qu'occupe l'argumentation dans notre société. Nous présentons, entre autres, des publicités sociétales, des pétitions, des lettres ouvertes. Il s'agit là de textes courants qui ne visent qu'une chose : persuader.

Cette réflexion vous amènera à analyser une publicité sociétale ou commerciale jugée efficace avant de la présenter à la classe.

Par la suite, d'autres activités vous sont proposées pour mettre en pratique vos connaissances sur la situation argumentative.

? Êtes-vous à l'aise pour faire valoir votre point de vue ? Justifiez.

plan

💡 Explorer

🏃 À vous de jouer

➕ Dossier *plus*

Grammaire **en vedette**

LA PHRASE DE FORME EMPHATIQUE

L'étude de la **phrase de forme emphatique** est tout indiquée lorsqu'on s'intéresse à la force d'expression des idées. Cette forme de phrase permet en effet de mettre en évidence de l'information et d'exprimer une idée avec plus de mordant.

140

ⓘ | p. 212   ⓐ | p. 285

Que symbolise cette sculpture érigée aux portes des Nations Unies à New York ? En quoi peut-on dire qu'elle constitue une situation argumentative ?

Cette œuvre monumentale de l'artiste suédois Karl Fredrik Reutersward s'intitule *Non-violence*. Il s'agit d'un bronze érigé en 1988 et offert à l'ONU par le gouvernement du Luxembourg.

La publicité fait partie de notre environnement quotidien. Il y a cependant beaucoup de messages commerciaux vis-à-vis desquels il faut user de son sens critique pour ne pas tomber dans le piège de la surconsommation. S'ajoutent à cela des publicités sociétales, commandées par certains organismes à but non lucratif ou institutions d'État. Grâce à ce type de publicités, on sensibilise les gens à un problème de société et on les amène à changer leurs attitudes ou leurs comportements à cet égard. Ce moyen fort utile peut faire évoluer les mentalités, à condition d'avoir une incidence réelle sur son public cible.

PARTICULARITÉS DE LA PUBLICITÉ COMMERCIALE ET SOCIÉTALE

Type de publicités	Objectifs	Produits
Commerciale	Vendre aux consommateurs une grande quantité de produits à court terme (axé sur l'individu).	Des biens de consommation ou des services pour combler des besoins essentiels ou non.
Sociétale	Changer les attitudes, les comportements ou les valeurs des gens à long terme (axé sur une collectivité).	Des idées, des valeurs pour provoquer un changement social.

Il y a de l'électricité dans l'air, mais il n'y a pas de fumée.

À partir du 31 mai, visitez les bars et les restos sans fumée. Vous verrez, le Québec respire mieux.

Québec

Vue de Times Square à New York, quartier célèbre mondialement pour ses magasins géants et ses affiches démesurées.

conflit

LA NAISSANCE DE LA PUBLICITÉ SOCIÉTALE

De tout temps, les gouvernements cherchent à entrer en communication avec la population par divers moyens, que ce soit par des affiches, des discours ou des documents d'information. Constatant que la publicité commercialea agit efficacement auprès du public, les organismes gouvernementaux ont commencé, vers le milieu du XXᵉ siècle, à faire usage d'une nouvelle forme de publicité pour faire passer leurs messages ou amener les citoyens à poser certains gestes. On voit les premières publicités de ce type surtout durant les guerres afin d'encourager les hommes à s'enrôler dans l'armée. Durant la Seconde Guerre mondiale, l'Office national du film (ONF) a été spécialement créé pour renforcer le patriotisme des Canadiens et les inciter à soutenir les troupes ou encore à se serrer la ceinture compte tenu du rationnement.

La publicité sociétale est devenue de plus en plus populaire après la Seconde Guerre mondiale, mais c'est vraiment à partir des années 1980 qu'elle a pris de l'ampleur. Plusieurs agences gouvernementales et organismes à but non lucratif y ont recours aujourd'hui afin de redorer leur image, de dénoncer un problème ou de tenter de modifier un comportement jugé inapproprié.

Durant la Première et la Seconde Guerre mondiale, le gouvernement canadien a émis des obligations de la victoire pour financer la guerre. Ces obligations étaient des prêts que des Canadiennes et Canadiens, des sociétés privées et divers organismes accordaient au gouvernement et qu'ils pouvaient encaisser avec intérêts, cinq, dix ou vingt ans plus tard.

- Rappelez-vous une publicité sociétale qui vise votre groupe d'âge. Quel est le but du message ?
- D'après vous, les publicités sociétales ont-elles un impact sur les comportements des gens ? Pourquoi ?

Lire et comprendre le texte

Observez les publicités sociétales 1 et 2. À la lecture de ces publicités, portez attention aux points ci-dessous en vous laissant ensuite guider par les questions de la page 145.

A Les composantes de la situation de communication argumentative

B La thèse

C L'argument

D Des procédés au service de la situation argumentative

conflit

Pseudo : **SUPERLULU**
13 ans, cherche nouveaux amis...

**UN PSEUDO PEUT CACHER N'IMPORTE QUI
SOYEZ VIGILANTS SUR INTERNET**
N'acceptez jamais un rendez-vous sans être accompagnés

action
innocence

1. **A** Qui énonce le message ? Que savez-vous de cet énonciateur ?

2. **A** À qui le message de la publicité s'adresse-t-il ? En d'autres mots, qui est le destinataire ?

3. **A** Quel est le but du message ?

4. **B** De quoi veut-on convaincre le destinataire ? Cette idée est-elle énoncée clairement ou doit-on la déduire ? Formulez-la en une phrase.

5. **C** Quelles sont les raisons présentées pour appuyer l'idée de l'énonciateur ?

6. **D** Quels mots ou expressions servent à désigner l'énonciateur ou le destinataire ?

7. **D** Quels mots ou expressions révèlent le point de vue de l'énonciateur ?

8. **D** Sur le plan de la présentation graphique, quels sont les éléments qui contribuent à mettre en valeur l'information du message ?

Voici une fiche technique qui présente les éléments de la situation de communication argumentative de la publicité de la Fondation québécoise du cancer.

Publicité 3

VOUS ATTENDEZ
QUOI POUR
NOUS AIDER?

D'AVOIR
LE CANCER?

1 877 336·4443

FONDATION QUÉBÉCOISE
DU CANCER

Fiche technique

A Énonciateur: La Fondation québécoise du cancer.

Destinataire: Le grand public, mais plus particulièrement les gens qui ne se sentent pas touchés par cette maladie parce qu'ils ne l'ont pas ou qu'ils s'en croient à l'abri.

But du message: Sensibiliser le destinataire à l'aide qu'il pourrait apporter (financement, offre de services bénévoles) aux personnes atteintes de cancer ou à leurs proches.

B Thèse: La thèse est implicite: Chacun doit faire sa part dès maintenant pour la Fondation.

C Arguments:
- *Vous attendez quoi pour nous aider?*
- *D'avoir le cancer?*

D Procédés linguistiques:
- marques d'énonciation: le pronom personnel *vous* sert à interpeller le destinataire; le pronom personnel *nous* réfère à l'énonciateur;
- marques de modalité: deux questions de type déclaratif avec point d'interrogation (dont l'une, *Vous attendez quoi pour nous aider?*, est formulée dans une variété de langue familière pour avoir plus d'effet sur le destinataire);
- autres procédés: le questionnement; l'ironie (on affirme de manière provocante *Vous attendez quoi pour nous aider? D'avoir le cancer?* alors qu'on veut exprimer l'inverse, à savoir « Il ne faut pas attendre d'avoir le cancer pour aider la Fondation. »).

Procédés non linguistiques:
- iconographie: aucune image; uniquement le pictogramme de la Fondation québécoise du cancer;
- graphisme: texte centré en blanc sur fond noir, simple bordure blanche; (contrastes qui attirent l'attention; présentation sobre qui convient à la gravité du sujet abordé);
- typographie: très gros caractères pour l'accroche et plus petits pour les autres informations (présentation qui accroît la lisibilité du message).

conflit

Regard sur le texte

A Les composantes de la situation de communication argumentative

Avec sa publicité, la Fondation québécoise du cancer veut sensibiliser le grand public, notamment les gens en bonne santé, à venir en aide aux personnes atteintes de cancer. Le message cherche à convaincre le destinataire qu'il peut apporter une aide précieuse.

> **Connaissances**
>
> Dans une situation argumentative, que ce soit par exemple dans une publicité, une pétition ou une lettre ouverte, on retrouve les éléments suivants :
>
> – l'**énonciateur** (une ou plusieurs personnes), ou l'émetteur du message, qui défend une idée ou une position en révélant son point de vue ;
> – le **destinataire**, ou le récepteur, qui représente le public cible ou encore le groupe d'individus auquel s'adresse le message ;
> – le **but** poursuivi par l'énonciateur : convaincre le destinataire d'agir autrement, le sensibiliser à un problème, modifier certaines de ses croyances ;
> – le message s'inscrit dans un **contexte** particulier à l'aide de **référents** (sociaux, culturels, etc.) connus du destinataire de façon à l'influencer et, éventuellement, à obtenir son adhésion ;
> – le type de **support** ou le mode de diffusion, par exemple dans un journal, sur une affiche ou un panneau, sous forme de tract ou de pétition, dans Internet, etc.

B La thèse

La publicité sur le cancer véhicule un message implicite : il faudrait que chaque personne fasse sa part pour vaincre le cancer et soutenir les gens atteints de cette maladie.

> **Connaissances**
>
> Peu importe l'allure que peut prendre une situation de communication argumentative, l'énonciateur prend toujours position sur une question, un problème, une cause, etc. Cette position constitue l'idée centrale défendue, appelée la thèse, que l'énonciateur énonce ou véhicule en vue de convaincre le destinataire. La thèse défendue, par exemple dans une publicité sociétale, une pétition ou une lettre ouverte, est souvent explicitement mentionnée, mais il arrive aussi qu'elle soit implicite. C'est alors au destinataire de dégager la thèse du texte.

C L'argument

Dans la publicité sur le cancer, on retrouve deux arguments à l'appui de la thèse défendue :

– *Vous attendez quoi pour nous aider ?* : chacun peut apporter une aide à la Fondation québécoise du cancer, alors n'attendez plus pour le faire ;

– *D'avoir le cancer ?* : pour soutenir la Fondation, il n'est pas nécessaire d'avoir le cancer.

> **Connaissances**
>
> Pour appuyer la position qu'il veut défendre, l'énonciateur a recours à des raisons, parfois à des preuves, qui lui permettent de renforcer sa thèse. Bien que la thèse puisse être implicite, les arguments sont toujours formulés explicitement dans le texte. Chaque raison, ou chaque preuve, représente un énoncé qui réfère à des faits, à des valeurs, à des principes ou à des sentiments. L'argument permet de faire valoir le bien-fondé de la thèse soutenue et d'amener le destinataire à adhérer à une position formulée explicitement ou non.

D Des procédés au service de la situation argumentative

Dans la publicité de la Fondation du cancer, deux types de procédés sont utilisés pour mettre de l'information en valeur et ainsi appuyer la thèse défendue :

– des procédés linguistiques, comme des marques désignant l'énonciateur (*nous*) et le destinataire (*vous*), des marques exprimant le point de vue (les phrases de type interrogatif) et un procédé stylistique, l'ironie ;

– des procédés non linguistiques, comme le graphisme (texte en blanc sur fond noir, ce qui met l'accent sur la gravité du message) et certains éléments typographiques (gras, taille et polices de caractères).

Afin que le message ait la portée désirée et pour renforcer la position défendue, l'énonciateur a généralement recours à certains procédés. Ceux-ci peuvent prendre différentes formes selon le type de texte à visée incitative ou argumentative (une publicité, une pétition, une lettre ouverte, etc.).

- Des procédés linguistiques :
  - des marques d'énonciation permettant à l'énonciateur de manifester sa présence dans son texte ou encore d'interpeller son destinataire et de l'inciter à adhérer au message ;
  - des marques de modalité liées à l'expression d'un point de vue subjectif, qui servent à nuancer la position de l'énonciateur ;
  - d'autres procédés comme l'insertion d'une séquence d'un autre type (une description, une explication, etc.), le recours à un exemple, à une définition, à une citation, à un questionnement, à un procédé stylistique, etc.

- Des procédés non linguistiques :
  - des procédés iconographiques (images, symboles, etc.) ;
  - des procédés graphiques (couleur, contraste, disposition du texte, etc.) ;
  - des procédés typographiques (taille et polices de caractères, majuscules, gras, italique, etc.).

Connaissances

L'argumentation (séquence argumentative), p. 185
Les procédés argumentatifs, p. 190

Approfondir le texte

1 Pour l'une des publicités (1 ou 2) proposées aux pages 144-145, expliquez pourquoi l'énonciateur véhicule le message de la publicité. Pour ce faire, précisez les éléments suivants :

– le contexte qui a amené l'énonciateur à produire la publicité ;

– les idées reçues sur le sujet.

2 Selon la publicité choisie au nᵒ 1, remplissez une fiche technique semblable à celle présentée à la page 146.

conflit

3 En examinant les publicités sociétales des pages 144-145, relevez au moins cinq procédés différents au service du message publicitaire, qu'ils soient d'ordre linguistique ou non linguistique.

Grammaire en contexte

4.1 **Les constructions de phrases**

La publicité utilise différents moyens linguistiques pour mettre le message en évidence et inciter le destinataire à y adhérer. Parmi ces moyens, elle privilégie l'emploi de constructions de phrases variées, qui permettent de mettre en valeur l'information, d'interpeller le destinataire :
– des phrase de type interrogatif, impératif ;
– des phrases de forme emphatique ou négative.

1 **a)** Dans les publicités sociétales proposées aux pages 144-145, relevez trois exemples de constructions de phrases parmi celles mentionnées ci-dessus.

b) Pour chacune des phrases que vous avez relevées en a), écrivez la phrase de base correspondante.

2 Comparez les phrases des publicités relevées au n° 1 aux phrases de base dont elles sont issues. Quel effet les phrases transformées permettent-elles de créer ?

3 Modifiez l'une des phrases des publicités en ayant recours à une autre construction qui permettrait de mettre le message en relief d'une manière différente tout en gardant la même information.

 Les types de phrases, p. 209
Les formes de phrases, p. 212

 p. 282

Réagir au texte

1 Quelle publicité sociétale (1, 2 ou 3) vous paraît la plus efficace ? Justifiez votre réponse en nommant le procédé qui met le message en valeur (*Regard sur le texte*, page 148).

2 Dans une publicité sociétale, qu'est-ce qui vous accroche le plus ?

3 D'après vous, quelles sont les causes sociales qui mériteraient qu'on y sensibilise le grand public au moyen d'une publicité sociétale ? Justifiez vos choix.

4 Une cause vous tient à cœur ? Choisissez l'une des tâches suivantes pour tenter d'y sensibiliser le destinataire.

1. Rédigez un court texte dans le but de convaincre un dirigeant de promouvoir celle-ci à l'aide d'une publicité sociétale.

2. Concevez une publicité sociétale en tenant compte des différentes composantes de la situation de communication argumentative et en recourant à certains des procédés au service du message publicitaire.

Une société est dite « démocratique » quand elle accorde des droits et libertés à chacun de ses membres ainsi que la possibilité de les exercer en toutes circonstances. Faire circuler une pétition en est un exemple probant : des individus ou des organismes communautaires se prévalent de leur liberté d'inciter leurs concitoyens à devenir signataires de cette pétition. Ce faisant, les signataires deviennent parties prenantes de la cause qui y est défendue. Cependant, la démocratie ne s'est pas toujours obtenue facilement. Au Québec, comme ailleurs dans le monde, les citoyens ont pu, par divers moyens, notamment la pétition, revendiquer le respect de leurs droits et se battre pour l'obtenir.

Article 2

1. Chacun peut se prévaloir de tous les droits et de toutes les libertés proclamés dans la présente Déclaration, sans distinction aucune, notamment de race, de couleur, de sexe, de langue, de religion, d'opinion politique ou de toute autre opinion, d'origine nationale ou sociale, de fortune, de naissance ou de toute autre situation.

2. De plus, il ne sera fait aucune distinction fondée sur le statut politique, juridique ou international du pays ou du territoire dont une personne est ressortissante, que ce pays ou territoire soit indépendant, sous tutelle, non autonome ou soumis à une limitation quelconque de souveraineté.

Déclaration universelle des droits de l'Homme adoptée au Québec en 1976.

LA PÉTITION : UN DROIT ACQUIS DEPUIS PLUSIEURS DÉCENNIES

La pétition est un moyen souvent employé pour formuler des demandes auprès des autorités. Elle consiste généralement en un court énoncé suivi de la signature de gens qui appuient la requête. Plus une pétition recueille de signatures, plus la demande adressée aux autorités prend de poids. Ce moyen d'action politique est utilisé depuis très longtemps. Déjà à l'époque des Révolutions américaine (1776) et française (1789), des pétitions circulaient, demandant la fin d'un régime politique ou l'annulation de certaines taxes jugées injustes.

Au Québec, ce type de document a été utilisé par les Patriotes, lors des Rébellions de 1837-1838. En 1834, le Parti patriote a formulé une liste de 92 résolutions adressée au gouvernement britannique afin d'améliorer la situation des francophones et de rendre le système politique plus démocratique. Il a ensuite fait circuler des pétitions et obtenu l'appui de 80 000 habitants du Bas-Canada. Ce grand nombre de signatures a renforcé les revendications des Patriotes et contribué à faire avancer la cause des francophones du Québec.

De nos jours, le recours à la pétition est encore très populaire. Il est désormais plus facile avec Internet d'obtenir un grand nombre de signatures. On peut ainsi trouver en ligne plusieurs pétitions pour protéger les rivières ou modifier des lois, par exemple. C'est un moyen efficace et rapide pour que s'exprime l'opinion publique : s'engager en signant une pétition constitue un geste concret qui peut changer le monde !

Le chanteur Bono présente une pétition demandant l'annulation de la dette des pays pauvres.

Les travailleurs signent une pétition pour bannir l'alcool.

Une pétition très ancienne adressée à Cromwell, un chef militaire anglais au XVIIe siècle.

- Avez-vous déjà apposé votre signature au bas d'une pétition ? Ce faisant, quelle position défendiez-vous ?
- D'après vous, jusqu'à quel point une pétition permet-elle d'arriver à ses fins ?

Lire et comprendre le texte

Voici une pétition qui circulait en l'an 2000 : elle visait à sensibiliser la société québécoise au problème criant de la pauvreté et de l'exclusion sociale. À la lecture de ce texte, portez attention aux points ci-dessous en vous laissant guider par les questions présentées aux pages 153-154.

A Les composantes de la situation de communication argumentative

B La thèse

C L'argument

D Des procédés au service de la situation argumentative

> *Recto*

Lexique

Dignité et respect

Selon le contexte, quelles différences de sens voyez-vous entre ces deux termes? Donnez deux synonymes et deux antonymes permettant d'en dégager la signification.

Violation des droits de la personne

Dans l'expression *violation des droits de la personne*, que signifie le terme *violation*? Et quels sont les droits de la personne?

AQOCI, CEDTTQ, CAPMO, etc.

Examinez les nombreux sigles d'organismes formant *le Collectif pour une loi sur l'élimination de la pauvreté* et tentez de déduire les règles de leur formation.

L'avènement d'un monde où les êtres humains seront libres de parler et de croire, libérés de la terreur et de la misère, a été proclamé comme la plus haute aspiration de l'homme.
Déclaration universelle des droits de l'Homme, 1948

Considérant que le respect de la dignité de l'être humain et la reconnaissance des droits et libertés dont il est titulaire constituent le fondement de la justice et de la paix [...] Toute personne a droit à la protection de sa dignité [...] Toute personne a droit à la reconnaissance et à l'exercice, en pleine égalité, des droits et libertés de la personne.
Charte québécoise des droits et libertés, 1976

Donner aux pauvres les moyens de s'organiser et de participer à tous les aspects de la vie politique, économique et sociale [...] leur permettant de devenir de véritables partenaires du développement [...] formuler des plans nationaux [...] pour réduire considérablement la pauvreté et éliminer la pauvreté absolue.
Engagement des Nations au Sommet mondial de Copenhague, 1995

Déclaration de solidarité

Éliminer la pauvreté, c'est possible et nous le voulons

Ces paroles viennent de personnes dont beaucoup vivent la pauvreté et l'exclusion. Nous les faisons nôtres. Nous vous invitons à faire de même et à le concrétiser en signant et en faisant signer la pétition à l'endos.

Nous refusons que les personnes pauvres soient considérées comme un poids pour la société, qu'elles se sentent coupables de leur pauvreté et responsables de la dette publique, qu'elles soient réduites au silence et qu'on décide pour elles.

Nous refusons que des enfants n'aient pas la possibilité de rêver. Aucun enfant ne peut se développer si ses parents sont sans cesse rabaissés et considérés comme inutiles.

Nous refusons que des hommes et des femmes survivent avec si peu de revenu, de formation, et soient privés de dignité et de respect.

Nous affirmons que les personnes pauvres agissent quotidiennement contre la pauvreté, que leurs efforts, leurs espoirs, leurs compétences et pas seulement leurs problèmes doivent être reconnus si on veut réellement éliminer la pauvreté.

Nous affirmons que la misère est une violation de l'ensemble des droits de la personne et que les droits fondamentaux doivent être garantis pour tous et toutes.

Nous agissons pour élever nos familles, pour que nos enfants soient fiers de nous et pour que nous soyons fiers d'eux, pour soutenir des personnes plus pauvres que nous, pour nous engager dans la vie de notre communauté, pour nous former et chercher du travail.

Nous nous engageons à promouvoir un véritable partage des richesses, du savoir et des chances d'avenir.

Nous nous engageons à participer aux changements et aux luttes aux côtés des personnes et des familles épuisées par la pauvreté et l'exclusion, pour bâtir une société plus juste où les droits et libertés seront effectivement reconnus à tous et à toutes.

Le Collectif pour une loi sur l'élimination de la pauvreté

Au moment de publier, ce collectif est formé des organismes suivants: Association québécoise des organismes de coopération internationale (AQOCI), ATD Quart Monde, Caisse d'économie Desjardins des travailleuses et travailleurs (Québec) (CEDTTQ), Carrefour de pastorale en monde ouvrier (CAPMO), Centrale de l'enseignement du Québec (CEQ), Centrale des syndicats démocratiques (CSD), Centre de pastorale en milieu ouvrier (CPMO), Confédération québécoise des coopératives d'habitation (CQCH), Confédération des syndicats nationaux (CSN), Conférence religieuse canadienne - section Québec (CRC-Q), Fédération des femmes du Québec (FFQ), Fédération des locataires d'habitations à loyer modique du Québec (FLHLMQ), Fédération des travailleuses et travailleurs du Québec (FTQ), Fédération étudiante collégiale du Québec (FECQ), Fédération étudiante universitaire du Québec (FEUQ), Front d'action populaire en réaménagement urbain (FRAPRU), Front commun des personnes assistées sociales du Québec (FCPASQ), Le mouvement québécois des camps familiaux (MQCF), Regroupement des groupes populaires en alphabétisation du Québec (RGPAQ), Regroupement des ressources alternatives en santé mentale du Québec (RRASMQ), Regroupement québécois des intervenants et intervenantes en action communautaire (RQIIAC), Syndicat de la fonction publique du Québec (SFPQ).

---

1. **B** Quelle est la position défendue par l'énonciateur?

2. **A** Comment se manifeste l'énonciateur dans cette déclaration de solidarité? Relevez-en quelques indices.

3. **A** Quels buts vise-t-on avec cette introduction à la pétition?

4. **C** Dans la déclaration, quels préjugés sur la pauvreté remet-on en question?

5. **C** Reformulez en vos mots cinq raisons pour lesquelles le collectif est convaincu qu'il faut éliminer la pauvreté.

6. **D** Indiquez deux ou trois procédés employés pour parvenir à persuader le destinataire, qu'ils soient d'ordre linguistique ou non linguistique.

7. **A** Qui est l'énonciateur de ce texte? Qu'a-t-il de particulier?

8. **D** Pourquoi l'énonciateur a-t-il cru bon de présenter les trois citations en marge du texte?

9. **D** Que connaissez-vous de la Charte québécoise des droits et libertés et de la Déclaration universelle des droits de l'Homme? Faites une recherche dans Internet pour en savoir davantage.

Pétition à l'Assemblée nationale du Québec

Éliminer la pauvreté,
c'est possible et nous le voulons

Nous sommes des milliers de personnes au Québec, vivant ou non la pauvreté, à dire NON à la pauvreté, à la misère, à l'exclusion.

En conséquence, nous proposons que le Québec se dote d'une loi-cadre sur l'élimination de la pauvreté.

Cette loi aura pour but d'éliminer la pauvreté au Québec et de mettre en place des moyens de lutter contre l'exclusion sociale.

➡ Elle reconnaîtra que la pauvreté et l'exclusion portent atteinte aux droits et libertés.

➡ Elle proposera des moyens pour que tout le monde puisse participer à l'activité sociale, culturelle, politique et économique en y exerçant des responsabilités reconnues.

➡ Elle s'attaquera aux causes de la pauvreté, aux inégalités et aux injustices qu'elle entraîne.

➡ Elle affirmera la responsabilité de tous et toutes vis à vis de la pauvreté et de l'exclusion.

➡ Elle prévoira des moyens précis de redistribuer mieux la richesse.

➡ Elle visera la satisfaction des besoins essentiels de tous et toutes, en particulier l'accès à un revenu décent.

➡ Elle encadrera toutes les autres lois de même que l'ensemble des décisions politiques.

➡ Elle prévoira des mécanismes d'application et d'évaluation auxquels les personnes qui vivent la pauvreté et l'exclusion seront associées.

➡ Elle affirmera la responsabilité du Québec face à l'élimination de la pauvreté dans le monde.

Nous appuyons la démarche entreprise dans ce but par le Collectif pour une loi sur l'élimination de la pauvreté.

Nous demandons à l'Assemblée nationale de recevoir de façon non partisane le projet de loi qui lui sera déposé au terme de ce processus.

Les signataires:

Nom et prénom (en lettres moulées)	Adresse	Signature

Veuillez retourner cette pétition **dès que possible** avant le **17 octobre 2000** à votre groupe-relais.

Collectif pour un Québec sans pauvreté ©, 2000.

Lexique

Loi et *loi-cadre*

Une loi-cadre définit un ensemble théorique de principes à suivre au moment de la rédaction de textes juridiques particuliers. En quoi une loi-cadre se distingue-t-elle d'une loi ?

Revenu décent

Le terme *décent* a plusieurs sens. Lequel est approprié selon le contexte ?

1. **A** À qui le pronom *nous* réfère-t-il?

2. **B** Quelle est la thèse défendue?

3. **C** Dans le premier paragraphe, reformulez dans vos mots les deux arguments qui appuient la thèse défendue.

4. **D** À quoi sert le long paragraphe en gras?

5. **D** Relevez différents procédés typographiques qui mettent l'information en valeur.

A Les composantes de la situation de communication argumentative

Le message présenté aux pages 153-154 comprend deux parties bien distinctes : une déclaration de solidarité et une pétition. Ce texte, à caractère incitatif, s'inscrit dans une situation de communication de type argumentatif qui comprend les composantes suivantes :

- un **énonciateur**, un collectif qui prend la parole au nom d'un ensemble d'organismes communautaires désirant plus de justice sociale et au nom de tous les signataires éventuels ;

- un **destinataire**, l'Assemblée nationale, qui peut apporter des changements dans le quotidien des gens pauvres, et tous les signataires potentiels de la pétition ;

- un **but principal**, amener les gens de toutes provenances à se préoccuper de la cause de la pauvreté en signant la pétition, et une visée plus large, sensibiliser l'Assemblée nationale à la cause de la pauvreté ;

- un **message** clair, qui présente le contexte et explique en des mots simples et percutants les motifs pouvant inciter les gens à signer la pétition et à prendre conscience qu'ils peuvent passer à l'action.

B La thèse

Dans cette déclaration de solidarité et cette pétition, l'énonciateur défend une cause sociale d'importance : l'élimination de la pauvreté et de l'exclusion sociale au Québec. Le slogan permet d'exprimer de manière percutante la position du Collectif pour une loi sur l'élimination de la pauvreté.

C L'argument

Pour appuyer la position qu'il veut défendre, l'énonciateur de la déclaration de solidarité et de la pétition présente diverses raisons qui lui permettent d'appuyer ou d'étayer sa thèse. Certains de ces arguments ont trait à des faits, comme *Ces paroles viennent de personnes dont beaucoup vivent la pauvreté et l'exclusion*, alors que d'autres font référence à des valeurs, par exemple *Nous refusons que les personnes pauvres soient considérées comme un poids pour la société*. Chacun des arguments, toujours présenté de manière explicite, a pour but de faire valoir le bien-fondé de la thèse soutenue.

D Des procédés au service de la situation argumentative

Afin que le message ait la portée désirée et pour renforcer la position défendue, l'énonciateur de la déclaration de solidarité et de la pétition a recours à différents procédés.

- Des **procédés linguistiques** :
  - des marques d'énonciation permettant à l'énonciateur de manifester sa présence dans son texte, comme les nombreux *nous*, ou encore d'interpeller son destinataire, à l'aide du pronom *vous* ou du déterminant *votre*, par exemple ;
  - des procédés textuels comme le recours à des citations en marge du texte, dans la déclaration de solidarité, ou encore l'insertion d'une séquence d'un autre type (une description) dans la pétition.

- Des **procédés non linguistiques** :
  - des procédés iconographiques (un symbole, la fleur de lys) ;
  - des procédés graphiques (la disposition du texte) ;
  - des procédés typographiques (la taille et les polices de caractères).

L'argumentation (séquence argumentative), p. 185
Les procédés argumentatifs, p. 190

1 À la lumière des observations que vous avez faites sur les textes présentés aux pages 153-154, dégagez les principales caractéristiques d'une pétition.

2 Concernant les différents énonciateurs mentionnés au bas de la déclaration de solidarité à la page 153, tentez d'associer au moins un organisme préoccupé par chacune des causes suivantes à l'égard de la pauvreté.

CAUSES	ORGANISMES
Œuvrer dans les pays les plus pauvres du monde	
Défendre les travailleurs, et améliorer leurs conditions	
Défendre le droit à l'éducation pour tous	
Militer en faveur de l'accès à un logement décent pour tous	
Œuvrer auprès des démunis de la société	

3 Dans la déclaration de solidarité, relevez les principaux constats en ce qui a trait aux aspects suivants :

a) les perceptions sociales à propos de la pauvreté ;

b) la réalité quotidienne des gens pauvres ;

c) l'action des personnes pauvres en vue de s'en sortir.

4 Comment la pétition est-elle structurée ? Choisissez, parmi les possibilités suivantes, la structure qui vous paraît la plus appropriée. Expliquez votre choix.

A. Slogan, séquence dominante descriptive

B. Slogan, séquence dominante argumentative (avec séquence descriptive)

C. Introduction, développement, conclusion

4.2 Les phrases et les groupes coordonnés

Si la coordination permet de condenser de l'information dans une même phrase, elle en rend de temps à autre la compréhension plus complexe. C'est pourquoi il est parfois utile de décortiquer la phrase pour s'en faire une meilleure représentation. Voici l'analyse d'une phrase (page 153), qui présente une coordination de subordonnées complétives (*que*…) et de GAdj.

Ex. : Nous refusons
- que les personnes pauvres soient considérées comme un poids pour la société,
- qu'elles se sentent coupables de leur pauvreté *et* responsables de la dette publique ,
- qu'elles soient réduites au silence
- *et* qu'on décide pour elles.

1 Effectuez une analyse semblable à celle ci-dessus pour valider votre compréhension des phrases de la déclaration de solidarité qui commencent par *Nous affirmons…* et *Nous agissons…* Faites ressortir les groupes et les subordonnées coordonnées.

2 Reformulez, à l'aide de phrases simples, l'une des phrases que vous avez analysées.

 La coordination et la juxtaposition, p. 228   **a** p. 283

5 Résumez en quelques lignes la loi-cadre qu'on aimerait voir adopter à l'Assemblée nationale.

Réagir au texte

1 Si vous aviez pu signer la pétition contre la pauvreté et l'exclusion sociale en l'an 2000, l'auriez-vous fait ? Pourquoi ?

2 En quoi vous engagez-vous quand vous signez une pétition ? Justifiez votre réponse.

3 Croyez-vous à l'efficacité d'une pétition ? Dressez une liste de raisons qui vous amènent à être pour ou contre l'utilité de la pétition en vue d'apporter des changements dans un milieu ou dans la société.

4 Rédigez une pétition humoristique d'une dizaine de lignes, qui pourrait figurer dans un blogue. Vous pouvez vous inspirer des slogans farfelus suivants :

- Il faut supprimer l'hiver.
- Le ménage, c'est assez !
- À bas les « bons » conseils !

Dans une démocratie, tout individu, ou toute association a le droit de remettre en question le pouvoir. Les lois protègent la liberté d'expression et on peut toujours donner son opinion sur quelque sujet que ce soit, sans craindre des représailles. Dans les pages suivantes, nous verrons une lettre ouverte dénonçant une publicité d'Hydro-Québec. Cette publicité a fait réagir un groupe de pression, qui a écrit une lettre ouverte signée par des personnalités connues. Nous examinerons la force argumentative de ces deux messages qui s'opposent.

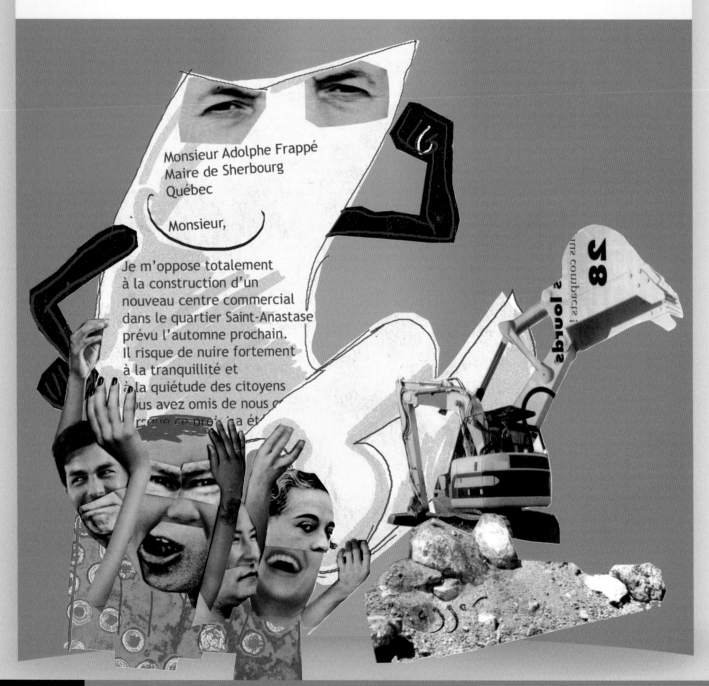

Monsieur Adolphe Frappé
Maire de Sherbourg
Québec

Monsieur,

Je m'oppose totalement à la construction d'un nouveau centre commercial dans le quartier Saint-Anastase prévu l'automne prochain. Il risque de nuire fortement à la tranquillité et à la quiétude des citoyens

LA LETTRE OUVERTE

La lettre ouverte est un texte publié dans les journaux et destiné au grand public. Elle est souvent écrite par une personne désireuse de lancer un débat sur une question qui lui tient à cœur, comme la politique, l'environnement, le système de santé, l'éducation, etc.

La lettre ouverte est apparue à la fin du XIXe siècle, au moment où la presse écrite est devenue très populaire.

Au Québec, certaines lettres ouvertes ont soulevé des débats passionnés. Hélène Jutras, une jeune étudiante, a publié en 1994, un texte intitulé *Le Québec me tue* dans lequel elle critiquait sévèrement la société québécoise. De la même manière, un groupe de personnalités faisait paraître dans plusieurs journaux, en 2005, le *Manifeste pour un Québec lucide*, un texte dans lequel il exprimait sa vision de l'avenir politique, social et économique du Québec. Quelques semaines plus tard, un autre groupe publiait le *Manifeste pour un Québec solidaire*, dans lequel il énonçait une opinion radicalement différente sur les choix pour faire prospérer le Québec. Le débat soulevé par ces deux camps dure toujours. C'est dire l'importance de ces textes d'opinion dans l'exercice d'une démocratie.

Les quotidiens sont libres de publier ou non les nombreuses lettres qui leur sont soumises chaque jour. Ils favorisent cependant les textes écrits par des personnalités connues, puisqu'ils sont susceptibles d'attirer l'attention des lecteurs. Mais les rédactions de journaux aiment bien rendre compte du pouls de la population en publiant l'opinion de simples citoyens.

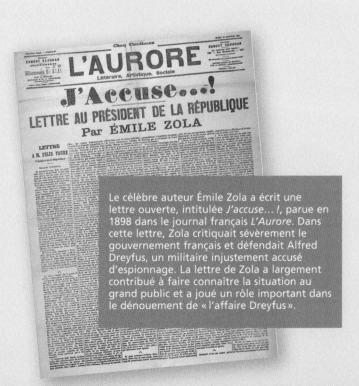

Le célèbre auteur Émile Zola a écrit une lettre ouverte, intitulée *J'accuse… !*, parue en 1898 dans le journal français *L'Aurore*. Dans cette lettre, Zola critiquait sévèrement le gouvernement français et défendait Alfred Dreyfus, un militaire injustement accusé d'espionnage. La lettre de Zola a largement contribué à faire connaître la situation au grand public et a joué un rôle important dans le dénouement de « l'affaire Dreyfus ».

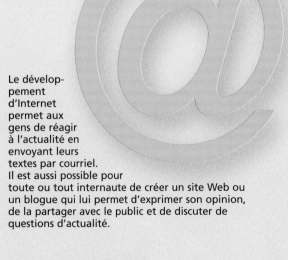

Le développement d'Internet permet aux gens de réagir à l'actualité en envoyant leurs textes par courriel. Il est aussi possible pour toute ou tout internaute de créer un site Web ou un blogue qui lui permet d'exprimer son opinion, de la partager avec le public et de discuter de questions d'actualité.

- On dit parfois que l'énergie hydro-électrique est une énergie propre. Que pensez-vous de cette affirmation?
- Ou trouve-t-on généralement dans les journaux les pages qui présentent les lettres ouvertes? Feuilletez quelques quotidiens pour répondre à la question.

Lire et comprendre le texte

Hydro-Québec est une société d'État qui, par définition, appartient à la collectivité. Comme toutes les entreprises qui vendent de l'énergie, elle cherche depuis une vingtaine d'années à convaincre les consommateurs qu'elle présente le choix le plus écologique. Hydro-Québec mène donc régulièrement des campagnes promotionnelles. Mais, pour la Fondation Rivières, un groupe de pression visant à empêcher l'exploitation hydroélectrique de certains cours d'eau, ces campagnes sont choquantes. Les membres de cette fondation ont rédigé une lettre ouverte sur la question, qui a d'ailleurs été publiée sur le site Internet d'un important groupe de presse. Mettez donc en relation ces deux points de vue contradictoires: celui d'Hydro-Québec et celui présenté dans cette lettre. Au cours de votre lecture, portez une attention particulière aux notions suivantes.

A Les composantes de la situation de communication argumentative

B La thèse

C L'argument

D Des procédés au service de la situation argumentative

conflit

*Parce que les rivières sont **belles** et **utiles** naturelles*

Montréal, le 29 septembre 2006

Objet :　　　Campagne publicitaire d'Hydro-Québec :
　　　　　　 « Notre choix est clair. Notre choix est vert. »

Parler vert… pour parler?

Hydro-Québec lançait récemment une campagne publicitaire visant à se montrer sous un jour écologiquement responsable : « Notre choix est clair. Notre choix est vert. » L'envergure de cette campagne nous amène à nous questionner sur la somme que notre société d'État a investie dans celle-ci. Combien de milliers de dollars ont été dépensés ? Combien de rivières aurait-on pu protéger et mettre en valeur avec un tel budget ? On aimerait mieux les voir agir vert plutôt que de parler vert.

Le nom d'Hydro-Québec est déjà sur les affiches culturelles partout au Québec, à Montréal et en régions. Ne pourrait-on pas aussi voir ce nom associé à la protection des rivières ? Ne serait-il pas mieux d'utiliser cet argent pour développer des parcs en régions et investir dans l'efficacité énergétique, afin de protéger les rivières et créer de l'emploi ?

Une des publicités parue dans un quotidien nous montre, en arrière-plan, une chute à son état naturel ; à l'avant-plan, un jeune musicien adolescent, guitare en bandoulière et tenant bien haut une fiche pour brancher sa guitare ; en bas, coin gauche, se trouve une prise de courant sur un rocher devant la chute. Le pendant télévisé de cette pub nous montre la chute qui s'active dès lors que la guitare est branchée.

Hydro-Québec y parlait pourtant de « développement » hydroélectrique. Où est donc le barrage ? Ce n'est pourtant pas avec une chute qu'on produit de l'électricité, mais bien avec le barrage – **un mur de ciment** – qui aura été construit à même la chute, en la faisant disparaître.

Le jeune adolescent devant cette chute bucolique est-il justement là à attendre patiemment qu'on exploite cette rivière sauvage ? Est-il trop centré sur son art pour se questionner sur ses choix énergétiques ? Il n'est pourtant pas de la génération de Québécois affligés du syndrome du castor qui, au son de la rivière, sont pris d'un urgent besoin de faire couler le béton ! Nous sommes plutôt portés à croire que ce jeune, s'il représente sa génération, sera de ceux qui vont au front pour changer la vision du développement au nom duquel on a déjà trop harnaché de rivières.

*Parce que les rivières sont **belles** et **utiles** naturelles*

Nous croyons dans le développement économique du Québec et nous croyons que le Québec peut s'enrichir en vendant son énergie à fort prix sur les marchés extérieurs. Mais nous ne voulons pas que ce soit en faisant la promotion de projets hydroélectriques dont les impacts sociaux et environnementaux sont camouflés.

Il est irresponsable qu'une société d'État dépense les deniers publics pour une campagne publicitaire *« nous sommes beaux - nous sommes gentils »* alors que l'heure est à l'examen des impacts de nos méthodes de production d'énergie et de nos habitudes de consommation. Tant qu'une attention particulière ne sera pas donnée à l'économie d'énergie en y mettant des incitatifs financiers réels, la société d'État Hydro-Québec ne pourra pas vendre à fort prix sur les marchés extérieurs les économies d'énergie réalisées par les Québécois.

Pour ce qui est de l'éolienne dans la campagne publicitaire, on comprend le besoin d'Hydro et du gouvernement de se refaire une image, mais ce n'est pas Hydro-Québec qui développe ce créneau, c'est présentement une production privée, développée à la « va-comme-je-te-pousse » et qui rapportera d'abord des bénéfices au secteur privé. Alors la générosité d'Hydro-Québec d'offrir gratuitement de la promotion aux producteurs d'éoliennes apparaît déplacée quand on sait tout ce qui pourrait être réalisé pour protéger l'environnement avec ce budget.

Mensonges ou demi-vérités que ces publicités ? À vous de juger.

Roy Dupuis

Paul Piché

Yann Perreau

Pour la Fondation Rivières

conflit

Après avoir lu le texte, répondez aux questions suivantes en lien avec les notions ciblées.

A Les composantes de la situation de communication argumentative

B La thèse

C L'argument

D Des procédés au service de la situation argumentative

1. **A** **a)** Indiquez le passage de la lettre de la Fondation Rivières qui permet de se faire une idée assez juste de la publicité commentée.

b) Répondez aux questions de ce mini-sondage.

- Avez-vous déjà vu les publicités de la campagne dont il est question dans le texte ? Sinon, tentez de les retrouver dans Internet.
- Connaissez-vous la Fondation Rivière ?
- Connaissez-vous les gens qui ont signé la lettre ouverte à la page 162 ?

2. **A** **a)** Observez cette analyse de la publicité d'Hydro-Québec.

Dans cette publicité, Hydro-Québec veut véhiculer un message clair auprès de tous les consommateurs d'énergie : l'électricité est une source énergétique non polluante et constitue un choix « vert », tout à fait respectueux de l'environnement. Ce message publicitaire s'inscrit dans un contexte où il importe d'agir avec discernement en matière de protection de l'environnement, la planète ayant déjà subi des détériorations fortes importantes.

b) Rédigez un texte semblable à celui proposé en 2a) pour mettre en évidence les éléments de la situation argumentative dans la lettre de la Fondation Rivières.

3. **A** Analysez, au fil des paragraphes du texte de la Fondation Rivières, à quoi réfèrent les différents *nous* employés dans la lettre ouverte.

4. **B** Dites en vos mots ce qui constitue la thèse implicite dans ce texte.

5. **C** Complétez les trois énoncés suivants de manière à mettre en évidence les principaux arguments du texte.

A. La société d'État devrait plutôt…

B. La publicité embellit la situation…

C. Le jeune homme de la publicité devrait plutôt…

6. **D** La publicité d'Hydro-Québec se voulait rassurante. Le texte de la Fondation Rivières cherche plutôt à alerter les gens. Relevez des procédés, des mots qui permettent de produire cet effet.

7. **D** Le texte de la Fondation Rivières est une lettre. Quelles sont les caractéristiques graphiques de la lettre qui sont faciles à reconnaître ?

8. **D** Pourquoi les mots *un mur de ciment* sont-ils en gras dans la lettre ?

1 Quelle expression traduit l'ironie de la Fondation Rivières à l'égard de la campagne publicitaire d'Hydro-Québec ?

2 Formulez dans vos mots le dernier paragraphe du texte de la Fondation Rivières, où l'on semble attaquer la société d'État en général.

3 Résumez, dans vos mots, le contexte de la situation argumentative, soit les intérêts particuliers et la mission de chacune des deux organisations, Hydro-Québec et la Fondation Rivières.

Réagir au texte

1 **a)** Pourquoi la Fondation Rivières demande-t-elle à des artistes d'être les porte-parole de son message ?

    b) Croyez-vous que ces artistes ont bien fait de signer ce texte ? Pour compléter votre réflexion, lisez le texte *Appel à l'autorité et environnement*. p. 420

2 De quel côté vous rangez-vous : du côté de la Fondation Rivières ou du côté d'Hydro-Québec ? Quels arguments ont influencé votre opinion ? Discutez avec d'autres élèves de la classe pour voir dans quelle mesure ils partagent votre opinion.

3 Amusez-vous à créer une publicité pour faire la promotion d'une autre source d'énergie (l'éolienne, le gaz naturel, le mazout, le bois de chauffage, l'essence, le solaire).

conflit

Portez une attention particulière aux trois textes suivants que vous venez de lire :

manuel, p. 145

manuel, p. 153-154

manuel, p. 161-162

1 Que pensez-vous de ces trois textes ? Mettez vos impressions en commun en les situant simultanément, du point de vue de chacun des cinq aspects suivants, sur une échelle de 1 à 5.

Évaluez :

a) les enjeux de la situation argumentative
Attribuez 5 au texte présentant la situation argumentative la plus dérangeante.

b) la clarté des thèses présentées
Attribuez 5 au texte dont la thèse est présentée de façon la plus claire et explicite.

c) la force des arguments
Attribuez 5 au texte le plus convaincant sur le plan des arguments.

d) les procédés au service de la situation argumentative
Attribuez 5 au texte le plus susceptible de rejoindre et de convaincre son destinataire.

e) votre rapport avec le sujet
Attribuez 5 au texte qui vous interpelle davantage, qui est près de votre réalité ou de vos préoccupations.

2 Une fois les comparaisons faites, sélectionnez le texte que vous avez préféré lire et qui, selon vous, amène davantage les gens à réagir. Justifiez votre choix en une vingtaine de lignes.

Le compte rendu critique

Le compte rendu critique peut porter sur un livre, un spectacle, un tableau, une publicité, un événement sportif… Il offre une partie « information » et une partie « appréciation ». En effet, quand on fait un compte rendu critique, on décrit l'objet en question ou on rapporte sommairement les faits pour ensuite porter un jugement. Le but premier est de renseigner et d'exprimer un avis, parfois en vue d'influencer le destinataire.

Réaliser un compte rendu critique consiste en un travail en deux étapes :

1. **Observation et interprétation** – Il s'agit d'observer l'objet du compte rendu (une publicité, par exemple) et de s'interroger à son sujet. On se questionne sur les liens qui unissent les aspects observés, on réfléchit sur l'effet produit par certains de ces aspects ou par l'ensemble (par exemple, quelles émotions particulières suscite le message ? Dans quel but ?). Pour mener ce travail à bien, on peut se servir d'une fiche technique. Plus tard, on fait un compte rendu de ce travail d'observation et d'interprétation.

2. **Appréciation** – Il s'agit de se forger un avis personnel sur l'objet du compte rendu et de justifier cette appréciation. C'est ce qu'on appelle faire une *critique*.

On se forge un avis personnel en se basant sur des **critères d'appréciation** variés, par exemple, au sujet d'une publicité : la lisibilité du message, sa portée, le style du texte, les valeurs véhiculées.

Pour justifier une appréciation, on en expose les **raisons**. Ces raisons peuvent prendre la forme d'une courte réflexion ou d'un raisonnement basé sur des faits, des valeurs ou des principes, et être appuyées par des exemples, des comparaisons, etc.

1 a) Faites une lecture individuelle des publicités présentées aux pages 167-168. Servez-vous de la fiche technique ci-dessous pour orienter votre lecture et en rendre compte.

b) Entre élèves, comparez vos fiches : vos observations et interprétations se recoupent-elles ?

Fiche technique

Énonciateur :   Argument(s) :

Destinataire :   Procédés linguistiques :

But du message :   Procédés non linguistiques :

Thèse :

2 Lisez maintenant deux critiques, formulées par Catherine Melillo, au sujet des publicités.

Éduc'alcool insiste sur les effets négatifs de l'abus d'alcool. Certains détails laissent croire que cette publicité s'adresse aux hommes de 25 à 35 ans : le référent (*seul*, au masculin), le terme *drague*, la consommation de *shooters*, etc. Surtout, le message touche à un élément qui tient les jeunes hommes à cœur : avoir du succès auprès des filles.

Dans cette publicité, la charge émotive est entièrement portée par le texte, qui renvoie son image au lecteur (texte à la 2e personne du pluriel). On associe l'abus d'alcool (les verres vides qui s'accumulent) au fait de devenir désagréable et donc, de se retrouver seul.

Nous sommes d'avis qu'il s'agit d'une bonne campagne, mais le texte ici est un peu long, et l'image n'est pas assez percutante pour soutenir le texte. Ainsi, les gens qui ne se donneraient pas la peine de lire ne comprendraient pas le message.

La publicité sociétale vise essentiellement à faire adopter un comportement. Bien souvent, cette publicité joue sur les conséquences négatives liées au fait de ne pas adhérer à ce comportement. Pensons aux publicités sur la vitesse au volant, qui montrent des vies perdues, des proches éplorés, etc.

Catherine Melillo est vice-présidente à la création chez IDEA communications, une agence sherbrookoise qui travaille depuis près de 20 ans auprès de clients régionaux et nationaux en élaborant des campagnes publicitaires, depuis la recherche d'idées jusqu'à la production. Madame Melillo est titulaire d'un baccalauréat en rédaction et communication, puis d'une maîtrise en administration des affaires de l'Université de Sherbrooke, où elle a aussi enseigné la grammaire française et la rédaction.

On constate à nouveau les dégâts de l'abus d'alcool, sur les filles cette fois. Dans ce cas, toute la charge émotive est portée par l'image, qui en dit long. On porte directement atteinte à la fierté des filles de 25 à 35 ans.

Dans un état comme celui-là, on comprend que bien des choses peuvent arriver ou sont arrivées... Surtout des choses qu'on peut regretter. Bref, on n'est plus en possession de ses moyens : yeux hagards, cheveux défaits, maquillage qui coule, etc. Pas besoin de texte autre que le slogan : *La modération a bien meilleur goût.* ; on a compris !

Selon nous, cette publicité est plus efficace que la version *shooters* grâce à son image frappante. L'émotion est au cœur de l'efficacité publicitaire. À cet égard, celle-ci atteint son objectif.

Publicité B

La modération a bien meilleur goût. Éduc'alcool

3 **a)** Sur quels critères sont basées ces critiques ?

b) Dans chaque critique, résumez l'avis qui y est exprimé.

c) Dans vos mots, formulez la raison invoquée pour justifier chacun des avis exprimés.

d) Dans les critiques, relevez les marques d'énonciation et les marques de modalité qui révèlent le point de vue.

4 **a)** Avec laquelle des critiques êtes-vous le moins d'accord : celle de la publicité A ou celle de la publicité B ?

b) Rédigez une critique personnelle de cette publicité. Basez votre appréciation sur les mêmes critères que Catherine Melillo, ou sur d'autres critères. Exprimez votre avis et justifiez-le.

c) Avec une ou un élève qui aura choisi la même publicité que vous, comparez vos critiques et discutez-en. Vos avis sont-ils clairement exprimés ? Les raisons que vous exposez sont-elles pertinentes ?

d) Améliorez vos critiques en tenant compte des idées échangées.

5 Qu'est-ce qu'une publicité efficace ? Quelles sont ses caractéristiques ? Formulez votre définition en complétant l'un ou l'autre des énoncés suivants.

Une publicité efficace, c'est...

Voici des caractéristiques attribuables à une publicité efficace : ...

conflit

Un message efficace

Omniprésente, la publicité pénètre tous les aspects de la vie quotidienne et exerce, sur nous tous, une force indéniable. Parfois même, elle parvient à nous influencer ! Au cours de la dernière décennie, la publicité s'est de plus en plus imposée dans notre environnement. Des études montrent que nous voyons en moyenne 3000 annonces par jour ! Nous pouvons trouver ces messages amusants, agaçants, brillants, choquants, utiles ou envahissants. Mais quel que soit le point de vue que nous avons sur la publicité, nous devrions tous être à même d'en décoder les messages.

Nous devons donc faire une interprétation des messages auxquels nous sommes exposés. C'est l'exercice que vous ferez bientôt en vue de présenter une publicité imprimée que vous jugez d'une grande efficacité, qu'elle soit pernicieuse (par exemple, si elle incite de jeunes enfants à la consommation de malbouffe) ou salutaire (par exemple, si elle sensibilise la population aux dangers d'Internet). Vous ferez oralement un compte rendu critique de ce message, qui sera ensuite jugé par les membres d'un jury (des élèves de votre classe ou d'autres classes, peut-être aussi une enseignante ou un enseignant, à votre gré !). Et comme dans les concours de publicité qui ont lieu chaque année ici et ailleurs dans le monde, ce jury décernera un prix à la publicité jugée la plus efficace entre toutes !

 Outils complémentaires

NOUVELLE saveur !

1 Choisissez une **publicité imprimée que vous jugez efficace** et, en vue d'une présentation à la classe, trouvez un moyen pour obtenir cette publicité.

Des exemples :

• découpez ou photocopiez la publicité dans le journal ou le magazine ;

• photographiez la publicité dans son contexte (une affiche sur un abribus, un panneau-réclame en bordure d'une voie rapide...) ;

• téléchargez la publicité dans Internet (sur le site de l'annonceur, de l'agence de publicité...) et imprimez-la.

Choisir **Planifier son compte rendu critique** Présenter

2 Faites une lecture attentive de votre publicité.

• Repérez-y les **composantes de la situation argumentative** (*Regard sur le texte*, p. 147) en faisant, au besoin, une recherche d'information (par exemple au sujet de l'énonciateur du message : s'agit-il d'une entreprise commerciale, d'une association professionnelle, d'un organisme public ou autre ?).

• Faites une interprétation du **texte** de la publicité (sens des mots, variété de langue...), s'il y a lieu, et du **visuel** (typographie, couleurs, image...).

• Consignez votre travail dans une fiche technique.

4.3 Le sens des mots

Pour analyser un texte publicitaire, il convient de porter une attention particulière au sens des mots : sens propre ou figuré ; sens neutre ou connoté ; polysémie (plusieurs sens possibles) ; paronymie (deux mots dont la forme est semblable).

1 a) Lisez les accroches publicitaires suivantes et les renseignements entre parenthèses.

1. *Rien ne vaut une bonne soupe maison !* (Accroche d'une publicité pour faire la promotion d'une soupe commerciale)

2. *Sur les chantiers, attachez-vous… à la vie !* (Accroche d'une publication destinée à la promotion de la prévention des chutes en hauteur sur certains lieux de travail)

3. *L'intolérance tue les personnes vivant avec le VIH* (Accroche d'une affiche produite à l'occasion de la Journée mondiale du sida le 1er décembre 2004)

4. *Attends pas d'avoir l'air flou* (Accroche d'une affiche destinée à la promotion auprès des jeunes d'une consommation d'alcool modérée)

b) Parmi les énoncés ci-dessous, choisissez celui qui convient pour décrire l'emploi particulier des mots *maison*, *s'attacher*, *tuer* et *flou* dans les accroches.

A. La forme du mot s'apparente à celle d'un autre mot.

B. Un mot est utilisé à la fois dans son sens propre et dans un sens figuré.

C. Le mot est employé dans un sens connoté positivement.

D. Un mot est employé dans un sens figuré qui marque une exagération.

c) Justifiez l'énoncé choisi pour chacun des mots en a). Par exemple, dans l'accroche 1, le mot *maison* est employé dans un sens connoté positivement parce qu'il fait référence au caractère réconfortant de la soupe maison, alors qu'il s'agit d'une soupe commerciale.

 Le sens des mots, p. 245

 p. 284

3 Jugez en quoi votre publicité est efficace.

a) Choisissez au moins deux **critères d'appréciation** sur lesquels baser la critique de votre publicité. Voici quelques exemples de critères :

– le style du texte ;

– la lisibilité du message ;

– la portée de l'image ;

– la valeur d'un argument ;

– la qualité du graphisme ;

– la nature des valeurs véhiculées.

b) Pour chaque critère choisi, justifiez votre appréciation.

4 **a)** Enrichissez votre travail grâce à une discussion avec une ou un autre élève.
Suivez les étapes proposées sur le panneau et répondez aux questions jointes.

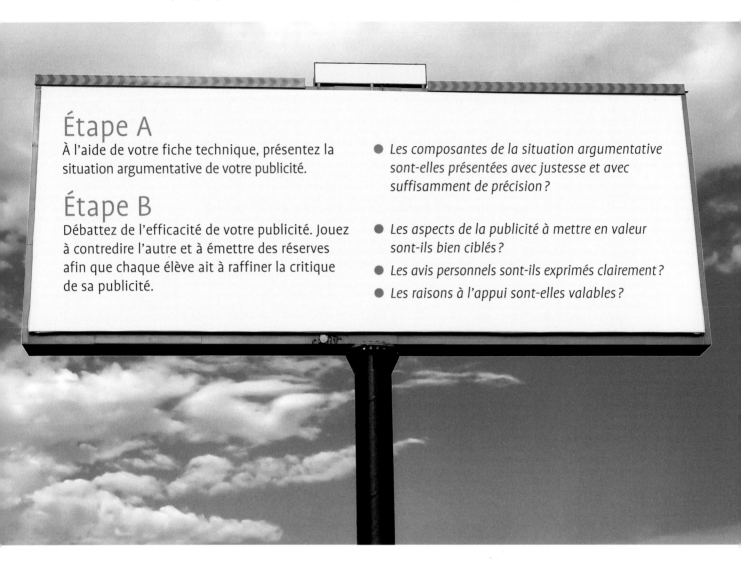

Étape A
À l'aide de votre fiche technique, présentez la situation argumentative de votre publicité.

Étape B
Débattez de l'efficacité de votre publicité. Jouez à contredire l'autre et à émettre des réserves afin que chaque élève ait à raffiner la critique de sa publicité.

● *Les composantes de la situation argumentative sont-elles présentées avec justesse et avec suffisamment de précision ?*

● *Les aspects de la publicité à mettre en valeur sont-ils bien ciblés ?*

● *Les avis personnels sont-ils exprimés clairement ?*

● *Les raisons à l'appui sont-elles valables ?*

b) Individuellement, en tenant compte de vos discussions, apportez des modifications à vos notes (compte rendu de la situation argumentative, critique de votre publicité).

5 Organisez votre communication orale.

• Rappelez-vous votre intention de communication.

• Considérez le temps alloué pour la présentation.

• Tenez compte du fait que vous utiliserez un support visuel (votre publicité) au cours de votre communication.

• Rédigez un aide-mémoire : ne notez que des mots clés.

conflit

6 **a)** Devant une personne (élève, parent...), exercez-vous à présenter votre publicité. Demandez à cette personne d'évaluer votre présentation à l'aide de la grille ci-après.

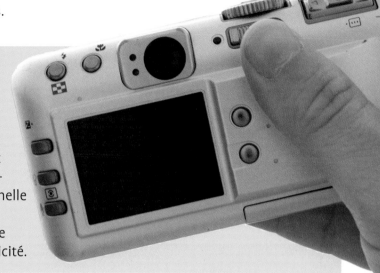

Suggestions :

– Vous pourriez vous filmer durant cet exercice et procéder à une auto évaluation.

– Pour vous donner de la confiance et de l'assurance, jouez le jeu : mettez-vous dans la peau d'une professionnelle ou d'un professionnel en milieu publicitaire qui cherche à convaincre ses clients de l'efficacité de sa publicité.

	NON	+ OU –	OUI
• La **structure** de la communication est correcte : la présentation est bien introduite et clôturée, et le propos (appréciation, justification) est bien organisé.			
• Le **support visuel** est bien exploité (il n'est pas négligé, on y fait référence au bon moment, il facilite la communication).			
• L'**aide-mémoire** est utilisé comme soutien à la communication.			
• La **posture** et les **gestes** conviennent à la situation.			
• Le **débit** de la parole, l'**intonation** et le **volume** de la voix sont appropriés.			
• La qualité de la **langue** est correcte (bonne diction, vocabulaire juste et varié, phrases bien construites...).			

b) Sur la base de cette évaluation, ciblez les aspects plus faibles de votre présentation et exercez-vous de nouveau en tentant de les corriger.

7 À la façon des concours de publicité...

• Formez le **jury** du concours : *Quelles personnes constitueront ce jury ? Comment seront-elles désignées, sélectionnées ou sollicitées ?*

• Établissez le mode de **fonctionnement** du concours : *Les publicités seront-elles classées par catégories (par type commercial ou sociétal, selon le public cible, etc.) ? Comment les membres du jury délibéreront-ils ?*

8 Présentez votre compte rendu critique au jury en vous aidant de votre aide-mémoire et de votre support visuel (la publicité).

Retour

1 Sur l'échelle suivante, situez votre degré d'aisance à communiquer oralement dans le contexte où vous l'avez fait.

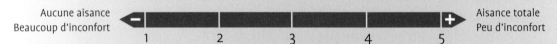

Aucune aisance
Beaucoup d'inconfort

−   1   2   3   4   5   +

Aisance totale
Peu d'inconfort

2 Classez les éléments suivants en deux catégories : ceux qui ont représenté une difficulté et ceux qui, au contraire, ne vous ont posé aucun problème.

A. Utiliser un aide-mémoire.

B. Exploiter un support visuel.

C. Employer une langue standard.

D. Exprimer clairement une idée, en marquant des liens logiques.

E. Utiliser un vocabulaire varié et juste, former des phrases complètes.

F. Gérer ses émotions et le stress.

G. Ajuster la communication en fonction des réactions de l'auditoire.

H. Avoir la posture et les gestes appropriés.

I. Regarder l'ensemble de l'auditoire.

J. Avoir un débit de parole, une voix, un ton qui conviennent.

3 Quel élément a nui le plus grandement à votre aisance à communiquer oralement ? Comment pourriez-vous surmonter cette difficulté éventuellement ? Au besoin, pour trouver une solution, discutez avec un ou une élève qui n'éprouve pas cette difficulté.

⊕ Dossier *plus*

Une campagne de sensibilisation

Proposez le plan d'action d'une campagne pour sensibiliser les élèves de votre école à un problème en particulier. Réfléchissez à ce qui pourrait être amélioré dans votre milieu (la propreté, le respect, la sécurité, etc.).

Trouvez un moyen de joindre efficacement vos destinataires : par une affiche, un dépliant, un message radio, une lettre ouverte, etc. Pensez aussi à un slogan, au style graphique, au ton...

Comme les publicitaires, organisez ensuite un *focus group* pour présenter votre proposition de campagne et en discuter. Corrigez le tir au besoin, puis diffusez votre message là où vous serez vus et entendus !

Dans le coin gauche...

Il s'agit de lire ou d'écouter les informations pour se rendre compte que d'innombrables conflits (locaux, nationaux ou internationaux) perturbent nos sociétés complexes. Choisissez un de ces conflits et schématisez dans un tableau les forces en présence. Qui est dans le coin gauche ? Et qui est dans le coin droit ? Déterminez les sources et les enjeux du conflit. Jugez des forces et des faiblesses de chaque partie. Présentez votre tableau à quelqu'un à qui le conflit en question n'est pas familier. Demandez-lui ensuite si la description que vous en avez faite était claire et intéressante.

Autres textes à explorer

Lisez les trois textes suivants.

Je te permettrai de me juger seulement si, p. 401

La crise des crises, p. 411

Lettre à ma sœur militaire... et *Réponse à mon frère qui s'oppose...,* p. 415

Relevez un passage de ces textes avec lequel vous êtes tout à fait d'accord. Relevez-en un autre que vous contestez. Justifiez vos choix.

 Activités d'approfondissement

Grammaire

ⓘ Information

ⓐ Banque d'activités

La narration (séquence narrative)

Séquence textuelle qui raconte une histoire dont le récit est organisé selon un schéma narratif.

Il faut tenir compte de certains éléments pour la compréhension ou l'écriture d'une séquence narrative, entre autres :

– le statut du narrateur ❶ *Le narrateur*, p. 179 ;

– l'univers narratif auquel appartient le récit ❶ *L'univers narratif*, p. 180 ;

– l'harmonisation des temps verbaux dans le récit ❶ *L'harmonisation des temps verbaux*, p. 181.

REMARQUE : La séquence narrative peut être la séquence dominante d'un texte, par exemple un roman. Elle peut aussi être une séquence secondaire, par exemple un événement raconté par un personnage dans un texte dialogal, comme une pièce de théâtre.

TEXTE À SÉQUENCE NARRATIVE DOMINANTE	STRUCTURE (plan)

ÇA, C'EST DU SPECTACLE !

L'été précédant ma quatrième année d'université, j'ai loué une maison sur la côte avec quelques amis. Un mardi soir, vers neuf heures et demie, je suis sortie et descendue à la plage. Comme il n'y avait personne aux environs, je me suis déshabillée, j'ai laissé mes vêtements en tas et j'ai
5 plongé dans les vagues. J'ai nagé pendant une vingtaine de minutes et puis je suis revenue vers la plage en me laissant porter par un rouleau.

— Situation initiale

Quand je suis sortie de l'eau, mes vêtements avaient disparu. Je me demandais que faire, lorsque j'ai entendu des voix. C'était des gens qui marchaient le long du rivage – et qui marchaient vers moi. J'ai décidé de
10 piquer un sprint et de courir jusqu'à la maison, qui se trouvait à une cinquantaine de mètres. La porte me paraissait ouverte, en tout cas j'y voyais de la lumière. Mais en approchant, je me suis rendu compte à la toute dernière seconde qu'il y avait une porte grillagée. Je suis passée à travers.

— Élément déclencheur

15 Maintenant me voilà, au beau milieu d'un living-room. Il y a un père et deux petits gosses qui regardent la télé, assis sur un canapé, et moi je suis debout au milieu de la pièce, sans un voile. J'ai fait demi-tour, j'ai repassé la porte au grillage déchiré et j'ai couru comme une folle vers la plage. J'ai pris vers la droite, j'ai continué à courir et j'ai fini par retrouver ma pile de
20 vêtements. J'ignorais qu'il y avait un courant sous-marin. Il m'avait emportée à bonne distance de l'endroit où j'étais entrée dans l'eau.

— Déroulement d'actions

Le lendemain, je suis partie sur la plage à la recherche de la maison avec la porte au grillage déchiré. Je la trouve, je monte pour frapper à ce qui reste de porte et je vois le père, à l'intérieur, qui arrive vers moi. Je me mets
25 à bredouiller et finalement je parviens à dire : « Vous savez, je suis vraiment confuse de ce qui s'est passé, je voudrais vous rembourser le grillage. »

— Dénouement

Le père m'interrompt, lève les mains en un geste théâtral et dit : « Mon chou, je ne pourrais rien accepter de votre part. C'était le meilleur spectacle que nous ayons eu de toute la semaine. »

— Situation finale

Nancy Wilson (Collingswood, New Jersey), extrait de *Je pensais que mon père était Dieu, et autres récits de la réalité américaine*, anthologie composée et préfacée par Paul Auster, trad. Christine Le Bœuf, © Actes Sud, 2001, pour la traduction française.

LE SCHÉMA NARRATIF

Schéma général qui définit les principales étapes du déroulement d'une histoire et qui permet de voir comment est structuré un récit.

STRUCTURE DE LA SÉQUENCE NARRATIVE (schéma narratif*)	
Situation initiale	
État initial d'équilibre	▶ *Le personnage principal, une jeune femme, descend à la plage, se déshabille, nage une vingtaine de minutes, puis se laisse porter par un rouleau pour regagner la plage.*
Élément déclencheur	
Complication qui perturbe l'état d'équilibre	▶ *Au sortir de l'eau, ses vêtements ont disparu, et un groupe de gens marchent vers elle.*
Déroulement d'actions	
Événements, réactions qui constituent la quête d'équilibre	▶ *Elle court jusqu'à la maison, qu'elle croit la sienne.* ▶ *Elle passe à travers la porte grillagée, qu'elle avait crue ouverte.* ▶ *Elle se retrouve au milieu d'un living-room, nue, devant un père et ses enfants qui regardent la télé.* ▶ *Elle fait demi-tour et court sur la plage.* ▶ *Elle retrouve sa pile de vêtements et comprend qu'un courant sous-marin l'avait emportée à bonne distance de l'endroit où elle était entrée dans l'eau.*
Dénouement	
Événement mettant fin à la quête d'équilibre	▶ *Le lendemain, elle retourne à la maison où elle a déchiré le grillage de la porte pour s'excuser et proposer de rembourser ce grillage.*
Situation finale	
État final d'équilibre	▶ *Le père refuse de se faire rembourser en lui affirmant qu'il avait assisté à un très bon spectacle.*

* Illustré à l'aide de l'extrait *Ça, c'est du spectacle!* (de Nancy Wilson) présenté à la page précédente

REMARQUE: Le récit ne présente pas toujours les étapes dans l'ordre. Ainsi, le récit peut commencer par l'élément déclencheur, le dénouement ou encore la situation finale de l'histoire. Certaines étapes peuvent aussi être absentes, par exemple la situation finale ou la situation initiale.

grammaire

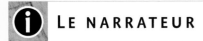

LE NARRATEUR

« Voix » fictive qui raconte l'histoire en fonction de son statut dans le récit. Cette voix peut être exprimée par :

- un personnage principal qui participe à l'histoire ;
- un personnage secondaire qui raconte des événements dont il a été témoin ;
- un personnage extérieur à l'histoire, c'est-à-dire qui n'y joue aucun rôle.

TYPES DE NARRATEUR		
1re personne		**3e personne**
Narrateur participant	**Narrateur témoin**	**Narrateur omniscient**
Personnage principal qui raconte ce qu'il a vécu, ce qu'il vit ou ce qu'il vivra.	Personnage secondaire qui raconte une histoire dont il a été témoin ou une histoire qui lui a été racontée.	Narrateur qui s'efface complètement de l'histoire. On ne le voit pas ; c'est une « voix » externe qui raconte. Il sait tout et peut être partout à la fois ; il peut même lire dans les pensées des personnages.
▶ *J'ai subi un grave accident et je ne me souviens plus de rien. Tout ce que je sais maintenant, c'est que je suis immobilisée dans un lit d'hôpital, dans le plâtre, des pieds à la tête. J'ignore si je pourrai retrouver ma mobilité.*	▶ *J'étais dehors en train de ramasser des feuilles et j'ai tout vu : un camion est entré en collision avec une toute petite auto. La conductrice de l'automobile a été éjectée de son véhicule et est venue s'écraser sur la pelouse de ma propriété. Elle est maintenant à l'hôpital. On m'a dit que son état est jugé grave et qu'on ne sait pas si elle va retrouver sa mobilité.*	▶ *Elle était au volant de son auto ce matin-là. Tout à coup, un camion est entré en collision avec son véhicule et, sous la force de l'impact, elle a été éjectée de sa voiture sous le regard paniqué de la voisine. On l'a conduite à l'hôpital le plus rapidement possible. On juge son état très grave. Elle restera probablement immobilisée durant plusieurs mois. En ce moment, ce qui l'inquiète, c'est de savoir si elle pourra retrouver sa mobilité.*

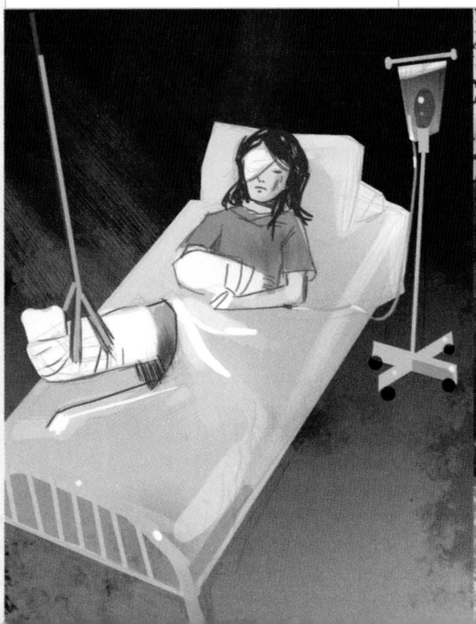

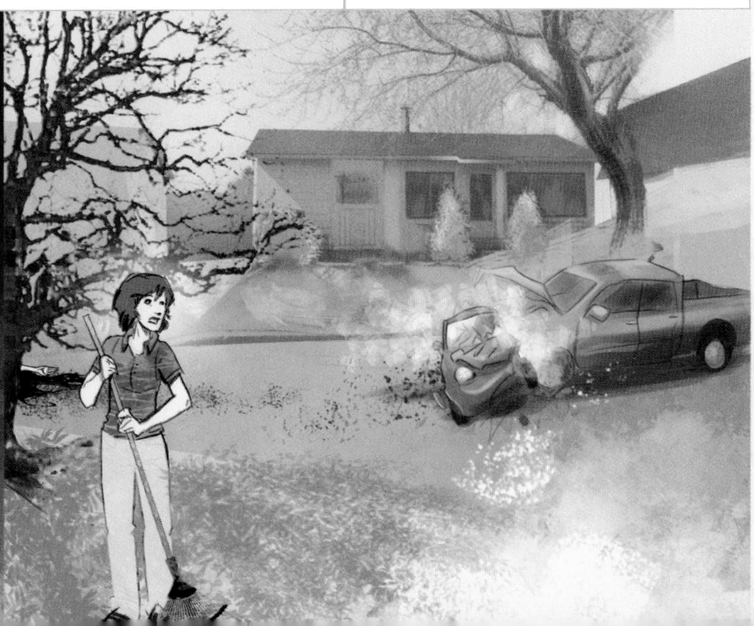

ⓘ L'UNIVERS NARRATIF

Monde fictif, vraisemblable ou fantaisiste, où évoluent les personnages créés par l'auteur ou l'auteure.

Époque
- Antiquité égyptienne
- Rome antique
- Moyen Âge
- Colonisation de la Nouvelle-France
- Colonisation de l'Ouest américain
- Début du xxᵉ siècle
- Années 1970
- Époque actuelle
- Futur imaginaire
- Etc.

Personnages
- Héros
- Chefs
- Ennemis
- Amis
- Traîtres
- Alliés
- Sages
- Guerriers
- Parents
- Magiciens
- Fées
- Lutins
- Etc.

Lieux
- Ville
- Campagne
- Forêt
- Jungle
- Désert
- Île
- Continent
- Pays réel ou imaginaire
- Planète
- Espace
- Édifice
- Huis clos
- Etc.

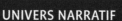

UNIVERS NARRATIF
- Récit policier
- Récit historique
- Récit fantastique
- Récit biographique
- Récit sociologique
- Récit psychologique
- Récit d'amour
- Récit d'anticipation
- Récit d'apprentissage
- Récit d'aventures
- Récit de voyage
- Récit de science-fiction
- Etc.

Thème
- Amour tragique
- Quête d'identité
- Rivalité fraternelle
- Enfance
- Solitude
- Abandon
- Etc.

Contexte social
- Guerre
- Pauvreté, misère
- Aristocratie
- Monarchie
- Bourgeoisie
- Monde du travail
- Monde scolaire
- Monde politique
- Etc.

Niveau de réalisme
- Histoire merveilleuse
- Histoire fantastique
- Histoire fantaisiste
- Histoire réaliste
- Histoire vraie
- Etc.

L'HARMONISATION DES TEMPS VERBAUX

L'harmonisation des temps verbaux dans le récit suppose l'emploi d'un temps principal et de différents temps d'accompagnement.

– Le **temps principal** sert à la narration des actions qui font avancer le récit.

– Les différents **temps d'accompagnement** servent à la narration des actions antérieures ou postérieures, de même qu'aux descriptions, explications ou commentaires.

RÉCIT AU PASSÉ SIMPLE

▶ *J'aperçus Lydia de ma fenêtre. Elle* portait *une belle robe de dentelle blanche. Comme elle* était *resplendissante! Je* sentis *tout à coup mon cœur s'emballer: nul doute, j'en* étais *amoureux. Dire que lors de notre première rencontre, je l'*avais *pratiquement* ignorée*. Il me* faudrait *maintenant trouver un moyen d'entrer en contact avec elle.*

Temps principal	Temps d'accompagnement	
Passé simple	– Actions antérieures	Plus-que-parfait
	– Descriptions, explications ou commentaires	Imparfait
	– Actions postérieures	Conditionnel présent

RÉCIT AU PASSÉ COMPOSÉ

▶ *J'ai aperçu Lydia de ma fenêtre. Elle* portait *une belle robe de dentelle blanche. Comme elle* était *resplendissante! J'ai senti tout à coup mon cœur s'emballer: nul doute, j'en* étais *amoureux. Dire que lors de notre première rencontre, je l'*avais *pratiquement* ignorée*. Il me* faudrait *maintenant trouver un moyen d'entrer en contact avec elle.*

Temps principal	Temps d'accompagnement	
Passé composé	– Actions antérieures	Plus-que-parfait
	– Descriptions, explications ou commentaires	Imparfait
	– Actions postérieures	Conditionnel présent

RÉCIT AU PRÉSENT

▶ *J'aperçois Lydia de ma fenêtre. Elle* porte *une belle robe de dentelle blanche. Comme elle* est *resplendissante! Je sens tout à coup mon cœur s'emballer: nul doute, j'en* suis *amoureux. Dire que lors de notre première rencontre, je l'*ai *pratiquement* ignorée*. Il me* faudra *maintenant trouver un moyen d'entrer en contact avec elle.*

Temps principal	Temps d'accompagnement	
Présent	– Actions antérieures	Passé composé
	– Descriptions, explications ou commentaires	Présent
	– Actions postérieures	Futur simple

REMARQUES:

– Les temps d'accompagnement indiqués ci-dessus correspondent à ceux présents dans chacun des textes, mais d'autres temps de verbes sont également possibles.

– Le temps de verbe principal dans un texte autre que le récit est le plus souvent le présent ou le passé composé.

LA DESCRIPTION (SÉQUENCE DESCRIPTIVE)

Séquence textuelle qui présente différents aspects d'une réalité (un objet, un animal, un lieu, un phénomène, un processus, etc.).

Cette séquence sert à diverses fins : identifier des composantes, présenter des caractéristiques, situer dans l'espace ou le temps, etc.

REMARQUE : La séquence descriptive peut être la séquence dominante d'un texte, par exemple un article de dictionnaire. Elle peut aussi être une séquence secondaire, par exemple une description de lieu dans un texte narratif, comme un roman.

STRUCTURE DE LA SÉQUENCE DESCRIPTIVE

- Mention du sujet
- Présentation des aspects et sous-aspects du sujet
- Partie facultative, au choix :
  - reformulation finale du sujet ;
  - synthèse des points saillants ;
  - mise en relation du sujet avec autre chose.

LA MOUETTE RIEUSE D'AMÉRIQUE

La mouette rieuse est un oiseau très connu du grand public. C'est son cri qu'on entend le plus souvent lorsqu'on est au bord de la mer.

La mouette rieuse est très commune sur les côtes des océans d'Amérique du Nord. On la trouve aussi au bord des rivières ou des lacs. Parfois, elle s'aventure dans les champs.

5　　L'aile de la mouette est grise sur le dessus, mais le dessous est blanc, comme le reste du corps de l'animal. Sa tête est noire. On la confond parfois avec la mouette bonaparte, qui a, elle aussi, une tête noire. La mouette rieuse est cependant plus grande.

Sociable, la mouette est une espèce peu farouche, qu'on peut assez facilement approcher. On peut ainsi mieux l'observer.

10　　La mouette rieuse est un oiseau qui en fascine plus d'un, si bien qu'on la retrouve comme personnage de bédé dans plusieurs albums des aventures de Gaston Lagaffe.

PLAN DU TEXTE *La mouette rieuse d'Amérique*
SUJET : La mouette rieuse d'Amérique

Introduction	Développement			Conclusion
Présentation de la mouette (lignes 1-2)	**1er ASPECT** 　Habitat de l'oiseau	**2e ASPECT** Caractéristiques physiques de l'oiseau	**3e ASPECT** 　Comportement de l'oiseau	Mise en relation de la mouette avec un personnage de bédé (lignes 10-11)
		1er SOUS-ASPECT 　Couleur de l'oiseau	**2e SOUS-ASPECT** 　Taille de l'oiseau	

.../ p. 183

ASPECTS ET SOUS-ASPECTS POUVANT ÊTRE TRAITÉS DANS UNE DESCRIPTION

Personne, personnage

– Portrait physique	taille, cheveux, visage, mains, odeur, voix, regard, etc.
– Habillement	vêtements, tissus, couleurs, motifs, etc.
– Personnalité, tempérament	caractère, qualités, défauts, etc.
– Sentiments, goûts, valeurs	émotions, champs d'intérêt, attitudes, etc.
– Entourage	parents, amis, proches, etc.
– Milieu de vie	logement, quartier, rue, etc.
– Rôle dans la société	métier ou profession, relations sociales, etc.
– Enfance, passé	événements marquants, études, loisirs, etc.
– Etc.	

Animal

– Description physique	taille, forme, plumage, pelage, etc.
– Milieu de vie	écosystème, habitat, nid, etc.
– Mode de survie	place dans la chaîne alimentaire, prédateurs, proies, parasites, alimentation, reproduction, défense, etc.
– Habiletés	force, sens, vitesse, instinct, etc.
– Etc.	

Objet

– Emploi	utilité, fonctionnement, mise en garde, etc.
– Apparence	couleurs, formes, esthétisme, design, etc.
– Dimension	hauteur, largeur, longueur, volume, surface, etc.
– Matériaux	composition, rigidité, texture, poids, température, etc.
– Caractéristiques techniques	énergie déployée, consommation, vitesse, force, niveau sonore, etc.
– Etc.	

Lieu

– Emplacement géographique	continent, pays, région, ville, etc.
– Climat	température, végétation, etc.
– Dimensions	superficie, forme, etc.
– Apparence	couleurs, objets, etc.
– Etc.	

Époque

– Contexte économique	pauvreté, richesse, crise économique, prospérité, etc.
– Contexte politique	dictature, guerre, démocratie, etc.
– Contexte culturel	arts, scolarisation, traditions, etc.
– Etc.	

Processus

– Phénomènes	réalités physiques, faits, événements, etc.
– Séquence des actions ou des opérations	états, étapes, phases, activités, etc.
– Fonctionnement	modes d'application, rôles, utilités, etc.
– Etc.	

L'EXPLICATION (SÉQUENCE EXPLICATIVE)

Séquence textuelle qui présente le pourquoi d'une réalité, c'est-à-dire les causes ou les conséquences qui y sont liées.

L'information peut être précisée à l'aide de différents procédés explicatifs, par exemple :

- la représentation graphique (schéma ou dessin) ;
- la définition ;
- l'exemple ;
- la comparaison.

REMARQUE : La séquence explicative peut être la séquence dominante d'un texte, par exemple un article scientifique expliquant un phénomène naturel. Elle peut aussi être une séquence secondaire, par exemple l'explication d'un homicide dans un roman policier.

STRUCTURE DE LA SÉQUENCE EXPLICATIVE

- Phase de questionnement (pourquoi ?)
- Phase explicative (parce que...)
- Phase conclusive (facultative)

POURQUOI DORT-ON LES YEUX FERMÉS ?

Plusieurs êtres vivants, tels les poissons, dorment les yeux ouverts. Ce n'est pas le cas de la plupart des mammifères, comme l'humain, qui doivent fermer les yeux pour dormir. S'il y a fermeture des yeux, c'est pour deux raisons principales.

5 Premièrement, étant donné que l'humain a des paupières, les muscles sollicités pour les ouvrir et les fermer se fatiguent peu à peu. Ils en viennent à se relâcher plus souvent, ce qui provoque le myosis (réduction de la pupille). La lumière entrant dans l'œil, qui habituellement agit comme un stimulant, s'en trouve donc réduite.

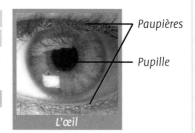
Paupières
Pupille
L'œil

10 Deuxièmement, la diminution de la lumière induit un état de somnolence qui mène progressivement au sommeil. Cet état n'est plus réversible simplement par la luminosité extérieure. Ainsi, la lumière ne réveille pas une personne endormie si on lui soulève les paupières.

C'est donc l'effet de la fatigue sur les muscles des paupières et celui de la diminution de la
15 lumière captée par les yeux qui induisent la somnolence et mènent à l'état de sommeil.

PLAN DU TEXTE *Pourquoi dort-on les yeux fermés ?*
SUJET : Le processus de fermeture des yeux durant le sommeil

Introduction	Développement		Conclusion
Description de la situation et questionnement (lignes 1-3)	**1re EXPLICATION** L'effet de la fatigue ▢ Cause ▢ Conséquence	**2e EXPLICATION** L'effet de la réduction de la lumière ▢ Cause ▢ Conséquence	Synthèse (lignes 14-15)
	PROCÉDÉS EXPLICATIFS ▢ Définition ▢ Représentation graphique	**PROCÉDÉS EXPLICATIFS** ▢ Comparaison ▢ Exemple	

grammaire

L'ARGUMENTATION (SÉQUENCE ARGUMENTATIVE)

Séquence textuelle qui présente une prise de position sur un sujet et qui la défend à l'aide d'arguments. Cette séquence vise à influencer, à convaincre ou à persuader un destinataire.

Une séquence argumentative suppose la prise en compte des éléments suivants :

- **les composantes de la situation argumentative** : l'énonciateur qui prend position et qui démontre une attitude vis-à-vis du sujet ; le rapport établi avec le destinataire ; le but du texte ; le type de support (journal, affiche, panneau, etc.) ;
- **la thèse** : position énoncée par l'énonciateur qui argumente ;
- **la contre-thèse** : position opposée à la thèse défendue ;
- **l'argument** : énoncé constituant une preuve ou une raison appuyée sur des faits, des valeurs ou des principes, qui est utilisé pour faire valoir le bien-fondé de la thèse ;
- **le contre-argument** : énoncé constituant une preuve ou une raison appuyée sur des faits, des valeurs ou des principes, qui renforce la contre-thèse ;
- **la conclusion partielle** : énoncé général qui sert à marquer une étape principale du raisonnement en vue d'amener le destinataire à adhérer à la thèse défendue.

REMARQUE : La séquence argumentative peut être la séquence dominante d'un texte, par exemple une lettre ouverte. Elle peut aussi être une séquence secondaire, par exemple l'argumentation justifiant les actes d'un personnage dans une pièce de théâtre.

STRUCTURE DE LA SÉQUENCE ARGUMENTATIVE

- Présentation de la thèse
- Phase argumentative : enchaînement des arguments et, s'il y a lieu, des contre-arguments et des conclusions partielles
- Phase conclusive : reformulation de la thèse ou formulation d'une nouvelle thèse

---

TEXTE À SÉQUENCE ARGUMENTATIVE DOMINANTE	Plan

LA CRÉATIVITÉ EST-ELLE UNE AFFAIRE DE SPÉCIALITÉ ?

Il n'y a pas si longtemps, on croyait que la créativité était l'apanage des génies. Il ne serait plus acceptable aujourd'hui de concevoir que seules les personnes très douées puissent développer l'imagination et le talent nécessaires à ce qu'il est convenu d'appeler « la créativité ». Il est vrai qu'on a tout de même passablement évolué concernant cette question : tout
5 individu qui est en processus de création mobilise son potentiel de créativité. Toutefois, ce changement est-il aussi profond qu'on le laisse croire ? Selon nous, s'il y a eu évolution à propos de la créativité, il y a encore place à une transformation en profondeur pour qu'on puisse accepter que toute personne, quel que soit son milieu social ou son bagage culturel, est en
10 mesure de faire preuve de créativité.

   Autrefois, la créativité était une affaire de spécialité. Être créatif était réservé aux inventeurs et aux artistes de renom, qui faisaient partie de l'élite de la société. C'était grâce à leur créativité toute particulière que le progrès était possible. De nos jours, les mentalités et les discours ont
15 changé radicalement : la créativité constitue une aptitude qui se développe dès l'enfance. Pourtant, dans les faits, on hésite encore à faire appel à la

Introduction :

Contre-thèse

Thèse

Développement :

1er contre-argument

.../ p. 186

créativité des gens. En effet, il est rare qu'on fasse entièrement confiance à des employés ou à des étudiants en les laissant chercher par eux-mêmes la solution à un problème. On se sent toujours obligés de leur dire quoi faire
20 et comment le faire. Ainsi, en proposant des modèles, certains membres de la société s'arrogent le pouvoir de déterminer les conditions acceptables selon lesquelles on s'attend à ce que se déploie une certaine créativité.

1er argument

1re conclusion partielle

Dans une société qui considérait la créativité comme un «don de Dieu», on croyait que cette dernière était un signe de liberté d'esprit, qui
25 définissait les êtres d'exception. La société d'aujourd'hui a certes changé ses mentalités, mais étonnamment, la créativité ne semble pas encore souhaitée par tous et ne contribue malheureusement pas toujours à se faire valoir. Quelle que soit la sphère d'activités où l'on peut exercer sa créativité, il semble qu'on ait tendance à apprécier davantage les personnes
30 qui se conforment à la norme et qui font le travail comme tout le monde sans chercher à s'investir personnellement dans ce qu'elles font. Qui plus est, dans les milieux où elles veulent se faire remarquer, celles qui démontrent un grand potentiel créatif sont parfois marginalisées : elles sont vues comme des gens originaux, voire des insoumis.

2e contre-argument

2e conclusion partielle

2e argument

3e argument

35 Il ne fait plus de doute que la société a grandement évolué en abandonnant l'idée que la créativité est un talent inné réservé aux plus grands de ce monde. Même si l'on a revu en profondeur la conception de cette dernière, et que la société tient un discours tout à fait favorable à l'exercice de la créativité, plusieurs membres de la société ne paraissent pas encore capables
40 de reconnaître pleinement la créativité de chacun dans leurs pratiques professionnelles. On prétend que ce n'est plus une affaire de spécialité, mais dans la réalité, on préfère trop souvent imposer des modèles faits sur mesure, auxquels devrait se conformer l'ensemble des individus.

Conclusion :

Contre-thèse (reformulée)

Thèse (reformulée)

PLAN DU TEXTE *La créativité est-elle une affaire de spécialité ?*
SUJET DE LA CONTROVERSE : La perception sociale de la créativité a-t-elle autant changé qu'on le laisse croire ?

Introduction	Développement		Conclusion
Prise de position : formulation de la contre-thèse et de la thèse	Enchaînement des arguments : 1er contre-argument 1er argument 1re conclusion partielle	2e contre-argument 2e conclusion partielle 2e argument 3e argument	Synthèse de l'argumentation : reformulation de la contre-thèse et de la thèse

grammaire

LES STRATÉGIES ARGUMENTATIVES

Ensemble de moyens mis en œuvre pour structurer le raisonnement en vue d'amener le destinataire à adhérer à une position sur un sujet.

Les deux principales stratégies argumentatives employées sont :

– **l'explication argumentative** : stratégie qui vise à justifier le bien-fondé d'une thèse en présentant des arguments qui s'appuient sur des raisons, des causes ou des principes logiques ; le raisonnement se base sur la relation en *Pourquoi ?* établie entre l'argument (ou les arguments) et la conclusion partielle : PARCE QUE [argument]… ⟶ ALORS… [conclusion partielle] ;

– **la réfutation** : stratégie qui vise à contester la véracité ou le bien-fondé d'une contre-thèse en présentant des arguments qui s'appuient sur des raisons ou sur des preuves ; le raisonnement se base sur l'opposition ou l'objection à la contre-thèse et aux contre-arguments.

EXPLICATION ARGUMENTATIVE	PLAN

SUBVENIR AUX BESOINS DES DÉMUNIS DE LA SOCIÉTÉ

Dans notre société, plusieurs remarquent qu'il y a de plus en plus d'inégalités. On dirait même que se creuse sans cesse le fossé entre les riches et les pauvres. Qui est responsable de cette situation déplorable ? Comme personne ne veut vraiment en prendre la responsabilité, il est
5 nécessaire que l'État vienne en aide aux personnes démunies de la société. Au moins deux raisons appuient ce point de vue.

Introduction :

Thèse

D'abord, sur le plan personnel, on s'attend à ce que chacun prenne son destin en main et qu'il se donne les moyens d'assurer son bien-être. Cependant, ce principe de base est-il à la portée de tous les membres de la
10 société ? On doit reconnaître que pour certains d'entre eux, cette règle est difficilement applicable. Il y aura toujours des gens malchanceux qui ne sont pas outillés pour se débrouiller seuls dans la vie. Qu'il suffise de penser aux malades chroniques, aux handicapés, aux personnes en perte d'autonomie, etc. Comme ces personnes ont droit à une vie décente et
15 qu'elles sont dans l'impossibilité de régler les difficultés auxquelles elles ont à faire face, il est souhaitable qu'on les soutienne dans leurs épreuves.

Développement :

1er argument

1re conclusion partielle

Ensuite, sur le plan professionnel, on encourage les gens à faire les choix de carrière qui correspondent le plus à leurs aspirations. Ceux-ci sont loin d'avoir le plein contrôle sur ce qui peut leur arriver sur le marché du
20 travail : c'est souvent la société qui établit les règles de concurrence et les travailleurs doivent en payer le prix. Lorsque ces derniers perdent leur emploi, ils ont besoin d'une aide ponctuelle pour tenir le coup pendant qu'ils se cherchent un autre emploi. Alors, comme ces problèmes de manque de travail touchent souvent les classes sociales moins nanties, il
25 apparaît normal que l'État compense ce déséquilibre en portant une aide particulière à ceux et celles qui en sont victimes.

2e argument

2e conclusion partielle

…/ p. 188

En somme, l'État doit subvenir aux besoins des démunis de notre société étant donné que certains d'entre eux se voient incapables d'assumer leur part de responsabilités à cause de leur état de santé. De plus, 30 parce qu'il joue un rôle prépondérant dans l'économie, le gouvernement doit se réserver le privilège de contrôler la redistribution des richesses en vue d'assurer un minimum de bien-être à tous les membres de la société. C'est une simple question d'équité!

Conclusion :

Thèse (reformulée)

PLAN DU TEXTE *Subvenir aux besoins des démunis de la société*
SUJET DE LA CONTROVERSE : L'aide financière de l'État aux démunis de la société
STRATÉGIE : Explication argumentative

Introduction	Développement	Conclusion
Prise de position : formulation de la thèse	Enchaînement des arguments (raisonnement de type *Pourquoi?*) : 1er argument 2e argument 1re conclusion partielle 2e conclusion partielle	Synthèse de l'argumentation : reformulation de la thèse

RÉFUTATION	PLAN

CONTRE L'INTERVENTION DE L'ÉTAT

Depuis longtemps, notre société fonctionne selon le modèle de l'État providence : ce dernier secourt tous les citoyens qui en ont besoin ou qui en font la demande. Plusieurs pensent que l'État a l'obligation d'intervenir afin de traiter les citoyens équitablement. À l'opposé, de nombreux partis politiques d'extrême droite partout dans le monde remettent en question la raison d'être des mesures interventionnistes d'un État à tendance trop socialisante. Ce modèle, selon les représentants de ces partis, serait dépassé et devrait être revu en profondeur. De nos jours, il vaudrait mieux que les gouvernements limitent leurs modes d'intervention sur les plans social et économique. Qu'est-ce qui amène ces partis d'extrême droite à soutenir cette position ? Voici les principaux faits qu'il importerait selon eux de prendre en considération en vue de revoir le rôle de l'État.

Introduction :

Contre-thèse

Thèse

Même si l'on convient que certaines personnes ont parfois besoin d'un soutien temporaire, il ne faudrait plus considérer que l'État est là pour « dépanner » tout le monde : chaque citoyen, qui a sa dignité, devrait se sentir responsable de sa propre vie, quoi qu'il lui arrive puisque l'heure est maintenant au « chacun-pour-soi ». S'il est encore raisonnable de soutenir financièrement les personnes malades ou handicapées, il semble inadmissible, d'après les tenants de la droite montante, que tous les gens ayant des difficultés chroniques d'argent soient secourus par le gouvernement. Aussi bien dire que ce dernier se devrait de faire vivre toute la population, sans exception !

Développement :
1er contre-argument

1er argument (réfutation)

Certains prétendront qu'il est absolument nécessaire, pour des motifs humanitaires, de venir en aide aux plus démunis de la société. Certes, il peut exister des programmes de réinsertion sociale dans certains cas limites, mais ce ne serait pas tant une aide financière directe qui sort les gens de la

2e contre-argument

.../ p. 189

misère qu'un ensemble de ressources (consultation, formation, réorientation de carrière, etc.) mises à la disposition de ceux et celles qui prennent les moyens de s'en sortir. Comme le veut l'adage, ce n'est pas en donnant du
30 poisson à quelqu'un qu'on lui vient le mieux en aide, mais c'est bien plutôt en lui apprenant à pêcher. Ainsi, selon ce point de vue, les mesures à court terme auraient avantage à être substituées par des mesures à long terme axées sur le développement des compétences professionnelles des citoyens dans le besoin.

35   D'autres soutiendront que l'État est souvent responsable des disparités sociales, puisqu'il est le principal gestionnaire de l'économie du pays. Cependant, selon les experts en la matière, il ne faut pas oublier que le gouvernement est loin d'être le seul à tenir les leviers de l'économie nationale. Pour l'extrême droite, ce dernier ne devrait pas aider tous les gens unique-
40 ment parce qu'il se sent coupable des inégalités dont il n'est qu'en partie responsable. Il serait temps que les grandes compagnies, grassement subventionnées par l'État, assument leurs responsabilités et que les employeurs soient plus créatifs sur le plan de l'emploi. D'après les tenants de cette idéologie, il reviendrait donc à chacun de faire sa part, d'avoir de
45 l'initiative et de chercher à s'en sortir en ne comptant que sur soi-même.

    Comment peut-on s'imaginer que l'État réponde à tous les besoins de la population ? Compte tenu du niveau d'endettement de l'ensemble de la population, il est clair pour les plus conservateurs de notre société que, s'il fallait répondre à tous les besoins, le gouvernement deviendrait une
50 « vache à lait » ! De nos jours, grâce aux nombreux services disponibles, que ce soit en matière d'éducation ou de santé, il paraît raisonnable que chaque citoyen prenne en main sa destinée et qu'il relève le défi de s'épanouir par ses propres moyens.

Annotations en marge :
- 2e argument
- 2e conclusion partielle
- 3e contre-argument
- 3e argument
- 3e conclusion partielle
- **Conclusion :**
- Contre-thèse (reformulée)
- Thèse (reformulée)

PLAN DU TEXTE *Contre l'intervention de l'État*
SUJET DE LA CONTROVERSE : L'intervention de l'État pour venir en aide aux démunis de la société
STRATÉGIE : Réfutation

Introduction	Développement			Conclusion
Prise de position : formulation de la contre-thèse et de la thèse	Enchaînement des arguments : raisonnement par opposition à la contre-thèse et aux contre-arguments (raisons)			Synthèse de l'argumentation : reformulation de la contre-thèse et de la thèse
	1er contre-argument 1re conclusion partielle 1er argument	2e contre-argument 2e argument 2e conclusion partielle	3e contre-argument 3e argument 3e conclusion partielle	

REMARQUE : Les arguments et les conclusions partielles peuvent être ordonnés ou agencés de différentes façons. Par exemple, une conclusion partielle peut être énoncée avant son argument.

LES PROCÉDÉS ARGUMENTATIFS

Éléments d'une stratégie argumentative (explication argumentative, réfutation, etc.) qui servent à soutenir une opinion, à mettre une thèse en valeur ou à étayer un argument dans le but d'influencer, de convaincre ou de persuader un destinataire.

PROCÉDÉS ARGUMENTATIFS		DÉFINITIONS	EXEMPLES
Procédés graphiques		Marques graphiques ou typographiques qui mettent de l'information en valeur, comme l'articulation du raisonnement.	Pour défendre notre point de vue, trois arguments seront mis de l'avant : • *l'importance du rôle de l'État ;* • *le respect des droits individuels et collectifs ;* • *le partage équitable des richesses.*
Exemple		Présentation d'un fait, d'une personne, d'une chose, etc., en vue d'illustrer concrètement un propos, de renforcer un raisonnement.	Il ne faut pas s'attendre à ce que toute personne travaille dans notre société. *Par exemple, une personne handicapée est parfois incapable de se conformer aux exigences du milieu du travail.*
Définition		Présentation de la définition d'un terme pour en convenir du sens, pour en préciser l'extension ou pour créer un effet d'évidence ou de vérité.	Selon *Le Petit Robert*, *une classe sociale est un ensemble de personnes de même condition ou de niveau social analogue qui ont une certaine communauté d'intérêts, de comportements.*
Citation (discours rapporté)		Utilisation du discours rapporté pour présenter un témoignage, appuyer une raison en faisant appel à l'autorité ou à l'expertise de l'auteur cité.	Une récente étude du groupe de recherche XYZ est arrivée à la conclusion que *le chômage est en nette diminution au Canada, mais que l'aide sociale est en hausse constante.*
Questionnement		Formulation à l'aide de questions pour susciter une réflexion, proposer un choix de solutions, vérifier une raison, mettre en doute un raisonnement, etc.	Le problème de l'itinérance est loin d'être facile à régler. *Est-ce normal qu'il y ait autant de sans-abri dans les grandes villes ? Comment peut-on faire pour les réintégrer dans la société ?*
Insertion de séquences d'autres types	Narration	Court récit qui consiste à raconter un événement de la vie quotidienne pour appuyer un argument basé sur des faits. (anecdote)	Les gens n'ont plus aucune compassion envers les sans-abri. *Il n'y a pas si longtemps, on a rapporté dans un bulletin de nouvelles qu'un itinérant était mort gelé sur un trottoir où passaient des gens qui auraient pu lui venir en aide.*
	Description	Présentation d'un être, d'une situation, d'un concept pour en expliciter les caractéristiques, renforcer un raisonnement.	Depuis un siècle, la société a beaucoup changé. *Autrefois, elle comportait plusieurs classes sociales qui obéissaient à des normes précises. Aujourd'hui, elle se résume plutôt à deux classes : les riches et les pauvres, et le fossé entre les deux ne cesse de se creuser.*

.../ p. 191

grammaire

Insertion de séquences d'autres types	Explication	Présentation du pourquoi d'une réalité, c'est-à-dire les causes et les conséquences qui y sont liées, pour appuyer un raisonnement.	Depuis un siècle, la société a beaucoup changé. *Différentes causes peuvent expliquer cette transformation : les nombreux changements technologiques, la croissance des médias de masse, l'importance accrue accordée à l'éducation, l'étalement urbain, etc.*
Procédés et figures stylistiques	Répétition	Emploi des mêmes termes en vue de créer un effet d'emphase pour mieux convaincre le destinataire.	Il y a de plus en plus de *pauvres : les pauvres* qui dépendent de l'aide sociale, *les pauvres* qui vont d'un emploi à l'autre, *les pauvres* qui occupent des emplois sous-payés, *les pauvres* qui sont immigrants et qui doivent accepter n'importe quoi, *les pauvres* qui sont instruits et qui ne trouvent rien dans leur domaine, etc.
	Gradation	Suite d'éléments placés en ordre de progression pour appuyer une raison.	On dit que la société a changé, mais elle ne s'est pas simplement *transformée,* elle s'est *métamorphosée,* a *bouleversé* ses fondements et a pratiquement *révolutionné* ses manières d'agir et de penser.
	Accumulation	Ensemble d'éléments qui concourent à créer un effet d'emphase pour appuyer un raisonnement.	Plusieurs phénomènes sociaux sont alarmants : *accroissement marqué de la violence, augmentation importante de la pornographie, hausse significative du taux de suicide, progression inquiétante des dépendances de toutes sortes,* etc.
	Comparaison	Rapprochement entre deux faits, deux phénomènes, etc., pour illustrer une raison.	Au cours de son processus de changement, la société *ressemble à un serpent : pour se développer, elle se doit de changer de peau, sinon elle étouffe.*
	Opposition	Procédé qui consiste à créer un contraste par le rapprochement de faits ou de phénomènes opposés en vue d'illustrer un raisonnement.	*À l'opposé des générations précédentes qui ont connu la croissance économique,* les jeunes d'aujourd'hui ne sont pas sans savoir qu'ils devront faire face à différents problèmes sociaux découlant d'une situation économique moins reluisante.
	Ironie	Procédé qui consiste à exprimer l'inverse de ce que l'on pense pour influencer le destinataire.	*Vraiment, tout est parfait dans notre société : tout le monde est ouvert d'esprit, on a réglé tous les problèmes ! Quel paradis !*
Marques d'énonciation		Marques permettant à l'énonciateur de manifester sa présence dans le texte ou d'interpeller le destinataire.	🛈 *L'énonciation,* p. 198
Marques de modalité		Marques servant à nuancer la position de l'énonciateur au cours de son raisonnement.	🛈 *Le point de vue,* p. 198-199

LES PROCÉDÉS DE RÉFUTATION

Éléments spécifiques à une stratégie de réfutation, qui permettent de s'opposer plus efficacement à la contre-thèse (thèse adverse), en particulier à certains contre-arguments.

PROCÉDÉS RÉFUTATIFS	DÉFINITIONS	EXEMPLES
Déclarer la thèse adverse dépassée	Énoncer que le principe sur lequel s'appuie la contre-thèse n'est plus valable à la lumière d'études récentes ou de certains faits historiques.	Pour plusieurs, un changement social, c'est vivre une calamité. *Pourtant, un changement dans une société ne doit pas être perçu comme un désastre. Si, comme plusieurs sociologues, on l'envisage plutôt comme la manifestation d'une évolution dans les mœurs et les coutumes, le changement devient un indice de progrès social.*
Opposer une exception à la thèse adverse	Présenter un cas en contradiction avec la contre-thèse et en tirer une conclusion favorable à la thèse défendue.	Des experts prétendent qu'une société en changement est une société en crise majeure. *Toutefois, ce ne sont pas toutes les structures sociales qui posent problème; qu'on pense à l'essor des entreprises, aux efforts de dépollution de l'environnement, à la croissance des services sociaux, etc. Ainsi, faire valoir les aspects positifs de certains ajustements permettrait de percevoir les avantages du changement.*
Qualifier l'argumentation adverse de contradictoire	Mettre en évidence une contradiction dans l'argumentation liée à la contre-thèse et en tirer une conclusion favorable à la thèse défendue.	Selon les adeptes du laisser-aller, il suffirait de dénoncer les problèmes sociaux pour qu'ils se règlent (ou pour que d'autres les règlent). *Ce genre d'attitude est quelque peu contradictoire. Plus on est alarmiste, plus on entretient un climat de morosité susceptible de les entretenir plutôt que de les régler. On ne peut donc se contenter de dénoncer, il faut faire face aux problèmes, tenter de trouver des solutions et s'ajuster en conséquence.*
Retourner un argument contre la personne qui s'en est servi	Mettre en doute les intentions de la personne qui soutient la contre-thèse et en tirer une conclusion favorable à la thèse défendue.	Se limiter à dénoncer les problèmes, *c'est faire preuve de pessimisme, de défaitisme et de manque de confiance envers les gens aux prises avec de tels problèmes. Si l'on tient à ce que le changement soit durable, il faut plus que de simples critiques : c'est dans l'action au quotidien que le changement s'opère avec le plus d'efficacité.*
Concéder quelque chose pour en tirer avantage	Aller dans le sens de la contre-thèse, puis apporter une objection de manière à montrer les lacunes de cette contre-thèse et à en tirer une conclusion favorable à la thèse défendue.	Faut-il se fier à l'État pour effectuer les changements? *Il faut convenir qu'il a perdu le soutien de plusieurs après les scandales qui ont secoué les partis au pouvoir. Toutefois, force est de reconnaître que le gouvernement essaie de redorer son blason en proposant des solutions concrètes dans le monde de la santé, des services sociaux et de l'éducation.*

.../ p. 193

grammaire

Élaborer des hypothèses pour mieux rejeter les conclusions qui en découlent	Proposer des idées à partir des principes de la contre-thèse pour mieux les réfuter et en tirer une conclusion favorable à la thèse défendue.	Affirmer que l'État doit gérer tous les changements sociaux, c'est *comme accepter que l'élite prenne la plupart des décisions au nom de tous, que l'on vive dans une société contrôlée par les décideurs politiques ou que l'on ignore totalement les gens sur le terrain qui font face à des problèmes quotidiennement.* Pourtant, l'État providence n'est plus une panacée : il faut compter sur toutes les forces en place pour faire avancer une société et trouver les solutions les plus adaptées.
Recourir à l'emphase et au renforcement	Mettre en évidence les lacunes de la contre-thèse et donner de l'importance à sa position en recourant à des procédés stylistiques qui marquent l'insistance, et en tirer une conclusion favorable à la thèse défendue.	On ne doit *plus jamais* voir l'État comme *le seul et unique* intervenant en matière de changement social. *Ce qui doit être pris en considération, ce sont particulièrement* les représentants des grandes institutions et des syndicats, les fonctionnaires responsables de la gestion des finances publiques et *surtout* l'ensemble des employés et des intervenants qui agissent sur le terrain.

LA JUSTIFICATION

Situation de communication à tendance argumentative, qui vise à présenter une opinion ou à fonder une appréciation, un jugement, une critique. Le raisonnement qu'elle met en œuvre s'appuie, explicitement ou non, sur des critères d'appréciation.

JUSTIFICATION (APPRÉCIATION CRITIQUE)	CRITÈRES D'APPRÉCIATION
D'EXCELLENTES NOUVELLES D'EDGAR ALLAN POE !	

Si l'on aime les univers fantastiques où il est question de folie et de mort, on éprouve énormément de plaisir à lire le recueil *Le chat noir et autres nouvelles* d'Edgar Allan Poe. Les histoires se déroulent souvent dans des lieux lugubres, et l'atmosphère y est toujours des plus inquiétantes.

L'effet produit par le texte

L'intérêt à l'égard de l'univers narratif

5   L'auteur, un des grands nouvellistes de littérature fantastique, propose plusieurs textes fascinants à découvrir. Bien que le style, un peu vieillot, ne soit pas accessible à tous, puisqu'il comporte un vocabulaire très riche et une syntaxe parfois complexe, nombre de lecteurs partout dans le monde ont reconnu le génie et le talent indéniables de cet auteur américain du 10 XIXe siècle.

La renommée de l'auteur

La richesse du texte

    Malgré son attirance pour le macabre, cet écrivain sans pareil, de par l'importance qu'il accorde aux descriptions des lieux et des personnages, sait tisser une intrigue à l'atmosphère déroutante, terrifiante, envoûtante... Par exemple, dans *Le chat noir*, il est question d'un homme troublé, qui pré-15 tend adorer les animaux, mais qui maltraite son chat avec un malin plaisir, à la limite du sadisme. Les histoires de Poe ressemblent aux histoires de peur qu'on aime se raconter autour d'un feu de camp un soir de pleine lune !

La qualité des descriptions

L'intérêt de l'intrigue

    En lisant les nouvelles d'Edgar Allan Poe, les lecteurs sont comblés pour diverses raisons : ils ont droit à de délicieux frissons d'horreur au contact 20 d'un univers fantastique aux frontières du sordide ; ils sont appelés à côtoyer des personnages troubles les amenant à explorer les côtés sombres de l'âme humaine ; ils s'imprègnent d'une œuvre incontournable de la littérature classique, qui est passée à l'histoire et qui le demeurera encore longtemps.

Synthèse des critères d'appréciation

PLAN DU TEXTE *D'excellentes nouvelles d'Edgar Allan Poe !*
SUJET : Le recueil *Le chat noir et autres nouvelles* d'Edgar Allan Poe

Introduction	Développement		Conclusion
Appréciation générale en fonction des intérêts des lecteurs (lignes 1-4)	Enchaînement des éléments de la justification		Synthèse de l'appréciation (lignes 18-23)
	1re RAISON Des textes fascinants composés par un auteur célèbre de la littérature fantastique (lignes 5-10)	**2e RAISON** Une intrigue envoûtante et dérangeante, des descriptions de lieux et de personnages créant une atmosphère de folie et de peur (lignes 11-17)	

grammaire

LE DIALOGUE (SÉQUENCE DIALOGALE)

Séquence textuelle qui présente les interactions entre deux ou plusieurs énonciateurs.

REMARQUE : La séquence dialogale peut être la séquence dominante d'un texte, comme une pièce de théâtre, une bande dessinée ou une entrevue. Elle peut aussi être une séquence secondaire, par exemple dans un texte narratif ou dans un message publicitaire.

STRUCTURE DE LA SÉQUENCE DIALOGALE

- Phase d'ouverture
- Phase d'interaction
- Phase de clôture

PIERROT DESAUTELS

Marie, tellement absorbée par les aventures de Mary Simpson, ne s'aperçoit pas de la présence de Pierrot Desautels. Ce dernier surgit d'on ne sait où, peut-être de derrière un arbre, comme le loup dans la forêt.

	Pierrot.	Salut !
5	**Marie.**	Ah ! Tu m'as fait peur.
	Pierrot.	C'est qui Mary Simpson ?
	Marie.	Je parle pas aux étrangers.
	Pierrot.	Pierrot Desautels, sixième B.
	Marie.	Je te connais pas. Pis t'es trop vieux
10		pour être en sixième.
	Pierrot.	Disons que j'ai doublé. Où est-ce que
		tu vas comme ça ?
	Marie.	À l'école, où est-ce que tu veux que j'aille ?
	Pierrot.	Ça presse pas.
15	**Marie.**	Je suis en retard.
	Pierrot.	On pourrait jouer un peu.
	Marie.	Non, je suis pressée. Salut !

[...]

Carole Fréchette, extrait de *Les quatre morts de Marie*,
© Actes Sud-Papiers, 1998

PLAN DE LA SÉQUENCE *Pierrot Desautels*

Première réplique pour entamer le dialogue (ligne 4)	Échanges entre les deux personnages (lignes 5 à 16)	Dernière réplique qui met fin à la séquence dialogale (ligne 17)

Texte

 LE TEXTE POÉTIQUE

Texte qui recourt à différents procédés lexicaux, stylistiques, syntaxiques ou graphiques pour évoquer des images, susciter des émotions ou créer des effets.

- Le texte poétique peut être structuré selon les différents types de séquences. Par exemple, il aura la structure d'une séquence narrative, s'il raconte une histoire, ou descriptive, s'il fait une description.
- Le texte poétique permet:
  - de jouer avec les mots, ou encore avec le message (poésie ludique);
  - de défendre une cause et de tenter de convaincre le destinataire (poésie engagée);
  - de simplement manier les mots, les vers, les images à la recherche du «beau» (poésie esthétique).
- Il existe des formes variées de poésie, dont la fable, le haïku, la chanson, le sonnet, la ballade, etc.

ÉLÉMENTS SPÉCIFIQUES À LA POÉSIE		
Éléments	**Définitions**	**Exemple**
Strophe (couplet, refrain s'il s'agit d'une chanson)	Ensemble de vers qui a une unité de sens. La strophe est l'équivalent d'un paragraphe. Les ensembles de quatre vers (quatrain) et de trois vers (tercet) sont les plus courants. Dans l'exemple, les deux premières strophes du poème ont quatre vers, les deux dernières strophes comptent trois vers. Cette forme, courante en poésie, s'appelle un «sonnet».	**Les hiboux** Sous les ifs noirs qui les abritent, Les hiboux se tiennent rangés, Ainsi que des dieux étrangers, Dardant leur œil rouge. Ils méditent. Sans remuer ils se tiendront Jusqu'à l'heure mélancolique Où, poussant le soleil oblique, Les ténèbres s'établiront. Leur attitude au sage enseigne Qu'il faut en ce monde qu'il craigne Le tumulte et le mouvement; L'homme ivre d'une ombre qui passe Porte toujours le châtiment D'avoir voulu changer de place. Charles Baudelaire, *Les Fleurs du mal*, 1857.
Vers	Assemblage de mots qui se trouve généralement sur une ligne dans un poème et qui commence par une majuscule. Il existe deux formes de vers: les vers mesurés, qui obéissent à des règles strictes, et les vers libres. Contrairement à ces derniers, les vers mesurés ont un nombre de pieds (ou syllabes) précis. Le «e» muet compte pour une syllabe s'il est à l'intérieur d'un vers et s'il précède une consonne; il ne compte pas en finale de vers ou s'il précède une voyelle. Dans l'exemple, les vers ont 8 pieds (octosyllabes).	
Rime	Retour d'un ou de plusieurs sons à la fin de deux ou plusieurs vers. Disposition des rimes: • plates ou suivies (a – a – b – b); • alternées ou croisées (a – b – a – b); • embrassées (a – b – b – a). Dans les deux quatrains de l'exemple, les rimes sont embrassées. Qualité des rimes: • riche (trois sons communs ou plus); • suffisante (deux sons communs); • pauvre (un son voyelle semblable). Dans le premier quatrain de l'exemple, les rimes sont respectivement suffisantes [it] et riches [ʁɑʒe].	

.../ p. 197

grammaire

Voici quelques procédés qui participent au langage et à l'organisation du texte poétique.

PROCÉDÉS UTILISÉS EN POÉSIE	
■ **Procédés lexicaux** • choix et combinaisons des mots	– champs lexicaux, néologismes, archaïsmes, mots-valises, mots analogiques (génériques, spécifiques, synonymes, etc.) ⓘ *L'origine et la formation des mots*, p. 243, *Le sens des mots*, p. 245, *Les relations entre les mots*, p. 248
■ **Procédés stylistiques** • figures de style	– répétition stylistique, métaphore, gradation, etc. ⓘ *Les figures de style*, p. 246
• jeux de sonorités	– allitération (répétition d'une ou de plusieurs consonnes dans des mots qui se suivent) – assonance (répétition des mêmes voyelles dans des mots qui se suivent) – lipogramme (texte écrit de façon à éviter l'utilisation d'une lettre)
• jeux de mots	– calembour (différence de sens entre des mots qui se prononcent de manière identique ou presque) – contrepèterie (interversion de lettres ou de syllabes d'un ensemble de mots afin de créer un effet comique)
■ **Procédés syntaxiques** • différents types et différentes formes de phrases • ordre inhabituel des mots et des groupes de la phrase	– phrases de forme emphatique, de type interrogatif – déplacements de mots ou de groupes de mots, etc. ⓘ *Les types de phrases*, p. 209, *Les formes de phrases*, p. 212
• ponctuation	– emploi ou non de la ponctuation ⓘ *La ponctuation*, p. 240
• interpellations	– mot mis en apostrophe
■ **Procédés graphiques** • disposition des mots et des vers	– vers alignés à gauche, centrés, interlignage, blancs, rejet d'un mot ou groupe de mots sur le vers suivant, etc. – acrostiche (texte poétique où la première lettre de chaque vers compose un mot) – calligramme (texte poétique dont la disposition représente l'objet, l'être ou le phénomène présenté dans le poème)
• choix typographiques	– type et grosseur des caractères, soulignement, gras, italique, emploi de la majuscule au début des vers et pour certains mots, etc.

Reconnais-toi
Cette adorable personne c'est toi
Sous le grand chapeau canotier
Œil
   Nez
      La bouche

Voici l'ovale de ta figure
Ton cou exquis
Voici enfin l'imparfaite image de ton buste adoré
vu comme à travers un nuage
Un peu plus bas c'est ton cœur qui bat

Guillaume Apollinaire, *Poèmes à Lou*.

L'ÉNONCIATION

Acte de communication, oral ou écrit, servant à produire un message. Ce message s'adresse à un destinataire dans une situation déterminée, réelle ou fictive.

- L'**énoncé** est le message, oral ou écrit.
- L'**énonciateur** est la personne (le groupe de personnes, l'organisme, etc.) qui produit l'énoncé. L'énonciateur peut être réel ou fictif.
  - S'il est réel, il correspond à la personne qui parle ou qui écrit. Par exemple, l'enseignant qui s'adresse à ses élèves.
  - S'il est fictif, il correspond, par exemple, au narrateur dont l'auteur se sert pour faire le récit d'une histoire.

L'énonciateur peut	
– manifester sa présence dans le texte par l'emploi de pronoms de la 1re personne, par exemple ; – interpeller le destinataire par l'emploi de pronoms ou de déterminants de la 2e personne, par exemple.	▶ *Le cancer, c'est un coup dur mais…* *Quand le cancer bouleverse* votre *cadre familial,* vous *pouvez compter sur* nous *pour de l'information et du soutien.* *… la Société canadienne du cancer est là pour* vous. Dans *L'actualité*, 1er décembre 2007.
– ne pas manifester sa présence par l'emploi de pronoms de la 1re personne, par exemple ; – ne pas interpeller le destinataire par l'emploi de pronoms ou de déterminants de la 2e personne, par exemple.	▶ *Le cancer, c'est un coup dur mais…* *… il est possible de trouver de l'information et du soutien à la Société canadienne du cancer.*

REMARQUES :

- L'énonciateur principal peut avoir recours à un énonciateur second (ou des énonciateurs seconds) pour appuyer un propos ou pour s'en distancier. Les paroles du second énonciateur sont alors rapportées directement ou indirectement.

   Le discours rapporté, p. 200

- Le lieu et le moment de l'énonciation peuvent également être réels ou fictifs. Ils sont réels, par exemple, lors d'une conversation téléphonique entre deux personnes. Ils sont fictifs, par exemple, dans un dialogue entre deux personnages d'un roman.

 LE POINT DE VUE (rapport entre l'énonciateur et le destinataire)

Certaines **marques de modalité** permettent d'exprimer l'attitude de l'énonciateur par rapport à son **destinataire**. Par exemple, elles permettent à l'énonciateur de provoquer ou de rallier le destinataire, ou encore d'installer une complicité ou une distance entre eux.

MARQUES DE MODALITÉ PAR RAPPORT AU DESTINATAIRE	
• Vocabulaire appréciatif ou dépréciatif	▶ *Ma* **chère** *sœur*
• Tutoiement ou vouvoiement	▶ **Tu** *pourrais venir me visiter.* *Je* **vous** *remercie infiniment.*
• Pronom de la 3e personne ou nom pour identifier le destinataire (plutôt que Pron de la 2e pers.)	▶ *Eh bien, Maxime,* **on** *a bien dormi ?* *Alors,* **Madame** *a bien dîné ?*
• Autres marques	▶ **Toi**, *viens ici tout de suite !* (apostrophe)

grammaire

LE POINT DE VUE (rapport entre l'énonciateur et le propos)

Position prise par l'énonciateur par rapport à son propos.

FAÇONS D'EXPRIMER UN POINT DE VUE	
Subjectif	**Objectif**
Exprimer une appréciation, un jugement, un doute… (au moyen de marques de modalité*).	Rester neutre, ne pas exprimer son appréciation, son avis… (en utilisant un vocabulaire neutre, par exemple).

> **REMARQUE :** Dans un texte, le point de vue peut être plus ou moins objectif, ou subjectif. Ainsi, il est possible de donner de l'information rigoureuse sur un sujet tout en exprimant à l'occasion un doute ou une appréciation.

Les marques de modalité permettent à l'énonciateur d'exprimer son point de vue. Elles permettent également de montrer qu'il adhère au contenu de l'énoncé ou, au contraire, qu'il s'en distance.

Principales marques de modalité pour exprimer un point de vue subjectif

■ **Vocabulaire appréciatif ou dépréciatif**

– Adjectif	▶ *Ce sont des transformations* inimaginables.
– Adverbe	▶ *Ces changements sont* incroyablement *rapides.*
– Nom	▶ *Le spectacle fut un pur* ravissement *!*
– Verbe	▶ *On* prétend *que vous avez tort.*

■ **Figures de style** ⓘ *Les figures de style, p. 246*

■ **Auxiliaires de modalité**

Ils expriment :

– la vraisemblance ou la probabilité	▶ *Il ne* semble *pas répondre aux exigences : il* peut *faire mieux.*
– le doute, le degré de certitude ou la non-réalisation	▶ *Nous* avons *bien* failli *parvenir à nos fins.*
– la nécessité ou l'obligation	▶ *Vous* devez *présenter vos excuses au plus tôt.*

■ **Temps et modes des verbes**

– Indicatif conditionnel	▶ *Pour certains, le projet* serait *une réussite.*
– Indicatif futur	▶ *On l'*aura mérité*, notre trophée.*
– Subjonctif	▶ *Je ne crois pas qu'elle* fasse *le travail.*

■ **Construction de phrases**

– Phrase exclamative, phrase interrogative	▶ Comme *la température est clémente !*
– Phrase emphatique, phrase négative	▶ C'est *l'automne* qui *est ma saison préférée.*
– Phrase à construction particulière	▶ Il faut souligner *l'occasion de belle façon.*

■ **Phrases et groupes incidents**

– Phrase incidente	▶ *L'art,* vous le savez bien*, est essentiel.*
– Groupe incident (servant à exprimer un commentaire, une opinion, un jugement)	▶ *Malheureusement, la situation devient,* selon moi*, un peu délicate.*

■ **Ponctuation**

– Guillemets et parenthèses	▶ *Tu dois être* « sous le choc » (on le serait à moins)*.*
– Points de suspension	▶ *Inutile de te dire ce que j'en pense* …
– Point d'exclamation	▶ *Tu étais parfait* !

LE DISCOURS RAPPORTÉ

Parole ou pensée émise dans un autre contexte, que l'on rapporte de manière directe ou indirecte dans un passage écrit.

TYPES DE DISCOURS RAPPORTÉS	
Définitions	**Particularités**

■ **Discours direct**
 	
Insertion de paroles d'un énonciateur second, rapportées telles qu'elles ont été formulées.
	Les paroles rapportées directement peuvent être présentées de deux façons qui supposent à l'écrit l'emploi d'une ponctuation particulière :
	
	1. Elles peuvent être introduites par un verbe de parole. Dans ce cas, on utilise un deux-points. Si on est à l'intérieur d'un dialogue, on utilise des tirets pour distinguer les répliques.
	
	▶ *Le moussaillon **s'écria** tout à coup :* « *Terre en vue, c'est une très grosse île !* »
	
	2. Elles peuvent être accompagnées d'une phrase incise.
	   – L'incise placée à l'intérieur de la phrase rapportée est encadrée par des virgules.
	
	▶ « *Terre en vue*, ***s'écria le moussaillon tout à coup**, c'est une très grosse île !* »
	
	   – L'incise placée à la fin de la phrase est détachée par la virgule, sauf si la phrase rapportée se termine par un point d'exclamation, un point d'interrogation ou des points de suspension.
	
	▶ « *Terre en vue, c'est une très grosse île **!*** » ***s'écria le moussaillon tout à coup**.*
	
	ⓘ *L'insertion*, p. 231
	ⓘ *La ponctuation*, p. 240

■ **Discours indirect** Insertion de paroles d'un énonciateur second, intégrées dans une phrase et généralement reformulées.	Les paroles rapportées indirectement peuvent être présentées de deux façons : 1. Elles peuvent se trouver dans une subordonnée complétive introduite par un verbe de parole. Sur le plan de la ponctuation, rien ne distingue les paroles rapportées indirectement du reste du texte. ▶ *Le moussaillon **s'est écrié** qu'il avait aperçu une terre à l'horizon, mais après que le vieux marin lui **eut demandé** s'il en était bien sûr, il **a dû reconnaître**, l'air piteux, qu'il s'était encore trompé.* 2. Elles peuvent être accompagnées de groupes incidents comme « selon XYZ », « comme l'a précisé XYZ », etc. Cette façon de rapporter des paroles permet à l'énonciateur principal de se distancier du propos qu'il rapporte, c'est-à-dire de ne pas endosser le contenu. C'est ce qu'on appelle la « modalisation en discours second ». ▶ ***Selon le vieux marin**, le moussaillon s'était trompé.* **REMARQUE :** L'emploi du conditionnel permet également à l'énonciateur principal de se distancier du propos qu'il rapporte (modalisation en discours second). ▶ ***Selon le vieux marin**, le moussaillon se serait trompé.*

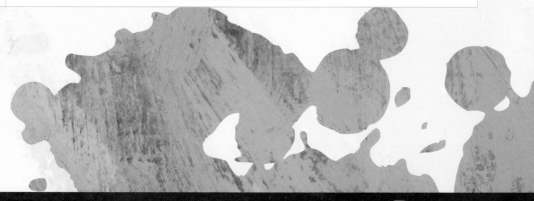

LES MARQUES D'ORGANISATION DU TEXTE

Marques qui traduisent l'organisation du contenu d'un texte et en facilitent la lecture.

TYPES DE MARQUES D'ORGANISATION DU TEXTE	
Marques non linguistiques	**Marques linguistiques**
• Marques graphiques qui structurent la présentation du texte (positionnement des titres, présence d'intertitres et de sous-titres, division en paragraphes, espacements, etc.). • Marques typographiques (gras, italique, etc.) qui mettent en relief des éléments du texte. • Insertion d'illustrations, de schémas, etc.	• Organisateurs textuels : mots, groupes de mots ou phrases qui permettent de faire des liens entre les grandes parties d'un texte. Dans les descriptions, par exemple, les organisateurs textuels marquant l'espace ou le temps peuvent être rapprochés les uns des autres. • Marqueurs de relation : mots qui servent à établir des liens, des rapports de sens entre des groupes de mots ou entre des phrases.

MARQUES LINGUISTIQUES	MARQUES GRAPHIQUES

LE SINGE EN ASIE
Une légende bien vivante

En Extrême-Orient, la plupart des légendes concernant le singe semblent être d'origine hindoue. Dans les débuts du bouddhisme en Chine, un récit relate le voyage au Paradis d'Occident réalisé par Sun-Hou-Tzeu, un singe devenu dieu.

5 Tout au long de l'histoire culturelle de la Chine et de tout le continent asiatique, le singe joue un rôle important dans les légendes et le folklore. Ainsi, à Bali, les macaques ont droit à autant de considération que les semnopithèques sacrés de l'Inde. Plus au nord, au Tibet, on croit que tous les dieux descendent du dieu suprême Hanouman.

10 L'Inde est encore aujourd'hui le pays où le culte des singes est le plus répandu. Selon les hindous orthodoxes, le singe descendrait du même dieu sacré, Hanouman, le célèbre allié du dieu Rama. C'est pourquoi on respecte autant les singes dans certaines régions de l'Inde, où on laisse des bols de riz ou d'autres victuailles à l'orée de leur territoire. De plus, on peut 15 remarquer la vénération dont ils sont entourés dans les temples.

Plus récemment, bien que les singes aient gardé leur statut d'animaux sacrés, les dégâts qu'ils causent aux forêts proches des villes ont obligé les autorités à modifier quelque peu leurs croyances. En effet, les centaines de millions de singes qui vivent en bordure des grandes villes de l'Inde 20 deviennent une menace sérieuse pour l'environnement.

Marques graphiques :
Titre
Sous-titre
Division en paragraphes
1
2
3
4

.../ p. 202

■ Organisateurs textuels   ■ Marqueurs de relation

LES ORGANISATEURS TEXTUELS

Marques d'organisation du texte (mots, groupes de mots ou phrases) qui permettent de faire des liens entre les grandes parties d'un texte et d'en marquer l'ordre ou la progression.

QUELQUES ORGANISATEURS TEXTUELS		
Liens	**Organisateurs**	**Exemples**
Espace / lieu	à côté, à droite, à gauche, à l'est, à l'extérieur, à l'intérieur, à l'ouest, au milieu, dans un pays lointain, de l'autre côté, derrière, dessous, dessus, en bas, en haut, plus loin, tout près, etc.	*À l'intérieur du cercle familial, Louma parle arabe. C'est normal, puisqu'elle vient du Liban et n'est au Québec que depuis quelque temps. D'ailleurs, ses parents suivent des cours de français, mais non sa grand-mère qui vit avec eux....* *À l'extérieur du cercle familial, elle apprend et parle le français. Ce n'est pas facile, mais ses nouveaux amis, à l'école, l'aident autant qu'ils le peuvent...*
Temps	au cours du xxe siècle, auparavant, de nos jours, depuis ce jour-là, dorénavant, en 1967, jadis, le lendemain, maintenant, pendant ce temps, puis, soudain, tout à coup, etc.	*Autrefois, dans les écoles, on enseignait le grec et le latin. L'enseignement de ces langues renseignait sur l'étymologie, c'est-à-dire sur l'origine des mots, mais donnait également accès à ces civilisations anciennes...* *On donne aujourd'hui la priorité à l'enseignement de langues comme l'espagnol, plus en accord avec les besoins du marché du travail. Aussi, le mandarin pourrait...*
Ordre	d'abord, dans un premier temps, en premier lieu, pour commencer, premièrement, etc.	*Pour commencer son concert intitulé Un tour du monde en musique, la chorale a interprété quelques vieux airs de la Nouvelle-France, ainsi que des airs de la France et plus particulièrement, de la Provence. Nous avons savouré les paroles autant que...*
	après, de plus, en outre, deuxièmement, en deuxième lieu, ensuite, puis, etc.	*Il y a eu ensuite des chansons de l'Angleterre, que nous avons pu facilement comprendre, et des chansons de l'Allemagne et de la Pologne, tout à fait incompréhensibles pour nous. Cependant, nous avons apprécié les musiques et les sonorités de ces langues aux accents expressifs...*
	à la fin, en conclusion, en dernier lieu, en terminant, enfin, finalement, pour conclure, pour terminer, etc.	*Pour terminer la soirée, les chants d'Italie et de pays hispanophones nous ont transportés de joie. En effet, ces musiques et ces textes en langues d'origine latine nous ont bercés de leurs accents colorés, pleins de soleil.*
Suite / transition	à ce sujet, quant à, en fait, d'une part... d'autre part, dans un autre ordre d'idées, au contraire, par ailleurs, etc.	*La conseillère d'orientation a précisé que le bilinguisme était essentiel pour avoir accès à ce type d'emploi. En effet, pour communiquer...* *Quant à la connaissance d'une troisième langue, comme l'espagnol ou le mandarin, elle a mentionné qu'il s'agissait là d'un atout important.*

.../ p. 203

LES MARQUEURS DE RELATION

Marques d'organisation du texte (adverbes, prépositions ou conjonctions) qui servent à établir des liens, des rapports de sens entre des groupes de mots ou entre des phrases.

QUELQUES MARQUEURS DE RELATION		
Liens	**Marqueurs**	**Exemples**
Addition	ainsi que, aussi, de plus, également, en outre, en plus, et, puis, etc.	*J'aimerais apprendre l'italien **et** l'allemand.*
But	à cette fin, afin de, afin que, dans le but de, de crainte que, de peur que, pour, pour que, etc.	*Il est utile de connaître l'italien et l'allemand **pour** comprendre et apprécier les grands airs d'opéra.*
Cause	à cause de, attendu que, car, comme, en raison de, étant donné que, parce que, puisque, vu que, etc.	*On peut aisément comparer la musique au français **parce que** tous deux sont des langages.*
Choix	ou, ou bien, soit... ou, soit... soit, etc.	*Préférerais-tu apprendre le latin **ou** l'espagnol?*
Comparaison	ainsi que, autant que, comme, de même que, moins que, plus que, tel que, etc.	*Dans le langage musical, il y a des règles à respecter, **comme** en français.*
Concession	bien que, cependant, excepté que, mais, malgré, malgré que, même si, néanmoins, pourtant, quand bien même, quoique, sauf, toutefois, etc.	***Même s'**il est né au Québec, mon ami chinois, Kabin, parle très bien le mandarin.*
Condition / hypothèse	à condition que, au cas où, dans la mesure où, en admettant que, moyennant que, pourvu que, si, à supposer que, etc.	*Tu peux apprendre une seconde langue assez rapidement **dans la mesure où** tu y travailles quotidiennement.*
Conséquence	ainsi, c'est ainsi que, de ce fait, de là, de manière que, de sorte que, donc, en conséquence, par conséquent, si bien que, tellement que, etc.	*Depuis plusieurs années, Marc-Antoine passe un mois d'été dans un camp anglophone, **si bien qu'**aujourd'hui, il est pratiquement bilingue.*
Explication	à savoir, autrement dit, c'est pour cela que, c'est pourquoi, c'est-à-dire, en effet, soit, etc.	*La langue française a ses caprices, **c'est-à-dire** quelques exceptions à ses règles...*
Opposition	à l'inverse, à l'opposé, alors que, au contraire, cependant, contrairement à, d'autre part, mais, par contre, pendant que, tandis que, etc.	*Franco comprend très bien l'italien. **Cependant**, il ne le parle pas beaucoup.*
Ordre	d'abord, ensuite, puis, enfin, etc.	*On doit **d'abord** faire l'exercice, on consulte **ensuite** le corrigé.*
Temps	à mesure que, après que, au moment où, aussitôt que, avant de, avant que, depuis que, dès que, lorsque, pendant que, quand, tandis que, etc.	*Il faut tourner sept fois sa langue dans sa bouche **avant de** parler. (proverbe)*

REMARQUE : Certains marqueurs de relation peuvent aussi servir à faire les transitions entre les parties d'un texte. Ils jouent alors le rôle d'organisateurs textuels.

Texte

LA REPRISE DE L'INFORMATION

Fait de reprendre un élément textuel antérieur, qui désigne une réalité (personne, objet, lieu, événement, etc.). Certaines des formes qui assurent la reprise de l'information sont utiles pour éviter la répétition ou pour préciser l'information.

LE CERVEAU ET LE LANGAGE

Paul Broca est célèbre pour ses recherches sur le cerveau. En 1861, il reçoit un malade qui, bien que désireux de communiquer, est incapable de parler. Ce malade meurt bientôt, et le médecin neurologue pratique une autopsie de son cerveau. Il découvre alors que l'homme souffrait d'une lésion à un endroit du cerveau qui se nomme depuis l'aire de Broca. L'aire de Broca est donc la partie du cerveau responsable de la production du langage.

PRINCIPALES FORMES DE REPRISE	
Par un pronom	
Utilisation d'un pronom : personnel, démonstratif, indéfini, numéral.	▶ *Paul Broca est célèbre pour ses recherches sur le cerveau. C'est* lui *qui a découvert la région du cerveau responsable de la production du langage.* ▶ *En pratiquant une autopsie, Paul Broca découvre une lésion à* un endroit précis du cerveau. Celui-ci *se nomme depuis l'aire de Broca.* ▶ Des autopsies *sont pratiquées depuis fort longtemps.* Plusieurs *ont mené à des découvertes importantes.*
Utilisation d'un pronom qui reprend l'idée d'un GN (ce n'est plus la même réalité).	▶ Ta recherche sur le cerveau *est très élaborée.* La mienne *l'est moins.*
Par un groupe du nom (GN)	
Utilisation d'un GN dont le noyau est le même nom précédé d'un déterminant défini ou démonstratif.	▶ *Un jour, Broca reçoit* un malade incapable de parler. *C'est l'examen du cerveau de* ce malade *qui permettra à Broca de découvrir le « centre du langage ».*
Utilisation d'un GN dont le noyau est un nom synonyme précédé d'un déterminant, le plus souvent défini ou démonstratif.	▶ *Un jour, le médecin reçoit* un malade incapable de parler. *Bien que désireux de communiquer,* le patient *ne trouve plus les mots pour le faire.*
Utilisation d'un GN dont le noyau est un nom générique* précédé d'un déterminant, le plus souvent défini ou démonstratif. **REMARQUE :** Le nom générique désigne la catégorie à laquelle appartient la réalité déjà nommée.	▶ *Un jour, le médecin reçoit* un malade incapable de parler. *Après la mort de* l'homme*, il examine son cerveau dans le cadre de ses recherches neurologiques.*

.../ p. 205

grammaire

Utilisation d'un GN dont le noyau est un nom synthétique* précédé d'un déterminant, le plus souvent défini ou démonstratif. **REMARQUE :** Le nom synthétique est un terme qui résume tout un passage (phrase ou partie de texte). Ex. : cet événement, ce message, ces faits	▶ *En 1861, Paul Broca a découvert la partie du cerveau responsable de la production du langage . Cet événement* permet aujourd'hui de mieux comprendre certains troubles du langage.*
Utilisation d'un GN dont le noyau est un nom associé à la réalité déjà nommée (par exemple parce qu'il désigne une partie de cette réalité), précédé d'un déterminant possessif et parfois défini.	▶ *Après la mort de l'homme, Broca examine son cerveau.* (**son** cerveau = le cerveau de l'homme) ▶ *Paul Broca est un célèbre médecin neurologue qui a vécu à la fin du 19ᵉ siècle. Ses recherches sur le cerveau permettent aujourd'hui de mieux comprendre cet organe complexe.* (ses recherches = les recherches de Paul Broca) ▶ *Le cerveau ressemble à un centre de contrôle. Sommairement, le lobe frontal est responsable des fonctions motrices et, dans l'aire de Broca plus précisément, du langage articulé ; le lobe occipital se charge de la vision ; le lobe pariétal s'occupe du sens du toucher et de l'orientation spatiale ; le lobe temporal assure le goût, l'audition et la mémoire.* (les lobes frontal, occipital, pariétal et temporal = des parties du cerveau)

Par un groupe de l'adverbe (GAdv)

Utilisation d'un GAdv dont le noyau est un adverbe qui reprend un groupe de mots pour : – évoquer un lieu déjà mentionné (ici, là, là-bas) ; – reprendre une expression de temps (alors, là) ; – résumer l'information (ainsi).	▶ *Broca étudie les cerveaux à l'Hôpital du Kremlin-Bicêtre, en banlieue parisienne. C'est là qu'il découvre « l'aire de Broca ».* ▶ *Broca meurt en 1880, il est alors âgé de 56 ans.* ▶ *À la mort du patient, Broca pratique une autopsie du cerveau et découvre une importante lésion de l'hémisphère gauche au niveau du lobe frontal. C'est ainsi que le neurologue a localisé la région du cerveau responsable de la production du langage.*

Par un mot

Utilisation d'un mot de même famille (d'une autre classe grammaticale) ou d'un mot ayant un sens proche. **REMARQUE :** La reprise par un **nom** de même famille est le cas le plus fréquent.	▶ *Paul Broca a découvert la partie du cerveau responsable de la production du langage . Cette découverte permet aujourd'hui de mieux comprendre certains troubles du langage.* ▶ *La découverte de l'aire de Broca, nommée ainsi en l'honneur de l'éminent neurologue, a lieu en 1861. Le fait que Paul Broca ait découvert cette partie du cerveau permet aujourd'hui de comprendre certains troubles du langage.*

LES MANIPULATIONS SYNTAXIQUES

Opérations effectuées sur des éléments d'une phrase (mots, groupes de mots, subordonnées) pour :
- reconnaître, identifier ou décomposer un groupe de mots ou une phrase subordonnée ;
- mieux comprendre une phrase ;
- réviser un texte en vue de corriger la construction et la ponctuation des phrases.

PRINCIPALES UTILITÉS DES DIFFÉRENTS TYPES DE MANIPULATIONS	
Effacement ou soustraction	
Repérer les constituants obligatoires ou facultatifs de la phrase.	▶ *Beaucoup de gens parlent le français en Afrique.* ⊘ *Beaucoup de gens parlent le français en Afrique.* ⊘ *Beaucoup de gens parlent le français en Afrique.* ○ *Beaucoup de gens parlent le français en Afrique.* *Beaucoup de gens* et *parlent le français* sont des groupes obligatoires de la phrase ; *en Afrique* est un groupe facultatif.
Analyser la construction d'un groupe en distinguant le noyau de ses expansions.	▶ *Plusieurs personnes de la région de Montréal parlent plus d'une langue.* ○ *Plusieurs personnes de la région de Montréal parlent plus d'une langue.* Le groupe *de la région de Montréal* est facultatif. Il s'agit d'une expansion du nom *personnes* (noyau du groupe).
Déplacement	
Trouver la fonction d'un groupe de mots dans la phrase.	▶ *On compte environ 200 millions de francophones dans le monde.* ○ *Dans le monde, on compte environ 200 millions de francophones.* ○ *On compte, dans le monde, environ 200 millions de francophones.* *Dans le monde* est mobile. Il s'agit d'un complément de phrase.
Remplacement ou substitution	
Délimiter un groupe de mots en le remplaçant par un pronom.	▶ *Plusieurs personnes de la région de Montréal parlent plus d'une langue.* ○ *Elles parlent plus d'une langue.* *Plusieurs personnes de la région de Montréal* est remplaçable par *Elles*. Ces mots forment donc un groupe.
Vérifier la classe d'un mot, en particulier pour les mots appartenant à la classe des déterminants et des pronoms.	▶ *Beaucoup d'Africains parlent le français.* ○ *Des / Les / Certains Africains parlent le français.* *Beaucoup de* est remplaçable par des déterminants. Il s'agit donc d'un déterminant. ▶ *Je leur parle dans leur langue.* ○ *Je lui / vous parle dans leur langue.* Seul le premier *leur* est remplaçable par des pronoms. Il s'agit aussi d'un pronom.
Identifier une fonction syntaxique.	▶ *Beaucoup de gens parlent le français en Afrique.* ○ *Beaucoup de gens le parlent en Afrique.* *Le français* est remplaçable par le pronom *le*. Il s'agit d'un complément direct du verbe.

.../ p. 207

grammaire

	Encadrement
Repérer et délimiter le sujet en l'encadrant par l'expression *c'est… qui* ou *ce sont… qui*.	▶ *Plusieurs personnes de la région de Montréal parlent plus d'une langue.* ○ **Ce sont** *plusieurs personnes de la région de Montréal* **qui** *parlent plus d'une langue.* Le groupe *Plusieurs personnes de la région de Montréal* peut être encadré par *Ce sont… qui*. Il est donc sujet.
Délimiter un complément (ou plusieurs compléments) en l'encadrant par l'expression *c'est… que*. **REMARQUE :** *C'est… que* peut encadrer plusieurs groupes de même fonction, coordonnés ou juxtaposés.	▶ *Le premier dictionnaire consacré à la langue française est publié en France en 1606 .* ○ **C'est** *en 1606* **que** *le premier dictionnaire consacré à la langue française est publié en France.* Le groupe *en 1606* peut être encadré par *C'est… que*. Il s'agit donc d'un complément. ▶ **C'est** *en France* , *en 1606* , **que** *le premier dictionnaire consacré à la langue française est publié.*
Repérer un verbe (sauf au mode infinitif) en l'encadrant par *ne (n')… pas*. **REMARQUES :** – Lorsque le verbe est conjugué à un temps composé, *ne (n')… pas* encadre seulement l'auxiliaire du verbe (*Ils* **n'**ont **pas** *parlé*.). – Lorsque le verbe est précédé d'un pronom, celui-ci se trouve aussi encadré par *ne (n')… pas* (*Ils* **ne** *le parlent* **pas**.).	▶ *Beaucoup de gens parlent le français dans cette région du monde.* ○ *Beaucoup de gens* **ne** *parlent* **pas** *le français dans cette région du monde.* Le mot *parlent* peut être encadré par *ne… pas*. Il s'agit d'un verbe conjugué.
	Addition (ou ajout)
Distinguer un adjectif classifiant d'un adjectif qualifiant en ajoutant un adverbe d'intensité (*très*, *bien*, *si*…) devant l'adjectif.	▶ *Le français est une langue importante sur le plan géopolitique .* ○ *Le français est une langue* **très** *importante sur le plan géopolitique.* ⊘ *Le français est une langue importante sur le plan* **très** *géopolitique .* L'ajout est possible seulement dans le cas d'un adjectif qualifiant. Le mot *importante*, contrairement au mot *géopolitique*, peut être précédé de *très*. *Importante* est donc un adjectif qualifiant et *géopolitique*, un adjectif classifiant.
Distinguer un complément de phrase d'un complément du verbe en ajoutant *et ce*, *et cela se passe* ou *et il le fait*.	▶ *Étienne a appris l'inuktitut pendant son séjour à Iqaluit .* ○ *Étienne a appris l'inuktitut,* **et cela**, *pendant son séjour à Iqaluit.* L'ajout est possible quand il s'agit d'un complément de phrase. ▶ *Étienne est allé à Iqaluit.* ⊘ *Étienne est allé,* **et cela**, *à Iqaluit.* Ici, l'ajout de *et cela* est impossible, puisqu'il s'agit d'un complément indirect du verbe.

Modèle de phrase utile pour décrire et analyser la plupart des phrases.

Constituants obligatoires		Constituant(s) facultatif(s)
Diverses populations Sujet	*parlent le français* Prédicat	*dans le monde.* Compl. de P
Le sujet est généralement un groupe du nom (GN) ou un pronom qui remplace le GN.	Le prédicat est toujours un groupe du verbe (GV), qui a un verbe conjugué comme noyau.	Le complément de phrase a diverses constructions. Il peut être constitué d'un GPrép, d'un GAdv, d'un GN ou d'une subordonnée.

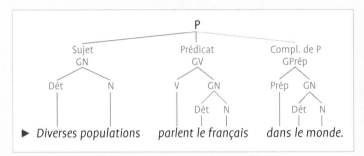

▶ *Diverses populations parlent le français dans le monde.*

- Dans la phrase de base, les constituants apparaissent dans l'ordre suivant : sujet + prédicat + complément de phrase.

- Une phrase de base peut avoir plus d'un complément de phrase.

- La phrase de base est de type déclaratif et de formes positive, active, neutre et personnelle.

PRINCIPALES CARACTÉRISTIQUES DES CONSTITUANTS DE LA PHRASE DE BASE		
Sujet	**Prédicat**	**Complément de phrase**
• Le sujet est obligatoire. Il ne peut être effacé. ⊘ ~~Diverses populations~~ *parlent le français dans le monde.* • Il peut être encadré par l'expression *c'est... qui* ou *ce sont... qui.* ▶ **Ce sont** *diverses populations* **qui** *parlent le français dans le monde.* • Il peut être remplacé par un pronom (*il, ils, elle, elles,* etc.). *Elles* ▶ *Diverses populations parlent le français dans le monde.*	• Le prédicat est obligatoire. Il ne peut être effacé. ⊘ *Diverses populations* ~~parlent le français~~ *dans le monde.*	• Le complément de phrase est facultatif. On peut l'effacer. ○ *Diverses populations parlent le français* ~~dans le monde~~. • Il est mobile, on peut le déplacer à divers endroits dans la phrase. ▶ *Dans le monde, diverses populations parlent le français.* ▶ *Diverses populations, dans le monde, parlent le français.* • Il peut être précédé de l'expression *et ce, et cela se passe* ou *et il le fait, elles le font...* ▶ *Diverses populations parlent le français* **et cela se passe** *dans le monde.*

LES TYPES DE PHRASES

Types de phrases pouvant être décrites et analysées à l'aide de la phrase de base. Si une phrase est de type impératif, exclamatif ou interrogatif, il s'agit d'une phrase transformée par comparaison avec la phrase de base, qui est de type déclaratif.

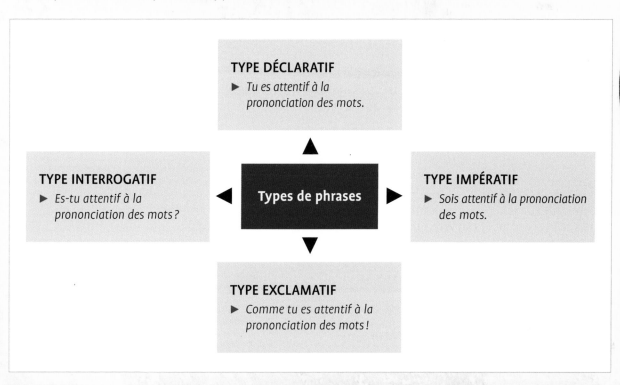

PRINCIPALES CARACTÉRISTIQUES DES DIFFÉRENTS TYPES DE PHRASES

Type déclaratif

Le plus souvent, la phrase déclarative est utilisée pour déclarer quelque chose (donner une information, exprimer un jugement, un sentiment, etc.).

• Parmi les quatre types de phrases, seule la phrase déclarative peut être conforme à la phrase de base.	**P DE BASE** 　　　　GN　　　　　　　GV　　　　　　　GPrép ▶ *Diverses populations parlent le français dans le monde*. 　　　　Sujet　　　　　　Prédicat　　　　Compl. de P
• La phrase déclarative a toujours un sujet, généralement placé avant le prédicat, et elle peut avoir un ou plusieurs compléments de phrase.	**P DÉCLARATIVES** ▶ *Diverses populations parlent le français dans le monde*. ▶ *Dans le monde, diverses populations parlent le français*.
• La phrase déclarative se termine généralement par un point.	▶ *Diverses populations, dans le monde, parlent le français*.

.../ p. 210

Type impératif

Le plus souvent, la phrase impérative est utilisée pour inciter à agir (donner un ordre, un conseil, une consigne).

• La phrase impérative n'est jamais conforme à la phrase de base. Son verbe est au mode impératif, par conséquent le sujet n'est pas exprimé. • La phrase impérative se termine généralement par un point ou un point d'exclamation.	**P DE BASE** ▶ ***Tu lis** attentivement cet article.* **P IMPÉRATIVE** ▶ ***Lis** attentivement cet article.* – Remplacement du mode indicatif par le mode impératif.

	P DE BASE
	▶ *Tu lis attentivement cet article.*
	▶ ***Tu** <u>le</u> **lis** attentivement.*
	
	P IMPÉRATIVE
	▶ ***Lis**-<u>le</u> attentivement.*
	  – Remplacement du mode indicatif par le mode impératif.
	  – Déplacement du pronom complément *le* après le verbe.

REMARQUE : Dans la phrase impérative positive, les pronoms compléments du verbe à l'impératif sont placés après celui-ci et sont liés au verbe par un trait d'union (ex. : *parle-lui*, *dis-le-moi*).

Type exclamatif

Le plus souvent, la phrase exclamative est utilisée pour exprimer avec force un jugement, une émotion, etc.

• La phrase exclamative n'est jamais conforme à la phrase de base parce qu'elle contient un marqueur exclamatif : *que / qu'*, *que de*, *comme*, *quel / quels / quelle / quelles*, *combien*, etc.
• La phrase exclamative se termine par un point d'exclamation.
	P DE BASE
	▶ *Cet article est compliqué.*
	
	P EXCLAMATIVE
	▶ ***Comme** cet article est compliqué**!***
	  – Addition du marqueur exclamatif *Comme*.
	  – Remplacement du point par un point d'exclamation.

	P DE BASE
	▶ *Elle étudie le chinois <u>avec **beaucoup de** sérieux</u>.*
	
	P EXCLAMATIVE
	▶ *<u>Avec **quel** sérieux</u> elle étudie le chinois**!***
	  – Déplacement du groupe *avec beaucoup de sérieux* en tête de phrase.
	  – Remplacement du déterminant *beaucoup de* par le marqueur exclamatif *quel*.
	  – Remplacement du point par un point d'exclamation.

…/ p. 211

特阿艾娜伊阿

Ces inscriptions signifient *Tania* en chinois.

grammaire

Phrase

Type interrogatif

Le plus souvent, la phrase interrogative est utilisée pour obtenir un renseignement (poser une question, s'interroger). On distingue deux sortes d'interrogation : l'interrogation totale (réponse par *oui* ou par *non*) et l'interrogation partielle (réponse autre que *oui* ou *non*).

- La phrase interrogative n'est jamais conforme à la phrase de base parce qu'elle contient des marques interrogatives.
- La phrase interrogative se termine par un point d'interrogation.

• Si l'interrogation est **totale** : – le pronom personnel sujet se trouve après le verbe ;	**P DE BASE** ▶ <u>Tu</u> sais comment ton nom s'écrit en chinois. **P INTERROGATIVE** (interrogation totale) ▶ *Sais-* <u>tu</u> comment ton nom s'écrit en chinois **?** – Déplacement du pronom personnel sujet *Tu* après le verbe. – Remplacement du point par un point d'interrogation.
– un pronom personnel reprend après le verbe le GN sujet dont le noyau est un nom ;	**P DE BASE** ▶ <u>Tania</u> sait comment son nom s'écrit en chinois. **P INTERROGATIVE** (interrogation totale) ▶ <u>Tania</u> sait-<u>elle</u> comment son nom s'écrit en chinois **?** – Addition du pronom *elle* qui reprend le GN sujet *Tania* après le verbe. – Remplacement du point par un point d'interrogation.
– l'expression *est-ce que* est ajoutée en début de phrase.	**P DE BASE** ▶ <u>Tu</u> sais comment ton nom s'écrit en chinois. **P INTERROGATIVE** (interrogation totale) ▶ **Est-ce que** tu sais comment ton nom s'écrit en chinois **?** – Addition de *Est-ce que*. – Remplacement du point par un point d'interrogation.

• Si l'interrogation est **partielle** :
– un marqueur interrogatif comme *qui, que/qu', quoi, où, combien de, pourquoi, quand, quel/quels/quelle/quelles*, etc. est ajouté en début de phrase.
	P DE BASE
	▶ <u>Mon nom</u> s'écrit **de cette façon** en chinois.
	
	P INTERROGATIVE (interrogation partielle)
	▶ **Comment** <u>mon nom</u> s'écrit-<u>il</u> en chinois **?**
	▶ **Comment** s'écrit <u>mon nom</u> en chinois **?**
	 – Remplacement du groupe *de cette façon* par le marqueur interrogatif *Comment*.
	 – Déplacement du marqueur interrogatif *Comment* en tête de phrase.
	 – Addition du pronom *il* qui reprend le GN sujet *Mon nom* après le verbe
	  ou
	  déplacement du GN sujet *Mon nom* après le verbe.
	 – Remplacement du point par un point d'interrogation.

	**P DE BASE**
	▶ <u>Mon nom</u> s'écrit *de* **cette** *façon* en chinois.
	
	P INTERROGATIVE (interrogation partielle)
	▶ *De* **quelle** *façon* <u>mon nom</u> s'écrit-<u>il</u> en chinois **?**
	▶ *De* **quelle** *façon* s'écrit <u>mon nom</u> en chinois **?**
	 – Remplacement de *cette* par le marqueur interrogatif *quelle*.
	 – Déplacement du groupe *de* **quelle** *façon* en tête de phrase.
	 – Addition du pronom *il* qui reprend le GN sujet *Mon nom* après le verbe
	  ou
	  déplacement du GN sujet *Mon nom* après le verbe.
	 – Remplacement du point par un point d'interrogation.

REMARQUE : Le pronom sujet placé après le verbe est lié au verbe par un trait d'union (ex. : *sais-tu*) ou par un **t** entre deux traits d'union lorsque le verbe se termine par *e*, *a* ou *c*, et s'il est suivi du pronom *il/elle* ou *on*. (ex. : *saura-t-il*).

Formes de phrases pouvant être décrites et analysées à l'aide de la phrase de base. Si une phrase est de forme négative, passive, emphatique ou impersonnelle, il s'agit d'une phrase transformée par comparaison avec la phrase de base, qui est de forme positive, active, neutre et personnelle.

FORME POSITIVE
▶ *Je parle le chinois.*

FORME NÉGATIVE
▶ *Je ne parle pas le chinois.*

FORME PERSONNELLE
▶ *Une lettre manque à ce mot.*

FORME IMPERSONNELLE
▶ *Il manque une lettre à ce mot.*

Formes de phrases

FORME ACTIVE
▶ *Cette population parle le français.*

FORME PASSIVE
▶ *Le français est parlé par cette population.*

FORME NEUTRE
▶ *Notre langue française est belle.*

FORME EMPHATIQUE
▶ *Elle est belle, notre langue française.*

PRINCIPALES CARACTÉRISTIQUES DES DIFFÉRENTES FORMES DE PHRASES

Forme positive ⟶ Forme négative

- La phrase positive et la phrase négative ont des sens contraires.
- La phrase négative n'est jamais conforme à la phrase de base : elle contient un marqueur négatif généralement formé de deux mots.

P DE BASE POSITIVE ⟶ P NÉGATIVE

▶ *Je parle le chinois.* *Je **ne** parle **pas** le chinois.*
– Addition du marqueur négatif *ne... pas.*

P DE BASE POSITIVE ⟶ P NÉGATIVE

▶ **Quelqu'un** *parle le chinois parmi nous.* **Personne ne** *parle le chinois parmi nous.*
– Remplacement de *Quelqu'un* par le marqueur négatif *Personne ne* (pronom négatif + adverbe).

.../ p. 213

grammaire

Forme active → Forme passive

- La phrase active et la phrase passive ont des sens équivalents, mais elles ne présentent pas l'information dans le même ordre.
- La phrase passive n'est jamais conforme à la phrase de base : elle contient un verbe passif. Le verbe passif est formé du verbe *être* (conjugué au même temps que le verbe de la phrase active) et du participe passé du verbe de la phrase active.

P DE BASE ACTIVE	P PASSIVE
► *Cette population* **parle** *le français*. →	*Le français* **est parlé** par *cette population*.
	– Déplacement du groupe *Cette population* après le verbe.
	– Déplacement du groupe *le français* avant le verbe.
	– Addition de la préposition *par*.
	– Remplacement de *parle* par le verbe passif correspondant *est parlé*.

P DE BASE ACTIVE	P PASSIVE
► *On* **parlera** *encore le français ici dans 100 ans*. →	*Le français* **sera** *encore* **parlé** *ici dans 100 ans*.
	– Effacement du pronom *On*.
	– Déplacement du groupe *le français* avant le verbe.
	– Remplacement de *parlera* par le verbe passif correspondant *sera parlé*.

Forme neutre → Forme emphatique

- La phrase neutre et la phrase emphatique ont des sens équivalents, mais elles ne présentent pas l'information de la même façon selon ce qui est mis en relief.
- La phrase emphatique n'est jamais conforme à la phrase de base ; elle contient une marque d'emphase :
  - un groupe de mots est détaché à l'aide d'une virgule dans la phrase et est repris (ou annoncé) par un pronom ;
  - un groupe de mots est détaché par un marqueur emphatique comme *c'est… qui / c'est… que / ce qui…, c'est / ce que…, c'est*.

P DE BASE NEUTRE	P EMPHATIQUE
► *Notre langue française est belle*. →	**Elle** *est belle,* *notre langue française*.
	– Déplacement du groupe *Notre langue française* en fin de phrase et ajout d'une virgule.
	– Addition du pronom *Elle*.

P DE BASE NEUTRE	P EMPHATIQUE
► *La vitalité d'une langue fait sa richesse*. →	**C'est** *la vitalité d'une langue* **qui** *fait sa richesse*.
	– Addition du marqueur emphatique *C'est… qui*.

REMARQUE : Il existe d'autres procédés de mise en relief, par exemple le simple déplacement de groupes.
► *En mars 2007 avait lieu la semaine nationale de la francophonie*. (Compl. de P + Prédicat + Sujet)

Forme personnelle → Forme impersonnelle

- La phrase personnelle et la phrase impersonnelle ont des sens équivalents, mais elles ne présentent pas l'information dans le même ordre.
- La phrase impersonnelle n'est pas conforme à la phrase de base : son verbe est employé avec un pronom *il* impersonnel.

REMARQUE : Le verbe de la forme impersonnelle s'emploie occasionnellement de façon impersonnelle, c'est-à-dire qu'il s'emploie aussi à la forme personnelle. Il se distingue de celui qui s'emploie obligatoirement avec le *il* impersonnel dans une phrase à construction particulière : *il pleut, il s'agit, il faut*, etc.

P DE BASE PERSONNELLE	P IMPERSONNELLE
► *Une lettre* *manque à ce mot*. →	**Il** *manque* *une lettre* *à ce mot*.
	– Déplacement du groupe *Une lettre* après le verbe.
	– Addition du pronom impersonnel *Il*.

LES PHRASES À CONSTRUCTION PARTICULIÈRE

Quatre sortes de phrases ne pouvant être décrites à l'aide de la phrase de base et qui peuvent contenir des marques d'interrogation, d'exclamation, de négation ou d'emphase.

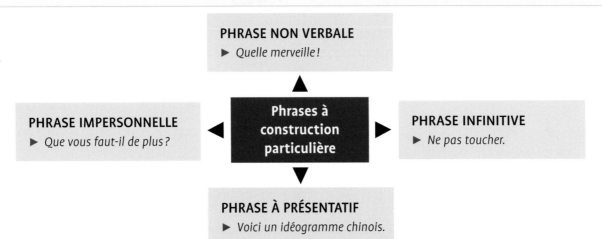

PRINCIPALES CARACTÉRISTIQUES DES PHRASES À CONSTRUCTION PARTICULIÈRE

Phrase non verbale

La phrase non verbale n'a ni sujet ni prédicat. Elle est le plus souvent réduite à un groupe dont le noyau n'est pas un verbe : généralement un GN, parfois un GAdj, un GPrép ou un GAdv.	GN GAdj GPrép GAdv ▶ *Défense d'entrer.* ▶ *Superbe !* ▶ *À suivre !* ▶ *Pourquoi ?* **REMARQUE :** La phrase non verbale ne contient pas de verbe conjugué, sauf si le groupe qui la constitue contient une subordonnée. GN Subordonnée ▶ *Un film* |*qui **fera** le bonheur des petits*| *!*

Phrase infinitive

La phrase infinitive est construite autour d'un GV infinitif. Elle peut comprendre un complément de phrase.	GVinf ▶ *Comment* |*lire les idéogrammes*| *?* GVinf GPrép ▶ |*Observer les symboles*| |*sur ce document explicatif*|. Compl. de P

Phrase à présentatif

La phrase à présentatif commence par l'un des présentatifs suivants : *voici / voilà, il y a (il y avait, il y aura, etc.), c'est (c'était, ce sera, etc.).*	▶ ***Voilà*** *une excellente idée !* ▶ ***C'est*** *à votre tour.* ▶ ***Y a****-t-**il eu*** *des visiteurs ?* ▶ ***Ce** n'est pas vrai !*

Phrase impersonnelle

La phrase impersonnelle de construction particulière n'est pas transformée à partir de la phrase de base. Elle a comme sujet le pronom *il* impersonnel, et le noyau de son GV est un verbe toujours impersonnel (qui ne s'emploie qu'avec *il* : *falloir, neiger, venter*, etc.) ou le verbe d'une expression impersonnelle comme *il est question de..., il semble que..., il paraît que...,* etc.	▶ ***Il s'agit*** *maintenant de rester calme !* ▶ *Ne* ***faudrait-il*** *pas intervenir ?* ▶ ***Il paraît que*** *la rue a été inondée.*

grammaire

LES CLASSES DE MOTS

Huit ensembles de mots qui ont des caractéristiques communes.

HUIT CLASSES DE MOTS	
Variables	**Invariables**
– Déterminant – Nom – Adjectif – Pronom – Verbe	– Adverbe – Préposition – Conjonction

```
  Prép   Dét    N    Dét    N       Adj       V    Conj Pron  V   Adv    Adj
```
▶ *Dans notre société, la langue française évolue, car elle est bien vivante.*

REMARQUES :

– Certains mots font partie de plus d'une classe (c'est le cas de *bien* qui peut être adverbe ou nom, par exemple, *elle va bien*, *elle a beaucoup de biens*).

– Observer les caractéristiques du mot dans le contexte de la phrase permet d'identifier sa classe.

PRINCIPALES CARACTÉRISTIQUES DES CLASSES DE MOTS	
Déterminant (Dét)	
Syntaxe	• Il précède le nom, mais il y a parfois un adjectif entre le déterminant et le nom. ▶ *des mots / de nouveaux mots*

Forme	• Il reçoit le genre et le nombre du nom qu'il accompagne.
	  ┌ m. pl.
	  ▶ *des mots*
	• Il varie généralement en genre et en nombre.
	   m. s. f. s. f. pl.
	  ▶ *un accent, une origine, des lettres*
	• Parfois, il est invariable.
	  ▶ *cinq élèves, chaque élève*

Quelques déterminants

Déterminants définis	*le / la / l' / les*
Déterminants définis contractés	*au / aux, du / des*
Déterminants partitifs	*du / de la / de l' / des*
Déterminants indéfinis	*un / une, des, aucun / aucune, plusieurs, beaucoup de, quelques, tout / toute / tous / toutes*, etc.
Déterminants démonstratifs	*ce / cet / cette / ces*
Déterminants possessifs	*mon / ma / mes*, etc.
Déterminants numéraux	*deux, trois, quatre*, etc.
Déterminants interrogatifs ou exclamatifs	*quel / quelle / quels / quelles, que de / d'*, etc.

.../ p. 216

Nom (N)

Syntaxe	• C'est le noyau du groupe du nom (GN).
Forme	• Il donne son genre et son nombre au déterminant, à l'adjectif et au participe passé avec lequel il est en relation ; il donne sa personne et son nombre au verbe (ou à l'auxiliaire) dont il est le sujet. 　f. s. ▶ La langue française évolue. 　3ᵉ pers. s. ▶ La langue française évolue. • Il varie généralement en nombre. ▶ un enfant, des enfants • Il varie généralement en genre lorsqu'il désigne des êtres animés. ▶ un Québécois / une Québécoise ▶ un boulanger / une boulangère ▶ un tigre / une tigresse

Adjectif (Adj)

Syntaxe	• C'est le noyau du groupe de l'adjectif (GAdj). • Lorsque l'adjectif exprime une qualité, il est alors **qualifiant** et présente les caractéristiques suivantes : 　– il peut se placer après ou avant le nom ; 　– il peut avoir une expansion, à gauche ou à droite ; 　– il peut être attribut du sujet ou du complément direct ; 　– il peut être mis en degré. • Lorsque l'adjectif attribue une catégorie, il est alors **classifiant** et présente les caractéristiques suivantes : 　– il se place après le nom ; 　– il n'a pas d'expansion ; 　– il ne peut pas être attribut. **REMARQUE :** Certains adjectifs peuvent appartenir aux deux catégories. Selon le contexte, ils sont alors qualifiants ou classifiants.
Forme	• Il reçoit le genre et le nombre du nom ou du pronom avec lequel il est en relation. 　f. s. ▶ une orthographe douteuse 　3ᵉ pers. s. ▶ Elle semble douteuse. • Il varie généralement en genre et en nombre. 　m. s.　　　　m. pl.　　　　f. s.　　　　f. pl. ▶ un mot inconnu / des mots inconnus, une expression inconnue / des expressions inconnues

.../ p. 217

grammaire

Pronom (Pron)

Syntaxe	• S'il s'agit d'un pronom de reprise, il remplace un groupe de mots (un GN, un GPrép, un GAdj, un GVinf), une subordonnée ou une phrase. Quand on remplace un groupe par un pronom, celui-ci a alors la même fonction. ▶ *Beaucoup de gens parlent* le français → *Beaucoup de gens* le *parlent.* ▶ *Beaucoup de gens parlent le français* en Afrique. → *Beaucoup de gens* y *parlent le français.* • Dans certains cas, le pronom peut avoir une expansion. ▶ *J'aime notre langue;* celle *des Espagnols* *est belle aussi.*
Forme	• Il donne son genre et son nombre à l'adjectif et au participe passé avec lequel il est en relation; il donne sa personne et son nombre au verbe (ou à l'auxiliaire) dont il est le sujet. f. s. 3ᵉ pers. s. ▶ Elle *est belle, notre langue.* • Généralement, il varie selon le genre, le nombre et la personne. Parfois, il est invariable. m. s. f. pl. ▶ Il *est québécois et* elles *sont belges.* ▶ Plusieurs *sont québécois,* deux *sont belges.*

Quelques pronoms

Pronoms personnels	*je/j', me/m', tu, te/t', il/elle/ils/elles, le/la/l'/les, lui/leur, eux/elles,* etc.
Pronoms possessifs	*le mien/la mienne/les miens/les miennes, les nôtres,* etc.
Pronoms démonstratifs	*ça, ceci, cela, celui/celle/ceux/celles,* etc.
Pronoms relatifs	*qui, que/qu', dont, où, lequel/laquelle/lesquels/lesquelles,* etc.
Pronoms indéfinis	*on, chacun/chacune, personne, plusieurs,* etc.
Pronoms interrogatifs	*qui, que/qu',* etc.
Pronoms numéraux	*un, deux, trois, quatre,* etc.

Verbe (V)

Syntaxe	• Lorsqu'il est conjugué à un mode personnel, il est le noyau du groupe du verbe (GV). • À l'infinitif, il est le noyau du groupe du verbe à l'infinitif (GVinf). • Au participe présent, il est le noyau du groupe du verbe au participe présent (GVpart). • Le verbe (ou l'auxiliaire si le verbe est conjugué à un temps composé) peut être encadré par l'expression *ne... pas* ou *n'... pas.* ▶ *Elle* **n'**évolue **pas**. ▶ *Elle* **n'**a **pas** *beaucoup évolué.*

Forme	• Le verbe (ou l'auxiliaire si le verbe est conjugué à un temps composé) reçoit la personne et le nombre du nom ou du pronom avec lequel il est en relation (le sujet).
	
	 2ᵉ pers. s. 1ᵉ pers. pl.
	 ▶ *Tu* es *québécoise.* ▶ *Toi et moi* avons *appris le français.*
	
	• Il se conjugue, il varie:
	  – en mode; – en temps; – en personne; – en nombre.
	  indicatif impératif présent imparfait futur simple 1ᵉ pers. 2ᵉ pers. s. pl.
	 ▶ *tu* parle**s** / parle *il* parle / *il* parl**ait** / *il* parl**era** *je* parle / *tu* parle**s** *il* parle / *ils* parl**ent**
	
	• Dans les temps simples, il est formé d'un radical et d'une terminaison (ex.: *elle parl +* **e**).
	• Dans les temps composés, il est formé de l'auxiliaire *avoir* ou *être* suivi d'un participe passé.
	
	 ▶ *Elle* **a** *parlé.* ▶ *Elles* **sont** *venues.*
	
	• Non conjugué, il se termine par *-er, -ir, -re* ou *-oir.*

.../ p. 218

	Catégories de verbes

Verbe transitif	• Verbe transitif direct : verbe qui doit avoir un complément direct, c'est-à-dire un complément joint sans l'intermédiaire d'une préposition.
	  ▶ *Elle accueille des étudiants étrangers.*
	                Compl. dir.
	• Verbe transitif indirect : verbe qui doit avoir un complément indirect, c'est-à-dire un complément formé à l'aide d'un GPrép.
	  ▶ *Il coopère à ce projet.*
	            Compl. ind.

Verbe intransitif	• Verbe sans complément. ▶ *Elle accourt.*
Verbe pronominal	• Verbe accompagné du pronom *se* à l'infinitif et d'un pronom de la même personne grammaticale que le sujet dans la conjugaison (*me/m', te/t', se/s', nous, vous, se/s'*). ▶ *Je **m'**apprête à traduire ce qu'il dit.*

Verbe attributif	• Verbe qui doit avoir un attribut du sujet.
	• Les verbes attributifs sont *être, paraître, sembler, devenir, avoir l'air*, etc.
	  ▶ *Ce livre semble intéressant.*
	         Attr. du S
	REMARQUE : Dans la phrase passive, des verbes comme *élire, juger, nommer* peuvent également être attributifs.
	  ▶ *Cette élève a été élue présidente de la 4ᵉ secondaire.*
	             Attr. du S

Verbe impersonnel	• Verbe conjugué avec le pronom *il* impersonnel, qui ne désigne aucune réalité.
	• Certains verbes sont toujours impersonnels (ex. : *falloir, s'agir* et les verbes de météorologie) ; quelques-uns d'entre eux sont accompagnés d'un complément du verbe impersonnel ou d'un modificateur du verbe.
	  ▶ *Il pleut. Il faut des changements.* ▶ *Il vente fort.*
	          Compl. du V impers. Modificateur
	• Certains verbes sont occasionnellement impersonnels. Ces verbes peuvent avoir un sujet autre que le *il* impersonnel dans une phrase qui a une construction différente.
	  ▶ *Il arrive souvent des imprévus.* ⟶ *Des imprévus arrivent souvent.* (P de base)

Auxiliaire de conjugaison	• Verbe employé avec un participe passé pour former un temps composé :
	  – *avoir*, pour former les temps composés de la plupart des verbes ;
	    ▶ *Il **a** appris cette langue il y a fort longtemps.*
	  – *être*, pour former les temps composés de certains verbes de mouvement ou de changement d'état, les verbes pronominaux et les verbes passifs.
	    ▶ *Elle **est** venue visiter ses parents.*

Auxiliaire d'aspect	• Verbe employé avec un verbe à l'infinitif pour désigner le moment ou la durée de l'action ou du fait.
	• Les auxiliaires d'aspect servent à préciser l'action selon les stades suivants :
	  – avant l'action : *aller, être près de, être sur le point de*, etc. ;
	  – au début de l'action : *commencer à, se mettre à*, etc. ;
	  – pendant l'action : *continuer à/de, être en train de*, etc. ;
	  – à la fin de l'action : *cesser de, finir de, achever de*, etc. ;
	  – après l'action : *sortir de, venir de*, etc.
	  ▶ *Le cours d'espagnol **va** commencer dans quelques minutes.* (moment avant l'action)

Phrase

.../ p. 219

grammaire

■ Construction

- Le GV a généralement un verbe conjugué à un mode personnel comme noyau.

  - Lorsque le verbe est à l'infinitif, on le nomme plus précisément GVinf ;

    REMARQUE : Quand il est précédé d'un auxiliaire d'aspect ou de modalité, le verbe à l'infinitif n'est pas un GVinf. Il forme, avec l'auxiliaire, le noyau d'un GV (p. 224).

  - Lorsque le verbe est au participe présent, on le nomme plus précisément GVpart.

- Le GV (GVinf ou GVpart) peut être formé d'un verbe seul ou avoir une ou plusieurs expansions qui ont le plus souvent l'une ou l'autre des fonctions suivantes :

  - complément direct (un GN, un pronom, un GVinf, une subordonnée complétive) ;

  - complément indirect (un GPrép, un pronom, un GAdv, une subordonnée complétive) ;

  - attribut du sujet (un GAdj, un GN, un GPrép, un pronom, un GVinf) ;

  - modificateur (un GAdv, un GPrép).

▶ Les langues **évoluent**.   [GV : évoluent]

▶ Le français **a connu** *des changements* au cours de son histoire.
  [GV : a connu — GN : des changements — Compl. dir. du V]

▶ **S'initier** *à une langue*, voilà un beau défi !
  [GVinf : S'initier — GPrép : à une langue — Compl. ind. du V]

▶ Le français d'ici **est** *différent du français parlé ailleurs*.
  [GV : est — GAdj : différent du français parlé ailleurs — Attr. du S]

REMARQUE : Les expansions du verbe (sauf le modificateur) peuvent être remplacées par un pronom : *le, la, l', les, lui, leur, en, y, me, m', te, t', se, s', que, qu'*, etc.

▶ Mes amis **comprennent** *l'anglais*, mais pas moi. ➝ Mes amis *le* **comprennent**, mais pas moi.
  [GV : comprennent — GN : l'anglais — Compl. dir. du V]

■ Fonction

- Le GV remplit la fonction de prédicat de la phrase.

- Le GVinf ayant la valeur d'un GN peut avoir diverses fonctions du GN, le plus souvent celles de sujet, de complément direct du verbe, de complément du nom ou d'attribut du sujet.

▶ **Apprendre une nouvelle langue** est enrichissant.   [GVinf — Sujet]
  L'apprentissage d'une nouvelle langue est enrichissant.   [GN — Sujet]

- Le GVinf ayant la valeur d'un GV a la fonction de prédicat. Il peut former une subordonnée infinitive ou une phrase infinitive.

▶ J'entends Arielle **réciter sa leçon d'italien**.   [Sub. infinitive / GVinf]
  ▶ **Terminer le devoir d'italien** ce soir. (P infinitive)   [GVinf]

- Le GVpart ayant la valeur d'un GAdj ou étant l'équivalent d'une subordonnée relative a la fonction de complément du nom ou du pronom.

▶ Il y a une règle **précisant cet accord**. ➝ Il y a une règle **qui précise cet accord**.   Il y a une règle **précise**.
  [GVpart — Compl. du N] [Sub. rel. — Compl. du N] [GAdj — Compl. du N]

- Le GVpart ayant la valeur d'un GV a la fonction de prédicat et son sujet est exprimé. Il s'agit alors d'une subordonnée participiale.

▶ L'exposé **étant fini**, nous pouvons poser nos questions.   [Sub. participiale]

.../ p. 222

Groupe de l'adjectif (GAdj)

■ Construction

- Le GAdj a un adjectif comme noyau.
- Le GAdj peut être formé d'un adjectif seul ou avoir une ou plusieurs expansions qui ont la fonction :
  - de complément de l'adjectif (un GPrép, une subordonnée complétive, le pronom *en* ou *y*) ;

  GAdj
  - ▶ *Je ne connais pas ces populations* **francophones**.

  GAdj
  Sub. complét.
  - ▶ *Je suis* **étonné** *que le français varie autant d'une population à l'autre*.
  Compl. de l'Adj

  - de modificateur (un GAdv). Il s'agit alors de mise en degré de l'adjectif.

  GAdj
  GAdv
  - ▶ *Le français peut être* **extrêmement différent** *d'une population à l'autre.*
  Modif. de l'Adj

REMARQUE : On peut remplacer un GAdj attribut du sujet par un pronom, qui a alors la même fonction.

■ Fonction

- Le GAdj peut remplir les fonctions suivantes :
  - complément du nom ; – attribut du sujet ; – attribut du complément direct.

Groupe de l'adverbe (GAdv)

■ Construction

- Le GAdv a un adverbe comme noyau.
- Le GAdv est souvent formé d'un adverbe seul.

GAdv
▶ *Elle parle* **couramment** *le français.*

- Parfois, le GAdv est précédé d'une expansion (un autre GAdv) qui a la fonction de modificateur de l'adverbe. Il s'agit alors de mise en degré de l'adverbe.

GAdv
GAdv
▶ *Elle parle* **très couramment** *le français.*
Modif. de l'Adv

- À l'occasion, le GAdv a une expansion (un groupe prépositionnel ou une subordonnée) qui a la fonction de complément de l'adverbe.

GAdv
Sub. complét.
▶ **Heureusement** *qu'elle est bilingue* !
Compl. de l'Adv

GAdv
Sub. relative
▶ **Là** *où vous irez*, *je vous suivrai.*
Compl. de l'Adv

- L'adverbe de négation est généralement formé de deux mots : *ne... pas, ne... plus, ne... jamais*, etc.

GAdv
▶ *Il* **ne** *parle* **pas** *le français.*

■ Fonction

- Le GAdv peut remplir les fonctions suivantes :
  - modificateur du verbe, de l'adjectif, de l'adverbe, etc. ; – complément indirect du verbe.
  - complément de phrase ;

... / p. 223

grammaire

Groupe prépositionnel (GPrép)

■ Construction

- Le GPrép a une préposition comme noyau.
- La préposition a une expansion obligatoire à droite (le plus souvent un GN, un GVinf, un GVpart ou un pronom).

GPrép
GVinf
► *Cette langue me paraît difficile* **à** apprendre .

GPrép
GN
► *J'ai rencontré des francophones* **de** l'Alberta .

REMARQUES :

- On peut remplacer un GPrép par un pronom, qui a alors la même fonction.
- Le GPrép peut commencer par le déterminant contracté *au*, *aux*, *du* ou *des*, qui inclut la préposition *à* ou *de*.

GPrép   GPrép
GN   (de le) GN
► *Ces francophones viennent* **de** l'Alberta *et* **du** Québec .

- Le GPrép formé de la préposition *en* + GVpart (= gérondif) est très fréquent. Il a souvent la fonction de complément de phrase.

GPrép
► **En entendant** leur accent , *Julien a compris qu'ils n'étaient pas d'ici.*

■ Fonction

- Le GPrép peut remplir diverses fonctions, par exemple :
  - complément de phrase ;
  - complément indirect du verbe ;
  - complément du nom ou du pronom ;
  - modificateur du verbe ;
  - complément de l'adjectif ;
  - attribut du sujet ;
  - attribut du complément direct.

LES FONCTIONS SYNTAXIQUES

Relations syntaxiques entre les mots, les groupes de mots ou les subordonnées dans la phrase.

Phrase

CARACTÉRISTIQUES GÉNÉRALES DES PRINCIPALES FONCTIONS SYNTAXIQUES

Sujet (S)

- Le sujet est la fonction d'un constituant obligatoire de la phrase ; il est en relation étroite avec le prédicat.
- C'est un GN, un pronom, une subordonnée complétive ou un GVinf.
- Généralement, il est placé devant le prédicat et ne peut être ni déplacé ni effacé.
- Il peut être remplacé par le pronom *il, elle, ils, elles* ou *cela*.
- Il peut être encadré par l'expression *c'est... qui* ou *ce sont... qui*.
- ▶ *Notre planète est une véritable tour de Babel avec ses quelque 6 000 langues.*
      Sujet

REMARQUE : Le sujet est déplacé dans certaines phrases transformées.
- ▶ *Connaissez-vous plusieurs langues ?*
- ▶ *En mars 2007 avait lieu la semaine nationale de la francophonie.*

Prédicat

- Le prédicat est la fonction d'un constituant obligatoire de la phrase ; il est en relation étroite avec le sujet.
- C'est toujours un GV.
- Généralement, il est placé après le sujet et ne peut être ni déplacé ni effacé.
- ▶ *Notre planète est une véritable tour de Babel avec ses quelque 6 000 langues.*
                  Prédicat

Complément de phrase (Compl. de P)

- Le complément de phrase est la fonction d'un constituant facultatif de la phrase ; il dépend de l'ensemble de la phrase.
- C'est un GPrép, un GN, un GAdv, une subordonnée ou le pronom *y*.
- Il peut être déplacé dans la phrase (par exemple, en tête de phrase, entre le sujet et le prédicat ou entre le verbe et son complément), sauf s'il s'agit du pronom *y*.
- On peut insérer *et cela* (ou *et ce*), et dans certains cas *et cela se passe* ou *et il le fait*, avant le complément de phrase pour vérifier s'il s'agit bien d'un complément de phrase.
- On ne peut pas remplacer le complément de phrase par un pronom sauf s'il exprime un lieu. Il est alors remplacé par le pronom *y*.
- ▶ *Notre planète est une véritable tour de Babel avec ses quelque 6 000 langues.*
                                      Compl. de P

Complément du nom (Compl. du N)

- Le complément du nom est la fonction de l'expansion du nom dans le GN ; il dépend donc du nom.
- C'est un GAdj, un GPrép, un GN, un GVinf, un GVpart, une subordonnée relative, une subordonnée complétive, le pronom *en* ou *dont*.
- Généralement, il est placé à droite du nom et ne peut pas être déplacé.
- Il est généralement facultatif (on peut l'effacer).
- ▶ *Cette petite population de la Louisiane est francophone.*
      Compl. du N   Compl. du N

.../ p. 225

grammaire

Complément du pronom (Compl. du Pron)

- Le complément du pronom est la fonction de l'expansion du pronom; il dépend donc du pronom.
- C'est un GPrép, une subordonnée relative, ou encore un GN détaché, un GAdj détaché, un GVpart détaché.
- Selon le pronom, son complément peut être déplacé ou non.
- Il est parfois facultatif (on peut l'effacer).

▶ *Laquelle* de ces langues *étudiez-vous ?*
       Compl. du Pron

Complément direct du verbe (Compl. dir. du V)

- Le complément direct du verbe est la fonction d'une expansion du verbe dans le GV; il dépend donc du verbe.
- C'est généralement un GN ou un pronom (*le/l'*, *la/l'*, *les*, *en*, *que/qu'*, etc.), une subordonnée complétive ou un GVinf.
- Le plus souvent, il est placé à droite du verbe s'il s'agit d'un GN, d'un GVinf ou d'une subordonnée complétive, et à gauche du verbe s'il s'agit d'un pronom.
- Il peut être remplacé par *quelqu'un* ou *quelque chose*.

▶ *On évalue* le nombre de langues *à plus de 6 000.*
       Compl. dir. du V

Complément indirect du verbe (Compl. ind. du V)

- Le complément indirect du verbe est la fonction d'une expansion du verbe dans le GV. Tout comme le complément direct, il dépend du verbe, mais se construit avec une préposition (*à*, *de*, *en*, etc.).
- C'est généralement un GPrép ou un pronom (*lui*, *leur*, *en*, *y*, *dont*, etc.), et parfois une subordonnée complétive ou un GAdv.
- Généralement, il est placé à droite du verbe s'il s'agit d'un GPrép, d'un GAdv ou d'une subordonnée complétive, et à gauche du verbe s'il s'agit d'un pronom.
- Il peut être remplacé par une préposition (*à*, *de*, *en*, etc.) + *quelqu'un* ou *quelque chose*, ou encore par *quelque part*.

▶ *On évalue le nombre de langues* à plus de 6 000 .
              Compl. ind. du V

Complément du verbe passif (Compl. du V passif)

- Le complément du verbe passif est la fonction d'une expansion du verbe dans le GV de la phrase passive; il dépend du verbe passif.
- C'est un GPrép introduit par la préposition *par* (ou plus rarement *de*).

▶ *Le français est parlé* par cette population .
             Compl. du V passif

REMARQUE : Le complément du verbe passif n'est pas toujours exprimé.

▶ *Le français est parlé sur tous les continents.*

.../ p. 226

Complément du verbe impersonnel (Compl. du V impers.)

- Le complément du verbe impersonnel est la fonction d'une expansion du verbe dans le GV de la phrase impersonnelle (phrase transformée ou construction particulière) ; il dépend du verbe impersonnel.
- Dans la phrase transformée, c'est un GN, un pronom, un GVinf ou une subordonnée complétive.

▶ *Il existe* de nombreux dialectes *dans ce pays.*
  Compl. du V impers.

- Dans la construction particulière :
  – avec *falloir* (*il faut*), c'est un GN, un GPrép, un pronom, un GVinf ou une subordonnée complétive ;
  – avec *s'agir* (*il s'agit*), c'est un GPrép.

▶ *Il faut* traduire ce texte .   ▶ *Il s'agit* de traduire ce texte .
  Compl. du V impers.   Compl. du V impers.

REMARQUE : Le verbe impersonnel peut avoir, en plus du complément du verbe impersonnel, un complément indirect.

▶ *Il* **me** *manque* un document .
  Compl. ind.   Compl. du V impers.

Complément du présentatif (Compl. du présentatif)

- Le complément du présentatif est la fonction d'une expansion du présentatif (*c'est*, *il y a*, *voici*, *voilà*) dans la phrase à présentatif ; il dépend du présentatif.
- Selon le présentatif, ce peut être un GN, un GPrép, un GAdv, un pronom, une subordonnée complétive ou une subordonnée relative.

▶ *Voilà* un excellent texte !
  Compl. du présentatif

Attribut du sujet (Attr. du S)

- L'attribut du sujet est la fonction d'une expansion d'un verbe attributif (*être*, *paraître*, *sembler*, *avoir l'air*, *devenir*, etc.) dans le GV. Il est en relation étroite avec le sujet.
- C'est généralement un GAdj. Il peut aussi être un GN, un GPrép ou un pronom (*le/l'*, *en*, *que/qu'*), et parfois un GVinf ou un GAdv.
- Généralement, il est placé à droite du verbe, sauf si c'est un pronom, et ne peut pas être déplacé hors du GV.
- Il est obligatoire.

▶ *Le nombre de langues dans le monde me paraît* extrêmement élevé !
                                                Attr. du S

Attribut du complément direct (Attr. du compl. dir.)

- Le complément direct peut être accompagné d'un attribut appelé « attribut du complément direct ». Cet attribut est en relation étroite avec le complément direct.
- C'est un GAdj, un GN ou un GPrép.
- Il est placé à droite du verbe (avant ou après le complément direct) et ne peut pas être déplacé hors du GV.
- Il ne peut généralement pas être effacé. Son effacement change le sens de la phrase ou la rend agrammaticale.

▶ *Elle trouve cette langue* excessivement difficile .
                              Attr. du compl. dir.

REMARQUE : On a un attribut du complément direct quand on peut remplacer par un pronom le complément direct, sans l'attribut.

▶ *On a élu* **Maude** présidente .   ⟶   *On* **l'**a élue présidente .
  Compl. dir. Attr. du compl. dir.   Compl. dir. Attr. du compl. dir.

.../ p. 227

grammaire

Modificateur du verbe, de l'adjectif, de l'adverbe (Modif. du V, de l'Adj, de l'Adv)

- Le modificateur est la fonction d'une expansion d'un verbe, d'un adjectif, d'un autre adverbe.
- C'est un GAdv ou un GPrép.
- Généralement, il est placé à proximité du mot qu'il modifie (immédiatement avant ou après). Il est facultatif.
- ▶ *Le nombre de langues dans le monde* ne me paraissait pas très *élevé.*

  Modif. du V   Modif. de l'Adj

Complément de l'adjectif (Compl. de l'Adj)

- Le complément de l'adjectif est la fonction d'une expansion de l'adjectif dans le GAdj ; il dépend donc de l'adjectif.
- C'est un GPrép, une subordonnée complétive ou un pronom (*en*, *y*, *dont*).
- Généralement, il est placé à droite de l'adjectif et ne peut pas être déplacé.
- ▶ *Je suis étonné* du grand nombre de langues dans le monde.

  Compl. de l'Adj

Complément de l'adverbe (Compl. de l'Adv)

- Le complément de l'adverbe est la fonction d'une expansion de l'adverbe dans le GAdv ; il dépend donc de l'adverbe.
- C'est un GPrép ou une subordonnée.
- Il est placé à droite de l'adverbe et ne peut pas être déplacé.
- ▶ *Heureusement* pour lui*, il maîtrise ce dialecte.*   ▶ *Partout* où elle va*, elle réussit à se faire comprendre.*

  Compl. de l'Adv   Compl. de l'Adv

Façons de joindre des éléments de même niveau syntaxique à l'aide d'un coordonnant (*et*, *ou*, *puis*, *car*, *mais*, etc.) ou d'un signe de ponctuation (une virgule, un deux-points ou un point-virgule).

Phrase

MOTS DE MÊME CLASSE GRAMMATICALE
▶ *Toi **et** moi connaissons l'anglais.*

◀ **Éléments coordonnés ou juxtaposés** ▶

GROUPES DE MOTS (OU PHRASES SUBORDONNÉES) DE MÊME FONCTION
▶ *Le français **et** l'italien sont des langues issues du latin.*

▼

PHRASES
▶ *Le français est une langue romane, l'anglais est une langue germanique.*

Coordination	Juxtaposition
• Les éléments sont liés à l'aide d'un mot qui joue le rôle de coordonnant : *et*, *ou*, *puis*, *car*, *mais*, etc. • Le coordonnant est une conjonction de coordination ou un adverbe. • Le coordonnant exprime de façon explicite le rapport de sens entre les éléments qu'il met en relation. Par exemple, le coordonnant *ni* exprime l'exclusion, tandis que le coordonnant *mais* indique l'opposition.	• Les éléments sont liés à l'aide d'un signe de ponctuation. • Le signe de ponctuation employé est une virgule, un deux-points ou un point-virgule. • Le rapport de sens entre les éléments juxtaposés est implicite. Par exemple, la virgule peut joindre des éléments entre lesquels il y a un rapport d'addition, de succession ou d'opposition.

■ **Les éléments coordonnés ou juxtaposés**

• On peut lier des éléments de même fonction :
   – des groupes semblables : ▶ *Ce nouvel arrivant apprendra* le français *et* l'anglais. (deux GN) ;
   – des groupes différents : ▶ *C'est une langue* belle *et* de complexité moyenne. (un GAdj et un GPrép) ;
   – des phrases subordonnées : ▶ *Je voudrais* qu'il lise *et* qu'il écrive l'anglais. (deux subordonnées complétives) ;
   – des groupes et des phrases subordonnées : ▶ *Il connaît des langues* différentes *et* qui ne sont pas des langues sœurs. (un GAdj et une subordonnée relative).
• On peut aussi lier des phrases qui ne dépendent pas l'une de l'autre sur le plan de la syntaxe.
   ▶ *Les langues anglaise et française ne sont pas des langues sœurs*, *mais* elles s'influencent mutuellement.

…/ p. 229

■ Les éléments à effacer dans la coordination

Pour éviter la répétition dans la coordination, on efface un ou des éléments communs.

▶ Elle parle ~~l'italien~~ et ~~elle~~ lit l'italien .

▶ J'aimerais apprendre une ~~autre langue~~ , deux ~~autres langues~~ ou trois autres langues !

REMARQUE : Quand on efface un verbe, qui est l'élément commun, on met généralement une virgule pour marquer l'ellipse.

▶ Jacob aime les langues germaniques ; Violaine ~~aime~~ , les langues latines .

■ Les éléments qui ne peuvent pas être effacés

Voici des éléments qui ne peuvent pas être effacés dans la coordination :

– les prépositions à, de, en et les déterminants, sauf si les éléments coordonnés forment un tout ou désignent une seule réalité ;

▶ Quand elle étudiait à Rome, Estelle envoyait régulièrement **des** lettres et **des** courriels **à** sa mère et **à** son frère .

– les pronoms personnels compléments ;

▶ Je **t'**écrirai et **t'**appellerai aussi souvent que possible .

– les subordonnants.

▶ Je sais **que** mon frère m'écrira et **que** ma mère viendra me visiter .

REMARQUES :

– On peut cependant effacer les subordonnants avec les sujets identiques.

▶ Tu comprends qu'elle s'ennuie et ~~qu'elle~~ t'attend impatiemment .

– On peut effacer une partie du subordonnant répété pour garder seulement la conjonction que : afin que... et ~~afin~~ que..., parce que... et ~~parce~~ que..., etc.

▶ Estelle ne s'ennuie pas **parce qu'**elle a beaucoup de travail et ~~parce~~ **que** je lui écris toutes les semaines .

– Il en est de même avec les locutions prépositives : afin de... et ~~afin~~ de...

■ Les éléments à remplacer dans la coordination

Pour éviter la répétition dans la coordination :

– on peut remplacer un élément commun par un pronom ;

▶ L'accent de Sam est prononcé ; **celui** de Lei l'est moins . (Le pronom celui remplace le GN L'accent ; le pronom l' remplace le GAdj prononcé.)

REMARQUE : On ne peut pas effacer les compléments de constructions différentes, même s'ils ont des éléments communs. On remplace alors un des compléments par un pronom convenant à la construction.

▶ ⊘ Estelle aime et profite de son séjour en Italie.

○ Estelle aime son séjour en Italie et **en** profite .

(Aimer **quelque chose**, mais profiter **de quelque chose**. Le pronom en remplace le complément introduit par de.)

– on peut remplacer un élément commun par un adverbe ;

▶ Thomas connaît l'espagnol et Zoé **aussi** . (L'adverbe aussi remplace le GV connaît l'espagnol.)

– on peut remplacer les subordonnants lorsque, puisque, comme, quand et si par que quand on coordonne deux subordonnées compléments de phrase.

▶ Comme il maîtrise le français et **qu'**il connaît très bien l'anglais , il fait des visites guidées dans la capitale.

.../ p. 230

■ Addition

– et
– de plus
– puis

▶ *L'anglais* et *le français* *sont les deux langues officielles du Canada.*

REMARQUE : La virgule peut aussi avoir une valeur d'addition.

▶ *Plusieurs langues sont issues du latin :* le français *,* l'italien *,* le roumain *, etc.*

■ Choix

– ou (ou bien)
– soit... soit
– parfois... parfois

▶ *Le Canada a-t-il* une *ou* deux *langues officielles ?*

▶ *Il apprendra* soit l'allemand *,* soit le russe *.*

REMARQUE : Les coordonnants répétés, comme *soit... soit,* sont dits « corrélatifs ».

■ Exclusion

– ni

▶ *Ce nouvel arrivant ne parle pas* français ni anglais *.*

▶ *Ce nouvel arrivant ne parle* ni français *,* ni anglais *,* ni espagnol *.*

■ Succession dans le temps

– puis
– enfin

▶ *Ce nouvel arrivant apprendra* le français *,* puis l'anglais *.*

■ Cause ou explication

– car
– en effet
– effectivement

▶ *L'anglais et le français ne sont pas des langues sœurs* *,* car leur langue mère n'est pas la même *.*

REMARQUE : Le deux-points peut aussi introduire une cause ou une explication.

▶ *Ces langues ne sont pas des langues sœurs* : leur langue mère n'est pas la même *.*

■ Conséquence

– donc
– ainsi
– alors
– aussi

▶ *L'anglais et le français n'ont pas la même langue mère* *,* aussi ce ne sont pas des langues sœurs *.*

REMARQUE : Le deux-points peut également introduire une conséquence.

▶ *Ces langues n'ont pas la même langue mère* : ce ne sont pas des langues sœurs *.*

■ Opposition ou concession

– mais
– toutefois
– cependant
– par contre

▶ *Les langues anglaise et française ne sont pas des langues sœurs* *,* mais elles s'influencent mutuellement *.*

REMARQUE : La virgule ou le point-virgule peut aussi avoir une valeur d'opposition.

▶ *J'aime les langues germaniques* *,* tu préfères les langues latines *.*

REMARQUES :

– Les coordonnants sont généralement précédés de la virgule, sauf dans le cas des conjonctions *et, ou, ni.*

▶ Je comprends l'anglais, mais je ne comprends pas l'espagnol *.*

On emploie la virgule devant *et, ou, ni* si la coordination comporte plus de deux éléments.

▶ *J'aimerais apprendre* l'italien *,* ou l'allemand *,* ou le russe *.*

– Le coordonnant *ni* se place généralement devant chaque élément coordonné. Les coordonnants *et, ou* peuvent être répétés pour créer un effet d'insistance.

▶ *Ce nouvel arrivant n'apprendra* ni le français ni l'anglais *.*

▶ *Ce nouvel arrivant apprendra* et le français et l'anglais *.*

– Dans le cas de phrases coordonnées par un adverbe, celui-ci peut parfois se placer à l'intérieur de la seconde phrase.

▶ *Les langues anglaise et française ne sont pas des langues sœurs* ; elles s'influencent toutefois mutuellement *.*

ℹ️ L'INSERTION

Façons d'insérer une phrase, sans coordonnant ni subordonnant, dans une autre phrase.

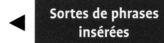

INCISE

▸ *« Je veux absolument, dit-il, apprendre le russe. »*

◀ **Sortes de phrases insérées** ▶

INCIDENTE

▸ *Le russe, je crois, est très difficile à apprendre.*

PHRASE INCISE

- La phrase incise (ou l'incise) permet d'indiquer de qui sont les paroles rapportées dans le discours direct.
- Elle est construite à l'aide d'un verbe de parole ou d'opinion, comme *dire, déclarer, murmurer, affirmer, penser,* etc., et pouvant ou non préciser sur quel ton les paroles sont rapportées. Son sujet est placé après le verbe.
- L'incise peut être placée à l'intérieur ou à la fin de la phrase :
  - à l'intérieur de la phrase, elle est encadrée par des virgules ;
  - ▸ *« L'italien**, dit-elle,** est très chantant. »*
  - à la fin de la phrase, elle est aussi détachée par la virgule.
  - ▸ *« Le français est bien plus complexe que l'anglais »,* **affirma Maude***.*

REMARQUE : Si les paroles rapportées se terminent par un point d'exclamation, un point d'interrogation ou des points de suspension, on ne met pas de virgule.

▸ *« Le français est bien plus complexe que l'anglais ! »* **s'exclama Maude***.*

PHRASE INCIDENTE

- La phrase incidente (ou l'incidente) permet à la personne qui parle ou qui écrit d'exprimer un point de vue ou un commentaire sur ce qu'elle dit ou écrit. La phrase incidente interrompt le cours de la phrase dans laquelle elle est insérée.
- L'incidente peut être détachée à l'aide de virgules, de parenthèses ou de tirets.
  - ▸ *Paolo a fait**, je crois,** une traduction très rigoureuse.*
  - ▸ *Ce texte* **— vous l'avez certainement remarqué —** *est une traduction.*
  - ▸ *Le texte original* **(je m'en souviens très bien)** *était en italien.*

REMARQUE : L'incidente peut prendre la forme d'un groupe, par exemple un GPrép.

▸ *L'arabe est une langue**, selon Éloïse,** plus gutturale que l'allemand.*

Enchâssement d'une phrase, appelée «phrase subordonnée», dans un groupe de mots (GN, GV, GAdj, etc.) ou dans une autre phrase, généralement introduite à l'aide d'un subordonnant comme *qui, que, dont, où*, etc. ou *lorsque, pour que, parce que, de sorte que*, etc.

SUBORDONNÉE RELATIVE

▶ *Le latin, qui n'est plus parlé, est une langue morte.*

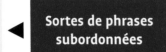

Sortes de phrases subordonnées

SUBORDONNÉE COMPLÉMENT DE PHRASE

▶ *Parce qu'il n'est plus parlé, le latin est une langue dite morte.*

SUBORDONNÉE COMPLÉTIVE

▶ *On dit que le latin est une langue morte.*

– La subordonnée n'est pas autonome, contrairement aux phrases juxtaposées et coordonnées : elle dépend d'un mot de la phrase ou, pour celles qui sont des compléments de phrase, de l'ensemble de la phrase.
– À l'origine d'une phrase avec subordonnée, il y a deux phrases autonomes.

- **Subordonnée relative**

  Subordonnée
  ▶ *Le latin, qui n'est plus parlé , est une langue morte.*

  Phrases autonomes : P1 *Le latin est une langue morte.* P2 *Le latin n'est plus parlé.*

- **Subordonnée complétive**

  Subordonnée
  ▶ *On dit que le latin est une langue morte .*

  Phrases autonomes : P1 *On dit quelque chose.* P2 *Le latin est une langue morte.*

- **Subordonnée complément de phrase**

  Subordonnée
  ▶ *Parce qu'il n'est plus parlé , le latin est une langue dite «morte».*

  Phrases autonomes : P1 *Le latin est une langue dite «morte».* P2 *Le latin n'est plus parlé.*

REMARQUE : Il existe des subordonnées infinitives et participiales, qui sont des réductions de subordonnées relatives, complétives ou compléments de phrase.

- La subordonnée infinitive, construite à partir d'un verbe à l'infinitif, peut avoir un subordonnant ou non.

  Sub. infinitive
  ▶ *Je sais comment traduire cette phrase .* (avec subordonnant)

  Sub. infinitive
  ▶ *J'entends Arielle réciter sa leçon d'italien .* (sans subordonnant)

- La subordonnée participiale, construite à partir d'un participe présent, n'a pas de subordonnant.

  Sub. participiale
  ▶ *Sa voix faiblissant , nous ne saisissions plus ses paroles.*

grammaire

Phrase

LA SUBORDONNÉE RELATIVE

Phrase enchâssée introduite par un pronom relatif qui joue le rôle de subordonnant.

```
              GN                                              GN = Pronom substitut
           Sub. rel.                                              Sub. rel.
► Cette langue, qui n'est plus parlée, est une langue morte.   ► Celle-ci, qui est encore parlée, est vivante.
          Compl. du N                                           Compl. du Pron
```

- Le pronom relatif reprend un nom déjà mentionné (son antécédent). Dans le premier exemple, *qui* reprend *langue*.
- Il remplace un groupe de mots de la phrase et a la même fonction que ce groupe. Dans le premier exemple, la phrase à l'origine de la subordonnée est *Cette langue n'est plus parlée*; le pronom *qui* remplace *Cette langue*; il a la fonction de sujet du verbe *est parlée*.

■ Fonction

- La subordonnée relative remplit généralement la fonction de complément du nom ou du pronom. Elle apporte une précision essentielle ou accessoire au mot dont elle dépend.

■ Mode

- Le verbe de la subordonnée relative est souvent conjugué au mode indicatif, mais il peut parfois être au subjonctif :
  - lorsque le fait exprimé dans la subordonnée est mis en doute ;
    - ► *Il faut trouver une personne* qui **puisse** *s'exprimer facilement dans les trois langues*. (par opposition à *Il faut trouver une personne qui* **peut** *s'exprimer facilement dans les trois langues*, subordonnée dans laquelle on ne doute pas qu'une telle personne existe)
  - lorsque la relative est précédée d'une expression d'intensité (*le seul, l'unique, le premier*, etc.).
    - ► *Ce sont les seules conditions* qui **soient** requises.

REMARQUES :

- Quand le pronom relatif est sans antécédent (*qui, quiconque, où*, etc.), il est appelé «pronom relatif nominal».
  - ► Qui va à la chasse *perd sa place*. (Ici, *Qui* veut dire *celui qui*.)
- Certaines subordonnées relatives peuvent exercer des fonctions autres que complément du nom ou du pronom. C'est le cas, notamment, dans l'exemple ci-dessus où la relative exerce la fonction de sujet.

VALEUR DÉTERMINATIVE OU EXPLICATIVE DE LA RELATIVE

• La **relative déterminative** apporte une précision essentielle au mot dont elle dépend : – elle ne peut pas être enlevée sans que le sens de la phrase soit changé ; – elle n'est pas détachée par la virgule.	► *Ma sœur* **qui est traductrice** *travaille à l'étranger.* La relative apporte une précision essentielle : il ne s'agit pas de n'importe laquelle des sœurs de l'énonciateur, mais bien de celle qui est traductrice.
• La **relative explicative** apporte une précision accessoire au mot dont elle dépend : – elle peut être enlevée sans que le sens de la phrase soit changé ; – elle est détachée par la virgule.	► *Ma sœur***, qui est traductrice,** *travaille à l'étranger.* La relative apporte une précision accessoire : la seule et unique sœur de l'énonciateur, «soit dit en passant», est traductrice.

EMPLOI DES PRINCIPAUX PRONOMS RELATIFS

QUI	
• Groupe de mots remplacé : GN • Fonction : sujet	► *On appelle «langue morte» une langue* qui n'est plus parlée. qui = Sujet du V GN Phrase à l'origine de la subordonnée : <u>Cette langue</u> *n'est plus parlée.*

.../ p. 234

QUE / QU'
• Groupe de mots remplacé : GN
• Fonctions : complément direct du verbe ou, plus rarement, attribut du sujet
	▶ *Une langue* |*qu' on ne parle plus*| *est appelée «langue morte».*
	   qui = Compl. dir. du V
	                                                     GN
	Phrase à l'origine de la subordonnée : *On ne parle plus <u>cette langue</u>.*

DONT
• Groupe de mots remplacé : GPrép introduit par *de / d'* (ou *du, des*)
• Fonctions : complément du nom, complément de l'adjectif ou complément indirect du verbe
	▶ *Une langue* |*dont l'usage a cessé*| *est appelée «langue morte».*
	   dont = Compl. du N
	                                 GPrép
	Phrase à l'origine de la subordonnée : *L'usage <u>de cette langue</u> a cessé.*
	
	▶ *Le latin* |*dont le français dérive*| *est appelé «latin vulgaire».*
	   dont = Compl. ind. du V
	                                 GPrép
	Phrase à l'origine de la subordonnée : *Le français dérive <u>de ce latin</u>.*

OÙ
• Groupe de mots remplacé : groupe exprimant le temps ou le lieu
• Fonctions : complément indirect du verbe ou complément de phrase
	▶ *Les villes* |*où l'on parle plusieurs langues*| *sont cosmopolites.*
	   où = Compl. de P (lieu)
	                                 GPrép
	Phrase à l'origine de la subordonnée : *On parle plusieurs langues <u>dans ces villes</u>.*

PRÉPOSITION + QUI
• Groupe de mots remplacé : GPrép (*à…, de…, par…, avec…*) qui fait référence à une ou à des personnes
• Fonctions : complément du nom, complément de l'adjectif ou complément indirect du verbe
	▶ *Les Romains,* |*à qui nous devons notre alphabet*|, *utilisaient le latin.*
	   à qui = Compl. ind. du V
	                                 GPrép
	Phrase à l'origine de la subordonnée : *Nous devons notre alphabet <u>aux Romains</u>.*

PRÉPOSITION + LEQUEL
• Groupe de mots remplacé : GPrép (*à…, de…, par…, avec…*)
• Fonctions : complément indirect du verbe, complément de phrase ou, plus rarement, complément de l'adjectif
	▶ *Le latin* |*duquel le français dérive*| *est appelé «latin vulgaire».*
	   duquel = Compl. ind. du V
	                                 GPrép
	Phrase à l'origine de la subordonnée : *Le français dérive <u>de ce latin</u>.*
	
	▶ *Cette culture,* |*à laquelle tu es fidèle*|, *est celle de nos ancêtres.*
	   à laquelle = Compl. de l'Adj
	                                 GPrép
	Phrase à l'origine de la subordonnée : *Tu es fidèle <u>à cette culture</u>.*
	
	▶ *C'est la période* |*durant laquelle le français s'est le plus développé*|.
	   durant laquelle = Compl. de P
	                                 GPrép
	Phrase à l'origine de la subordonnée : *Le français s'est le plus développé <u>durant cette période</u>.*

REMARQUES :

- *Lequel* varie en genre et en nombre.
- Les prépositions *à* et *de* s'amalgament à *lequel, lesquels* et *lesquelles* pour former *auquel, auxquels, auxquelles, duquel, desquels* et *desquelles.*

Phrase

grammaire

LA SUBORDONNÉE COMPLÉTIVE

Phrase enchâssée introduite par un subordonnant, le plus souvent la conjonction *que*. La conjonction n'a pas d'antécédent, contrairement au pronom relatif.

■ Fonction

• La subordonnée complétive remplit généralement la fonction de complément direct du verbe ou de complément de l'adjectif. Elle est parfois aussi complément indirect du verbe ou complément du nom. Elle apporte une précision essentielle au mot dont elle dépend.

Subordonnée complétive complément direct et indirect du verbe

GV
Sub. complét.
▶ On *dit* que *le latin est une langue morte* .
Compl. dir. du V

GV
Sub. complét.
▶ Je *doute* qu' *il veuille apprendre le latin* .
Compl. ind. du V

Subordonnée complétive complément de l'adjectif

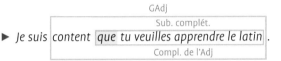

GAdj
Sub. complét.
▶ Je suis *content* que *tu veuilles apprendre le latin* .
Compl. de l'Adj

Subordonnée complétive complément du nom

GN
Sub. complét.
▶ *La chance* qu' *elle apprenne cette langue* *est mince.*
Compl. du N

REMARQUES :

– La subordonnée complétive complément indirect du verbe est parfois introduite par *à ce que* ou *de ce que*, selon la préposition commandée par le verbe.

▶ *Vous verrez* à ce qu' *il apprenne au moins une deuxième langue* .

– La subordonnée complétive peut également remplir la fonction de sujet.

▶ Que *tu ne sois pas bilingue* *me surprend.*

■ Mode

• Le verbe de la subordonnée complétive peut être conjugué à deux modes différents :

– à l'indicatif, si le fait est réel ou probable ; le mot dont la subordonnée dépend exprime alors une déclaration, une opinion, une connaissance ou une perception ;

▶ *On* <u>sait</u> que *ces personnes* **sont** *bilingues* .

– au subjonctif, si le fait est seulement envisagé dans la pensée ; le mot dont la subordonnée dépend exprime alors un doute, une volonté, un ordre, un souhait ou un sentiment.

▶ *On* <u>doute</u> que *ces personnes* **soient** *bilingues* .

…/p. 236

- Une subordonnée complétive peut avoir, de manière indirecte, une valeur interrogative ou exclamative :
  - La **complétive interrogative**, aussi appelée « interrogative indirecte », est complément d'un verbe dont le sens permet d'exprimer une interrogation, une demande ou une constatation (*savoir, dire, expliquer, se demander, ignorer,* etc.).

    Elle est enchâssée à l'aide de *si, ce que, ce qui,* ou encore à l'aide d'un marqueur interrogatif avec ou sans préposition (*qui, quoi, où, quand, comment, pourquoi, quel,* etc.).

    ▶ *Il se demande* comment *on prononce ce mot.* (Sub. formée à partir de la P interrogative *Comment prononce-t-on ce mot ?*)

    La phrase entière se termine par un point, sauf si la subordonnée se trouve dans une phrase de type interrogatif. Elle se termine alors par un point d'interrogation.

    ▶ *Il sait* comment *on prononce ce mot.* → *Sait-il* comment *on prononce ce mot* ?

    REMARQUE : Dans la complétive interrogative, il n'y a pas :
    - inversion du pronom sujet ou reprise du GN sujet par un pronom ;
    - présence de l'expression *est-ce que* ou *est-ce qui.*

  - La **complétive exclamative**, aussi appelée « exclamative indirecte », est complément d'un verbe dont le sens permet d'exprimer un fait avec intensité (*imaginer, voir, regarder, entendre, s'apercevoir,* etc.).

    Elle est généralement enchâssée à l'aide de *si* ou de *comme* (parfois à l'aide d'un autre marqueur exclamatif).

    ▶ *Tu vois* comme l'italien *est facile.* (Sub. formée à partir de la P exclamative *Comme l'italien est facile !*)

    La phrase entière se termine par un point ou un point d'exclamation.

    ▶ *Tu vois* comme l'italien est facile. *Tu entends* comme cet accent est chantant !

**CLASSE DES PRINCIPAUX SUBORDONNANTS
AU DÉBUT DE LA SUBORDONNÉE COMPLÉTIVE COMPLÉMENT D'UN VERBE**

■ Conjonction

- que ▶ *Les linguistes soutiennent* qu'aucune langue n'est plus logique qu'une autre.
- si ▶ *Je me demande* s'ils ont raison.
- comme ▶ *Écoute* comme elle s'exprime bien !

■ Adverbe

- quand ▶ *Ce linguiste explique* comment le français a évolué au Québec.
- comment ▶ *Nous apprendrons* pourquoi la langue française n'est pas parlée de la même façon partout.
- pourquoi ▶ *Je sais l'endroit* où tu vas.
- où

■ Pronom

- qui ▶ *Il se demande* qui peut répondre à sa question.
- quoi ▶ *Je sais* quoi leur répondre.
- Prép (*à, de, avec, chez,* etc.) + pronom ▶ *Il décide* à qui il pose sa question.

■ Déterminant

- quel / quels / quelle / quelles ▶ *J'ignore* quelle langue on parle dans ce pays.
- combien de

grammaire

LA SUBORDONNÉE COMPLÉMENT DE PHRASE

Phrase enchâssée introduite par une conjonction qui joue le rôle de subordonnant.

Sub. de cause	GN	GV

▶ *Parce qu'il n'est plus parlé*, *le latin* *est une langue dite «morte»*.
   Compl. de P   Sujet   Prédicat

- La conjonction précise la relation de sens entre les deux phrases d'origine. Dans l'exemple, *Parce que* exprime un rapport de cause: *il n'est plus parlé* est la cause de *le latin est une langue dite «morte»*.

■ Fonction

- La subordonnée complément de phrase remplit la fonction de complément de phrase. Elle permet d'exprimer divers sens dans la phrase, comme le temps, le but, la cause, la conséquence, etc.

■ Mode

- Le verbe de la subordonnée complément de phrase peut être conjugué au mode indicatif ou au mode subjonctif. Le mode est indiqué sous forme de remarque dans le tableau ci-dessous.

SENS DE QUELQUES SUBORDONNANTS AU DÉBUT DES SUBORDONNÉES COMPLÉMENTS DE PHRASE

■ Temps: antériorité

- avant que
- d'ici à ce que
- en attendant que
- jusqu'à ce que

▶ *Quel était le statut du français* avant que *la loi 101 soit adoptée*?

REMARQUES:
- *Avant que* peut aussi s'employer avec le *ne* explétif, qui n'est pas une marque de négation mais qui est une marque de style (langue soutenue).
- Le verbe de la subordonnée se met au mode subjonctif avec ces conjonctions de temps.

■ Temps: simultanéité

- alors que
- comme
- lorsque
- quand

▶ *Le français est devenu l'unique langue officielle du Québec* quand *la loi 101 a été adoptée en 1977*.

REMARQUE: Le verbe de la subordonnée se met au mode indicatif avec ces conjonctions de temps.

■ Temps: postériorité

- après que
- une fois que

▶ *Quel a été le statut de l'anglais* après que *la loi 101 a été adoptée*?

REMARQUES:
- Le verbe de la subordonnée se met au mode indicatif avec ces conjonctions de temps.
- On rencontre couramment le subjonctif après le subordonnant *après que*.

■ But

- afin que
- de crainte que
- de peur que
- pour que

▶ *Le Québec a adopté la loi 101* pour que *la langue française devienne son unique langue officielle*.

REMARQUE: Le verbe de la subordonnée se met au mode subjonctif avec les conjonctions de but.

…/ p. 238

■ Cause

- comme
- étant donné que
- parce que
- puisque
- sous prétexte que
- vu que

▶ *Comme des milliers de langues sont uniquement parlées*, il est difficile de connaître le nombre exact de langues dans le monde.

REMARQUE : Le verbe de la subordonnée se met au mode indicatif avec les conjonctions de cause.

■ Conséquence

- au point que
- de façon que
- de manière que
- de sorte que
- si bien que

▶ *Des milliers de langues sont uniquement parlées de sorte qu'il est difficile de connaître le nombre exact de langues dans le monde*.

REMARQUES :
- Les subordonnées de conséquence ne sont pas mobiles, contrairement aux autres subordonnées compléments de phrase.
- Le verbe de la subordonnée se met généralement au mode indicatif avec les conjonctions de conséquence.

■ Comparaison

- ainsi que
- comme
- de même que
- tel que

▶ *De même que son père l'avait fait avant elle*, elle décida d'étudier les langues anciennes.

REMARQUE : Le verbe de la subordonnée se met au mode indicatif avec les conjonctions de comparaison.

■ Opposition

- alors que
- quand
- tandis que
- si

▶ *La langue d'oc était parlée dans le sud de la France, alors que la langue d'oïl était parlée dans les régions du nord de la France*.

REMARQUE : Le verbe de la subordonnée se met au mode indicatif avec les conjonctions d'opposition.

■ Concession

- bien que
- malgré que
- quoique

▶ *Bien qu'il connaisse quelques mots d'espagnol*, il ne peut pas prétendre être trilingue.

REMARQUE : Le verbe de la subordonnée se met au mode subjonctif avec ces conjonctions de concession.

- même si
- quand bien même

▶ *Même s'il connaît quelques mots d'espagnol*, il ne peut pas prétendre être trilingue.

REMARQUE : Le verbe de la subordonnée se met au mode indicatif avec ces conjonctions de concession.

■ Hypothèse

- au cas où
- dans la mesure où
- si

▶ *On arrive à maîtriser une langue dans la mesure où on investit le temps nécessaire pour l'apprendre*.

REMARQUES :
- Le verbe de la subordonnée se met au mode indicatif avec ces conjonctions d'hypothèse.
- Avec le subordonnant d'hypothèse *si*, le verbe ne doit pas être au conditionnel.

- à condition que
- à supposer que
- en admettant que
- pourvu que

▶ *On arrive à maîtriser une langue pourvu qu'on investisse le temps nécessaire pour l'apprendre*.

REMARQUE : Le verbe de la subordonnée se met au mode subjonctif avec ces conjonctions d'hypothèse.

LA RÉDUCTION DE LA SUBORDONNÉE

Procédé par lequel on remplace une subordonnée afin d'alléger la phrase ou de varier l'expression.

RÉDUCTION DE LA SUBORDONNÉE RELATIVE

Remplacement par :	
• GAdj ou GN	▶ *Les personnes* qui sont trilingues *ont la priorité pour cet emploi.* ⟶ *Les personnes* trilingues *ont la priorité pour cet emploi.* (GAdj)
• GVpart	▶ *Ève,* qui parle très bien l'espagnol *, nous a servi de guide.* ⟶ *Ève,* parlant très bien l'espagnol *, nous a servi de guide.* (GVpart)
• Subordonnée infinitive – avec subordonnant, sans sujet exprimé	▶ *Nous cherchons une école* où nous apprendrions l'espagnol *.* ⟶ *Nous cherchons une école* où apprendre l'espagnol *.* (Sub. infinitive)
• Subordonnée infinitive – sans subordonnant, avec sujet exprimé	▶ *J'entends les élèves* qui discutent en espagnol *.* ⟶ *J'entends* les élèves discuter en espagnol *.* (Sub. infinitive)

RÉDUCTION DE LA SUBORDONNÉE COMPLÉTIVE

Remplacement par :	
• GN	▶ *Nous voyons* qu'elle est compétente en traduction *.* ⟶ *Nous voyons* sa compétence en traduction *.* (GN)
• GVinf	▶ *Je crois* que je peux faire cette traduction *.* ⟶ *Je crois* pouvoir faire cette traduction *.* (GVinf)
• GPrép – Prép + GN / Prép + GVinf	▶ *Tu doutes* qu'elle soit bilingue *.* ⟶ *Tu doutes* de son bilinguisme *.* (GPrép)
• Subordonnée infinitive – sans subordonnant, avec sujet exprimé	▶ *Je vois* que les élèves font d'immenses progrès *.* ⟶ *Je vois* les élèves faire d'immenses progrès *.* (Sub. infinitive)
• GN compl. dir. + GAdj attr. du compl. dir.	▶ *Nous trouvons* que la traductrice est compétente *.* ⟶ *Nous trouvons* la traductrice compétente *.* (GN compl. dir. + GAdj Attr. du compl. dir.)

RÉDUCTION DE LA SUBORDONNÉE COMPLÉMENT DE PHRASE

Remplacement par :	
• GPrép – Prép + GN / Prép + GVinf	▶ *Elle lui a donné un coup de main* pour qu'il obtienne le poste *.* (Sub. de but) ⟶ *Elle lui a donné un coup de main* pour obtenir le poste *.* (GPrép)
• GVpart (ou GPrép = *en* + GVpart)	▶ Puisqu'il est bilingue *, il écoute les films américains en anglais.* (Sub. de cause) ⟶ Étant bilingue *, il écoute les films américains en anglais.* (GVpart)
• GAdj	▶ *Elle aurait l'emploi* si elle était bilingue *.* (Sub. d'hypothèse) ⟶ Bilingue *, elle aurait l'emploi.* (GAdj)
• Subordonnée participiale – sans subordonnant, avec sujet exprimé	▶ Lorsque la loi 101 a été adoptée *, le français est devenu l'unique langue officielle du Québec.* (Sub. de temps) ⟶ La loi 101 ayant été adoptée *, le français est devenu l'unique langue officielle du Québec.*

PRINCIPAUX EMPLOIS DES SIGNES DE PONCTUATION	
La virgule pour le détachement	
Pour marquer le déplacement d'un complément de phrase au début ou à l'intérieur de la phrase.	▶ <u>Chaque année</u> , de nouveaux mots entrent dans nos dictionnaires. Compl. de P ▶ Les gens, <u>dans le langage courant</u> , emploient environ 5000 mots. Compl. de P
Pour isoler un complément du nom ou du pronom qui apporte une précision accessoire, à caractère explicatif.	▶ Les sinophones, <u>qui sont des locuteurs du chinois</u> , surpassent en nombre Compl. du N les locuteurs de n'importe quelle autre langue. Le complément du nom, une subordonnée relative explicative, donne une définition du terme *sinophones* ; cette définition est accessoire. ▶ <u>Seconde langue du monde sur le plan géopolitique</u> , le français est parlé sur Compl. du N cinq continents. Le complément du nom, un GN placé en tête de phrase, donne une précision au sujet du français ; cette précision est accessoire.
Pour isoler un groupe de mots qu'on reprend ou qu'on annonce par un pronom (forme emphatique).	▶ <u>Les Chinois</u> , <u>ils</u> sont tellement nombreux sur la planète ! ▶ <u>Ils</u> sont tellement nombreux sur la planète, <u>les Chinois</u> !
Pour isoler : – une apostrophe (un groupe de mots désignant directement à qui l'on s'adresse) ; – une phrase incise (indiquant qui parle) ;	Apostrophe ▶ Saviez-vous, <u>chers lecteurs</u> , que le français est la seconde langue internationale après l'anglais ? Incise ▶ «Aucune langue, <u>affirme ce linguiste</u> , n'est plus logique, plus pure ou plus belle qu'une autre. » ▶ «Aucune langue n'est plus logique, plus pure ou plus belle qu'une autre» , Incise <u>affirme ce linguiste</u> . **REMARQUE :** Quand la phrase incise est précédée d'une phrase qui se termine par un point d'interrogation ou d'exclamation, ou par des points de suspension, on ne met pas de virgule. Incise ▶ «Y a-t-il des langues supérieures à d'autres ?» <u>demandai-je au linguiste</u> .
– une phrase incidente ou un groupe incident (servant à exprimer un point de vue) ; – un organisateur textuel ou un marqueur de relation au début d'une phrase.	Incidente ▶ Elle a fait , <u>je crois</u> , une très bonne traduction de ce texte. Organisateur textuel ▶ <u>Tout d'abord</u> , il faut convenir que toutes les langues sont également belles. Marqueur de relation ▶ <u>Cependant</u> , une langue peut avoir plus d'attrait pour une personne qui admire le peuple qui la parle.

... / p. 241

Virgule pour la juxtaposition et la coordination	
Pour joindre des mots, des groupes de mots, des subordonnées ou des phrases entre lesquels il y a un rapport d'addition (juxtaposition).	▶ *Beaucoup d'enfants sont scolarisés en français dans les pays du Maghreb (Algérie , Maroc , Tunisie).* ▶ *Je parle en français , je chante en anglais , je rêve en espagnol !*
Pour joindre des phrases étroitement liées par leur sens (juxtaposition).	▶ *En 2006, la France comptait 63 millions de francophones , le Canada en comptait 11,5.* **REMARQUE :** Dans une telle juxtaposition de phrases, une virgule remplace parfois le verbe qui a été effacé pour éviter la répétition. Dans ce cas, il vaut mieux juxtaposer les deux phrases à l'aide d'un point-virgule. ▶ *En 2006, la France comptait 63 millions de francophones ; le Canada , 11,5.*
Devant les coordonnants *mais, car, puis, donc*, etc. (sauf *et, ou, ni*) qui joignent des groupes (coordination).	▶ *Cette nouvelle arrivante apprendra le français , puis l'anglais.* **REMARQUE :** On emploie la virgule devant *et, ou, ni*, si la coordination comporte plus de deux éléments. ▶ *J'aimerais apprendre l'italien , ou l'allemand , ou le russe.*
Deux-points	
Pour introduire une énumération.	▶ *Voici des langues issues du latin, comme le français : l'italien, l'espagnol, le portugais, le roumain.*
Pour introduire une cause, une conséquence, une explication ou une conclusion (juxtaposition).	▶ *Un locuteur du thaï trouvera le chinois plus facile à apprendre qu'un francophone : le thaï et le chinois sont des langues sœurs, comme le français et l'espagnol.*
Pour introduire un discours rapporté direct. Les paroles sont rapportées entre guillemets ou précédées de tirets dans un dialogue.	▶ *Une spécialiste m'a dit : « Aucune langue n'est plus logique, plus pure ou plus belle qu'une autre. »* ▶ *Dans un petit restaurant du quartier italien, deux étudiantes discutent. L'une d'elles s'exclame :* *« L'italien ! Quelle belle langue, tout de même !* *– Ne confonds-tu pas la langue et le sentiment que tu éprouves pour le peuple qui la parle ? » lui répond l'autre.* **REMARQUE :** Il n'y a pas de deux-points quand les paroles sont introduites par *que* ou un autre subordonnant, car il s'agit alors d'un discours rapporté indirect. ▶ *Une spécialiste m'a dit qu'aucune langue n'est plus logique qu'une autre.*
Point-virgule	
Pour séparer les éléments d'une énumération, présentés sous forme de liste.	▶ *Voici des langues issues du latin, comme le français :* *– l'italien ;* *– l'espagnol ;* *– le portugais.*
Pour joindre des phrases entre lesquelles il y a un rapport d'addition, d'opposition, de simultanéité, etc. (juxtaposition).	▶ *En 2006, la France comptait 63 millions de francophones ; cette même année, le Canada en comptait 11,5.* **REMARQUE :** Le point-virgule est particulièrement utile quand la virgule est déjà employée.

.../p. 242

Crochets	
Pour isoler une information : – dans une citation ; – dans une parenthèse.	▶ *« Cette langue [l'espagnol] est la plus belle langue au monde »*, disait-il. ▶ *Il maîtrisait très bien cette langue. (Il avait osé maintes fois déclarer que cette langue [l'espagnol] était sa préférée.)*
Pour encadrer des points de suspension indiquant qu'une partie du discours rapporté est absente.	▶ *« Ne confonds-tu pas la langue et le sentiment [...] pour le peuple qui la parle ? »*

Guillemets	

Pour encadrer le discours rapporté direct (citation orale ou écrite).	▶ *Une spécialiste m'a dit : « Aucune langue n'est plus logique, plus pure ou plus belle qu'une autre. »*
	
	 REMARQUES :
	 – L'incise à l'intérieur du discours rapporté est isolée par des virgules. Il n'est pas utile de fermer les guillemets devant l'incise et de les rouvrir après.
	
	 Incise
	 ▶ *« Aucune langue, affirme ce linguiste, n'est plus logique, plus pure ou plus belle qu'une autre. »*
	 – Le dialogue n'est pas toujours encadré de guillemets. Dans ce cas, la première réplique est également précédée d'un tiret.
	 ▶ *Dans un petit restaurant du quartier italien, deux étudiantes discutent :*
	      — *L'italien ! Quelle belle langue, tout de même !*
	      — *Ne confonds-tu pas la langue et le sentiment que tu éprouves pour le peuple qui la parle ?*

Tirets	

Pour distinguer :
 – le changement d'interlocuteur dans un dialogue ;
 – les éléments d'une énumération, présentés sous forme de liste.
	▶ *Dans un petit restaurant du quartier italien, deux étudiantes discutent :*
	      — *L'italien ! Quelle belle langue, tout de même !*
	      — *Ne confonds-tu pas la langue et le sentiment que tu éprouves pour le peuple qui la parle ?*
	 ▶ *Voici des langues issues du latin, comme le français :*
	      — *l'italien ;*
	      — *l'espagnol ;*
	      — *le portugais.*

Pour détacher, plus fortement que la virgule, un groupe ou une phrase insérée.	Groupe incident ▶ *Elle a fait — sans contredit — la meilleure traduction possible de ce texte.* **REMARQUE :** Quand l'élément détaché est placé en fin de phrase, le tiret fermant est supprimé.

Parenthèses	
Pour isoler une information accessoire : explication, réflexion, etc.	▶ *L'italien (langue issue du latin) est la plus belle langue au monde !*

grammaire

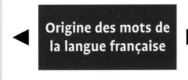

MOTS ISSUS DU LATIN VULGAIRE (LATIN PARLÉ)

- Plus de 80% des mots.
  - ▶ *eau* vient de *aqua*
  - ▶ *table* vient de *tabula*
  - ▶ *chanter* vient de *cantare*

Origine des mots de la langue française

MOTS FORMÉS À L'AIDE DE DIVERS PROCÉDÉS*

- Dérivation
- Composition
- Composition savante
- Télescopage
- Abrègement

MOTS EMPRUNTÉS À D'AUTRES LANGUES

- Emprunts au latin et au grec (surtout par les intellectuels).
  - ▶ *mathématique* : du grec *mathêmatikos*
  - ▶ *ausculter* : du latin *auscultare*
  - ▶ *synonyme* : du latin *synonymus* et du grec *sunônumos*

- Emprunts à des cultures entrées en contact avec les communautés de langue française.
  - ▶ *magasin* : de l'arabe *makhâzin*
  - ▶ *sport* : de l'anglais *disport*
  - ▶ *toboggan* : de l'algonquin *otoban* «traîne»

REMARQUE: L'évolution du lexique ne cesse jamais: tandis que des mots sont créés pour nommer de nouvelles réalités (néologismes), d'autres tendent à disparaître de l'usage (et deviennent à la longue des archaïsmes) et d'autres encore sont empruntés à différentes langues.

* DIVERS PROCÉDÉS DE FORMATION DES MOTS

Dérivation

- Création d'un mot, appelé «mot dérivé», à partir d'un mot de base auquel s'ajoute un préfixe (avant) ou un suffixe (après).

REMARQUE: Le sens des préfixes et des suffixes est indiqué dans certains dictionnaires usuels.

▶ *en-*
  ♦ Élément, du lat. *in-* et *im-*, de *in* «dans», servant, avec le radical substantif qu'il précède, à la formation de verbes composés (var. *em-* devant *b, m, p*): *emboîter, emmancher, emprisonner, enterrer.*

  Petit Robert de la langue française, 2007

▶ *-ement*
  Pour former des noms masculins. [...] 3♦ La base est un verbe (la base est celle de la forme de la 1re personne du présent, ou de la forme de l'imparfait). *Agrandissement, amoncellement, blanchissement,* [...] ◊ ⇒ 1. **-ment.** <lat. *-amentum,* pour *-mentum.* →1. -ment.>

▶ **en**ter**rement**
▶ **en**dett**ement**

Composition

- Création d'un mot, appelé «mot composé», par la réunion de deux ou de plusieurs mots qui représentent une réalité unique.

REMARQUE: Le mot composé peut s'écrire à l'aide de traits d'union (*aigre-doux*), sans trait d'union (*rouge vin*) ou en un mot (*portemanteau*).

▶ *tiers-monde*
▶ *arc-en-ciel*
▶ *terre à terre*

.../ p. 244

Lexique

Composition savante

- Création d'un mot par la réunion d'éléments provenant du latin ou du grec.

REMARQUE : Le sens des éléments latins et grecs est indiqué dans certains dictionnaires usuels.

▶ -vore
  ♦ Élément, du lat. -vorus, de vorare « avaler, manger ».

Petit Robert de la langue française, 2007

▶ -chrone, chron(o)
  ♦ Éléments, du gr. Khrônos, « temps ».

Dictionnaire du français plus, CEC

▶ carnivore = carni (chair) + vore (manger)
▶ chronomètre = chrono (temps) + mètre (mesure)

Télescopage

- Création d'un mot, appelé « mot-valise », par la réunion de parties de mots.

REMARQUE : Souvent, les mots qu'on télescope ont un son en commun, qui sert de charnière.

▶ franglais = **fran**çais + an**glais**
▶ pourriel = **pou**belle + cour**riel**
▶ épouffroyable (création de Marc Favreau, alias Sol) = **épou**vantable + e**ffroyable**

Abrègement

■ Mots abrégés

- Création d'un mot, appelé « mot abrégé », par le retranchement d'une ou de plusieurs syllabes.

REMARQUES :

- Au moment de leur création, les mots abrégés appartiennent à la langue familière ou populaire. Certains finissent par entrer dans la langue courante.
- Certains mots abrégés sont formés avec un **o** final. Par exemple, *proprio* pour propriétaire, *apéro* pour apéritif.
- Les mots abrégés prennent la marque du pluriel. Par exemple, *des profs*.

■ Sigles

- Création d'un mot, appelé « sigle », à l'aide de la première lettre de deux ou de plusieurs mots.

REMARQUES :

- Si le sigle est prononcé comme un mot ordinaire, il s'agit d'un acronyme. Par exemple, *ONU*.
- Les acronymes employés comme des noms communs s'écrivent en minuscules et prennent la marque du pluriel. Par exemple, *des ovnis*.

▶ photo = photo~~graphie~~
▶ vélo = vélo~~cipède~~
▶ télé (familier) = télé~~vision~~
▶ ordi (familier) = ordi~~nateur~~

▶ OGM = **o**rganisme **g**énétiquement **m**odifié
▶ ONU = **O**rganisation des **N**ations **U**nies
▶ ovni = **o**bjet **v**olant **n**on **i**dentifié

FAMILLES DE MOTS

- Une famille de mots est un ensemble de mots dérivés et composés qui se rattachent à un même mot de base par la forme et par le sens.

REMARQUES :

- Certains mots n'ont pas de famille. Par exemple, *hangar*.
- D'autres mots, sans être de la même famille, sont proches par le sens. Par exemple, *œil, ophtalmique, oculaire*.

▶ Mot de base : *couvrir*
  Mots dérivés : *couvert, couverture, recouvrement, recouvrir, découvrir*, etc.
  Mots composés : *couvre-chef, couvre-feu, couvre-lit*, etc.

grammaire

Lexique

POLYSÉMIE

- Les mots sont généralement polysémiques, c'est-à-dire qu'ils ont plusieurs sens.
- On peut connaître le sens d'un mot à l'aide:
  - de son contexte;
  - des définitions et des exemples qu'on trouve dans les dictionnaires.

▶ **bruit** [...]
  1. Sensation perçue par l'oreille. [...]
  2. Tumulte, agitation. [...]
  3. Nouvelle qui circule, rumeur. [...]

  Dictionnaire du français plus, CEC

SENS PROPRE ET SENS FIGURÉ

- Le sens propre d'un mot est le sens le plus habituel de ce mot.
- Le sens figuré d'un mot crée une image.

▶ **acteur, trice** [...]
  ■ **1** Artiste dont la profession est de jouer un rôle à la scène ou à l'écran. [...]
  ■ **2** FIG. Personne qui prend une part active, joue un rôle important. [...]

  Petit Robert de la langue française, 2007

SENS NEUTRE ET SENS CONNOTÉ

- Le sens neutre (ou dénoté) d'un mot sert à désigner une réalité, sans y ajouter de valeur particulière. Il contribue à marquer un point de vue objectif.
- Le sens connoté d'un mot sert à désigner une réalité, en y ajoutant une valeur particulière, par exemple:
  - méliorative, s'il présente la réalité d'une manière favorable;
  - péjorative, s'il présente la réalité d'une manière défavorable.

  Il contribue à marquer un point de vue subjectif.

▶ *voiture* pour véhicule automobile

▶ *bolide* (sens connoté mélioratif)

▶ *tacot* (sens connoté péjoratif)

HOMONYMES (HOMOPHONES ET HOMOGRAPHES)

- Les homonymes sont des mots qui se prononcent ou qui s'écrivent de la même façon, mais qui ont des sens différents.
- Dans les homonymes, on distingue:
  - les homophones, qui se prononcent de la même façon, mais ont des orthographes différentes;
  - les homographes, qui s'écrivent de la même façon et se prononcent généralement de la même façon. Ils sont souvent distingués par le genre.

▶ *sol*: note de musique
  sol: terre
  sole: poisson

▶ *ces, ses*

▶ un *tour*, une *tour*

REMARQUE: Le contexte est essentiel pour donner le sens approprié aux homonymes.

PARONYMES

- Les paronymes sont des mots dont la prononciation est très proche (presque homonyme), mais qui ont des sens différents.

▶ *recouvrir* un fauteuil,
  recouvrer la santé

REMARQUE: Le contexte est essentiel pour éviter les confusions de sens que peuvent occasionner les paronymes.

Lexique

ⓘ LES FIGURES DE STYLE

Procédés stylistiques qui révèlent une manière de voir ou de ressentir pour évoquer des images, créer des associations, jouer avec les mots ou produire des effets.

QUELQUES FIGURES DE STYLE

■ Accumulation

Ensemble de mots, de groupes de mots ou d'expressions, souvent présentés sans aucun ordre, qui concourent à créer un effet d'emphase.

▶ *Jeunes et vieux , hommes et femmes , pauvres et riches , étaient dans la rue et criaient des slogans.*

■ Antithèse

Contraste créé par le rapprochement de termes opposés dans une même phrase.

▶ *Vous êtes le calme dans la tempête .*
▶ *Il régnait une sombre clarté .*

■ Comparaison

Rapprochement explicite entre deux termes, en fonction d'un point commun ou d'une différence, à l'aide de termes comparatifs (*comme, tel, ainsi que, pareil à*, etc.).

▶ *La page blanche, tel un rêve oublié , me troublait.*

■ Euphémisme

Procédé qui consiste à créer un effet d'atténuation afin de ne pas choquer ou heurter.

▶ *Elle nous a quittés si jeune . (pour Elle est morte si jeune.)*

■ Gradation

Suite d'éléments placés en ordre de progression ; la gradation peut être ascendante ou descendante.

▶ *Il avait souri , pouffé de rire et, finalement, cédé à l'hilarité sans pouvoir s'arrêter .*
▶ *Elle a contracté cette maladie , a souffert le martyre et en est finalement morte .*

■ Hyperbole

Formulation qui crée un effet d'exagération grâce à un vocabulaire excessif.

▶ *Je suis morte de fatigue . (pour très fatiguée)*
▶ *C'est une véritable tragédie . (pour événement malheureux)*

■ Ironie

Procédé qui consiste à exprimer l'inverse de ce que l'on pense afin de se moquer ou de critiquer.

▶ *Quelle merveilleuse invention que la guerre ! L'Homme a vraiment de quoi en être fier ! (pour Quel abominable fléau que la guerre ! L'Homme devrait en avoir honte !)*

■ Litote

Procédé qui consiste à dissimuler une réalité en disant peu pour suggérer davantage.

▶ *Ce n'est pas fameux . (pour C'est mauvais.)*

... / p. 247

grammaire

■ Métaphore

Rapprochement, sans marque de comparaison explicite, de deux éléments apparemment sans lien qu'on met en relation pour favoriser un transfert de sens.

▶ *Il est tombé une pluie d'étoiles filantes .*

▶ *Ce discours est un monument de bêtises .*

▶ *Ton auto est un vrai citron .*

■ Métonymie

Remplacement d'un terme par un autre qui lui est lié de façon logique. Par exemple :

– la partie pour le tout ;

– l'effet pour la cause ;

– le contenant pour le contenu.

▶ *On a besoin de bras . (bras pour main-d'œuvre)*

▶ *La misère fait des ravages dans ce pays aride. (misère pour sécheresse, malnutrition, etc.)*

▶ *Je boirais un bon verre . (verre pour boisson contenue)*

■ Répétition stylistique

Emploi des mêmes termes en vue de créer un effet d'emphase ou pour établir un rythme.

▶ *Si tu viens me voir,*
   Je t'ouvrirai ma porte.
   Si tu viens me voir,
   Tu sauras tout l'amour que j'ai pour toi.

LES RELATIONS ENTRE LES MOTS

Relations de sens entre les mots qui permettent d'enrichir ou de varier les façons de s'exprimer.

MOTS GÉNÉRIQUES ET SPÉCIFIQUES

- Un mot générique est un mot dont le sens inclut celui de mots plus précis. Il permet de désigner une catégorie.
- Les mots plus précis pouvant être inclus dans cette catégorie sont les mots spécifiques.
- Un même mot peut être générique par rapport à un ensemble de mots et spécifique par rapport à un mot plus général.

▶ **insecte** : *abeille, fourmi, grillon, libellule, papillon...*

▶ *L'**abeille**, la **fourmi** et la **libellule** sont des insectes.*

▶ *L'**insecte** est un animal.*

MOTS AYANT UNE RELATION DE TOUT À PARTIE

- Des mots peuvent servir à nommer les différentes parties d'un tout. C'est ce qu'on appelle une relation de « tout à partie ».

▶ tout = *violon*
parties = *table d'harmonie, éclisses, ouïes, chevalet, mentonnière, cordes, manche, touche, chevilles, volute, etc.*

SYNONYMES ET ANTONYMES

- Les synonymes sont des mots de même classe qui ont un sens très proche.

- Les antonymes sont des mots de même classe qui ont un sens contraire.

▶ *habileté* (N) = *adresse* (N)

▶ *séparer* (V) = *diviser* (V)

▶ *léger* (Adj) ≠ lourd (Adj)

▶ *rapidement* (Adv) ≠ *lentement* (Adv)

COMBINAISONS DE MOTS

- Les suites lexicales sont des mots qu'on emploie souvent ensemble. Il est cependant possible de les modifier.

- Les expressions figées (locutions, proverbes, dictons) sont des suites lexicales qu'on ne peut pas modifier.

▶ *la pluie tombe, gouttes de pluie, pluie diluvienne, etc.*

▶ *Ennuyeux comme la pluie* (locution)
Après la pluie, le beau temps (proverbe).

CHAMPS LEXICAUX

- Un champ lexical est un ensemble de mots qu'on peut relier à un même thème.
- L'élaboration d'un champ lexical permet de bien traiter un sujet ou de créer une atmosphère particulière dans un texte.

REMARQUE : Les dictionnaires de langue, de même que les dictionnaires de synonymes, d'antonymes et de cooccurrences, sont d'une grande utilité pour constituer un champ lexical.

▶ thème = *système solaire : planète, étoile, voie lactée, astrophysique, astronome, astéroïde, sonde, etc.*

▶ thème = *joie : allégresse, ivresse, ravissement, jubiler, exulter, réjouir, plaisant, rayonnant, heureusement, agréablement, gaiement, etc.*

grammaire

LES VARIÉTÉS DE LANGUE

Manières différentes de s'exprimer dans une même langue, selon la situation de communication (conversation, exposé, lettre de présentation, etc.) ou l'intention (provoquer, impressionner, informer, etc.).

VARIÉTÉ SOUTENUE (OU RECHERCHÉE)

CONTEXTE D'UTILISATION : Davantage employée à l'écrit, cette variété de langue très soignée s'observe dans des communications officielles ou spécialisées (conférences, éditoriaux, vulgarisation scientifique, etc.) et dans certains textes littéraires, notamment dans certains romans classiques.

Employée davantage à l'écrit

- Mots justes, recherchés
- Phrases longues et complexes

▶ *Cet enfant est d'une grande **courtoisie**, ce qui est **singulier** pour un **jouvenceau**.*

▶ ***De grâce**, ne cherchez pas à m'en faire **avouer** davantage à ce sujet.*

VARIÉTÉ STANDARD (OU SOIGNÉE)

CONTEXTE D'UTILISATION : Cette variété est employée tant à l'oral qu'à l'écrit et correspond à la norme prescrite dans les dictionnaires usuels et les grammaires. Elle permet de se faire comprendre par le plus grand nombre et s'emploie en toute circonstance. À l'oral, elle a cours dans des conversations comme les entrevues d'emploi et dans des exposés formels comme la présentation de bulletins d'information. À l'écrit, on l'adopte dans des textes courants tels ceux des manuels scolaires et des quotidiens.

Employée tant à l'oral qu'à l'écrit

- Mots justes, mais courants
- Négation non escamotée
- Prononciation soignée :
  - effacement du ***e***
  - liaisons faites lorsqu'elles sont obligatoires seulement

▶ *Ce petit enfant est très sérieux, ce qui est étonnant à son âge.*

▶ *Ne me demandez pas mon avis sur la question.*

▶ *Ce p'tit enfant est très sérieux, c'qui est étonnant à son âge.*

▶ *Ne m'demandez pas mon avis sur la question.*

REMARQUE : C'est la variété de référence permettant de situer les autres variétés de langue.

.../ p. 250

Lexique

VARIÉTÉ FAMILIÈRE

CONTEXTE D'UTILISATION : Cette variété employée particulièrement à l'oral est celle des conversations et des échanges plutôt « décontractés ». À l'écrit, elle est employée pour des lettres ou des courriels adressés à des proches.

Employée particulièrement à l'oral

- Mots simples, employés surtout à l'oral, signalés dans le dictionnaire par l'abréviation *fam.*
- Négation escamotée (ex. : Je [ne] peux rien)
- Prononciation parfois relâchée :
  - effacement de sons (ex. : *t'dire*)
  - remplacement de sons (ex. : *ét* plutôt que *est*)

▶ Le petit **gars** est un jeune qui est sérieux, étant donné qu'il a juste neuf ans.

▶ Mon **vieux** ! Je peux rien te dire sur **ça**.

▶ Mon **vieux** ! Ch'peux rien t'dire sur ça.

▶ Le p'tit gars ét un jeune qui'é sérieux, étant donné qu'y a jus' neuf ans.

VARIÉTÉ POPULAIRE

CONTEXTE D'UTILISATION : Cette variété propre à l'oral est utilisée dans des contextes sociaux particuliers. Variété expressive, elle crée des effets comiques ou permet de manifester une colère, une grande joie, etc.

Propre à l'oral

- Mots qui figurent rarement dans les dictionnaires usuels
- Anglicismes critiqués (ex. : *kid, tough*)
- Régionalismes critiqués (ex. : *tanné*)
- Prononciation relâchée :
  - effacement de sons (ex. : *aut'*)
  - remplacement de sons (ex. : *sawoir*)
  - ajout de sons (ex. : *ch'**t**'écœuré*)

▶ Le **kid**, y ét un p'tit **tough** quand on pense que n'importe qui d'aut' capoterait.

▶ J'veux rien sawoir de vous aut'. Ch'**tanné** ! Ch't'écœuré !

Lexique

grammaire

▲ **Quelques types de dictionnaires** ▲

DICTIONNAIRES DE LANGUE

Dictionnaires généraux
- Offrent des renseignements sur les mots (prononciation, étymologie, etc.) et leurs divers emplois.
- Fournissent des exemples, des expressions et des citations.
- Donnent des synonymes, des antonymes, des homonymes.
  ▶ *Le Petit Robert*

Dictionnaires de difficultés
- Offrent des renseignements relatifs aux erreurs liées aux mots : prononciations particulières, pièges orthographiques, nuances de sens…
  ▶ *Multidictionnaire de la langue française*

Dictionnaires spéciaux
  ▶ Dictionnaires de synonymes, d'antonymes, de cooccurrences, d'homonymes, etc.

DICTIONNAIRES ENCYCLOPÉDIQUES

Dictionnaires généraux
- Offrent des renseignements sur les réalités nommées par les mots.
- Offrent des illustrations ou des schémas sur des phénomènes complexes (par exemple, les éclipses), des photos ou des dessins d'objets et d'animaux, des planches thématiques (par exemple sur les champignons).
  ▶ *Le Petit Larousse illustré*

Dictionnaires visuels
- Fournissent des illustrations et des planches thématiques liées à des domaines très variés et accompagnées de légendes.
  ▶ *Le Nouveau Dictionnaire visuel multilingue*

Dictionnaires spéciaux
  ▶ Dictionnaires de la musique, du cinéma, de la cuisine, etc.

Lexique

RENSEIGNEMENTS QUE PEUT OFFRIR UNE ENTRÉE DE DICTIONNAIRE

Forme

- L'orthographe
- La prononciation
- La forme au féminin dans le cas de certains noms et des adjectifs
- Le modèle de conjugaison dans le cas des verbes

Catégories, traits, constructions

- La classe des mots (n., adj., adv., etc.)
- Le genre s'il s'agit de noms (m. ou f.)
- La construction dans le cas des verbes, par exemple :
  - transitif (tr.) : le verbe se construit avec un complément direct (dir.) ou indirect (ind.)
  - intransitif (intr.) : le verbe se construit sans complément direct ou indirect
  - impersonnel (impers.)
  - pronominal (pron.)

Étymologie

- La date d'entrée dans le lexique, l'origine, la racine, etc.

ABRICOT [abʀiko] **n. m.**

■ **1** Fruit de l'abricotier, à noyau, à chair et peau jaune orangé. *Abricots frais, secs. Confiture, compote, jus d'abricots.* — *Pêche*-abricot.*

■ **2** Couleur jaune orangé très doux. *Un abricot tirant sur le rouge.* — ADJT *Des rubans abricot.*

Petit Robert de la langue française, 2007

ÉTUDIANT , IANTE [etydjã, jãt] **n.** et **adj.**

• XIIIᵉ, en concurrence avec *écolier* jusqu'à la fin XVIIᵉ ; fém. 1789, rare avant fin XIXᵉ ; de *étudier*

■ Personne qui fait des études supérieures et suit les cours d'une université, d'une grande école. *Étudiant en lettres, en médecine* […] ⇒ universitaire.

◊ **adj.** (1966) *La vie étudiante.* ⇒ estudiantin.
Un mouvement étudiant, d'étudiants.

Petit Robert de la langue française, 2007

SCULPTER v. tr.

⇔ Le **p** ne se prononce pas, [skylte] ; le verbe rime avec **ausculter**.

■ Façonner en taillant une matière dure. *Sculpter un buste dans une pièce de marbre. Il sculpte une pièce de bois.*

CONJUGAISON [VOIR MODÈLE — AIMER].

Multidictionnaire de la langue française

…/ p. 252

Sens

- Les définitions, c'est-à-dire les sens que le mot peut prendre en fonction du contexte, par exemple, le sens propre et le sens figuré (fig.)

REMARQUE : Divers moyens sont utilisés pour distinguer ces sens (ex. : ■ 1, ■ 2).

- Des exemples en italique ou des citations (entre guillemets) qui illustrent les définitions

Usage

- Les variétés de langue : littéraire (litt.)*, familière (fam.), populaire (pop.), etc.
- Les emplois : régionalismes (région.), québécismes (québ.), anglicismes (anglic.), etc.
- Les emplois obsolètes : vieilli ou vieux (vx) ; les emplois nouveaux : néologismes (néol.), etc.
- Les domaines d'utilisation : didactique (didact.), informatique (inform.), médecine (méd.), technique (techn.), etc.

* Dans les dictionnaires, les mots identifiés comme « littéraires » sont souvent associés à la variété de langue recherchée.

Relation de sens avec d'autres mots

- Des synonymes (syn.), c'est-à-dire des mots de sens voisin
- Des antonymes (ant.), c'est-à-dire des mots de sens contraire (contr.)

ZAPPER [zape] **v. intr.** < conjug. : 1 >

– 1986 ; anglais *to zap*

ANGLIC. ■ 1 Passer constamment d'une chaîne de télévision à d'autres à l'aide de la télécommande. ⇒ RÉGION. **pitonner**. [...] *On zappe pour changer de programme, éviter les publicités.* ■ 2 FIG. Passer rapidement ; changer fréquemment. *Zapper d'une idée à l'autre.* ⇒ **papillonner**. [...]

Petit Robert de la langue française, 2007

CEPENDANT conj. (de *ce* et *pendant*). Marque une opposition, une restriction ; pourtant, néanmoins. ◆ adv. *Litt.* Pendant ce temps. ◆ **cependant** que loc. conj. *Litt.* Pendant que, tandis que.

Le Petit Larousse Illustré 2006 © Larousse 2005

APPAREMMENT [aparamã] **adv.**

– 1564 ; « réellement » v. 1175 ; de *apparent*

■ 1 Vx De façon apparente. ⇒ **visiblement**. « *Des raisins mûrs apparemment* » **La Fontaine**.

■ 2 Selon toute apparence. ⇒ **vraisemblablement** (cf. Sans doute*). *Apparemment, il a renoncé. Apparemment, il est sain d'esprit*, en apparence seulement. — VIEILLI **APPAREMMENT QUE** : il semble que. « *Apparemment qu'il trouve moyen d'être en même temps à Paris et à la campagne* » **Musset**.

⊗ CONTR. Effectivement.

Petit Robert de la langue française, 2007

RÉSINIFÈRE [rezinifɛr] **adj.**

– 1812 ; de *résine* et -*fère*

■ DIDACT. Qui produit de la résine. ⇒ **gemmifère**, **résineux**.

Petit Robert de la langue française, 2007

Lexique

grammaire

LES ACCORDS

DONNEURS ET RECEVEURS D'ACCORDS

DONNEURS
- Nom
- Pronom

RECEVEURS
- Déterminant (varie en genre et en nombre)
- Adjectif et participe passé (varient en genre et en nombre)
- Verbe et auxiliaire *avoir* ou *être* (varient en personne et en nombre)

REMARQUES :
- Les donneurs et les receveurs d'accord sont des mots variables.
- Les adverbes, les prépositions et les conjonctions sont des mots invariables. Ils ne sont ni donneurs ni receveurs d'accord.

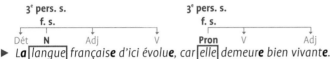

▸ *La* |langue| *française d'ici évolue, car* |elle| *demeure bien vivante.*

RÈGLES D'ACCORD DANS LE GN

Accord du déterminant

- Le déterminant s'accorde avec le nom qu'il précède.
- Il reçoit le genre et le nombre du nom.

▸ *Ces* |personnes| *parlent le français.*

■ Cas particuliers

Déterminants numéraux

- Les déterminants numéraux sont invariables, sauf *vingt* et *cent*.
  ▸ *ces quatre interprètes*
- **Vingt** et **cent** s'accordent s'ils sont multipliés et s'ils terminent le déterminant numéral.
  ▸ *quatre-vingts peuples et quatre-vingts milliers de personnes (dans les deux cas, vingts est suivi d'un nom),*
  mais quatre-vingt-deux peuples (ici, vingt est suivi d'un autre déterminant numéral)
  et cent vingt peuples (ici, vingt n'est pas multiplié)
  ▸ *quatre cents personnes (ici, cents est suivi d'un nom),*
  mais quatre cent deux personnes (ici, cent est suivi d'un autre déterminant numéral)
  et mille cent personnes (ici, cent n'est pas multiplié)

Déterminants indéfinis

- Le déterminant indéfini **tout** (déterminant simple ou faisant partie d'un déterminant complexe) s'accorde avec le nom qu'il accompagne.
  ▸ *Toutes ces **personnes** parlent le français. (Toutes ces = déterminant complexe)*
- Les déterminants indéfinis **beaucoup de**, **tellement de**, **trop de**, **tant de**, **(un) peu de**, **assez de** ne s'accordent pas. Le nom qu'ils accompagnent est au singulier ou au pluriel selon son sens.
  ▸ *beaucoup de **dialectes**, peu de **compréhension***
- Le déterminant indéfini **chaque** est toujours au singulier, de même que le nom qu'il accompagne.
  ▸ *chaque dialecte*
- Les déterminants indéfinis **aucun** et **nul** s'accordent au pluriel devant un nom qui ne s'emploie qu'au pluriel.
  ▸ *aucuns **frais**, nulles **fiançailles***

Déterminants possessifs

- Le déterminant possessif **leur** s'accorde seulement en nombre avec le nom qu'il accompagne.
  ▸ *leur histoire, leurs **dialectes**, leurs **langues***

.../ p. 254

Orthographe

Accord de l'adjectif complément du nom (ou du pronom)

- L'adjectif complément du nom (ou du pronom) s'accorde avec le nom (ou le pronom) qu'il complète.
- Il reçoit le genre et le nombre du nom (ou du pronom).

          m. pl.   **f. pl.**

  Adj   **N**   Adj   **N**   Adj

► *Les différent**s** ⌐créoles⌐ parlé**s** dans ces îles sont des ⌐langues⌐ né**es** du contact de deux langues.*

                                  f. pl.

  Adj   **Pron**

► *Né**es** du contact de deux langues, ⌐elles⌐ en forment de nouvelles.*

■ Cas particuliers

Accord de l'adjectif avec plusieurs noms

- L'adjectif s'accorde au féminin pluriel s'il complète plusieurs noms féminins.
  - ► *une **locution** et une **expression** ancien**nes***
- L'adjectif s'accorde au masculin pluriel s'il accompagne plusieurs noms masculins ou plusieurs noms de genres différents.
  - ► *un **proverbe** et un **dicton** ancien**s***
  - ► *une **locution** et un **proverbe** ancien**s***
- L'adjectif peut s'accorder différemment selon:
  - qu'il est complément des noms juxtaposés ou coordonnés;
    - ► *Ce **professeur** et cette **traductrice** chevronné**s** connaissent tous deux le latin.*
      (Ici, le professeur et la traductrice sont chevronnés.)
  - qu'il est complément d'un seul des noms juxtaposés ou coordonnés.
    - ► *Ce professeur et cette **traductrice** chevronné**e** connaissent tous deux le latin.*
      (Ici, seule la traductrice est chevronnée.)

Accord des adjectifs au singulier avec un nom au pluriel

- Les adjectifs classifiants s'accordent au singulier s'ils s'appliquent à des réalités distinctes.
  - ► *Les **langues** français**e**, italien**ne** et espagnol**e**, entre autres, sont issues du latin.*

Accord de l'adjectif complément du nom

- Dans un GN comportant un GPrép complément du nom, l'adjectif s'accorde avec le nom qu'il complète, selon le sens.
  - ► *un dictionnaire de **langue** français**e** (Ici, c'est la langue qui est française.)*
  - ► *un **dictionnaire** de langue écorn**é** (Ici, c'est le dictionnaire qui est écorné.)*

Accord de l'adjectif qui suit un nom collectif

- L'adjectif s'accorde avec le nom collectif quand celui-ci est employé seul.
  - ► *Une **foule** grouillant**e** attendait le discours du ministre.*
- Quand le nom collectif est suivi d'un GPrép complément du nom, l'adjectif s'accorde:
  - avec le nom collectif si on veut insister sur l'ensemble;
    - ► *Une **équipe** de linguistes bien dirigé**e** travaille sur ce dossier.*
  - avec le nom inclus dans le GPrép si on veut insister sur les choses ou les êtres de l'ensemble.
    - ► *Une équipe de **linguistes** compétent**s** travaillent sur ce dossier.*

…/ p. 255

Orthographe

Accord du verbe (ou de son auxiliaire)

- Le verbe (ou l'auxiliaire) s'accorde avec le sujet.
- Il reçoit la personne et le nombre du nom noyau du GN sujet ou du pronom qui le remplace.

    3ᵉ pers. pl.   2ᵉ pers. s.

    N   aux.   p. p.   Pron   V

▶ *Les* |*façons*| *de parler le français* **ont** *évolué de diverses manières.*   ▶ |*Tu*| *t'exprim***es** *bien.*

■ Cas particuliers

- Quand le sujet est formé de noms et de pronoms de personnes différentes, le verbe (ou l'auxiliaire) s'accorde au pluriel et à la personne qui a la priorité : la 1ʳᵉ personne l'emporte sur la 2ᵉ et la 3ᵉ ; la 2ᵉ l'emporte sur la 3ᵉ.
  - ▶ *Toi et* **moi** *parl***ons** *une variété de français différente.*
- Quand le sujet est le pronom relatif *qui*, le verbe (ou l'auxiliaire) s'accorde en personne et en nombre avec l'antécédent du pronom.
  - ▶ ***Moi qui suis*** *native de Montréal, je ne connais pas ces expressions gaspésiennes.*
- On fait l'accord à la 3ᵉ personne du pluriel avec les pronoms sujets *beaucoup, bon nombre, la plupart* et *peu.*
  - ▶ ***La plupart*** *connaiss***ent** *cette règle de grammaire.*

Accord de l'adjectif attribut du sujet

- L'adjectif attribut du sujet s'accorde avec le sujet.
- Il reçoit le genre et le nombre du nom noyau du GN sujet ou du pronom qui le remplace.

    f. pl.   f. pl.

    Pron   Adj attr.   N   Adj attr.

▶ *Bien qu'*|*elles*| *soient très différent***es***, les* |*langues*| *française et roumaine demeurent parent***es***.*

Accord du participe passé employé avec être

- Le participe passé employé avec *être* s'accorde avec le sujet.
- Il reçoit le genre et le nombre du nom noyau du GN sujet ou du pronom qui le remplace.

    f. s.   f. s.

    N   aux. p. p.   Pron aux. p. p.

▶ *La* |*langue*| *française est né***e** *du latin, comme l'italien.*   ▶ |*Elle*| *est parlé***e** *par environ 200 millions de personnes.*

■ Cas particuliers

- L'adjectif attribut et le participe passé s'accordent au féminin pluriel si le sujet est formé de plusieurs GN féminins.
  - ▶ *Cette* **locution** *et cette* **expression** *sont ancien***nes***.*
- L'adjectif attribut et le participe passé s'accordent au masculin pluriel si le sujet est formé de plusieurs GN masculins ou de plusieurs GN de genres différents.
  - ▶ *Ce* **proverbe** *et ce* **dicton** *sont ancien***s***.*   ▶ *Cette* **locution** *et ce* **dicton** *sont ancien***s***.*
- Les pronoms *je, tu, nous, vous* ont le genre et le nombre des êtres qu'ils représentent. L'accord se fait en conséquence.
  - ▶ ***Vous*** *êtes rentré***es** *au pays plus tôt que prévu.* (*Vous* : plusieurs personnes de sexe féminin)

  Les pronoms *nous* (de modestie) et *vous* (de politesse) peuvent représenter une seule personne. Dans ce cas, l'accord de l'adjectif attribut et du participe passé se fait en genre, au singulier.
  - ▶ ***Vous*** *êtes rentré***e** *au pays plus tôt que prévu.* (*Vous* : une personne de sexe féminin)
- Quand une expression de quantité comme *nombre de, bon nombre de, la plupart des, quantité de,* etc., est suivie d'un nom au pluriel, l'accord de l'adjectif attribut et du participe passé se fait alors avec le nom au pluriel.
  - ▶ *La plupart des* **élèves** *sont conscient***s** *de cette règle de grammaire.*
- Le pronom personnel *on* peut représenter une ou des personnes (*nous* familier). L'adjectif attribut et le participe passé s'accordent alors selon la ou les personnes que *on* représente. Le verbe reste à la 3ᵉ personne du singulier.
  - ▶ *Toi et moi,* **on** *est convaincu***s** *que cette loi sera adoptée.* (*on* représente *Toi et moi* = nous)

.../ p. 256

Accord du participe passé employé avec *avoir*

- Le participe passé employé avec *avoir* s'accorde avec le complément direct seulement si ce complément le précède.
- Il reçoit le genre et le nombre du nom noyau du GN complément direct ou du pronom qui le remplace.

           f. pl.

         Pron   aux.   p. p.

▶ *Les personnes* qu'*il a rencontré**es** parlent l'inuktitut.*

REMARQUE : Le participe passé ne s'accorde pas avec le complément direct d'un verbe à l'infinitif.

<table>
<tr>
<td>

▶ *Ce sont ces personnes que j'ai toujours souhaité rencontrer.*

Le pronom relatif *que* (mis pour *ces personnes*) n'est pas le complément direct de *ai souhaité*; il est le complément direct du verbe *rencontrer* (*j'ai souhaité rencontrer quelqu'un : que* mis pour *ces personnes*), c'est pourquoi le participe passé *souhaité* reste invariable.

</td>
<td>

         f. pl.

      Pron   aux.   p. p.

▶ *Ce sont ces personnes* que *j'ai entendu**es** parler l'inuktitut.*

Le pronom relatif *que* (mis pour *ces personnes*) est :
- le complément direct de *ai entendues* (*j'ai entendu quelqu'un : que* mis pour *ces personnes*) ;
- sujet du verbe à l'infinitif (*que* mis pour *ces personnes parlent l'inuktitut*). C'est pourquoi le participe passé *entendues* s'accorde en genre et en nombre.

</td>
</tr>
</table>

■ Cas particuliers

- Le participe passé *fait* suivi d'un infinitif est invariable.
  - ▶ *Les langues mortes que vos enseignants vous ont fai**t** apprendre, rendaient-elles service ?*

- Si le complément direct est le pronom *en*, le participe passé est invariable.
  - ▶ *Des luttes linguistiques, ce peuple **en** a men**é** au cours de son histoire !*

- Si le complément direct est le pronom *le/l'* qui reprend une phrase ou une partie de phrase ou de texte, le participe passé est invariable.
  - ▶ *Aucune langue n'est plus complexe qu'une autre, ce linguiste **l'**a di**t**.*

  Le pronom *l'* reprend *Aucune langue n'est plus complexe qu'une autre*, c'est pourquoi le participe passé *dit* reste invariable.

- Le participe passé des verbes impersonnels est invariable.
  - ▶ *Combien d'années aura-t-il fall**u** pour que le créole haïtien se forme ?*

  Le groupe *Combien d'années* n'est pas un complément direct : il est un complément du verbe impersonnel *falloir* (*aura fallu*), c'est pourquoi le participe passé *fallu* reste invariable.
  C'est aussi le cas pour le présentatif *il y a*, formé avec le verbe *avoir*, qui est alors impersonnel.
  - ▶ *La fête de la francophonie qu'il y a e**u** à l'automne a ravi tous ses participants.*

- Le participe passé des verbes qui expriment une valeur ou une mesure, comme *coûter, marcher, peser, valoir, vivre*, est invariable.
  - ▶ *C'est soixante-dix dollars que ce dictionnaire de langue a coût**é**.* (soixante-dix dollars = valeur)

  Cependant, le participe passé de ces verbes s'accorde lorsque ces derniers sont employés au sens figuré.
  - ▶ *Les efforts que l'apprentissage du japonais lui a coût**és** sont considérables.*

Accord de l'adjectif attribut du complément direct

- L'adjectif attribut du complément direct s'accorde avec le complément direct.
- Il reçoit le genre et le nombre du nom noyau du GN complément direct ou du pronom qui le remplace.

           f. pl.

         N   Adj

▶ *Cet élève trouve les* langues *anciennes compliqu**ées**.*

LA CONJUGAISON

Ensemble des formes du verbe selon le mode, le temps, la personne et le nombre.

MODE PERSONNEL ET MODE IMPERSONNEL

Le verbe à un mode personnel est accordé selon la personne grammaticale du sujet de la phrase. Les modes personnels sont : l'indicatif, l'impératif et le subjonctif.	Le verbe à un mode impersonnel n'est pas accordé selon la personne grammaticale du sujet de la phrase. Les modes impersonnels sont : l'infinitif et le participe.

V mode impersonnel   V mode personnel   V mode impersonnel
(participe présent)   (indicatif présent)   (infinitif présent)

▶ En *apprenant* une langue étrangère, on *découvre* une autre façon de *concevoir* le monde.

TEMPS SIMPLE ET TEMPS COMPOSÉ

Le verbe à un temps simple est formé d'un radical et d'une terminaison.

- La plupart des verbes gardent le même radical au cours de la conjugaison.
- La terminaison change au cours de la conjugaison.

Radical/Terminaison   Radical/Terminaison
▶ *termin/er*   ⟶   *je termin/e*
                              tu termin/es
                              il termin/e
                              nous termin/ons
                                   ...

Le verbe à un temps composé est formé d'un auxiliaire de conjugaison (*avoir* ou *être*) et du participe passé du verbe.

aux. *avoir* + p. p.
▶ *terminer*   ⟶   *tu as + terminé*

aux. *être* + p. p.
▶ *venir*   ⟶   *tu es + venu/venue*

REMARQUE : L'auxiliaire *être* sert à conjuguer certains verbes exprimant un mouvement ou un changement d'état (ex. : *aller, arriver, partir, sortir, venir ; devenir, mourir, naître*).

Chaque temps simple a un temps composé qui lui correspond : l'auxiliaire du verbe à un temps composé est conjugué au temps simple correspondant.

▶ Présent : *tu* **termines**   Passé composé : *tu* **as** *terminé* (aux. *avoir* au présent)

PERSONNE ET NOMBRE

Il existe trois personnes au singulier et trois personnes au pluriel, auxquelles sont associés des pronoms de conjugaison.

singulier :		pluriel :	
1re personne	*je*	1re personne	*nous*
2e personne	*tu*	2e personne	*vous*
3e personne	*il/elle*	3e personne	*ils/elles*

.../ p. 258

Orthographe

VERBES RÉGULIERS

Les **verbes réguliers** fonctionnent de la même façon dans la conjugaison. Les verbes réguliers sont :

A les verbes en -er, du type *aimer* (plus de 4000 verbes) ;	– Ces verbes ont toujours les mêmes terminaisons. ▸ *tu aim**es**, tu arriv**es**, tu jou**es**, tu étudi**es*** – Ils ont généralement un radical qui ne change pas de forme. ▸ *j'**aim**e, tu **aim**ais, nous **aim**erons, **aim**ant*
B les verbes en -ir du type *finir*, qui font -issant au participe présent (plus de 300 verbes).	– Ces verbes ont toujours les mêmes terminaisons. ▸ *nous finiss**ons**, nous atterriss**ons**, nous choisiss**ons*** – Ils ont un radical qui présente deux formes (ex. : finir → **fini-** ou **finiss-**). ▸ *je **fini**s, tu **fini**s, nous **finiss**ons, **finiss**ant*

A Le **radical** de certains verbes réguliers en -er subit de légères modifications.

Verbes en...	Changements aux radicaux	Exemples
-CER -GER -OYER, -UYER -AYER -E(*)ER, -É(*)ER * = consonne	**c** → **ç** devant *a* et *o* **g** → **ge** devant *a* et *o* **y** → **i** devant un *e* muet **y** → **y** ou **i** devant un *e* muet **e** ou **é** → **è** devant une syllabe qui contient un *e* muet, sauf dans les verbes *appeler*, *jeter* et ses dérivés, qui doublent le **l** ou le **t**	*placer* : nous plaçons *manger* : nous mangeons *broyer* : je broie *payer* : je paye, je paie *acheter* : j'achète *appeler* : j'appelle

VERBES IRRÉGULIERS

Les **verbes irréguliers** se conjuguent de manière particulière. Les verbes irréguliers (environ 350 verbes) sont :

C – les verbes en -ir qui ne font pas -issant au participe présent ; – les verbes en -oir ; – les verbes en -re ; – les verbes *aller* et *envoyer* (*renvoyer*).	Ces verbes peuvent avoir plusieurs radicaux ou des terminaisons particulières.

C Plusieurs verbes irréguliers ont des **radicaux** particuliers.

Verbes en...	Particularités des radicaux	Exemples
-AÎTRE, -OÎTRE	Maintien du *î* du radical devant *t*	*il conn**aî**trait*
-IRE (sauf *rire*, *écrire* et leurs dérivés)	Ajout d'un **s** au radical pour : – l'indicatif imparfait ; – le passé simple ; – le subjonctif présent ; – le pluriel de l'indicatif présent.	*tu **cui**s**ais* *il **condui**s**it* *que je **redi**s**e* *nous **di**s**ons*
-TTRE	Maintien d'un seul **t** du radical au singulier de l'indicatif et de l'impératif présent	*je **bat**s* *tu **remet**s*
-DRE (sauf -INDRE, -SOUDRE), -CRE, -PRE	Maintien de la consonne finale (*d, c, p*) du radical au singulier de l'indicatif présent et de l'impératif présent	*il **prend**, tu **prend**s* *je **vainc**s, tu **romp**s*
-INDRE, -SOUDRE	Perte de la consonne finale du radical (*d*) au singulier de l'indicatif présent et de l'impératif présent Pour les verbes en -INDRE : *nd* se changent en *gn* devant une voyelle	*je **pein**s* *tu **résou**s* *nous **pei**gn**ons*

Des verbes courants en **-ir** et en **-re**, tels *mentir*, *partir*, *sortir*, *naître*, *paraître* et leurs dérivés, perdent aussi la consonne finale du radical au singulier de l'indicatif présent et de l'impératif présent (ex. : **par**s, tu **nai**s).

.../ p. 259

Orthographe

grammaire

TERMINAISONS DES VERBES AUX PRINCIPAUX MODES ET TEMPS

Infinitif présent

Terminaisons	-er	-ir	-oir	-re
Exemples	pilot**er**, vol**er**	fin**ir**, réuss**ir**	v**oir**, voul**oir**	pren**dre**, ri**re**

Ils sont classés ainsi :

A Les **verbes réguliers en -er**, du type *aimer*.

B Les **verbes réguliers en -ir** du type *finir*, qui font *-issant* au participe présent.

C Les **verbes irréguliers en -ir** (qui ne font pas *-issant* au participe présent), en **-oir**, en **-re**, de même que les verbes *aller* et *envoyer*.

Infinitif passé

L'infinitif passé est formé de l'auxiliaire *avoir* ou *être* à l'infinitif présent et du participe passé du verbe.

▶ *Vous serez traductrice après* **avoir terminé** *ces examens.*   **Être revenu** *avant la tombée de la nuit.*

Participe présent

Terminaison **A** **B** **C** (tous les verbes)	-ant
Exemples	mesur**ant**, réussiss**ant**

REMARQUES :

– Dans certains cas, l'orthographe de l'adjectif correspondant au participe présent est différente.
  ▶ Participe présent : *fatiguant*   Adjectif : *fatigant*

– Le mode impersonnel gérondif est un GPrép formé de la préposition *en* et du participe présent.
  ▶ Gérondif : **En finissant** *cet examen, j'étais très satisfait.*

Participe présent composé

Le participe présent composé est formé de l'auxiliaire *avoir* ou *être* au participe présent et du participe passé du verbe.

▶ **Ayant terminé** *ces examens, je pourrai me reposer.*   **Étant arrivé** *tôt, il a pu rencontrer l'enseignant d'anglais.*

Participe passé

Verbes	Terminaisons	Exemples			
		masculin singulier	féminin singulier	masculin pluriel	féminin pluriel
A réguliers en -er	-é	lanc**é**	lanc**ée**	lanc**és**	lanc**ées**
B réguliers en -ir	-i	chois**i**	chois**ie**	chois**is**	chois**ies**
C irréguliers en -ir, en -oir, en -re	-s -u -i -t	appri**s** v**u** serv**i** pein**t**	appri**se** v**ue** serv**ie** pein**te**	appri**s** v**us** serv**is** pein**ts**	appri**ses** v**ues** serv**ies** pein**tes**

REMARQUE : Certains verbes irréguliers ont des terminaisons particulières au participe passé :

– *devoir*, *redevoir*, *mouvoir* prennent un **û** au masculin singulier seulement (ex. : *il a dû*, *elle s'est mue*) ;

– *croître* s'écrit avec un **û** à toutes les formes du participe passé afin de le distinguer du verbe *croire* (ex. : verbe *croître* → *il a crû* ; verbe *croire* → *il a cru*).

.../ p. 260

Indicatif présent

Personnes	Terminaisons				
	Verbes réguliers		**C** Verbes irréguliers en -*ir*, en -*oir*, en -*re*		
	A en -*er*	**B** en -*ir*	la plupart de ces verbes	*pouvoir, vouloir, valoir*	*couvrir, offrir, ouvrir...*
1re pers. s.	**-e**	**-s**	**-s**	**-x**	**-e**
2e pers. s.	**-es**	**-s**	**-s**	**-x**	**-es**
3e pers. s.	**-e**	**-t**	**-t**	**-t**	**-e**
1re pers. pl.	**-ons**	**-ons**	**-ons**	**-ons**	**-ons**
2e pers. pl.	**-ez**	**-ez**	**-ez**	**-ez**	**-ez**
3e pers. pl.	**-ent**	**-ent**	**-ent**	**-ent**	**-ent**

REMARQUE : Il est intéressant de noter que tous les verbes ont les mêmes terminaisons au pluriel de l'indicatif présent.

■ Conjugaison de quelques verbes particuliers

PRONOMS	AVOIR	ÊTRE	ALLER	FAIRE	DIRE	ASSEOIR		
je / j'	ai	suis	vais	fais	dis	assois		assieds
tu	as	es	vas	fais	dis	assois		assieds
il / elle	a	est	va	fait	dit	assoit	ou	assied
nous	avons	sommes	allons	faisons	disons	assoyons		asseyons
vous	avez	êtes	allez	faites	dites	assoyez		asseyez
ils / elles	ont	sont	vont	font	disent	assoient		asseyent

Indicatif passé composé

L'indicatif passé composé est formé de l'auxiliaire *avoir* ou *être* à l'indicatif présent et du participe passé du verbe.

▶ *Elle **a terminé** ses examens.   Elle **est devenue** traductrice.*

Indicatif imparfait

Personnes	Terminaisons **A** **B** **C**
1re pers. s.	**-ais**
2e pers. s.	**-ais**
3e pers. s.	**-ait**
1re pers. pl.	**-ions**
2e pers. pl.	**-iez**
3e pers. pl.	**-aient**

REMARQUE : Dans quelques verbes, entre autres dans les verbes en -*ier* et en -*yer*, il y a un double *i* ou un *yi* aux 1re et 2e personnes du pluriel (ex. : *vous étud**ii**ez, nous netto**yi**ons*).

Indicatif plus-que-parfait

L'indicatif plus-que-parfait est formé de l'auxiliaire *avoir* ou *être* à l'indicatif imparfait et du participe passé du verbe.

▶ *Elle **avait terminé** ses examens.   Elle **était devenue** traductrice.*

... / p. 261

Orthographe

grammaire

Indicatif passé simple

Personnes	Terminaisons			
	Verbes réguliers		**C** Verbes irréguliers en -*ir*, en -*oir*, en -*re*	
	A en -*er*	**B** en -*ir*		
1re pers. s.	*-ai*	*-is*	*-is*	*-us*
2e pers. s.	*-as*	*-is*	*-is*	*-us*
3e pers. s.	*-a*	*-it*	*-it*	*-ut*
1re pers. pl.	*-âmes*	*-îmes*	*-îmes*	*-ûmes*
2e pers. pl.	*-âtes*	*-îtes*	*-îtes*	*-ûtes*
3e pers. pl.	*-èrent*	*-irent*	*-irent*	*-urent*

REMARQUES :

– *Avoir* et *être* ont les terminaisons des verbes irréguliers (ex. : *j'eus, nous eûmes ; je fus, nous fûmes*).

– *Tenir* et *venir* ont des terminaisons particulières au passé simple (ex. : *je tins, nous tînmes*).

– Les verbes ayant les mêmes terminaisons à l'infinitif n'ont pas nécessairement les mêmes terminaisons au passé simple (ex. : *dormir : elle dormit ; courir : elle courut*).

Indicatif passé antérieur

L'indicatif passé antérieur est formé de l'auxiliaire *avoir* ou *être* à l'indicatif passé simple et du participe passé du verbe.

▶ *Quand elle **eut terminé** ses examens, elle prit des vacances.*
*Quand elle **fut devenue** traductrice, elle gagna bien sa vie.*

Indicatif futur simple et indicatif conditionnel présent

Personnes	Terminaisons					
	Verbes réguliers				**C** Verbes irréguliers en -*ir*, en -*oir*, en -*re*	
	A en -*er*		**B** en -*ir*			
	Fut. s.	Cond. prés.	Fut. s.	Cond. prés.	Fut. s.	Cond. prés.
1re pers. s.	*-erai*	*-erais*	*-rai*	*-rais*	*-rai*	*-rais*
2e pers. s.	*-eras*	*-erais*	*-ras*	*-rais*	*-ras*	*-rais*
3e pers. s.	*-era*	*-erait*	*-ra*	*-rait*	*-ra*	*-rait*
1re pers. pl.	*-erons*	*-erions*	*-rons*	*-rions*	*-rons*	*-rions*
2e pers. pl.	*-erez*	*-eriez*	*-rez*	*-riez*	*-rez*	*-riez*
3e pers. pl.	*-eront*	*-eraient*	*-ront*	*-raient*	*-ront*	*-raient*

REMARQUES :

– Il est intéressant de noter que les verbes réguliers en -*ir* et les verbes irréguliers ont les mêmes terminaisons au futur simple et au conditionnel présent.

– Dans certains verbes irréguliers, il y a deux *r* consécutifs. Le premier **r** peut appartenir :

  • au radical normal, par exemple *courir* (*je cour/rai – cour/rais*), *mourir* (*je mour/rai – mour/rais*) ;

  • à une forme particulière du radical, par exemple *voir* (*je ver/rai – ver/rais*), *envoyer* (*j'enver/rai – enver/rais*).

– *Cueillir* et ses dérivés ont les terminaisons des verbes réguliers en -*er* au futur simple et au conditionnel présent.

.../p. 262

Orthographe

Conjugaison de quelques verbes particuliers

PRONOMS	AVOIR			ÊTRE			ALLER			TENIR		
	Radical	Fut. s.	Cond. prés.	Radical	Fut. s.	Cond. prés.	Radical	Fut. s.	Cond. prés.	Radical	Fut. s.	Cond. prés.
je/j'	au	rai	rais	se	rai	rais	i	rai	rais	tiend	rai	rais
tu	au	ras	rais	se	ras	rais	i	ras	rais	tiend	ras	rais
il/elle	au	ra	rait	se	ra	rait	i	ra	rait	tiend	ra	rait
nous	au	rons	rions	se	rons	rions	i	rons	rions	tiend	rons	rions
vous	au	rez	riez	se	rez	riez	i	rez	riez	tiend	rez	riez
ils/elles	au	ront	raient	se	ront	raient	i	ront	raient	tiend	ront	raient

PRONOMS	VOULOIR			MOURIR			VOIR			SAVOIR		
	Radical	Fut. s.	Cond. prés.	Radical	Fut. s.	Cond. prés.	Radical	Fut. s.	Cond. prés.	Radical	Fut. s.	Cond. prés.
je/j'	voud	rai	rais	mour	rai	rais	ver	rai	rais	sau	rai	rais
tu	voud	ras	rais	mour	ras	rais	ver	ras	rais	sau	ras	rais
il/elle	voud	ra	rait	mour	ra	rait	ver	ra	rait	sau	ra	rait
nous	voud	rons	rions	mour	rons	rions	ver	rons	rions	sau	rons	rions
vous	voud	rez	riez	mour	rez	riez	ver	rez	riez	sau	rez	riez
ils/elles	voud	ront	raient	mour	ront	raient	ver	ront	raient	sau	ront	raient

PRONOMS	FAIRE			VENIR			COURIR			ENVOYER		
	Radical	Fut. s.	Cond. prés.	Radical	Fut. s.	Cond. prés.	Radical	Fut. s.	Cond. prés.	Radical	Fut. s.	Cond. prés.
je/j'	fe	rai	rais	viend	rai	rais	cour	rai	rais	enver	rai	rais
tu	fe	ras	rais	viend	ras	rais	cour	ras	rais	enver	ras	rais
il/elle	fe	ra	rait	viend	ra	rait	cour	ra	rait	enver	ra	rait
nous	fe	rons	rions	viend	rons	rions	cour	rons	rions	enver	rons	rions
vous	fe	rez	riez	viend	rez	riez	cour	rez	riez	enver	rez	riez
ils/elles	fe	ront	raient	viend	ront	raient	cour	ront	raient	enver	ront	raient

Indicatif futur antérieur et indicatif conditionnel passé

- L'indicatif futur antérieur est formé de l'auxiliaire *avoir* ou *être* à l'indicatif futur simple et du participe passé du verbe.

  ▶ *Quand elle **aura terminé** ses examens, elle prendra des vacances.*
  *Quand elle **sera devenue** traductrice, elle gagnera bien sa vie.*

- L'indicatif conditionnel passé est formé de l'auxiliaire *avoir* ou *être* à l'indicatif conditionnel présent et du participe passé du verbe.

  ▶ *Elle **aurait terminé** ses examens le mois passé, apparemment.*
  *Elle **serait devenue** traductrice, apparemment.*

Subjonctif présent

Les terminaisons sont les mêmes pour **tous les verbes**, sauf *avoir* et *être*.

Personnes	Terminaisons A B C
1re pers. s.	-e
2e pers. s.	-es
3e pers. s.	-e
1re pers. pl.	-ions
2e pers. pl.	-iez
3e pers. pl.	-ent

Exceptions		
PRONOMS	AVOIR	ÊTRE
que je/j'	aie	sois
que tu	aies	sois
qu'il/elle	ait	soit
que nous	ayons	soyons
que vous	ayez	soyez
qu'ils/elles	aient	soient

REMARQUE : Dans quelques verbes, entre autres dans les verbes en *-ier* et en *-yer*, il y a un double *i* ou un *yi* aux 1re et 2e personnes du pluriel (*que vous étudiiez, que nous nettoyions*).

.../ p. 263

Orthographe

grammaire

■ Conjugaison de quelques verbes particuliers

PRONOMS	ALLER	FAIRE	POUVOIR	SAVOIR	VALOIR	VOULOIR	FALLOIR
que **je / j'**	aille	fasse	puisse	sache	vaille	veuille	
que **tu**	ailles	fasses	puisses	saches	vailles	veuilles	
*qu'***il / elle**	aille	fasse	puisse	sache	vaille	veuille	faille
que **nous**	allions	fassions	puissions	sachions	valions	voulions	
que **vous**	alliez	fassiez	puissiez	sachiez	valiez	vouliez	
*qu'***ils / elles**	aillent	fassent	puissent	sachent	vaillent	veuillent	

Subjonctif passé

Le subjonctif passé est formé de l'auxiliaire *avoir* ou *être* au subjonctif présent et du participe passé du verbe.

▶ *Je suis content qu'elle **ait terminé** ses examens.   Je suis content qu'elle **soit devenue** traductrice.*

Impératif présent

Personnes	Terminaisons			
	Verbes réguliers		**C** Verbes irréguliers en -*ir*, en -*oir*, en -*re*	
	A en -*er*	**B** en -*ir*	la plupart de ces verbes	*couvrir, offrir, ouvrir…*
2ᵉ pers. s.	**-e**	**-s**	**-s**	**-e**
1ʳᵉ pers. pl.	**-ons**	**-ons**	**-ons**	**-ons**
2ᵉ pers. pl.	**-ez**	**-ez**	**-ez**	**-ez**

■ Conjugaison de quelques verbes particuliers

PERSONNES	AVOIR	ÊTRE	SAVOIR	VOULOIR
2ᵉ pers. s.	aie	sois	sache	veux (veuille)
1ʳᵉ pers. pl.	ayons	soyons	sachons	voulons
2ᵉ pers. pl.	ayez	soyez	sachez	voulez (veuillez)

REMARQUE :

Avec le verbe *vouloir* :

– les formes *veuille* et *veuillez* représentent un impératif de politesse ;

▶ ***Veuillez** vous asseoir.*

– les formes *veux, voulons, voulez* sont surtout employées à la négative.

▶ *Ne nous en **voulons** pas trop d'avoir échoué dans ce projet.*

Impératif passé

L'impératif passé est formé de l'auxiliaire *avoir* ou *être* à l'impératif présent et du participe passé du verbe.

▶ ***Aie terminé** tes devoirs avant de partir.   **Sois revenu** avant la tombée de la nuit.*

Lisez la nouvelle *Les mains* p. 359 , puis faites les activités suivantes.

1 **a)** Jean-Paul prête à son grand-père des sentiments qui sont opposés à sa voix *tranquille* et *assurée*. Dans le 2ᵉ paragraphe, relevez des antonymes de *tranquillité* et d'*assurance* qui révèlent les véritables sentiments du grand-père vis-à-vis de l'avenir.

b) À la fin du 2ᵉ paragraphe, relevez quatre mots qui permettent de comprendre que, selon Jean-Paul, le grand-père redoute le changement, l'éloignement, la richesse et l'inconnu.

2 **a)** Voici des groupes de l'adjectif qui sont employés dans le 3ᵉ paragraphe pour décrire le travail de Jean-Paul : *bien perpendiculaire au sol, aligné correctement, droit, solide.*

Dans le même paragraphe, relevez trois verbes qui expriment également l'application de Jean-Paul.

b) Qu'annoncent ces indices au sujet des sentiments de Jean-Paul pour le travail de la ferme ?

3 Dans les 5ᵉ et 8ᵉ paragraphes, le narrateur traduit de façon imagée, à l'aide du décor, les sentiments de Jean-Paul. Montrez votre compréhension de l'évolution du personnage en remplissant un tableau comme le suivant.

DESCRIPTION DU DÉCOR	Mots qui évoquent la lourdeur et l'opacité : *ciel gris et bas,* ▯▯▯▯, ▯▯▯▯, ▯▯▯▯, *épaisse masse nuageuse.*	→	Mots qui évoquent la vitalité, le changement et la clarté : ▯▯▯▯, ▯▯▯▯, ▯▯▯▯, ▯▯▯▯, ▯▯▯▯.
SENTIMENTS DE JEAN-PAUL	Jean-Paul est ambivalent à propos de son avenir. Ses idées sont encore confuses.	→	Jean-Paul ▯▯▯▯.

4 **a)** Dans le 9ᵉ paragraphe, relevez :

• des mots (surtout des verbes) qui traduisent la connaissance et l'expérience ;

• divers mots liés à l'idée d'intimité.

b) Que révèlent ces champs lexicaux sur les sentiments que Jean-Paul nourrit envers la ferme ?

5 **a)** Supposez que Jean-Paul décide finalement de quitter la ferme pour poursuivre ses études. Imaginez quel pourrait être son rapport à la ferme dans ce cas et inspirez-vous du 9ᵉ paragraphe pour rendre compte de ce rapport.

Votre texte pourrait commencer par cette phrase : *Même en pleine clarté, Jean-Paul se sentait perdu sur cette ferme*, et se conclure ainsi : *Non, Jean-Paul le sentait, il ne vivrait pas de son corps, mais de son esprit.*

b) Dans votre texte, surlignez les mots les plus évocateurs de l'intériorité du personnage.

Banque **d'activités**

1 **a)** Relevez, dans les phrases suivantes, les groupes de l'adverbe ou les groupes prépositionnels qui ont la fonction de modificateur.

1. *Dans la nouvelle de Maupassant, la question du sort réservé aux personnes souffrant de maladie mentale est abordée de manière troublante.*

2. *Même si la malade souffre énormément, elle reçoit des soins d'une vieille bonne très attentionnée, mais qui ne connaît absolument rien à propos de la maladie dont est profondément atteinte sa pauvre maîtresse.*

3. *Si la folle avait été entièrement prise en charge par des spécialistes dans une institution psychiatrique, elle aurait sans doute pu se sortir de sa léthargie et éviter de subir de façon indue le traitement fort cruel auquel on l'a soumise.*

b) Indiquez la fonction précise de chacun des groupes que vous avez relevés (modificateur d'un adjectif, d'un verbe et d'un adverbe).

2 Lisez, dans la nouvelle *Le défunt par erreur* (p. 6-10), la conversation entre Lucio Predonzani et le directeur du journal (lignes 48-87). Relevez-y au moins 10 groupes de l'adverbe ou groupes prépositionnels ayant la fonction de modificateur. Précisez-en la fonction en indiquant de quel mot (adjectif, verbe, adverbe, déterminant) dépend chacun de ces groupes.

3 Transformez le résumé suivant de la nouvelle *La Folle* en supprimant tous les modificateurs qui révèlent un point de vue subjectif.

> *Dans la nouvelle* La Folle, *le narrateur raconte une bien sinistre anecdote de guerre. Durant la guerre de 1870, des soldats ont pénétré sans avertissement dans la ville. Certains d'entre eux se sont installés confortablement dans la maison de la folle, couchée en permanence et tout à fait incapable de les accueillir convenablement. Le commandant, très choqué de son attitude, l'a priée instamment de se lever, mais en vain. Devant un tel entêtement, il a décidé inopinément d'aller la conduire sur son matelas dans une forêt, en plein hiver. La folle, complètement perdue dans ses pensées, est morte gelée sans que personne lui vienne en aide.*

4 Transformez le paragraphe suivant, tiré de la nouvelle *La Folle* de Maupassant (p. 18-21), de la manière suivante :

a) remplacez les mots soulignés par d'autres GAdv et GPrép modificateurs ;

b) ajoutez des GAdv ou des GPrép au récit en vue de renforcer le point de vue du narrateur.

> *La pauvre jeune femme, foudroyée par le chagrin, prit le lit, délira pendant six semaines. Puis, une sorte de lassitude calme succédant à cette crise violente, elle resta <u>sans mouvement</u>, mangeant <u>à peine</u>, remuant <u>seulement</u> les yeux. Chaque fois qu'on voulait la faire lever, elle criait <u>comme si on l'eût tuée</u>. On la laissa donc <u>toujours</u> couchée, <u>ne</u> la tirant de ses draps <u>que</u> pour les soins de sa toilette et pour retourner ses matelas.*

Extrait de Guy de Maupassant, « La Folle », *Contes de la Bécasse*, coll. Petits classiques Larousse, © Larousse, Paris, 2003.

Banque **d'activités**

Lisez les extraits suivants et observez les verbes en gras. Puis, répondez aux questions ci-dessous.

Extrait A	LA RADIO

*Élise **a eu** une journée harassante. En plus, au bureau, il y **a eu** une panne de courant et donc aucune climatisation durant presque tout l'après-midi. Élise **a** chaud. En entrant dans l'appartement,*
5 *elle n'**a** qu'une idée : aller sous la douche et laisser couler l'eau qui **effacera** la fatigue et les problèmes de la journée. Elle **décide** qu'elle **restera** là jusqu'à l'arrivée de François. Après, peut-être **aura**-t-elle le courage de bouger. Pendant que l'eau **coule**, elle*
10 ***entend** la radio qui **se met** à jouer à tue-tête dans la cuisine.*

– François, c'est toi ?

Extrait B	LA RADIO

*Élise **avait eu** une journée harassante. En plus, au bureau, il y **avait eu** une panne de courant et donc aucune climatisation durant presque tout l'après-midi. Élise **avait** chaud. En entrant dans*
5 *l'appartement, elle n'**avait** qu'une idée : aller sous la douche et laisser couler l'eau qui **effacerait** la fatigue et les problèmes de la journée. Elle **décida** qu'elle **resterait** là jusqu'à l'arrivée de François. Après, peut-être **aurait**-elle le courage de bouger.*
10 *Pendant que l'eau **coulait**, elle **entendit** la radio qui **se mit** à jouer à tue-tête dans la cuisine.*

– François, c'est toi ?

1 **a)** Quel extrait donne l'impression que l'histoire se déroule au moment de l'énonciation ? Quel est le temps principal employé pour la narration de cet extrait ?

   b) L'autre extrait donne l'impression que l'histoire s'est déroulée avant le moment de l'énonciation. Quel est le temps principal employé pour la narration de cet autre extrait ?

2 **a)** Dans l'extrait A, quel temps est employé pour exprimer les actions ou faits postérieurs au temps principal de la narration ? Citez un exemple.

   b) Quel temps exprime un futur dans le passé ? Citez un exemple tiré de l'extrait B.

3 **a)** Quel est le temps de verbe employé dans le discours rapporté direct de l'extrait A ?

   b) Ce temps change-t-il dans l'extrait B ? Expliquez pourquoi.

4 Relevez les verbes au présent dans l'extrait A. Sont-ils tous au passé simple dans l'extrait B ? Expliquez pourquoi.

5 **a)** Lisez la suite de l'extrait A et relevez 1) les verbes au présent servant de temps principal pour la narration des actions ou des faits qui font avancer le récit, et 2) ceux servant de temps d'accompagnement pour les descriptions, explications ou commentaires.

Personne ne répond, et Élise pense que le bruit de l'eau et celui de la radio couvrent probablement le son de sa voix. « Mais qu'est-ce qu'il écoute ? » se demande-t-elle. Une partie de baseball ? Élise est perplexe. François ne fait jamais ça. D'ailleurs, y a-t-il encore du baseball à la radio ? Elle ferme le robinet et appelle de nouveau :

– François, tu es là ? Baisse un peu le son de la radio et réponds-moi, s'il te plaît.

5 *Élise sort de la salle de bain et constate qu'il n'y a personne dans l'appartement. Sur la table du couloir, le répondeur clignote, annonçant un nouveau message. Elle écoute le message.*

« Élise, c'est François. Ne m'attends pas pour souper. Benoît m'a invité à aller voir un match de baseball après le travail. À plus tard. » À la radio, le commentateur s'exclame : « Quel magnifique coup de circuit ! »

   b) Afin de vérifier vos réponses en a), transcrivez l'extrait en employant le passé simple et ses temps d'accompagnement.

Banque d'activités

grammaire

1 **a)** Relevez les pronoms relatifs (subordonnants des subordonnées relatives) et l'antécédent de chacun de ces pronoms.

> 1. *Ce matin-là, Lucio Predonzani, mi-quarantaine,* que l'on reconnaît comme un célèbre peintre, *est loin de se douter de la grossière méprise* dont il sera victime.
>
> 2. *L'artiste,* qui vivait jusque-là paisiblement avec son épouse à la campagne, *va voir son existence bouleversée par une information erronée publiée dans le journal.*
>
> Extrait de Dino Buzzati, « Le défunt par erreur », Le K, © Éditions Pocket, 1994.

b) Servez-vous de l'antécédent des pronoms relatifs pour construire une phrase autonome à partir de chaque subordonnée relative surlignée dans les phrases 1 et 2. Encadrez ensuite le groupe de mots que le pronom relatif remplace.

Ex. : Subordonnée : *que l'on reconnaît comme un célèbre peintre*

Antécédent de *que* : *Lucio Predonzani*

Phrase autonome : *On reconnaît* Lucio Predonzani *comme un célèbre peintre.*

c) Indiquez la fonction des subordonnées relatives surlignées dans les phrases 1 et 2.

2 Dans la phrase ci-dessous, identifiez une fonction moins courante de la subordonnée relative. Relevez le mot dont la subordonnée surlignée est le complément et précisez la classe de ce mot.

> *Mathilde, la femme de Predonzani, celle* qui sanglotait désespérément un instant auparavant*, est maintenant prise d'une crise d'hilarité.*

3 **a)** Dans un tableau comme celui-ci, classez les subordonnées surlignées dans les phrases suivantes.

SUBORDONNÉES RELATIVES	AUTRES SORTES DE SUBORDONNÉES

> 1. *Alors qu'il feuillette son journal, Predonzani découvre* qu'un article fait état de sa propre mort *!*
>
> 2. *Imaginez l'émotion* que vous éprouveriez en lisant votre nécrologie*...*
>
> 3. *L'histoire ne révèle pas* qui, précisément, est responsable de cette grossière erreur*, mais s'attache à montrer les conséquences de l'événement sur la vie du personnage.*
>
> 4. *Le peintre,* qui jouissait d'une grande renommée*, va devoir « faire le mort ».*
>
> 5. *Le temps passe, et quelque chose* qui s'apparente à du dépit *s'installe dans son cœur.*
>
> 6. *À la fin, il se dirige vers le cimetière* où se trouve la chapelle de sa famille *et prend place dans son cercueil.*

b) Quels moyens utilisez-vous pour distinguer les subordonnées relatives d'autres sortes de subordonnées ?

Banque d'**activités**

4 Ci-dessous, repérez la phrase qui contient une subordonnée relative explicative, puis transcrivez cette phrase en ajoutant la ponctuation manquante. Au besoin, référez-vous à la fiche ❶ *La suborbonnée relative*, page 233.

> *Dino Buzzati qui ne s'est jamais considéré comme un véritable écrivain a publié divers écrits littéraires (romans, nouvelles, contes, poèmes, pièces de théâtre). Le K compte parmi ceux qui sont le plus connus. Ce recueil de nouvelles aborde tous les thèmes que l'auteur a développés dans l'ensemble de son œuvre.*

5 Fusionnez les phrases ci-dessous de sorte que la phrase B soit une subordonnée relative complément du nom en gras.

1. A *À la fin, par dépit, Predonzani rejoint la **chapelle** familiale.*

   B *Il est censé reposer dans cette chapelle familiale.*

2. A *La mort est un **thème**.*

   B *Dino Buzatti a maintes fois abordé ce thème dans son œuvre.*

3. A *L'un des **aspects** de la mort est l'oubli posthume.*

   B *Il est question de cet aspect de la mort dans « Le défunt par erreur ».*

6 **a)** Choisissez le pronom relatif qui convient au début des subordonnées relatives surlignées.

1. *Mathilde,* **(que** ou **dont)** *Predonzani remarque maintenant les charmes, semble s'épanouir de jour en jour.*

2. *Pradelli est un ami* **(que, dont, duquel** ou **auquel)** *Predonzani est très attaché.*

3. *Il se met alors à soupçonner cet homme* **(qu'** ou **en lequel)** *il a pourtant toujours eu une entière confiance.*

b) Justifiez vos choix en a) en complétant les énoncés suivants.

1. Dans la phrase 1, c'est le pronom relatif ▬▬▬ qui convient au début de la subordonnée relative, car le groupe à remplacer commencerait par la préposition ▬▬▬.

2. Dans la phrase 2, c'est le pronom relatif ▬▬▬ qui convient au début de la subordonnée relative, car le groupe à remplacer commencerait par la préposition ▬▬▬.

3. Dans la phrase 3, c'est le pronom relatif ▬▬▬ qui convient au début de la subordonnée relative, car le groupe à remplacer commencerait par la préposition ▬▬▬.

c) Les subordonnées en a) pourraient aussi commencer par *de qui*, *à qui* et *en qui*, car l'antécédent du pronom désigne un humain. Récrivez les phrases en a) en utilisant les formes *de qui*, *à qui* et *en qui* et soulignez l'antécédent humain du pronom *qui*.

grammaire

Banque d'activités

7 Complétez les phrases suivantes à l'aide du pronom relatif qui convient, précédé d'une préposition s'il y a lieu (ex. : **de** qui).

1. *Dans la nouvelle « Pauvre petit garçon!», Buzatti évoque l'enfance* ▬▬▬ *aurait pu connaître un personnage historique au destin hors du commun.*

2. *L'action prend place dans un jardin public* ▬▬▬ *une mère amène son petit garçon, maigre et pâle.*

3. *Le lecteur se prend de pitié pour ce garçon sans défense,* ▬▬▬ *la mère a honte de surcroît, et* ▬▬▬ *les autres enfants du jardin vont infliger une cruelle humiliation.*

4. *L'expérience de la cruauté est l'un des thèmes* ▬▬▬ *s'attache Buzatti dans cette histoire.*

5. *Le dernier mot de la nouvelle,* ▬▬▬ *l'histoire serait simplement très émouvante, apporte un nouvel éclairage en révélant l'identité du petit garçon.*

! Le pronom relatif *que* peut être le donneur d'accord du participe passé employé avec *avoir*. En effet, ce pronom est toujours placé avant le verbe de la relative et a généralement la fonction de complément direct.

Pronom relatif   aux.   p. p.

Ex. : *Paul avait refusé l'invitation* que *Léa lui avait lancée la semaine précédente*.

Attention, il ne faut pas confondre le pronom relatif *que* et la conjonction *que*, qui n'a pas de fonction dans la phrase.

Conjonction

Ex. : *Léa espérait* que *Paul ait changé d'avis depuis*.

---

8 **a)** Parmi les phrases suivantes, laquelle contient une subordonnée relative introduite par le pronom relatif *que*?

1. *Il est triste* **que** *Paul ait refusé mon invitation, songeait Léa.*

2. *Voilà un trouble* **que** *jamais elle n'avait ressenti auparavant!*

3. *Paul s'est souvenu* **que** *Léa avait eu une gentille attention pour lui l'autre jour.*

b) Récrivez la phrase de la réponse en a) en remplaçant l'antécédent du pronom relatif *que* par un nom féminin pluriel et en faisant les accords qui conviennent.

9 Lisez la nouvelle *Tenue de ville* p. 322 en portant attention aux descriptions de lieux et de personnages.

a) Relevez trois groupes du nom avec subordonnée relative qui servent à décrire la banque.

b) Relevez cinq groupes du nom avec subordonnée relative qui servent à décrire le personnel de la banque, les trois clients ou le « truand ».

10 Imaginez un autre client qui pourrait figurer dans *Tenue de ville*.

a) Rédigez-en une description qui pourrait s'insérer après la description de la troisième cliente, avant l'entrée en scène du « truand » (ligne 57). Dans votre description (un paragraphe), utilisez au moins deux subordonnées relatives.

b) Justifiez les pronoms relatifs que vous avez employés.

Banque d'activités

1 **a)** Dans les phrases suivantes, relevez les marques d'oralité familière employées dans le discours rapporté.

1. *Mon grand-père Omer, qui était cultivateur, s'amusait à dire : « C'est ben sûr qu'y va mouiller, les poules sont jouquées su'es poteaux d'clôture ! »*

2. *Sage à ses heures, Omer conseillait : « T'sais, les fleurs, quand ça pousse, y faut pas tirer d'ssus pour qu'y sortent au plus sacrant, faut 'es laisser s'arranger tu seules. ». Pour le taquiner, on lui répondait : « Oui, mais c'pas important d'es arroser un tit peu de temps en temps ? »*

3. *Ce grand-père me disait souvent : « Paris s'est pas faite en un jour, tit gars, fais toute qu'est-ce que t'as à faire sans mett' les bouchées doub', pis continue à jobber, à te coltailler à l'ouvrage pis à 'n arracher jusqu'à tant que tu soyes arrivé à fin. »*

b) Dans un tableau semblable à celui-ci-dessous, classez les marques d'oralité relevées en a) et écrivez la forme de la variété standard correspondante. Donnez deux exemples par catégorie.

MARQUES D'ORALITÉ		VARIÉTÉ STANDARD CORRESPONDANTE
Catégories	**Exemples**	
Vocabulaire typique du français québécois	• •	• •
Mot imprécis	• •	•
Syntaxe orale (omission du *ne*, emploi erroné d'un pronom relatif ou d'un mot interrogatif)	• •	
Omission de certains sons (prononciation typique de la variété familière)	•	

2 Lisez le texte ci-dessous, puis répondez aux questions qui suivent.

Quand ma grand-mère Médérise « débarquait » chez nous pour aider ma mère qui venait d'avoir encore un bébé, en entrant, elle prévenait tous mes frères et sœurs : « Ma vous mett' à ma main parce que chus pas vot' mére, moé là. Fait qu' y faut qu'ça m'obéisse au doigt pis à l'œil ! » Ma grand-mère nous demandait souvent de l'aider : « Va mett' c'te butin-là su'a pantry, envoye, aboutis, on a pas l' temps dans not' poche là, va ben
5 *fallouèr que tu t'grouilles si tu veux pas qu'on soye encore icitte à minuit à souèr. » Son vocabulaire si différent du nôtre retardait d'autant l'aide qu'elle réclamait : « Coudonc, t'as-tu les portes de grange farmées ou bedon c'est-tu qu'est-cé que ch'te d'mande qui t' passe dix pieds par-dessus 'a téte ? Pourquoi c'est qu'tu niaises de même ? Tu vas vouèr qu'à école, tu vas t'faire brasser autrement qu'ça, mon tit-gars. »*

a) Relevez les lignes qui comportent un discours rapporté direct.

b) Écrivez les marques d'oralité familière qui ont été employées par l'énonciateur dans le discours rapporté.

c) Récrivez chacun des passages comportant un discours rapporté direct pour qu'il soit conforme à la variété de langue standard.

Banque d'activités

1 **a)** Dans le texte *Les coïncidences : fruit du hasard… ou clins d'œil du destin ?* P. 343
identifiez aux lignes 35 à 56 :

– l'énonciateur principal ;

– les énonciateurs seconds ;

– le destinataire de cette partie du texte.

b) Précisez lesquels d'entre eux sont présents dans le texte.

c) Relevez les pronoms qui réfèrent aux énonciateurs et / ou au destinataire.

2 Dans les phrases suivantes, supprimez ou remplacez par un groupe du nom uniquement les
pronoms qui servent à l'énonciation.

Ex. : *Comme pour donner un sens à ce qui **nous** arrive dans la vie, **nous** aimerions croire que le
hasard signifie quelque chose.*

*Comme pour donner un sens à ce qui **leur** arrive dans la vie, **les gens** aimeraient croire que le
hasard signifie quelque chose.*

1. *De mon point de vue, les coïncidences me laissent croire qu'elles nous arrivent tout à fait par
hasard.*

2. *Si nous y pensions bien, nous constaterions qu'il est toujours possible de nous expliquer
certains faits étranges sans que nous ayons à faire intervenir des forces quasi surnaturelles.*

3. *Selon notre interprétation, on nous a fait croire que toutes les coïncidences nous concernaient dans
notre vie privée, alors que ces dernières ne nous sont pas adressées en particulier, puisqu'elles font
partie du hasard, dont il nous est impossible de tenir compte pour donner du sens à nos expériences
de vie.*

3 Reformulez les phrases suivantes en y ajoutant des pronoms qui réfèrent à l'énonciateur ou
au destinataire. Pour y parvenir, vous pouvez à l'occasion récrire des segments de ces phrases
ou en ajouter.

Ex. : *Il n'est pas nécessaire de chercher à comprendre nos moindres actions.*

*Selon **moi**, il n'est pas nécessaire que **nous** cherchions à comprendre nos moindres actions.*

1. *Pourquoi faut-il tenter d'expliquer les coïncidences ?*

2. *Accorder un sens aux coïncidences, c'est se donner beaucoup d'importance en tant qu'êtres
vivants : c'est faire fi du hasard expliquant les nombreux événements qui jalonnent notre vie.*

3. *Il est vrai qu'il arrive parfois des événements qui ont l'air de coïncidences tellement surprenantes qu'il
peut paraître raisonnable de se mettre à imaginer les hypothèses les plus farfelues pour permettre
de rendre compte de ces faits troublants.*

4 Selon vous, les coïncidences sont-elles le fruit du hasard ou un clin d'œil du destin ? Formulez
votre opinion, en une dizaine de lignes, en tenant compte des contraintes suivantes :

– manifester sa présence dans son texte ;

– tenir compte du destinataire ;

– se référer, à l'occasion, à la fois à l'énonciateur et au destinataire.

Au moment de la révision, vérifiez l'emploi et la portée des pronoms d'énonciation que vous
avez utilisés dans votre texte.

Banque d'activités

1 Dans les phrases suivantes, relevez les phrases incidentes et les groupes incidents.

1. *Je ne peux que regretter toutes les occasions (et elles ont été nombreuses) où il m'aurait été profitable de me souvenir du proverbe* Qui s'y frotte s'y pique.

2. *Il a hésité, puis, à mon plus grand étonnement, il a cité un proverbe!*

3. *Ce proverbe énonce une vérité, vous le savez.*

4. *Il croyait – faut-il être naïf – qu'il suffisait d'invoquer ce proverbe pour me convaincre!*

5. *Sauf votre respect, vous faites erreur dans votre interprétation.*

2 **a)** Classez les éléments en couleur du texte en deux catégories : les phrases incidentes et les phrases incises.

> Les contraires s'attirent, *entend-on souvent*. Qui s'assemble se ressemble, *dit-on aussi*. *Certains proverbes, on le voit, se contredisent. D'autres, vous l'avez peut-être observé, se recoupent.* L'habit ne fait pas le moine *et* L'air ne fait pas la chanson, *par exemple, rappellent tous deux qu'on ne doit pas juger les gens sur l'apparence.*

b) À partir de quels critères distinguez-vous ces deux cas d'insertion de phrases ?

3 **a)** Récrivez les phrases suivantes en intégrant la partie en couleur sous la forme d'une phrase incidente. Cette insertion ne doit pas nuire à la lisibilité de la phrase.

> Ex. : *Vous aurez deviné que cette histoire de vengeance se termine mal.*
> *Cette histoire de vengeance, vous l'aurez deviné, se termine mal.*

1. *C'est connu : les proverbes ont tous une longue histoire.*

2. *Il paraît que ce patrimoine culturel tend à se perdre.*

3. *Il est vrai que les proverbes ont la vie dure ces dernières décennies.*

4. *J'ai observé que les proverbes sont souvent employés dans des argumentations.*

b) Dans vos phrases, vérifiez l'emploi de la virgule, des parenthèses ou des tirets lié au détachement des phrases incidentes.

4 Dans les deux premiers paragraphes du texte *Superstitions* (p. 64), relevez les phrases incidentes ou groupes incidents qui permettent à la journaliste :

• d'interpeller le lecteur ;

• d'exprimer un doute ou une certitude ;

• de se dissocier d'un propos en l'attribuant à d'autres personnes.

5 *Il faut tourner sept fois sa langue dans sa bouche avant de parler.* En quelques lignes, commentez ce proverbe (ou tout autre proverbe qui vous fait réagir). Dans votre texte, utilisez au moins deux phrases incidentes ou groupes incidents.

Banque d'activités

1 a) Identifiez la fonction des éléments surlignés dans les paires de phrases.

1. A *Nous exigeons son retour avant la fin de l'année* .

   B *Nous exigeons qu'il revienne avant la fin de l'année* .

2. A *Manon espère atteindre son objectif* .

   B *Manon espère qu'elle atteindra son objectif* .

3. A *Mes parents doutent fortement de ma sincérité* .

   B *Mes parents doutent fortement que je sois sincère* .

4. A *Qui s'attendait à une réussite aussi brillante de la part de Léo* ?

   B *Qui s'attendait à ce que Léo réussisse de façon aussi brillante* ?

5. A *Vous vous moquez de notre mécontentement* .

   B *Vous vous moquez que nous soyons mécontents* (ou *de ce que nous soyons mécontents*).

6. A *Je suis déçu de sa réaction* .

   B *Je suis déçu qu'il réagisse de cette façon* .

7. A *Soyez attentif à ne pas commettre de fautes dans votre rédaction* .

   B *Soyez attentif à ce que votre rédaction soit exempte de fautes* .

8. A *Mes parents seront fiers de mes réalisations* .

   B *Mes parents seront fiers de ce que je réaliserai* .

b) Sur le plan de la construction, qu'est-ce qui distingue les subordonnées complétives (A) des groupes de mots pouvant avoir la même fonction et un sens équivalent (B) ?

2 Dans les phrases ci-dessous, les subordonnées complétives ont une fonction qu'elles occupent moins fréquemment. Identifiez cette fonction.

1. *Il avait le sentiment que tout le monde l'adorait* .

2. *La crainte que mon ami n'ait pas été sincère m'envahissait.*

3. *Elle a l'intime conviction qu'il ment* .

3 a) Transformez les phrases suivantes : faites de la première une subordonnée complétive de la seconde. Cette subordonnée sera le complément du mot souligné.

   Ex.: *Vous avez peur. Je le sais.* ➞ *Je sais que vous avez peur.*

1. *Aucun retard ne sera toléré. Combien de fois dois-je le répéter ?*

2. *Tu peux relever ce défi. C'est évident.*

3. *Tout se passera bien. En êtes-vous certains ?*

4. *Il était très ému. Sa vive réaction nous en donne l'impression.*

5. *La cafétéria est trop bruyante. Des élèves s'en plaignent fréquemment à la direction.*

b) Indiquez la fonction des subordonnées complétives dans vos phrases.

Banque d'activités

4 La subordonnée complétive peut servir à formuler une question de façon indirecte.

Ex. : Interrogation directe : *Viendra-t-il ? Qu'est-ce que je ferai ? Où nous irons ?*

Interrogation indirecte : *Je me demande s'il viendra / ce que je ferai / où nous irons*.

a) Transformez les interrogations directes suivantes en interrogations indirectes. Pour introduire les subordonnées complétives, utilisez les subordonnants *si* ou *ce que, ce qui*, ou des subordonnants interrogatifs : *où, pourquoi*, etc.

INTERROGATIONS DIRECTES	INTERROGATIONS INDIRECTES
1. *Qui sera présent ?*	*Nous ignorons ... .*
2. *Comment faut-il faire ?*	*Montrez-moi ... .*
3. *Cet arrangement vous convient-il ?*	*Dites-leur franchement ... .*
4. *Que lui voulait-on ?*	*Le petit garçon se demandait ... .*
5. *Dans quelle ville l'écrivain est-il né ?*	*Cette notice biographique ne précise pas ... .*
6. *Qu'est-ce que je veux ?*	*Je ne sais plus ... .*
7. *Pourquoi avez-vous agi ainsi ?*	*M'expliquerez-vous un jour ... .*
8. *Qu'est-ce qui importe le plus pour vous ?*	*Nous voulons savoir ... .*

La subordonnée complétive interrogative est construite comme suit :

• sans inversion du pronom sujet ou reprise du GN sujet par un pronom ;

• sans *est-ce que* ou *est-ce qui*.

b) Révisez les subordonnées complétives construites en a) en tenant compte de cette règle.

5 **a)** Voici deux phrases. Quel est le mode du verbe de la subordonnée complétive dans la phrase 1 ? Dans la phrase 2 ?

1. *Il sait qu'elle a tort.*

2. *Il doute qu'elle ait tort.*

b) Classez les verbes suivants selon qu'ils pourraient remplacer au même mode *savoir* ou *douter* dans les phrases 1 et 2.

dire – prétendre – souhaiter – se réjouir – estimer – affirmer – annoncer – craindre – penser
regretter - admettre – croire – parier – vouloir – espérer – constater

c) Parmi les verbes de l'encadré en b) quels sont ceux qui expriment :

• un doute ;

• un ordre ;

• un sentiment.

• une volonté ;

• un souhait ;

Ces verbes qui expriment une pensée (un doute, une volonté, un ordre, un souhait, un sentiment) dans une subordonnée complétive se conjuguent au subjonctif.

❶ *La subordonnée complétive*, p. 235.

grammaire

Banque d'activités

6 Complétez les phrases suivantes en employant le verbe proposé au mode indicatif ou subjonctif.

1. *Nos coéquipiers exigent que nous leur* (rendre) *des comptes.*

2. *Je présume que vous* (répondre) *correctement.*

3. *Mes parents aimeraient que je* (être) *plus autonome.*

4. *Annie est furieuse qu'on ne* (faire) *pas les choses comme elle l'entend.*

5. *Il serait étonnant qu'elle* (atteindre) *son objectif.*

❗ Certains verbes se prononcent de la même façon à l'indicatif et au subjonctif présent, mais ont une orthographe différente.

Indicatif   **Subjonctif**
▶ *tu vois*   *que tu voies*
▶ *nous oublions*   *que nous oubliions*

Pour vérifier si un verbe doit être au subjonctif ou à l'indicatif présent, on le remplace par un verbe comme *faire* ou *dormir*, qui ne sont pas homophones aux deux modes.

Indicatif   **Subjonctif**
▶ *Il craint qu'elle ne* (meurt *ou* meure?). ⟶ ○ *Il craint qu'elle ne dorme*
  ○ *Il craint qu'elle ne meure.*   ⊘ *Il craint qu'elle ne dort.*

---

7 Complétez les phrases suivantes en employant le verbe proposé au mode indicatif ou subjonctif présent. Au besoin, référez-vous à la fiche 🛈 *La conjugaison*, pages 262-263 au sujet de la formation du subjonctif.

1. *L'idée que tu ne me* (croire) *pas me met en furie.*

2. *Nos supérieurs ont ordonné que nous* (justifier) *notre erreur.*

3. *Quel dommage que vous n'* (appuyer) *point cette proposition!*

4. *Charlotte a la certitude qu'il ne le* (revoir) *plus.*

5. *Vous reconnaissez que vous* (oublier) *parfois vos plus proches amis.*

8 **a)** Dans la pièce *L'héritage de Darwin* p. 315 , lisez la réplique de Julien des lignes 37 à 48. Choisissez trois questions que pose le personnage, puis transformez ses interrogations directes en interrogations indirectes, à l'aide de subordonnées complétives.

Ex.: *Est-ce possible que je possède des différences individuelles favorables ou nuisibles?* (interrogation directe)

⟶ *Julien demande à Jacques s'il est possible qu'il possède des différences individuelles favorables ou nuisibles*. (interrogation indirecte)

b) Surlignez vos subordonnées complétives et assurez-vous qu'elles ne contiennent pas de marques d'interrogation directe (inversion du pronom sujet, *est-ce que*...).

9 Rédigez une liste de cinq bons conseils que des gens de votre entourage vous ont un jour donnés pour orienter votre vie. Rapportez les propos de ces personnes en discours indirect, à l'aide de subordonnées complétives. Au besoin, consulter la fiche 🛈 *Le discours rapporté*, p. 200.

Ex.: *Ma mère estime qu'il faut tenter d'accepter les situations hors de notre contrôle (comme la mort d'un proche) plutôt que de nous épuiser à lutter contre nos sentiments.*

3.1 **L'EXPRESSION D'UNE INJONCTION (ORDRE, DEMANDE, CONSEIL)** ⭕

1 Dans les répliques de l'extrait suivant, relevez les phrases exprimant une injonction et précisez le procédé utilisé pour l'exprimer.

Edouard et Bianca sont à la veille de leur départ. Ils s'en vont en Europe visiter leur tante. À l'aéroport, ils reçoivent les dernières recommandations de leurs parents.

Mère.   Vous avez une correspondance à Toronto. Ne perdez pas de temps : vous avez à peine 40 minutes entre les deux vols.

Edouard.   Oui, maman. Nous savons déjà tout ça.

Père.   Je veux que tu fasses attention à ta sœur. Ne la perds pas de vue.

5 *Edouard regarde son père et sourit.*

Bianca.   Papa, vas-tu un jour cesser de me traiter comme une enfant? J'ai seize ans!

Père.   Embrassez ma sœur pour moi.

Mère.   Qu'elle nous appelle aussitôt que vous serez arrivés.

Voix dans les haut-parleurs : Les passagers pour le vol XYZ sont priés...

10 **Mère.**   C'est votre vol. Allez-y. Vite !

2 Écrivez une phrase exprimant une injonction avec chacun des procédés syntaxiques proposés.

A. Une phrase impérative

B. Une phrase contenant un verbe exprimant un ordre ou une demande suivi d'une subordonnée complétive

C. Une phrase contenant un verbe exprimant un ordre ou une demande suivi d'un GVinf

D. Une phrase dont le verbe au subjonctif est introduit par *que* pour adresser un ordre à une personne autre que l'interlocuteur

E. Une phrase non verbale

 Les types de phrases, p. 209
Les phrases à construction particulière, p. 214
La subordonnée complétive, p. 235

3 Nuancez les injonctions suivantes en utilisant des points d'exclamation, des formules de politesse ou des temps de verbes de façon :

a) à les accentuer ;

1. Tu sors d'ici.

2. Dépêche-toi.

b) à les atténuer.

1. Viens me voir.

2. Tu dois finir ce travail.

3. Ne me fais pas attendre.

4. Va-t'en.

5. Assoyez-vous.

grammaire

1 **a)** Dans les phrases suivantes, relevez les verbes de modalité.

b) Indiquez le sens que chacun de ces verbes permet d'exprimer : une perception, un sentiment, une opinion ou un jugement.

1. *Dans mon temps, j'espérais que mon amoureux soit galant.*

2. *J'aurais souhaité qu'il m'emmène en voyage faire le tour du monde.*

3. *Ma mère se demandait pourquoi j'étais si rêveuse, et mon père prétendait que j'étais trop gâtée.*

4. *Comme j'étais jeune, il me semblait que j'avais bien le droit de rêver.*

2 **a)** Dans les phrases suivantes, relevez les auxiliaires de modalité.

b) Indiquez le sens que chacun de ces verbes permet d'exprimer : l'obligation, la possibilité, la probabilité, la non-réalisation, la volonté ou la capacité.

1. *À mon époque, quand vous étiez amoureux d'une demoiselle, vous aviez à bien vous tenir.*

2. *Vous deviez être des plus galants, sinon vous ne pouviez penser être accepté de votre amoureuse.*

3. *Si vous manquiez de la laisser passer avant vous, votre amoureuse pouvait vous laisser tomber parce que vous ne saviez pas vivre.*

4. *Vous êtes à même de constater que si vous aviez dû vivre à cette époque, il vous aurait fallu vous adapter à ces conventions.*

5. *Une société sait imposer ses règles, et ses membres se doivent de les respecter, s'ils veulent vivre en harmonie avec leur entourage.*

 3 **a)** Est-ce que les règles sociales évoquées dans les phrases du numéro 2 s'appliquent aux couples actuels ? Rédigez un court texte d'une dizaine de lignes dans lequel vous exprimerez votre avis sur la question. Assurez-vous d'utiliser des verbes et des auxiliaires de modalité.

b) Au moment de la révision de votre texte, encadrez les verbes de modalité et soulignez les auxiliaires de modalité. Vérifiez le temps des verbes qui y sont liés à l'aide des questions suivantes :

– dans le cas d'un verbe de modalité, la complétive qui suit doit-elle comporter un verbe à l'indicatif ou au subjonctif ?

– dans le cas d'un auxiliaire de modalité, le verbe qui l'accompagne est-il à l'infinitif ?

Banque d'**activités**

1 **a)** Récrivez les répliques de théâtre suivantes de manière à les adapter aux situations de communication. Justifiez la variété de langue choisie pour chacune des répliques.

1. *La notaire est dans son bureau, avec des clients qui viennent tout juste de s'acheter une propriété.*

   Notaire – Bon ben! j'vous d'mande de signer ici, au bas d'la page, pour pas que la transaction soit annulée si y'a un problème avec le chèque certifié.

2. *La notaire discute avec son mari de leur fils de 16 ans qui a endommagé une de leurs voitures.*

   Notaire – Tu n'es pas sans savoir, Roger, que notre fils n'est pas un voyou. Il est seulement un conducteur inexpérimenté. Cela dit, nous devrons y penser deux fois avant de l'autoriser à conduire la petite voiture sport.

b) Imaginez la réplique de la notaire à la suite de cette didascalie.

La notaire est de retour chez elle et discute avec son fils de 16 ans.

2 **a)** Récrivez les lignes 7 à 22 de l'extrait de *La cantatrice chauve* P. 378 de manière à présenter une transcription qui reproduit la variété de langue familière.

b) Comparez votre transcription avec celle de deux autres élèves de la classe. Que constatez-vous?

3 Lisez les 10 premières lignes de l'extrait de *La Sagouine* P. 406 . Selon vous, pourquoi l'auteure de cette pièce est-elle allée aussi loin dans sa façon de rendre compte de l'oral dans son texte?

4 Lisez à voix haute les lignes 40 à 55 de l'extrait de *C.R.A.Z.Y.* P. 387 comme si vous deviez les jouer sur une scène.

a) Relevez les passages qui montrent clairement la façon de prononcer les répliques.

b) Relevez des passages que vous avez prononcés différemment de la transcription proposée dans le texte.

c) Que concluez-vous? Est-ce que la langue écrite fournit vraiment toutes les indications de prononciation dans un texte dramatique?

Banque d'activités

La subordonnée complément de phrase, p. 237

1 Lisez les phrases 1 à 6, qui contiennent des subordonnées compléments de phrase exprimant une opposition (surlignées).

1. *De nos jours, on fait grand cas de l'adolescence, alors qu'autrefois on parlait très peu de cette période entre l'enfance et l'âge adulte.*

2. *Selon le recensement de 2001, les francophones québécois représentent environ 80% de la population tandis que ceux du Nouveau-Brunswick ne forment qu'un peu plus de 30% de la population.*

3. *Comment un itinérant peut-il mourir gelé sur un trottoir achalandé quand de nombreux piétons auraient pu lui venir en aide ?*

4. *Si un grand nombre de personnes jugent que la famille d'aujourd'hui est en crise, la plupart se disent très satisfaites de leur vie familiale.*

5. *À Las Vegas, pendant qu'une trentaine de familles indiennes évoluent dans une triste réserve, des millions de touristes viennent chaque année se divertir dans cette ville de la démesure.*

6. *Si l'accumulation de biens a un effet rassurant pour beaucoup de gens, cette façon de consommer paraît inquiétante et sans issue pour les environnementalistes.*

Analysez le sens des phrases 1 à 6 en répondant aux questions dans un tableau semblable à celui-ci.

	QUELLES RÉALITÉS (PERSONNES, ÉPOQUES, CONCEPTS...) SONT MISES EN RELATION ?	EN QUOI CES ÉLÉMENTS S'OPPOSENT-ILS ?
Ex. : 1.	de nos jours	on fait grand cas de l'adolescence
	autrefois	on parlait très peu de cette période
2.		
3.		
4.		
5.		
6.		

Banque d'activités

279

2 Analysez la construction des six subordonnées d'opposition surlignées dans le numéro 1 : relevez-en les constituants et classez-les dans un tableau comme celui-ci.

		SUBORDONNÉE COMPLÉMENT DE PHRASE		
	Subordonnant	GNsujet	GVprédicat	Gcompl. P
Ex. : 1.	alors que	on	parlait très peu de cette période entre l'enfance et l'âge adulte	autrefois
2.				
3.				
4.				
5.				

3 Parmi les phrases 1 à 6, relevez celles dans lesquelles les subordonnants en gras introduisent des subordonnées d'opposition. Ces subordonnants sont remplaçables par *alors que* ou ont la même valeur que *par contre, pourtant, toutefois, mais*.

1. *Mes parents veulent décider de tout à mon sujet,* **quand** *je sais très bien ce qui est mauvais ou bon pour moi* .

2. *Tu mèneras ta vie comme tu l'entends* **lorsque** *tu auras atteint la majorité , me répètent mes parents.*

3. *Ici, il se gaspille des quantités inimaginables d'eau potable,* **pendant qu'***ailleurs il manque cruellement de cette ressource essentielle* .

4. *Combien de fois dois-je te répéter de fermer le robinet* **pendant que** *tu te brosses les dents ?*

5. **Si***, depuis les trente dernières années, les familles les plus riches ont augmenté leur part de la richesse totale , celle de la majorité des autres familles est restée la même ou a diminué.*

6. **Si** *nous ne sommes pas prêts à mener ce combat jusqu'au bout , retirons-nous.*

4 Transformez les phrases suivantes de façon à créer six phrases de sens équivalent et qui contiennent chacune une subordonnée d'opposition. Variez les subordonnants et, dans les phrases obtenues, surlignez les subordonnées d'opposition.

1. *Lorsqu'il était jeune, presque tous les Indiens de sa communauté trappaient comme lui pour vivre. Mais, maintenant, ils ne sont plus qu'une dizaine à savoir trapper.*

2. *Bon nombre d'adultes ont au moins un ou deux rhumes par année, et la plupart des enfants en auront de cinq à huit.*

3. *Les décors et les costumes sont fabuleux, le jeu des comédiens lamentable.*

4. *Des femmes d'ici ont lutté pendant des décennies pour obtenir le suffrage universel. Pourtant, des Québécoises en droit de voter s'abstiennent de le faire.*

5. *Vous pouvez m'obliger à vous dire « je vous aime », mais pas me forcer à vous aimer.*

6. *Le passé accouche du présent ; le présent accouche du futur.*

grammaire

5 Ajoutez une subordonnée d'opposition au début ou à la fin des phrases suivantes.

1. *Autrefois, on reprisait les chaussettes, on rétamait les casseroles et on réparait les meubles.*

2. *Certains dépensent tout leur argent de poche au fur et à mesure.*

3. *Nous ne manquons de rien dans ma famille.*

4. *Comment lutter contre la solitude?*

5. *Certains se plaignent sans raison.*

! La subordonnée d'opposition ne fait pas exception à la règle de ponctuation suivante : un complément de phrase placé ailleurs qu'en fin de phrase est détaché par la virgule.

Ex. : *Alors qu'ils pourraient être réutilisés ou recyclés* , ces objets se retrouvent à la poubelle.

Cependant, contrairement à la plupart des compléments de phrase placés en fin de phrase, la subordonnée d'opposition est généralement précédée d'une virgule dans cette position.

Ces objets se retrouvent à la poubelle, alors qu'ils pourraient être réutilisés ou recyclés .

Cette ponctuation permet de considérer la subordonnée comme un propos distinct du reste de la phrase, et non pas simplement comme une précision au sujet des circonstances (temps, but, etc.).

---

6 À la lumière des règles énoncées ci-dessus, revoyez la ponctuation liée à la subordonnée d'opposition dans vos phrases des activités 4 et 5.

7 Lisez cet extrait de la *Lettre à ma sœur militaire qui part en Afghanistan*.

> *Le 22 juin, toi qui es capitaine dans l'armée canadienne, tu participeras dans la ville de Québec aux festivités du 22ᵉ régiment, basé à Valcartier, qui doit partir pour se mêler dès cet été à la guerre en Afghanistan. On vous aura dit que vous partez pour aider à consolider la paix (en faisant la guerre?) et protéger le peuple afghan (en occupant et en bombardant son territoire?) contre des combattants venus de l'étranger (et vous, d'où venez-vous?). Combien d'entre vous reviendront dans des cercueils ou avec des blessures et des handicaps physiques et psychologiques? Combien d'entre vous seront devenus des assassins?*

Chacune des trois interrogations surlignées entre parenthèses exprime une idée qui, selon le point de vue de l'auteur, va à l'encontre d'une autre idée énoncée juste avant dans le texte (ex. : faire la guerre par opposition à consolider la paix). Utilisez ces idées pour écrire trois phrases qui contiendront chacune une subordonnée d'opposition.

8 Lisez le texte *Les artistes pour la paix* p. 413. Inspirez-vous des renseignements et des idées que vous y trouverez qu'il exprime pour construire trois phrases qui contiendront une subordonnée complément de phrase exprimant l'opposition. Surlignez les subordonnées d'opposition dans vos phrases et vérifiez la ponctuation.

Ex. : *Si les victimes des guerres d'autrefois étaient surtout des militaires* , celles des guerres des dernières 25 années sont surtout des civils.

Phrase inspirée du passage suivant: «Dans les guerres d'autrefois, 90 % des victimes étaient des militaires et 10 % des civils. Dans les guerres des 25 dernières années (Congo, Darfour, Éthiopie, Tchétchénie, Colombie, Guatemala, ex-Yougoslavie, Rwanda, Irak, Afghanistan...), 90 % des victimes sont des civils et 10 % des militaires.»

1 **a)** Lisez les phrases suivantes, tirées du texte *Les ados : c'est quoi le problème ?* p. 367
et indiquez la ou les sortes de construction employées (le type de phrase ou la sorte de
phrase à construction particulière et les formes de phrase).

1. *Des ados, j'en ai vus tous les jours depuis 1974.*

2. *Un grand paradoxe !*

3. *L'adolescence est-elle plus à risque qu'elle ne l'était auparavant ?*

4. *Jocelyne Robert ne cache pas son inquiétude : « Ça fait 30 ans que je travaille avec les jeunes
et je n'ai jamais connu une période autant à risque... »*

5. *Que faire dans nos sociétés en deuil de rituels ?*

6. *Il faut essayer de comprendre ce qui remplit une fonction rituelle pour les ados
d'aujourd'hui.*

b) Par quel type de phrase est exprimé le slogan de la publicité sociétale présentée à la page 370 ?

2 Transformez chacun des slogans suivants en employant une construction de phrase différente
en vue de rejoindre plus directement le destinataire du message.

1. *Je bois mon lait comme ça me plaît.*

2. *La modération a bien meilleur goût.*

3. *Prendre la vie à la légère.*

4. *Le prix s'oublie, la qualité reste.*

5. *Je craque pour toi, mon coco.*

3 Relevez, dans un magazine ou un journal, cinq slogans publicitaires qui recourent à diverses
constructions de phrases et précisez-en le type et la forme.

4.2 LES PHRASES ET LES GROUPES COORDONNÉS

1 Analysez les phrases complexes ci-dessous en suivant l'exemple proposé. Faites ressortir les groupes et les subordonnées coordonnés.

Ex.: *Adoptée par l'Assemblée nationale le 27 juin 1975 et entrée en vigueur le 28 juin 1976, la Charte des droits de la personne du Québec constitue une loi fondamentale parce qu'aucune disposition d'une autre loi ne peut être contraire à certains droits qui y sont énoncés et que cette charte porte sur les droits fondamentaux, les droits politiques, les droits judiciaires et le droit à l'égalité.*

> ⎡*Adoptée par l'Assemblée nationale le 27 juin 1975*⎤ et ⎡*entrée en vigueur le 28 juin 1976*⎤, *la Charte des droits de la personne du Québec constitue une loi fondamentale*
>
> – *parce qu'aucune disposition d'une autre loi ne peut être contraire à certains droits qui y sont énoncés*
>
> – et *que cette charte porte* ⎡*sur les droits fondamentaux*⎤, ⎡*les droits politiques*⎤, ⎡*les droits judiciaires*⎤ et ⎡*le droit à l'égalité*⎤.

1. *La Charte des droits prévoit que des règles doivent être appliquées pour assurer la confidentialité des dossiers, que des dispositions concernant la réglementation peuvent être établies par le gouvernement, notamment en ce qui concerne la constitution du Tribunal des droits de la personne, son organisation et ses pouvoirs, et que des définitions claires permettent de déterminer ce qui constitue une infraction à la Charte ainsi que les personnes qui peuvent être tenues responsables d'une infraction.*

2. *Dans la mesure où la Charte reconnaît que tous les individus sont égaux en valeur et en dignité et où elle prévoit des infractions à toute dérogation à cette charte, tous sans exception sont tenus, dans leurs rapports sociaux, de respecter les droits de la personne et de considérer avec équité l'ensemble des groupes composant la société, ce qui s'applique non seulement aux individus, mais encore aux groupes et organismes, aux entreprises privées, aux services, publics ou privés, aux administrations gouvernementales, qu'elles soient provinciales, municipales, scolaires ou autres, de même qu'au gouvernement du Québec et à ses institutions, à tous les échelons de la hiérarchie.*

2 Construisez une phrase complexe à partir des phrases simples suivantes.

1. *La Charte cible différents droits fondamentaux de la personne.*

   Elle concerne les droits à la vie, à la sûreté, à l'intégrité et à la liberté de sa personne.

   Elle se préoccupe des libertés de conscience, de religion, d'opinion, d'expression, de réunion pacifique et d'association.

   Elle s'intéresse au droit à la sauvegarde de sa dignité, de son honneur et de sa réputation.

2. *Dans la Charte, il est prévu que tout enfant a droit à la protection, à la sécurité et à l'attention que ses parents ou les personnes qui en tiennent lieu peuvent lui donner.*

   Tout enfant a également droit à l'instruction publique gratuite, suivant les normes prévues par la loi.

   De la part des parents, il est prévu qu'ils ont droit d'assurer l'éducation religieuse et morale de leurs enfants conformément à leurs convictions, dans le respect des droits de leurs enfants et de l'intérêt de ceux-ci.

   Les parents ont aussi le droit de choisir des établissements d'enseignement privés qui se conforment aux normes prescrites ou approuvées en vertu de la loi.

Banque d'activités

1 Indiquez dans quelle phrase (A ou B) le mot en couleur est employé dans un sens figuré et précisez ce sens.

  1. A. *Il y a un terrible problème avec le* cerveau. *L'intelligence n'est pas nécessairement garantie à la livraison de l'organe.* (Georges Raby)

    B. *Six suspects ont été inculpés, dont le* cerveau *présumé du dernier attentat.*

  2. A. *On contient sa mort comme un fruit son* noyau. (Rainer Maria Rilke)

    B. *Le* noyau *de la vie, c'est la mort.*

  3. A. *Faites que le rêve* dévore *votre vie afin que la vie ne dévore pas votre rêve* (Antoine de Saint Exupéry)

    B. *Est-ce vrai que les loups* se dévorent *entre eux ?*

2 Voici deux slogans d'une campagne visant à sensibiliser la population aux responsabilités des automobilistes. Donnez le double sens des mots en couleur, qui sont polysémiques dans ces contextes.

  1. *Un accident, ça* frappe *beaucoup de monde.*

  2. *On est tous responsable de notre* conduite.

                                    Société de l'assurance automobile du Québec

3 Indiquez si le mot en couleur est employé dans son sens neutre ou dans un sens connoté positivement ou négativement. Indiquez les connotations positives ou négatives suggérées.

  1. A. *Pour les* amateurs *de bonne cuisine seulement !*

    B. *Pour éviter de faire affaire à des* amateurs, *venez rencontrer nos professionnels…*

  2. A. *Une imprimante capable de produire des* clichés *de haute qualité ? Nous l'avons !*

    B. *Aimes-tu les conversations pleines de* clichés ? *Moi non plus !*

  3. A. *Attaquez le mal à la* racine !

    B. *Retrouvez vos* racines… *mangez nos produits du terroir !*

4 Les phrases suivantes jouent sur une paronymie (mots de prononciation similaire et de sens différent). Donnez les deux paronymes qui sont exploités dans chacune des phrases suivantes et composez une phrase avec chacun de ces mots.

  1. *Quand les vacances des uns font le malheur des hôtes !* (Accroche d'une campagne qui vise à promouvoir un tourisme responsable)

  2. *Faut d'la fuite dans les idées* (Titre d'un recueil de monologues de Marc Favreau, *alias* Sol)

5 Voici des définitions humoristiques. Indiquez si l'auteur joue sur la polysémie d'un mot, sur une paronymie ou encore sur une homophonie. Précisez ensuite les sens, les paronymes ou les homophones qui sont exploités dans chaque jeu de mots.

  1. *foie : organe situé dans l'abdomen et contenant la croyance.*

  2. *grêle : partie de l'intestin qui provoque de gros dégâts aux récoltes.*

  3. *oncle : frère du père ou de la mère. Le cannibale ronge ses oncles.*

  4. *quarantaine : personne d'environ quarante ans soupçonnée d'être contagieuse.*

                            Raoul Lambert, *Le dico dingue*, © Éditions du Rouergue, 1997.

grammaire

Les formes de phrases, p. 212

1 Voici quatre phrases de forme emphatique formées à partir de la phrase de forme neutre suivante : *Les jeunes consomment massivement les vêtements de marque X cette année.*

1. <u>Les vêtements de marque X</u>, les jeunes les consomment massivement cette année.

2. *Les jeunes les consomment massivement cette année, <u>les vêtements de marque X</u>.*

3. *Ce sont <u>les vêtements de marque X</u> que les jeunes consomment massivement cette année.*

4. *Ce que les jeunes consomment massivement cette année, ce sont <u>les vêtements de marque X</u>.*

a) Indiquez comment la phrase neutre est transformée pour que le groupe souligné soit mis en relief (quels éléments sont ajoutés, déplacés...).

b) À partir de la phrase neutre, formez trois nouvelles phrases emphatiques en mettant en relief d'autres groupes que celui en couleur. Utilisez les procédés suivants :

1. Détachement du groupe à l'aide de la virgule et de l'emploi d'un pronom ;

2. Détachement du groupe à l'aide de l'expression *c'est... que, c'est... qui, c'est... dont,* etc. ou *ce que... c'est, ce qui... c'est, ce dont ... c'est,* etc.

2 Les phrases emphatiques suivantes contiennent des marques d'emphase (en gras). Récrivez ces phrases à la forme neutre et soulignez les groupes de mots qui ont été mis en relief.

1. *Saviez-vous que **ce sont** les vêtements de marques **qui** arrivent en tête des dépenses des jeunes ?*

2. ***C'est** dans le but de les faire passer au tiroir-caisse **que** les spécialistes en marketing étudient à la loupe les comportements des jeunes.*

3. ***Ce qui** les intéresse ces dernières années, **c'est** la réaction des jeunes au langage publicitaire.*

4. *Selon leurs observations, **ce sont** les adolescents et les jeunes adultes **qui** sont les plus habiles à décoder le discours des marques.*

5. *Les jeunes, **ce qui les** agace dans la publicité, **c'est** le langage soi-disant « branché ».*

6. *Les spécialistes **le** savent donc trop bien, que ce public cible est de plus en plus allergique au langage « jeune » des publicités.*

7. *Ce film publicitaire, les jeunes **l'**aiment au point d'aller le visionner sur Internet !*

8. *Cette publicité, les jeunes, **ils la** visionnent comme s'il s'agissait d'un clip !*

9. ***C'est** parce qu'elle a su séduire son public cible **que** les publicitaires considèrent maintenant cette publicité comme un modèle à suivre.*

10. *On **en** verra bientôt des tonnes, des films publicitaires comme celui-là, qui utilisent les mêmes procédés...*

Banque **d'activités**

stratégies

D**4** LA PHRASE DE FORME EMPHATIQUE ⓞ

Les formes de phrases, p. 212

1 Voici quatre phrases de forme emphatique formées à partir de la phrase de forme neutre suivante : *Les jeunes consomment massivement les vêtements de marque X cette année.*

1. *Les vêtements de marque X, les jeunes les consomment massivement cette année.*

2. *Les jeunes les consomment massivement cette année, les vêtements de marque X.*

3. *Ce sont les vêtements de marque X que les jeunes consomment massivement cette année.*

4. *Ce que les jeunes consomment massivement cette année, ce sont les vêtements de marque X.*

a) Indiquez comment la phrase neutre est transformée pour que le groupe souligné soit mis en relief (quels éléments sont ajoutés, déplacés...).

b) À partir de la phrase neutre, formez trois nouvelles phrases emphatiques en mettant en relief d'autres groupes que celui en couleur. Utilisez les procédés suivants :

1. Détachement du groupe à l'aide de la virgule et de l'emploi d'un pronom ;

2. Détachement du groupe à l'aide de l'expression *c'est... que, c'est... qui, c'est... dont*, etc. ou *ce que... c'est, ce qui... c'est, ce dont ... c'est*, etc.

2 Les phrases emphatiques suivantes contiennent des marques d'emphase (en gras). Récrivez ces phrases à la forme neutre et soulignez les groupes de mots qui ont été mis en relief.

1. *Saviez-vous que **ce sont** les vêtements de marques **qui** arrivent en tête des dépenses des jeunes ?*

2. ***C'est** dans le but de les faire passer au tiroir-caisse **que** les spécialistes en marketing étudient à la loupe les comportements des jeunes.*

3. ***Ce qui** les intéresse ces dernières années, **c'est** la réaction des jeunes au langage publicitaire.*

4. *Selon leurs observations, **ce sont** les adolescents et les jeunes adultes **qui** sont les plus habiles à décoder le discours des marques.*

5. *Les jeunes, **ce qui les** agace dans la publicité, **c'est** le langage soi-disant « branché ».*

6. *Les spécialistes **le** savent donc trop bien, que ce public cible est de plus en plus allergique au langage « jeune » des publicités.*

7. *Ce film publicitaire, les jeunes **l'**aiment au point d'aller le visionner sur Internet !*

8. *Cette publicité, les jeunes, **ils la** visionnent comme s'il s'agissait d'un clip !*

9. ***C'est** parce qu'elle a su séduire son public cible **que** les publicitaires considèrent maintenant cette publicité comme un modèle à suivre.*

10. *On **en** verra bientôt des tonnes, des films publicitaires comme celui-là, qui utilisent les mêmes procédés...*

3 **a)** Dans le texte suivant, repérez les trois phrases emphatiques qui permettent de mettre en relief des informations nouvelles ou importantes. Récrivez ces phrases à la forme neutre et soulignez les groupes de mots qui ont été mis en relief.

> *Cette publicité télé annonce des chaussures sport bien qu'il ne soit aucunement question des qualités du produit dans le message. En effet, ce n'est pas le confort, la beauté ou la résistance des chaussures qui sont vantés dans cette publicité. Non! Ce qui est mis en valeur, c'est le « bénéfice consommateur » relié à la marque annoncée. Cette marque, l'annonceur la montre comme rien de moins qu'un instrument incontournable de plaisir! Il est clair que cet annonceur espère avec cette publicité transformer en pulsion d'achat la soif de plaisir du public cible.*

b) Quelle phrase emphatique du texte permet de reprendre en tête de phrase une information connue?

! *C'est (c'était, ce sera...)* est parfois une source d'hésitation. Par exemple, doit-on dire et écrire *C'est eux...* ou *Ce sont eux...*?

- Dans la **langue courante**, *c'est (c'était, ce sera...)* s'emploie au singulier dans toutes les phrases.
- Dans la **langue soutenue**, le verbe est au pluriel (*ce sont, c'étaient...*) devant un GN pluriel ou un pronom pluriel, sauf devant les pronoms *nous* et *vous*.

  ► ***Ce sont*** *des groupes syndicaux* *qui réclament une campagne de prévention.*
  C'étaient *eux* *qui, l'an dernier, déploraient la mort d'une dizaine de jeunes travailleurs.*
  C'est *nous, les jeunes,* *qui étions exclus des précédentes campagnes de prévention.*

REMARQUES:

- Le verbe est au singulier devant un GPrép.

  ► ***C'est*** *sur des chiffres* *que s'appuie cette publicité sociétale.*

- Le verbe est généralement au singulier dans l'interrogation et la négation.

  ► ***Est-ce*** *ces groupes* *qui réclament une campagne de prévention? Non,* ***ce n'est pas*** *eux.*

- Le verbe est généralement au singulier si le premier GN d'une énumération est au singulier.

  ► ***C'est*** *la sécurité et la responsabilité* *qui sont mises en valeur dans ce message.*

---

4 Dans les parenthèses, choisissez les formes qui conviennent dans la langue soutenue.

1. *(C'est* ou *Ce sont) principalement les travailleurs qui sont visés par cette campagne de prévention des accidents du travail.*

2. *(C'est* ou *Ce sont) eux, mais également les employeurs qu'on cherche à sensibiliser à l'importance de la prévention.*

3. *(Ce n'est* ou *Ce ne sont) pas vous qui allez vous en plaindre!*

4. *Dans la dernière campagne, (c'était* ou *c'étaient) par des images-chocs qu'on cherchait à toucher le public cible.*

5. *Rappelez-vous, (c'était* ou *c'étaient) elles qui montraient de graves accidents sur des lieux de travail.*

6. *(C'est* ou *Ce sont) la situation des jeunes et la santé mentale des travailleurs et des travailleuses qui sont au centre de la nouvelle campagne de prévention.*

grammaire

5 Transformez à la forme emphatique les phrases neutres suivantes. Mettez en relief les mots ou groupes de mots soulignés en choisissant les marques d'emphase les plus appropriées.

1. On associe _généralement le visage d'un garçon_ à l'expression «enfant-soldat».

2. Or, il y a aussi _des fillettes_ parmi les enfants qui sont directement impliqués dans les hostilités armées.

3. Cette organisation internationale a lancé une campagne de publicité _pour informer le grand public de ce fait méconnu_.

4. Plus on s'intéresse _à ce problème_, plus il nous scandalise.

5. Comme _ces chiffres_ sont désolants!

6. Je trouve intéressant _l'emploi polysémique du mot «bombe»_.

7. Qu'évoquent _les couleurs de l'affiche_?

8. On peut associer _ces couleurs_ à l'univers militaire.

9. À long terme, cette organisation souhaite que _les filles-soldates soient considérées dans les programmes de reconstruction post-conflit_.

6 Reportez-vous au texte _Le mot adolescence_ p. 369 pour répondre aux questions suivantes. Formulez vos réponses à l'aide de phrases emphatiques qui mettent en relief l'information importante dans la réponse. Soulignez cette information.

Ex.: _Quels mots du latin signifient «en train de grandir» et «qui a fini de grandir»?_

C'est _le participe présent «adolescens»_ qui signifie «en train de grandir»

et _le participe passé «adultus»_ qui signifie «qui a fini de grandir».

1. Depuis quand le mot «adolescent» est-il attesté en ancien français?

2. De quelle manière emploie-t-on le mot «adolécent» au XVIIe siècle?

3. Qui employait le terme «adulescents» pour désigner les jeunes hommes âgé entre 17 et 30 ans, et même plus vieux encore?

4. En quelle année l'Académie française a-t-elle inclus les filles dans sa définition du mot «adolescent»?

5. Qu'est-ce qui a suscité chez vous le plus d'étonnement à la lecture du texte «Le mot _adolescent_»?

stratégies

Planifier sa lecture

✔ **Préciser son intention de lecture**	• Déterminer s'il s'agit d'une lecture pour le plaisir, pour réaliser une tâche précise, pour répondre à une question, pour faire un résumé ou une critique, etc.
✔ **Porter attention au contexte de l'œuvre**	• Trouver des renseignements sur l'auteure ou l'auteur, ses œuvres, son époque et sur le texte en question. • Vérifier si l'œuvre a déjà été adaptée pour le cinéma, la télévision, la bédé, la chanson, etc.
✔ **Anticiper le contenu et l'organisation du texte**	• Imaginer l'histoire en vue de valider ses prédictions au cours de la lecture. • Jeter un coup d'œil à la forme du texte : roman, nouvelle, chanson, poème, pièce de théâtre, etc. • Observer l'organisation du texte en parties : chapitres, paragraphes, strophes, actes, scènes, etc.

Comprendre et interpréter le texte

✔ **Dégager le ou les thèmes du texte**	• Trouver le ou les thèmes du texte littéraire : la solitude, la guerre, la jalousie, le respect des différences, l'amour maternel, etc.
✔ **Cerner l'univers du texte**	• Cerner l'univers à partir des lieux, de l'époque, du thème, etc. et juger de la vraisemblance et du réalisme de l'univers créé. • Observer les personnages : porter attention à leurs motivations et transformations.
✔ **Porter attention à l'écriture**	• Observer comment l'auteure ou l'auteur joue avec les mots : apprécier les répétitions volontaires, les jeux de sons, les figures de style, etc.
✔ **Cerner l'organisation du texte**	• Chercher les composantes du schéma narratif, s'il y a lieu. • Observer la présentation des événements dans une histoire : chronologie, retours en arrière, etc. • Dans un texte poétique, observer la construction des strophes, des refrains, des couplets, des vers et les rimes ou la prose. • Dans un texte dramatique, observer la construction des actes et des scènes.
✔ **Porter attention aux « voix » du texte**	• Identifier, s'il y a lieu, le narrateur qui décrit une expérience, une émotion ou les personnages qui parlent. • Porter attention à la présence d'autres « voix » : relais de narrateurs, paroles rapportées, etc. • Déterminer le ton : humoristique, lyrique, dramatique, etc.
✔ **Se donner d'autres moyens pour approfondir le texte**	• Relire le texte entier ou des passages plus d'une fois, de manière à voir ce qui a pu échapper à la première lecture. • Recourir à des ouvrages de référence pour mieux contextualiser l'univers présenté ou mieux comprendre le sens d'un mot.

.../ p. 290

Stratégies

Réagir au texte

✔ **Déterminer l'effet que provoque le texte**

- Se faire une opinion sur le texte.
- Déterminer de quelle façon le texte rejoint certaines de ses préoccupations.
- Discuter du texte avec d'autres personnes.

Évaluer l'efficacité de sa démarche

✔ **Estimer l'efficacité de ses stratégies**

- Déterminer son degré de compréhension du texte.
- Relire le texte si on a éprouvé des difficultés, et en chercher la cause.
- Se fixer de nouveaux objectifs de lecture afin d'évaluer dans quelle mesure sa compétence à lire des textes littéraires s'améliore.

Stratégies

stratégies

LIRE UN TEXTE COURANT

Planifier sa lecture

✔ **Préciser son intention de lecture**	• Déterminer s'il s'agit d'une lecture pour satisfaire sa curiosité, se forger une opinion ou réaliser une tâche précise : répondre à des questions, faire un résumé, relever de l'information, prendre position, etc.
✔ **Faire appel à ses connaissances antérieures**	• Faire le point sur ses propres connaissances ou ses opinions sur le sujet.
✔ **Porter attention à la source du texte**	• Prendre en note la référence exacte, si nécessaire. ❶ *Noter une référence*, p. 294 • S'interroger sur la fiabilité de la source du texte, la crédibilité de l'auteur ou l'auteure ou de l'éditeur ou l'éditrice en fonction du sujet.
✔ **Anticiper le contenu et l'organisation du texte**	• Anticiper les opinions et les aspects qui pourraient être présentés. • Observer l'organisation du texte et en déterminer le sujet à partir des titres, des illustrations, de la mise en page, etc.
✔ **Déterminer la méthode de lecture**	• Déterminer l'accessibilité du texte selon ses compétences de lecteur ou lectrice. • Évaluer si la lecture peut être appuyée de documents de référence complémentaires : livres, dictionnaires, sites Internet, etc. • Prévoir le nécessaire pour annoter le texte ou prendre des notes. ❶ *Prendre des notes*, p. 293

Comprendre et interpréter le texte

✔ **Préciser le contenu du texte et en dégager l'essentiel**	• Observer les aspects et les sous-aspects présentés s'il s'agit d'une description. • Mettre en évidence les liens de causes / conséquences s'il s'agit d'une explication. • Dégager la thèse et les arguments s'il s'agit d'une argumentation. • Porter attention au début et à la fin des paragraphes, où l'on résume souvent une idée importante.
✔ **Cerner l'organisation du texte**	• Porter attention à l'ordre de présentation des éléments. • Expliquer en quelques mots comment l'information est présentée. • Faire le plan du texte.
✔ **Cerner le point de vue**	• Observer les marques d'énonciation et de modalité. • Distinguer les faits des opinions. • Identifier le discour rapporté et son rôle dans le texte.

.../ p. 292

Stratégies

Réagir au texte	
✔ **Déterminer l'effet que produit le texte**	• Préciser ce que le texte a permis d'apprendre ou de découvrir. • Déterminer si on partage les positions présentées dans le texte et en discuter avec d'autres personnes.

Évaluer l'efficacité de sa démarche	
✔ **Estimer l'efficacité de ses stratégies**	• Déterminer son degré de compréhension du texte. • Relire le texte si on a éprouvé des difficultés et en chercher la cause. • Évaluer si l'information recueillie est suffisante pour la tâche demandée. • Consulter d'autres textes pour trouver des renseignements additionnels ou des opinions semblables ou opposées.

PRENDRE DES NOTES

La prise de notes permet de faire la sélection de l'information la plus importante d'un texte ou d'une communication orale en vue de la réutiliser dans une autre tâche.

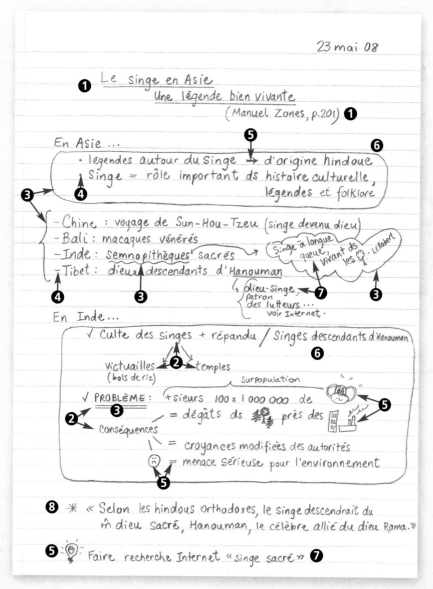

❶ Bien identifier le document de prise de notes pour mieux l'archiver (date, titre, source, conférence, présentation orale).

❷ Mettre en évidence les rapports de causes/conséquences, les solutions à un problème, les idées défendues, etc.

❸ Mettre en évidence des parties du texte ou aspect du sujet à l'aide de soulignés, d'encadrés, d'encerclements, de bulles, etc.

❹ Bien séparer les renseignements importants par des boulets ou des tirets.

❺ Utiliser des pictogrammes, des flèches, des schémas, etc.

❻ Éviter de transcrire tels quels plus de cinq mots qui se suivent dans le document original. Transcrire des noms, des adjectifs qui apportent des précisions essentielles, et très peu de verbes conjugués. Le secret : la concision !

❼ Personnaliser sa prise de notes en ajoutant ses idées, ses opinions, ses pistes de réflexion personnelles, ses définitions de mots importants.

❽ Relever des citations du texte en vue de les réutiliser dans une autre tâche (écriture d'un texte argumentatif, exposé oral, etc.).

* Prise de notes réalisée à partir du texte *Le singe en Asie, une légende bien vivante*, p. 201.

Stratégies

LES RÉFÉRENCES BIBLIOGRAPHIQUES

Ensemble de renseignements qui permettent de savoir d'où vient une œuvre qu'on cite, une information qu'on rapporte.

Quand noter une référence ?	Où trouver l'information d'une référence ?
Lorsqu'on prend des notes tirées : – d'un livre ; – d'un article de revue ou de journal ; – d'un site Internet ; – d'une brochure ; – etc.	En cherchant les renseignements appropriés (prénom et nom du ou des auteurs, titre, source, année de publication, etc.) : – sur la page couverture et dans les premières pages de l'ouvrage consulté ; – sur la page d'accueil du site Internet.

COMMENT NOTER UNE RÉFÉRENCE ?

Livres

NOM, prénom. *Titre*, lieu de publication, nom de l'éditeur, date de publication, nombre de pages (nom de la collection, s'il y a lieu).	LELAIT, David. *Sur un air de Piaf*, Paris, Payot, 2003, 335 p.

Articles de journaux ou de revues

NOM, prénom. « Titre de l'article », *nom du journal ou de la revue*, numéro de la revue, date de publication, pages de l'article.	RIOUX, Christian. « Piaf sur grand écran », *Le Devoir*, 15 février 2007, p. A1 et A8.

Sites Internet

NOM DE L'AUTEUR, prénom ou NOM DE L'ORGANISME OU DE LA SOCIÉTÉ. « Titre de la page consultée », [en ligne], année du copyright. [date de consultation de la page]. <adresse de la page consultée>	EVENE. « Édith Piaf », [en ligne], 1999-2007. [référence du 14 février 2007]. <www.evene.fr>

REMARQUE : On peut employer le souligné pour remplacer l'italique lorsque les références bibliographiques sont écrites à la main.

Planifier l'écriture du texte

✔ Déterminer le genre de texte à écrire	• Déterminer si le texte sera une chanson, un poème, un conte, un roman, une nouvelle, un récit, un scénario, une pièce de théâtre, etc. • Noter les caractéristiques du genre choisi.
✔ Faire un remue-méninges	• Se donner des sources d'inspiration : consulter des textes, écouter de la musique ou visionner des films. • Écrire sans censure des idées, des bouts de phrases, des mots et griffonner des schémas, de petits dessins. • Pour écrire un texte dramatique, improviser sur un thème en vue de récupérer des répliques dans l'écriture.
✔ Créer un univers	• S'il s'agit d'une histoire, penser à des personnages, à des lieux, à une époque, à un thème, etc. • S'il s'agit d'un texte poétique, choisir des émotions, des sensations, des lieux, des expériences de vie, etc. • Construire des champs lexicaux à partir des idées amenées au cours de la planification. • Explorer la possibilité de créer un univers imaginaire, fantastique, fantaisiste, merveilleux, futuriste, absurde, etc. • Réfléchir à la vraisemblance et au degré de réalisme de l'univers.
✔ Organiser le texte	• Pour une histoire, tracer le schéma narratif, réfléchir à l'ordre de présentation des événements, puis élaborer un plan du texte. S'il s'agit d'une nouvelle, penser à la possibilité d'offrir une fin inattendue aux lecteurs. • Pour un texte poétique, réfléchir à l'organisation générale des vers, des strophes ou encore évaluer la possibilité d'écrire un texte en prose. Pour une pièce de théâtre, réfléchir à son découpage en scènes.
✔ Déterminer le point de vue	• Déterminer le type de narrateur. • Réfléchir à la possibilité de faire intervenir d'autres narrateurs ou encore de faire entendre d'autres « voix ».

Rédiger le texte

✔ Écrire une première version du texte	• Écrire librement un premier jet en se censurant le moins possible. • Prévoir des pauses pour relire ce qui vient d'être écrit et y apporter des corrections au besoin. • Remettre en question les décisions prises à l'étape de la planification et noter ces changements.
✔ Rendre le texte original	• Insérer dans le texte des séquences d'autres types (descriptive, explicative, dialogale, etc.). • Utiliser des procédés stylistiques : la comparaison, la métaphore, l'énumération, etc. • Donner du rythme à son texte : en jouant sur la sonorité, la longueur des phrases, les répétitions, etc. • S'il y a des dialogues, soigner le rythme et la cohérence des échanges.

Stratégies

... / p. 296

Réviser, améliorer et corriger le texte

✔ Prendre du recul par rapport au texte	• Faire lire le texte par une autre personne qui pourrait le commenter. • Retravailler le texte à tête reposée afin de le lire avec un œil nouveau.
✔ Éditer le texte afin de l'améliorer	• Avec l'ordinateur, donner une nouvelle forme au texte en utilisant les fonctions *copier*, *coller*, *déplacer*, *effacer* ou *ajouter*. Ne pas hésiter à faire des essais et à revenir à la version d'origine. • Sur le manuscrit, retravailler le texte en biffant, en ajoutant des bouts de textes dans les marges, en montrant des déplacements ou des remplacements à faire par un système de flèches.
✔ Réviser son texte sur le plan de la langue	• 🛈 *Réviser son texte*, p. 299
✔ Mettre le texte dans sa version définitive	• Exploiter les fonctionnalités de l'ordinateur en choisissant avec soin les polices de caractères, les marges, les illustrations, etc. • Si le texte est manuscrit, soigner la calligraphie, choisir le bon crayon ou la bonne plume, sélectionner un papier de qualité, etc.

Évaluer l'efficacité de sa démarche

✔ Apprécier le cheminement qui a mené au texte	• Observer l'évolution du texte depuis les premières notes jusqu'à la version définitive, en passant par le premier jet du texte annoté et corrigé.
✔ Évaluer le résultat	• Déterminer les forces et les faiblesses du texte ainsi que les aspects à améliorer à partir de l'évaluation ou de l'appréciation des lecteurs.
✔ Faire un bilan	• Déterminer ce que l'écriture du texte littéraire a permis d'apprendre de nouveau et de transférable. • Évaluer dans quelle mesure les apprentissages en écriture pourraient s'appliquer dans d'autres disciplines scolaires.

ÉCRIRE UN TEXTE COURANT

	Planifier l'écriture du texte
✔ **Analyser la situation de communication**	• Déterminer à qui s'adresse le texte et quel est le but visé. • Déterminer si le texte est une explication, une description, une justification ou une argumentation. • Tenir compte de la longueur et de la forme du texte à produire. • Préciser le sujet du texte. • Rédiger des questions auxquelles on souhaite répondre ou énoncer la thèse qu'on souhaite défendre.
✔ **Préciser ses besoins d'information**	• Faire un plan de recherche. • Consulter Internet, des ouvrages documentaires de la bibliothèque et des personnes-ressources qui connaissent bien le sujet. • Prendre des notes tout au long de la collecte d'information. 🅘 | *Prendre des notes*, p. 293 • Noter les sources de l'information recueillie. 🅘 | *Noter une référence*, p. 294
✔ **Déterminer le contenu du texte**	• Préciser davantage le sujet du texte. • S'il s'agit d'un texte explicatif, formuler une question en *pourquoi* et sélectionner des explications. • S'il s'agit d'un texte descriptif, déterminer sous quel angle on abordera le sujet, et sélectionner des aspects et des sous-aspects du sujet. • S'il s'agit d'un texte argumentatif, déterminer les arguments qui soutiennent la thèse.
✔ **Organiser le texte**	• Organiser, sous forme de plan, la structure du texte. • Déterminer le contenu de chaque paragraphe en le résumant en une phrase contenant l'idée importante. • Déterminer à l'avance les exemples, les comparaisons, les définitions ou les schémas qui seront présentés dans le texte. • Pour bien préparer le travail sur l'organisation du texte, s'inspirer de textes du même genre.
✔ **Déterminer le point de vue**	• Choisir dans quelle mesure on manifestera sa présence dans le texte : un texte explicatif ou descriptif sera plus crédible s'il est objectif ; un texte argumentatif suppose souvent un point de vue plus engagé.
	Rédiger le texte
✔ **Écrire un premier jet du texte**	• Écrire librement en respectant autant que possible le plan de départ. • Prévoir des pauses pour relire ce qui vient d'être écrit et y apporter des corrections au besoin. • Remettre en question les décisions prises à l'étape de départ et noter ces changements dans le plan du texte.
✔ **Rendre le texte plus efficace, au fil de la rédaction**	• Garder à l'esprit le destinataire du texte. • Au besoin, recourir au discours rapporté en citant des sources susceptibles de soutenir ses propos. • Rendre concrètes les explications ou les descriptions ou l'argumentation en les enrichissant de comparaisons, d'exemples, de définitions, de schémas, etc. • Dans le cas de l'argumentation, porter une attention à la pertinence des arguments et à la manière de les lier entre eux.

.../ p. 298

Stratégies

Réviser, améliorer et corriger le texte

✔ **Vérifier l'efficacité du texte**	• Faire lire le texte par une autre personne qui pourrait le commenter. • Interroger le lecteur ou la lectrice sur sa compréhension du texte en vue d'en corriger certains éléments.
✔ **Éditer le texte afin de l'améliorer**	• Avec l'ordinateur, donner une nouvelle forme au texte en utilisant les fonctions *copier*, *coller*, *déplacer*, *effacer* ou *ajouter*. Ne pas hésiter à faire des essais et à revenir à la version d'origine. • Sur manuscrit, retravailler le texte en biffant ou en ajoutant des bouts de texte dans les marges, en montrant des déplacements ou des remplacements à faire par à un système de flèches.
✔ **Réviser le texte sur le plan de la langue**	• 🛈 *Réviser son texte*, p. 299
✔ **Mettre le texte dans sa version définitive**	• Exploiter les fonctionnalités de l'ordinateur en choisissant avec soin les polices de caractères, les marges, les illustrations, etc. • Si le texte est manuscrit, soigner la calligraphie, choisir le bon crayon ou la bonne plume, sélectionner un papier de qualité, etc. • Soigner la mise en page du texte en mettant en évidence des mots, en ajoutant des intertitres et des titres, en isolant des paragraphes dans des encadrés, etc.

Évaluer l'efficacité de sa démarche

✔ **Apprécier l'évolution du texte**	• Observer les premières notes du texte jusqu'à la version définitive, en passant par le premier jet du texte annoté et corrigé. • Évaluer ses stratégies d'écriture.
✔ **Évaluer le résultat**	• Déterminer les forces et les faiblesses du texte ainsi que les aspects à améliorer à partir de l'évaluation ou de l'appréciation d'autres lecteurs. • Déterminer si la recherche a été suffisamment documentée.
✔ **Faire un bilan**	• Déterminer ce que l'écriture du texte courant a permis d'apprendre de nouveau et de transférable. • Évaluer dans quelle mesure les apprentissages en écriture pourraient s'appliquer dans d'autres disciplines scolaires.

Stratégies

stratégies

RÉVISER SON TEXTE

ÉTAPES DE LA RÉVISION D'UN TEXTE

La révision d'un texte sur le plan de la langue suppose les étapes suivantes :
– Relire les phrases en s'interrogeant sur leur construction et leur ponctuation.
– S'interroger sur l'orthographe des mots et le choix des mots.
– Corriger les erreurs détectées en recourant, au besoin, à des ouvrages de référence : dictionnaire, grammaire, etc.

REMARQUE : Si on utilise un correcteur orthographique informatisé, il faut mettre en doute les propositions qu'il fait, sinon on risque d'accroître le nombre d'erreurs au lieu de le réduire.

Réviser la structure des phrases et de la ponctuation

✔ **Identifier les verbes conjugués puis délimiter les groupes de base et faire la comparaison avec la phrase de base**	• Les phrases qui comptent plus d'un verbe conjugué gagneraient-elles à être recomposées en phrases plus courtes ? • Les phrases sont-elles structurées correctement selon leur type et leurs formes ? • Y a-t-il des liens à établir entre les phrases par la coordination, la juxtaposition ou la subordination ? • Le choix des marqueurs de relation (coordonnants, subordonnants) est-il correct ? • La virgule est-elle employée correctement avec les compléments de phrase, les organisateurs textuels, les phrases incises, les coordonnants, etc. ? • La ponctuation finale des phrases est-elle correcte et toujours suivie d'une majuscule ?
✔ **Vérifier la construction des groupes**	• Les groupes sont-ils construits correctement, par exemple, les verbes sont-ils employés avec les bons compléments ?

Réviser l'orthographe grammaticale

✔ **Identifier les donneurs d'accord et leurs receveurs puis vérifier les accords**	• Les donneurs (noms et pronoms) sont-ils correctement orthographiés en genre et en nombre ? • Dans les GN, les déterminants et les adjectifs sont-ils accordés correctement ? • Les verbes, les participes passés employés avec *être* et les adjectifs attributs du sujet sont-ils accordés avec le sujet ? • Les participes passés employés avec *avoir* doivent-ils être accordés ? • Les adjectifs attributs du complément direct sont-ils accordés avec ce complément ?
✔ **Repérer les mots invariables et vérifier leur orthographe**	• Les mots invariables (adverbes, verbes à l'infinitif, verbes au participe présent, etc.) sont-ils traités comme tels ?
✔ **Porter attention aux homophones**	• Les homophones (*ce / se ; ces / ses / c'est / s'est ; on / ont ; ou / où* ; etc.) sont-ils orthographiés selon le contexte et leur classe grammaticale ?

.../ p. 300

Stratégies

Réviser l'orthographe d'usage	
✔ **Douter de l'orthographe**	• Les verbes conjugués sont-ils formés correctement ? • Quelles sont les orthographes à vérifier dans le dictionnaire ? • Y a-t-il des mots qui doivent s'écrire avec la majuscule (noms propres, titres, etc.) ?
Réviser le lexique	
✔ **Douter du choix des mots**	• Les mots peu courants sont-ils utilisés selon le sens indiqué dans le dictionnaire ? • Certains mots pourraient-ils être remplacés par d'autres plus recherchés, plus précis, etc. ? • Selon la variété de langue choisie, y a-t-il des mots qui devraient être évités ?

Stratégies

stratégies

Planifier la prise de parole

✔ **Analyser la situation de communication**	• Préciser la nature de la tâche et tenir compte des exigences de la tâche : objectif, genre de communication ou type de prise de parole, durée, temps de préparation, etc. • Cerner les caractéristiques de son destinataire : âge, intérêts, connaissances sur le sujet, etc. • Rédiger des questions auxquelles on souhaite répondre ou formuler la thèse qu'on veut défendre.
✔ **Préciser ses besoins d'information**	• Recueillir un maximum d'information : Internet, livres, magazines, personnes-ressources, etc. • Prendre des notes tout au long de la collecte d'information. ⓘ *Prendre des notes*, p. 293 • Noter les sources où l'information a été recueillie. ⓘ *Noter une référence*, p. 294
✔ **Structurer l'exposé**	• Planifier le contenu et l'organisation de la communication orale à la manière d'un texte. • Faire un plan de son intervention en tenant compte du destinataire. • Prévoir une introduction et une conclusion, et détailler le développement.
✔ **Prévoir du matériel complémentaire**	• Trouver le matériel nécessaire pour améliorer la communication : présenter des photos, des diaporamas, des cartes géographiques, de la musique, etc.
✔ **Capter l'intérêt de l'auditoire**	• Prévoir des stratégies pour capter l'intérêt de l'auditoire : anecdotes personnelles, rupture du ton de la voix, éléments de surprise dans la «mise en scène» de l'exposé, etc. • Penser à des stratégies pour rendre ses propos clairs et faciles à comprendre : exemples, définitions, comparaisons avec des éléments connus, etc.

Prendre la parole

✔ **Établir le contact**	• Balayer régulièrement du regard l'ensemble de l'auditoire. • Interpeller le destinataire. • Adopter différents tons qui contribueront à provoquer des réactions chez les auditeurs. • Inviter les auditeurs à poser des questions.
✔ **Avoir de la crédibilité**	• Préciser ses sources en faisant part de son travail de recherche et de préparation. • Éviter de lire un texte ou de le réciter par cœur. • Utiliser une variété de langue appropriée au contexte et aux destinataires.
✔ **Présenter les propos clairement et de façon organisée**	• Mettre en évidence l'organisation de son exposé en employant des organisateurs textuels : *premièrement, deuxièmement* ; *d'une part, d'autre part* ; etc. • Éviter de passer du coq à l'âne et prévoir des transitions entre les aspects traités. • Prévoir des moments pour récapituler des éléments plus difficiles à saisir.
✔ **Ajuster la prise de parole**	• Tenir compte des réactions de l'auditoire et s'y ajuster. • Ajuster au besoin le rythme, le ton ou l'intonation de sa voix. • Réagir aux problèmes techniques avec les projecteurs, les ordinateurs, les appareils audio, etc. et trouver rapidement des solutions de rechange. • Recourir à l'humour pour se sortir d'une situation embarrassante.

Stratégies

.../ p. 302

✔ **Estimer l'efficacité de ses stratégies**	• Vérifier si le message a été compris et si le destinataire a manifesté de l'intérêt.
	• Réfléchir à la prestation des autres et s'en inspirer pour les prochaines communications.
	• Se filmer et regarder sa prestation afin de corriger des tics dans le langage ou la gestuelle.
	• Se donner des objectifs pour utiliser une variété de langue plus appropriée.

Règles pour favoriser la discussion	
✔ **Écouter activement les autres**	• Adopter une attitude d'ouverture et une posture d'écoute. • Vérifier sa compréhension des interventions des autres : poser des questions, tenter de reformuler les propos entendus pour en valider le contenu, etc. • Bien accueillir les propos des autres et discerner leur opinion. • Résumer les interventions de temps à autre : faire le point pour mieux orienter les échanges.
✔ **Explorer et partager des idées**	• Demander le droit de parole avant de faire une intervention, respecter l'animateur ou l'animatrice qui attribue le droit de parole aux participants. • Prendre en note son idée pour ne pas l'oublier en attendant son tour. • Respecter le sujet de la discussion : faire avancer les échanges par des interventions en lien avec le sujet. • Formuler clairement ses idées : chercher à préciser sa pensée, à clarifier ses propos, à justifier ses opinions, à illustrer ses idées à l'aide d'exemples. • Dégager des liens entre les propos : relier entre elles les idées proposées de façon à ne pas s'égarer et à ne pas perdre de vue le sujet de la discussion.
✔ **Réagir aux propos des autres**	• Bien écouter les autres et tenir compte de leurs propos pour trouver de nouvelles idées. • Respecter les règles de fonctionnement établies • Poser des questions : amener les autres à préciser leur pensée, à choisir d'autres mots en cas d'incompréhension. • Accepter les compromis. • Commenter avec respect les propos des autres. • Adapter ses propos en fonction des personnes à qui on s'adresse.

Règles pour le bon fonctionnement d'un débat		
Avant le débat	✔ **Planifier sa participation**	• Selon la position à défendre (*pour* ou *contre*), explorer et partager des idées en lien avec le sujet du débat. • Recueillir l'information nécessaire pour soutenir la position à défendre. • Organiser l'information : regrouper les arguments dans un ordre approprié ; sélectionner les renseignements, les faits, les exemples, etc. • Élaborer un aide-mémoire comprenant des mots clés pour chacun des arguments, des contre-arguments et des objections. • Prévoir l'argumentation de l'adversaire (contre-arguments et objections).

	✔ **Prévoir ses interventions**	• Tenir compte de la durée convenue d'une intervention :
		  – selon qu'il s'agit de la première intervention (formulation de la thèse, présentation d'un argument avec exemples à l'appui et dégagement d'une conclusion) ;
		  – selon qu'il s'agit d'une réplique (réfutation d'un argument, présentation d'un nouvel argument, présentation d'une conclusion).
		• S'il s'agit d'un jeu de rôles, choisir les types d'intervenants :
		  – en fonction d'un rôle social (citoyenne ou citoyen, chef d'entreprise, représentante ou représentant d'une compagnie, membre du gouvernement, etc.) ;
		  – en fonction d'un type de personnalité (intellectuel, émotif, moqueur, hypocrite, etc.).
		• Déterminer le ton à adopter.

	✔ **S'exercer et ajuster ses interventions**	• Se référer à son aide-mémoire. • Évaluer le contenu et l'organisation de ses idées. • S'assurer que le vocabulaire, la syntaxe, la prononciation et l'intonation conviennent bien au type d'intervention.
Pendant le débat	✔ **Intervenir**	• Respecter les contraintes d'un débat : durée de chaque intervention, intervention au moment approprié, courtoisie envers l'adversaire, etc. • Écouter activement les autres et réagir à leurs propos : adopter une attitude d'ouverture, de respect ; s'appuyer sur les propos des autres pour développer de nouvelles idées, reformuler les idées des autres avant de les commenter. • Utiliser des arguments convaincants et bien étayés pour susciter l'adhésion ou l'opposition. • Réfuter les arguments de l'adversaire à l'aide d'objections percutantes.

Stratégies

stratégies

ARRIVER À UN CONSENSUS

Un consensus survient lorsque tous les gens qui participent à une discussion se rallient à une idée, à une opinion, à une décision ou à une façon de faire.

Règles pour favoriser le consensus	
✔ **Justifier son point de vue**	• Invoquer des raisons (ou des arguments) qui clarifient et nuancent le point de vue. • Répondre adéquatement aux arguments des autres. • Amener les autres à adhérer à ses idées en tenant compte de leurs réactions. • Se référer à ses goûts, à ses valeurs, à ses connaissances, etc. • Exprimer ouvertement son opinion à l'égard des idées des autres.
✔ **Mettre ses idées en valeur**	• Utiliser des formules qui introduisent le point de vue comme *je pense que, je partage l'opinion que, je crois que*, et s'exprimer au *je*. • Employer des procédés de mise en relief comme *mon point de vue, c'est, selon moi, c'est… qui* ou *c'est… que*, etc. • S'exprimer à l'aide d'un ton, d'un rythme et d'un débit qui manifestent la confiance en soi.
✔ **Respecter ses interlocuteurs et leur point de vue**	• Garder une attitude d'ouverture en tout temps. • Utiliser un langage empreint de marques de politesse, de savoir-vivre, de respect des idées des autres. • Utiliser un vocabulaire nuancé pour éviter les conflits ou les affrontements. • Porter attention à l'intensité de sa voix, à ses mimiques, à son regard, bref à tout ce qui pourrait blesser l'autre.
✔ **Mettre en pratique les règles de la discussion**	• ⓘ *Participer à une discussion*, p. 303
✔ **Arriver à un consensus**	• Se fixer une limite de temps pour discuter et prendre une décision. • Se rallier aux interlocuteurs qui présentent les meilleurs arguments. • En dernier recours, passer au vote et choisir l'idée qui obtient la majorité des appuis. • Accepter calmement une décision qu'on n'envisageait pas au départ.

Le travail en coopération consiste à réaliser collectivement une tâche complexe en assignant des rôles spécifiques à chaque membre d'une équipe.

Rôles pour un travail en coopération	
✔ **La superviseure ou le superviseur**	• Analyser la tâche à accomplir et la diviser en sous-tâches pour chacun des membres de l'équipe. • Distribuer les rôles à chacun des membres de l'équipe. • Établir un calendrier de travail pour chaque membre de l'équipe en tenant compte des échéances pour la réalisation du projet.
✔ **L'animatrice ou l'animateur**	• Animer les rencontres de planification ou de mise en commun. • Établir l'ordre du jour de chaque rencontre et s'assurer qu'il est respecté. • Donner la parole aux membres en s'assurant que chacun puisse exprimer son avis. • Orienter les discussions en vue d'améliorer un travail qui est presque achevé. • Intervenir lorsque les discussions deviennent trop bruyantes et qu'elles s'éloignent du sujet. • Orienter les discussions en vue d'obtenir un consensus.
✔ **La ou le secrétaire**	• Mettre sur papier le calendrier de travail. • Pendant les rencontres, s'assurer de bien comprendre les idées avant de les noter. • Prendre en note les éléments mis en commun et les éléments de décision. ⓘ *Arriver à un consensus*, p. 305
✔ **La rédactrice ou le rédacteur**	• Après les discussions, rédiger la version définitive de la tâche en s'assurant que les parties du travail s'enchaînent harmonieusement. • Mettre le travail au propre en laissant le temps à tous les membres de l'équipe de relire le texte en vue de l'améliorer.
✔ **La correctrice ou le correcteur**	• Veiller à la qualité de la langue tant à l'oral qu'à l'écrit.
✔ **La ou le porte-parole**	• Consulter l'enseignante ou l'enseignant pour préciser des éléments de la tâche qui semblent nébuleux ou régler un conflit au sein de l'équipe. • Rendre compte du résultat du travail devant d'autres personnes de la classe.

Quelques règles à respecter pour un bon travail en coopération

- S'assurer que tous les membres de l'équipe participent également.
- À chaque réunion, prévoir du temps pour évaluer le bon fonctionnement de l'équipe.
- À la fin du travail, toujours faire un bilan.
- Si les élèves doivent se réunir pour un nouveau travail, tenter de distribuer différemment les responsabilités au sein de l'équipe.

Stratégies

stratégies

Ceux dont le cœur est bon, ceux dont les jours sont pleins.
Ceux-là vivent, Seigneur ! Les autres, je les plains.
Car de son vague ennui le néant les enivre,
Car le plus lourd fardeau, c'est d'exister sans vivre.

Extrait de *Ceux qui vivent, ce sont ceux qui luttent* de Victor Hugo.

Un bagage à la naissance

Marc Laberge

Né à Québec en 1950, Marc Laberge se lance dans l'exploration géographique dès la fin de ses études. Formé à l'audiovisuel, ce photographe, aventurier et conteur parcourt le vaste monde à la recherche des phénomènes géologiques et des grandes étendues sauvages, dont il capte la magie par le film, la vidéo et le diaporama. Marc Laberge s'intéresse également au patrimoine culturel des diverses populations du monde, dont il recueille les coutumes et les traditions. Au fil de ses innombrables voyages, il trouve le temps de participer à des festivals de contes et légendes, et d'écrire des récits. Il a remporté le premier prix au Festival du conte de Grenoble, en 1991. Le prix Saint-Exupéry – Valeurs jeunesse lui a été décerné à Paris, en 1995, pour son livre *Le glacier*.

Dans ce texte, Marc Laberge raconte une histoire qui semble relever de l'irrationnel. Son récit constitue un cas particulièrement étrange de vies qui se relaient. En effet, un petit garçon prénommé Marc s'éclipsera... pour faire place à un autre Marc ! À la lecture du texte, questionnez-vous sur le fondement scientifique de cette histoire de fœtus sensible aux bouleversements émotionnels de sa mère.

Le fœtus

J'avais un frère un peu turbulent, semble-t-il, car ma mère me racontait qu'il était toujours en train de préparer un coup, parfois un bon mais le plus souvent un mauvais. Mes parents devaient toujours le surveiller, garder un œil sur lui, parce qu'à la première occasion il disparaissait, et du coup tout pouvait arriver. Déjà à quatre ans, on ne pouvait l'arrêter, il n'avait peur de rien. Il fallait qu'il gravisse tous les sommets ! Souvent on le voyait apparaître en haut des échelles et des arbres, ou sur les toits. Une force étrange le poussait à grimper, à franchir l'infranchissable ! Le danger était déjà son ami.

10 Quand il a commencé l'école, ma mère, enceinte, s'est sentie soulagée, mais pas pour longtemps. Dès la deuxième journée de classe, elle entend des coups déchaînés à la porte, et avant même qu'elle ait le temps d'ouvrir, les enfants du voisinage, affolés, hystériques, se précipitent vers elle en hurlant, des sanglots plein la gorge, faisant des gestes comme s'ils avaient 15 perdu la tête :

– Venez voir, venez voir ce qui s'est passé !

Arrivée dehors juste devant la maison, ma mère a vu son fils... Mort ! Il revenait de l'école quand, en traversant la rue à la course, il s'est faufilé entre deux voitures et s'est fait écraser. Personne n'a eu le temps de réagir, 20 tout s'est passé tellement vite !

Je sais que cela peut paraître invraisemblable, mais mon frère semblait avoir anticipé sa mort. Peu de temps avant l'accident, fatiguée par sa grossesse avancée, ma mère traînait au lit avec mon frère et s'amusait à chercher un nom pour le bébé.

25 – Appelle-le Marc ! avait-il suggéré.

– Mais tu t'appelles déjà Marc ! on ne peut pas donner le même nom à tous les garçons de la famille, a répliqué ma mère étonnée.

– Si je meurs, donne-lui mon nom !

– Jouons à autre chose ! s'était-elle empressée de répliquer.

30 Comment un enfant de six ans pouvait-il avoir de telles pensées ? Après avoir longtemps hésité mes parents ont décidé de respecter ses dernières volontés, voilà pourquoi je porte le nom de mon frère.

Au moment de l'accident, je vivais dans le ventre de ma mère, tranquille dans ma fosse abyssale. J'allais naître deux mois plus tard et je peux vous dire
35 qu'une mère qui perd un enfant, ça frappe. J'ai senti que quelque chose d'important venait d'arriver. Il paraît que c'est prouvé scientifiquement qu'un fœtus commence à entendre ce qui se passe à l'extérieur deux ou trois mois avant l'accouchement, mais on dirait que c'est pire quand on ne voit pas... De l'intérieur j'ai senti des vibrations, et soudain une vague m'a sorti de ma torpeur.
40 Que dis-je ? Une marée montante de larmes...

Je ne savais que faire... J'ai cessé de sucer mon pouce pour goûter. La consistance de mon univers aquatique venait de changer, et j'ai découvert que les larmes avaient un goût de tendresse pure quand la douleur devient infinie comme l'horizon de la mer. Les larmes avaient un goût d'eau de mère.

Extrait de Marc Laberge, *Destins – Contes québécois*, © Éditions Québec/Amérique inc., 1994, p. 55-58.

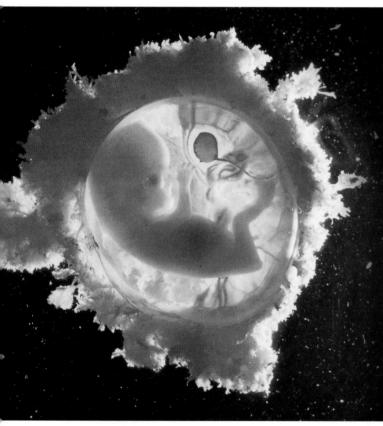

Que perçoit le fœtus pendant la grossesse ?

Les émotions subies par la mère ne lui sont pas épargnées. Des événements pénibles, la violence conjugale par exemple, déclenchent chez la femme enceinte une réponse inflammatoire. Celle-ci se manifeste par une élévation du taux de certaines protéines dans le sang de la mère, provoquant une réponse inflammatoire dans le fœtus. Au Canada, des femmes enceintes ayant subi un fort stress pendant la « crise du verglas », en 1998, ont donné naissance à des enfants plus anxieux, dépressifs et agressifs que la moyenne, selon une étude du département de psychiatrie de l'Université McGill de Montréal.

Extrait de Béatrice Copper-Royer, *Ça m'intéresse*, n° 291, mai 2005, © B. Copper-Royer.

Interpréter
Comprendre
Réagir

Apprécier le texte

- Pourquoi l'auteur utilise-t-il l'expression *Il paraît que* (ligne 36) pour évoquer une étude scientifique ?

- Expliquez le jeu de mots de la dernière phrase du texte.

- Quelle valeur accordez-vous à l'information présentée à la fin du texte « Que perçoit le fœtus pendant la grossesse ? » Croyez-vous que la « crise du verglas » ait eu de tels effets ? Justifiez votre réponse.

Lorsqu'on parle du destin d'un individu, on ne manque pas de prendre en compte son bagage génétique, lequel a peut-être une incidence sur son devenir. Mais savez-vous comment est née la génétique ? Le biologiste Albert Jacquard expose ici en termes clairs l'histoire de la naissance de cette science dont le développement et les applications prendront sans doute une importance considérable dans les années à venir.

Albert Jacquard

Né en France en 1925, Albert Jacquard se révèle très tôt doué pour les études. S'illustrant brillamment en mathématiques et en philosophie, il devient ingénieur en 1948. Passionné de connaissances, il accumule les diplômes : en statistique, en démographie, en génétique… En 1996, il s'oriente résolument vers les sciences et approfondit son étude de la génétique aux États-Unis. Après avoir obtenu son doctorat en génétique et en biologie humaine, Albert Jacquard travaille comme expert en génétique auprès de l'Organisation mondiale de la santé, de 1973 à 1985. Les nombreuses réalisations et publications scientifiques et philosophiques de ce vulgarisateur passionné ont été saluées par maints hommages et distinctions. Albert Jacquard bénéficie aujourd'hui d'une reconnaissance internationale.

Le moine Mendel et les petits pois

La génétique est une science plutôt jeune. Elle n'a que 120 ans. En fait, c'est un moine appelé Gregor Mendel qui a compris le premier
5 comment se transmet la vie.

Il a fait cette découverte d'une façon surprenante. En ce temps-là, il étudiait la reproduction des petits pois dans le jardin de son
10 monastère. Il notait et comparait soigneusement toutes leurs caractéristiques, comme la couleur et l'aspect lisse ou ridé des graines. C'est alors qu'il a constaté que des
15 petits pois jaunes (le père et la mère pois, en quelque sorte) pouvaient parfois avoir un enfant vert. D'où venait cette couleur verte que ne manifestait aucun des parents ? À
20 cette question, Mendel a eu une réponse géniale. Si géniale que personne à l'époque ne l'a comprise.

Mendel s'est rendu compte que les petits pois sont des cachot-
25 tiers. Qu'ils soient jaunes ou verts, ils ont en eux deux recettes pour fabriquer la couleur. Pour certains, ce sera la recette du jaune et la recette du vert. Pour d'autres, ce
30 sera deux fois la recette du vert. Pour les derniers, ce sera deux fois la recette du jaune.

Lorsqu'ils ont reçu deux fois la recette pour une même couleur,
35 pas de problème : ils sont de cette couleur. Lorsqu'ils ont reçu des recettes différentes, l'une pour le jaune, l'autre pour le vert, il se trouve que la recette verte « s'efface » et
40 laisse jouer la recette jaune. C'est dans ce cas que le pois est vraiment cachottier : il est de couleur jaune, mais il porte aussi en lui, sans le montrer, la recette du vert.

45 Rien ne permet de le constater jusqu'au jour où lui-même a des enfants pois. Il transmet alors l'une des recettes qu'il a reçues en tirant au sort, comme lorsqu'on joue à pile
50 ou face : pile, il envoie la recette jaune ; face, il envoie la recette verte.

Si l'« enfant » reçoit une recette pour le vert et une recette pour le jaune, il est jaune. Mais s'il reçoit
55 deux fois la recette du vert, il est vert. C'est ainsi que deux parents pois, tous les deux jaunes, peuvent avoir des enfants pois verts.

Les découvertes faites par
60 Mendel restent aujourd'hui encore parmi les plus importantes que les chercheurs aient faites. En effet, on s'est rendu compte que ce qui se passe pour les pois se passe
65 également pour tous les êtres qui savent procréer. Simplement, pour l'homme par exemple, le nombre de recettes transmises est beaucoup plus élevé.

Extrait de Albert Jacquard, *Moi, je viens d'où ?* *– Entretiens imaginés par Marie-José Auderset*, © Éditions du Seuil, 1989, nouvelle édition sous le titre de *Moi, je viens d'où ?*, suivi de *C'est quoi l'intelligence ?*, 2002.

Gregor Mendel est né en Autriche en 1822 et est mort en 1884. Sa passion pour les sciences est très tôt remarquée par le curé de son village, qui l'oriente vers les études supérieures. Inscrit en philosophie en 1840, Mendel devient moine en 1843 et est ordonné prêtre en 1848.

Dès 1843, il devient professeur de sciences et consacre son temps libre à ses recherches. À partir de 1851, il se spécialise en physique, en botanique, en entomologie et en paléontologie. C'est avec cet impressionnant bagage de connaissances qu'il entreprend, en 1856, ses expériences d'hybridation et découvre les lois de l'hérédité en 1865. La notoriété ne couronnera le fruit de ses recherches qu'en 1900. Aujourd'hui, on reconnaît Gregor Mendel comme le père de la génétique moderne.

Raides ou frisés ?

Bouclés, droits, crépus, ondulés, en boudins, il existe toute une variété de formes de cheveux. Vos cheveux sont-ils comme ceux de votre père ? de votre mère ? Cela dépend des gènes qui vous ont été transmis par chacun de vos parents.

Comme pour la couleur des pois de Mendel, la combinaison des gènes reçue de chacun des parents est fondamentale. Ces gènes déterminent entre autres la forme du canal où est produit le cheveu, à la racine. C'est là le secret de leur apparence !

Chaque gène se présente en deux copies et commande des traits différents. D'où les gènes dominants — ceux qui prennent le dessus pour s'exprimer — et les gènes récessifs — ceux qui se taisent.

Les gènes qui incitent les cheveux à friser sont dominants par rapport à ceux qui produisent les cheveux raides. Pour obtenir des cheveux raides, il faut par conséquent que les deux versions des gènes, qu'on appelle allèles, soient récessives. Si un de ces allèles est dominant, la chevelure sera frisée. Mais comme plusieurs gènes interviennent pour la forme des cheveux, ce n'est pas si simple non plus. Un ensemble de gènes est donc responsable de l'aspect des cheveux. Ce qui donne toute une gamme de possibilités, du cheveu semblable à du fil de fer à celui particulièrement moutonné.

Mélanie Robitaille, Agence Science-Presse.

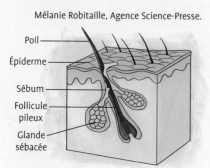

Poil
Épiderme
Sébum
Follicule pileux
Glande sébacée

Le follicule est le canal du cheveu.

cuir chevelu
cheveu rond
follicule droit

Cheveux droits + **Cheveux droits** = **Cheveux droits**

cheveu ovale
cuir chevelu
follicule courbé

Cheveux frisés + **Cheveux droits** = **Cheveux bouclés**

cheveu en haricot
cuir chevelu
follicule très courbé

Cheveux crépus + **Cheveux frisés** = **Cheveux frisés**

De quoi avez-vous hérité ?

Marilyn aurait un jour fait cette proposition à Einstein : «Imaginez le croisement entre ma beauté et votre intelligence». «Certes, répondit Einstein, mais si c'était l'inverse ?» Dans les
5 années 80, l'idée avait séduit un millionnaire californien, Robert Graham, qui s'était mis en tête de recueillir le sperme des prix Nobel pour donner naissance à des enfants géniaux. Les nobélisés ayant décliné l'offre, il s'était rabattu
10 sur quelques scientifiques, sportifs de haut niveau et hommes d'affaires. Vingt ans plus tard, un journaliste est allé vérifier le résultat. Sur la quinzaine d'enfants identifiés, il a trouvé un surdoué... et quatorze adolescents normaux.

15 L'expérience n'empêchera évidemment pas que se poursuive l'éternel débat entre inné et acquis. Avec la génétique est née la notion d'hérédité, et la tentation de trouver l'origine de nos traits physiques, nos maladies, notre caractère
20 dans l'hélice de l'ADN. Pourtant, plus les scientifiques avancent dans la connaissance du génome et sa complexité, plus ils mesurent l'importance de l'environnement, notamment familial. La prolifération actuelle des «fils et filles de» dans
25 le cinéma ou dans la chanson ne s'explique guère par un quelconque gène du talent ou du succès !

Notre éducation, l'amour que l'on nous porte nous façonnent – qu'on en ait conscience ou pas. Tout comme notre saga familiale.

Extrait de Frédéric Karpyta, *Ça m'intéresse*, n° 291, mai 2005, © F. Karpyta.

Cette pièce de théâtre est destinée d'abord et avant tout à un jeune public. La dramaturge Évelyne de la Chenelière a voulu analyser les rapports sociaux à partir des concepts de la sélection naturelle et de l'adaptation des espèces élaborés par Charles Darwin. À cette fin, elle a mis en scène deux amis, Julien et Jacques, issus de milieux différents. Julien, qui est de santé fragile, est né dans une famille aisée. Jacques, un garçon plutôt frondeur et robuste, vient d'un milieu pauvre. Croyez-vous que ces deux jeunes ont autant d'atouts l'un que l'autre devant la vie ?

L'héritage de Darwin extrait

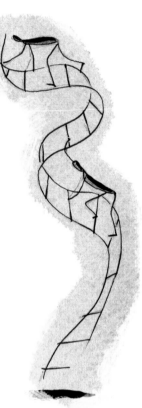

JULIEN ADULTE *s'avance pour s'adresser au public*

Quand j'étais jeune, ben « jeune »…, je veux dire votre âge, là, j'étais comme obsédé par la théorie de l'évolution de Darwin. Je me demandais si moi, je ferais partie de ceux qui font évoluer mon espèce. Je me demandais si mes différences
5   individuelles, c'est-à-dire ce qui me définissait, moi, Julien, plutôt qu'un autre, étaient des différences favorables ou nuisibles.

Musique tribale annonçant un documentaire. On voit les acteurs manipuler des animaux-accessoires pour accompagner le récit du narrateur.

NARRATEUR voix *off*

10   Pourquoi les girafes ont-elles un long cou ? Il paraît qu'il y a très longtemps, les girafes n'avaient pas le cou aussi long. Avant Darwin, les scientifiques croyaient que c'est à force de s'étirer le cou pour manger des feuilles dans les arbres que le cou des girafes s'est allongé petit à petit, au fil des générations. Ça peut paraître très naïf, la modification d'un cou par son seul étirement, et heureusement que
15   Darwin est venu mettre certaines choses au clair en parlant de la sélection naturelle. Selon lui, la sélection naturelle est la persistance du plus apte à conserver ses différences individuelles favorables, et à éliminer ses gènes nuisibles. Alors, si les girafes n'ont pas toujours eu le cou aussi long, pourquoi ont-elles un long cou aujourd'hui ? C'est parce que, sur un nombre de girafes donné, et pour
20   une quantité de feuilles comestibles disponibles, quelques girafes possédant par hasard un cou plus long que celui des autres girafes ont été plus aptes à se nourrir. Elles étaient mieux adaptées à leur milieu. C'est la clé de la sélection naturelle : être adapté à son milieu. Effectivement, quand il ne resta plus assez de feuilles sur les branches les plus basses, seuls les individus girafes au long cou ont été
25   capables de manger les feuilles sur les branches les plus hautes. Ces girafes ont survécu, elles se sont reproduites, créant ainsi, par sélection naturelle, une race de girafes au long cou. Et ainsi de suite jusqu'à ce qu'il n'y ait plus que des girafes au long cou, comme celles que nous connaissons aujourd'hui.

Fin de la musique documentaire.

30   **JULIEN**

Mes amis trouvaient que j'étais bizarre de me poser des questions comme ça. Ben je dis « mes amis », mais en fait j'avais un seul vrai ami. Il s'appelait Jacques.

Jacques apparaît avec des petites roches et une canette de coke. Jacques vise le trou de la canette avec une roche.

[...]

35 *Jacques lance sa roche dans la canette. Julien prend une roche et vise.*

JULIEN

Jacques, dis-moi franchement: est-ce possible que je possède des différences individuelles favorables, ou nuisibles? Est-ce que je suis bien adapté à mon milieu? D'après toi, est-ce que je résisterais à la sélection naturelle selon Darwin?
40 Si les humains étaient divisés en deux catégories, ceux avec des longs cous pour attraper les feuilles, et ceux avec des petits cous qui ne trouvent plus rien à manger, à quelle catégorie d'humains est-ce que j'appartiendrais? Et si j'étais, moi, comme une girafe avec un tout petit cou, est-ce que je mourrais sans me reproduire? Est-ce qu'il vaut mieux mourir sans se reproduire, quand on a un
45 petit cou? Est-ce que c'est ça qu'il voulait dire, Darwin, avec sa sélection naturelle? Qu'il vaut mieux mourir quand on a un petit cou? Pour dire des choses pareilles sur la sélection naturelle, je suis certain que Darwin avait un très long cou.

JACQUES

50 T'a lances-tu, ta roche?

Julien lance et rate la canette.

JACQUES

Ça a pas de sens, ton histoire de cou trop long ou trop court, ça marche pas avec des êtres humains. Les différences physiques comptent pas pour notre survie à
55 nous. Parce qu'on vit pas dans la jungle, là, on n'a pas à courir vite ou à sauter haut pour pas se faire manger par un lion, on a juste à avoir du cash pis à s'acheter un char, si on veut aller vite. C'est juste le cash qui compte. La sélection naturelle pour les êtres humains, ça se passe avec le cash. *Il lance sa roche dans la canette.* Yes! [...]

[...]

Charles Darwin naît en 1809 dans une riche famille de médecins anglais. Les études ne l'intéressent pas, c'est la chasse et les collections d'animaux et de plantes qui le passionnent. Il s'embarque en 1831 pour un voyage maritime qui va durer cinq ans, sur un navire d'observations cartographiques et scientifiques. Il est le naturaliste du bord, et il découvre, en collectant des milliers d'échantillons de roche et de fossile, des plantes et des animaux, l'extraordinaire diversité de la vie. Rentré en Angleterre, il lui faudra vingt ans pour percer le mystère de la sélection naturelle, et pour oser publier, en 1859, *L'origine des espèces.* C'est une révolution totale, révolution scientifique mais aussi morale, religieuse, sociale. Vivant à l'écart, avec sa famille, Darwin a du mal à supporter le raz de marée qu'il a déclenché. Il meurt en 1882, un demi-siècle avant que la génétique complète l'explication des mécanismes qu'il avait découverts.

Extrait de Brigitte Labbé et Michel Puech, *Darwin,* © Éditions Milan, 2004.

JULIEN

Ma mère m'a dit que j'avais été une surprise. C'est peut-être pour ça qu'elle a toujours l'air étonné quand elle me voit. Être une surprise dans le ventre de sa mère, ça veut dire qu'on n'était pas prévu, ça veut dire qu'ils se demandent s'ils vont te
65 garder ou pas, ça veut dire qu'ils sont pas certains d'être tout à fait contents d'être surpris, pis moi je suis pas tout à fait certain d'aimer ça être une surprise.

Une fois ma mère m'a fait lire le roman *Jean de Florette* pis je me demande si elle voulait passer un message. Jean, c'est un monsieur qui est tout bossu, pis c'est pas de sa faute parce qu'il est né comme ça. Mais plus tard dans le livre on apprend
70 que sa mère était tellement affolée d'être surprise d'être enceinte qu'elle se jetait contre les rochers pour essayer que son bébé se décroche de son ventre, elle courait dans la montagne pis elle se jetait contre les rochers pis finalement son bébé est resté bien accroché mais quand il est sorti il avait une grosse bosse dans le dos, alors non seulement il était une surprise, mais en plus il était une surprise
75 bossue. Après avoir lu *Jean de Florette*, j'ai fait des cauchemars où ma mère se jetait contre les rochers pour que je décroche.

[...]

Voix intérieure

JULIEN

Peut-être que ma mère voulait que j'décroche, pis que c'est pour ça que je suis né
80 prématurément, peut-être que je me sentais pas tout à fait le bienvenu dans le ventre de ma mère pis que c'est pour ça que j'ai voulu sortir trop tôt, peut-être que tous les prématurés sont des surprises qui trouvaient pas leur place dans le ventre de leur mère, peut-être que les prématurés sont faits pour mourir pis qu'on devrait pas les sauver [...]

[...]

85 Voix intérieure

JULIEN

Chez les animaux il y a des mamans qui tuent leurs bébés quand ils sont trop faibles ou handicapés. Elles les mangent, ou alors elles refusent de les nourrir jusqu'à ce qu'ils meurent de faim. Comme ça elles peuvent se concentrer sur
90 leurs enfants forts, pour que leurs enfants forts manquent de rien pis qu'ils puissent faire d'autres enfants forts. C'est la survie de l'espèce, je l'ai vu dans plein de documentaires. Nous, il paraît qu'on fait beaucoup mieux que les animaux parce que, avec la charte des droits de la personne, il y a pas une mère qui a le droit de manger son enfant sous prétexte qu'il est faible. Heureusement
95 pour moi. Je veux dire que je pense pas faire partie des forts de mon espèce. Même si je suis pas officiellement handicapé, c'est comme si j'étais handicapé de choses qui paraissent pas. C'est pire d'être handicapé de choses qui paraissent pas parce qu'alors on n'a pas la compassion des autres. On pense qu'on réfléchit bien plus que les animaux, avec notre charte des droits de la personne. Mais la
100 maman chienne, elle sait sûrement ce qu'elle fait quand elle mange son bébé chien qui aura aucune chance dans la vie. Peut-être qu'elle a bien réfléchi et que ça lui fait de la peine de savoir que son enfant vivrait avec toute l'agressivité des

Évelyne de la Chenelière

Auteure dramatique, Évelyne de la Chenelière publie sa première œuvre en 1997. En 2000, la pièce *Des fraises en janvier* remporte un vif succès et vaut à son auteure trois nominations à la Soirée des Masques de l'Académie québécoise du théâtre, où elle remporte, à égalité avec Suzanne Lebeau, le Masque du meilleur texte original. La renommée d'Évelyne de la Chenelière ne tarde pas à se répandre à l'étranger avec la traduction de cette pièce en anglais et en allemand. Sa pièce *Bashir Lazhar* (2002) sera également traduite dans ces deux langues. Avec les treize œuvres dramatiques déjà à son actif en 2005, cette dramaturge de talent bénéficie, de la part du public comme du milieu littéraire, d'une reconnais-sance qui ne cesse de croître.

autres, pis que personne voudrait jamais s'approcher de lui parce qu'il serait trop laid, pis qu'il aurait toujours l'impression d'être de trop même quand il est
105 tout seul, alors elle le mange, son enfant, avec toute sa pitié maternelle elle le mange, elle croque et elle avale le plus vite possible pour qu'il revienne à l'intérieur d'elle, là où il fait chaud.

[...]

Voix intérieure

JULIEN

110 Jacques est parfois agressif. Ma mère dit que c'est parce qu'il vient d'une famille pauvre. Je me suis fâché quand ma mère a dit ça parce que je voulais pas que Jacques soit pris pour être agressif juste parce qu'il est pauvre. Je trouvais que c'était pas juste. Moi quand j'étais plus petit je croyais que les pauvres, ça voulait dire des gens avec des trous partout dans leurs vêtements. Et puis aussi des gens
115 plus gentils que les autres parce que dans les histoires qu'on me racontait les pauvres étaient toujours les plus gentils. Mais je croyais jamais que je me ferais un ami pauvre. Il me semble que ça doit être plus facile d'être pauvre dans un pays pauvre que pauvre dans un pays riche. Parce que dans notre pays riche, on arrête pas de montrer aux pauvres tout ce qu'ils peuvent pas avoir. La mère de
120 Jacques est en maudit d'être pauvre, parce qu'elle voit à la télévision pis dans les magasins des choses qui sont là exprès pour donner le goût d'être riche alors c'est sûr. Moi de toutes façons j'aime ça, avoir un ami agressif, parce que tout le monde me laisse tranquille. Ils savent que s'ils me font quelque chose, Jacques va sortir toute son agressivité de pauvre sur eux autres.

125 **JACQUES**

À ton collège, est-ce que tu vas porter un uniforme ?

JULIEN
Oui.

JACQUES
130 Pauvre toi.

JULIEN
Ça me tente pas de changer d'école.

JACQUES
Pourquoi tu changes d'abord ?

135 **JULIEN**
C'est mes parents qui m'obligent.

JACQUES
Pourquoi ?

JULIEN
140 Ils aiment pas notre école.

JACQUES

Ils veulent que tu sois avec d'autres bollés.

JULIEN

Ouain, c'est un peu ça.

145 **JACQUES**

T'avais rien qu'à faire exprès de rater ton examen d'entrée.

JULIEN

C'est ça que j'ai fait l'année dernière, pis mes parents étaient super fâchés.

JACQUES

150 Comment ils ont fait pour savoir que t'avais fait exprès de rater l'examen ?

JULIEN

On a reçu une lettre à la maison qui disait que le collège était très étonné que j'aie fait un si mauvais examen, les gens du collège demandaient à mes parents si j'avais été malade ou nerveux la journée de l'examen parce qu'avec un bulletin 155 pareil c'était très étonnant que j'aie raté l'examen à ce point-là.

JACQUES

Pour pas que ça paraisse, t'aurais dû rater un peu moins.

JULIEN

C'est ça, j'aurais dû rater un peu moins. Mes parents m'ont montré la lettre et ils 160 m'ont dit que si je sabotais encore mon examen c'était très ingrat pour eux, qui sont des parents dévoués, qui veulent me donner toutes les chances possibles de réussir ma vie, et que toutes les chances possibles, ça comprend l'enseignement privé.

Voix intérieure

165 **JULIEN**

Mais moi, je suis pas d'accord parce que ce serait pas juste pour Jacques, qui peut pas aller au privé, et qui mérite autant de chances de réussir sa vie que les autres, et moi je pense pas que j'ai envie de réussir ma vie si c'est comme ça, je veux dire si réussir sa vie ça veut dire être capable d'acheter plein de choses qui donnent 170 envie aux pauvres d'être riches, alors non, dans ce cas-là je préfère pas réussir ma vie. J'ai dit ça à mes parents et ça faisait très longtemps qu'on s'était pas retrouvés tous les trois, ils font ça seulement quand ils trouvent que c'est très important et qu'ils veulent me montrer qu'ils sont encore capables de communiquer ensemble pour mon bien. Je leur parlais et je savais pas où regarder, parce que j'ai 175 l'habitude de parler seulement à un des deux à la fois, mais là ils étaient deux, il y avait deux paires d'yeux qui me regardaient, deux paires d'yeux à regarder, et je passais d'une à l'autre sans savoir sur quels yeux m'arrêter, je voulais tellement qu'ils m'entendent que je criais sans m'en apercevoir, je les trouvais trop nombreux, à deux, trop nombreux à vouloir mon bien, trop nombreux à 180 vouloir que je réussisse ma vie, deux paires d'yeux qui me regardaient en même temps j'avais pas l'habitude, deux parents en même temps j'avais pas l'habitude, c'était beaucoup trop, et comme j'avais la voix qui tremble comme quand on va bientôt pleurer, mon père a pleuré à ma place.

Le darwinisme social

À l'époque de Darwin, certaines personnes ont cherché à appliquer sa théorie de la sélection naturelle aux sociétés humaines. Le « darwinisme social » soutenait qu'il ne faut pas aider ceux qui ne réussissent pas, car cela va à l'encontre des lois de la nature : chacun pour soi et que le meilleur gagne ! Ces idées convenaient tout à fait aux classes dirigeantes. Au contraire, Charles Darwin expliquait que le soutien apporté aux plus faibles est une part essentielle de notre humanité. La notion de sélection naturelle a également servi à justifier l'exploitation coloniale ou le racisme. Charles Darwin s'est toujours opposé à l'esclavage et il considérait que les différences entre les civilisations étaient plus liées à l'éducation qu'à la nature des hommes.

Simplification dangereuse

Le darwinisme est parfois confondu avec la notion de « lutte pour la vie ». En fait, la compétition aboutit souvent à une répartition inégale des ressources plutôt qu'à l'élimination brutale des plus faibles.

À l'époque de Darwin, des économistes soutenaient qu'il ne faut pas agir pour réduire les inégalités sociales et surtout pas aider les pauvres, car la « lutte pour la vie » augmente la « qualité » de l'espèce humaine. C'est une version à la fois simpliste et déformée du darwinisme. En effet, Darwin a montré que la sélection naturelle peut aboutir à renforcer la coopération entre individus, et que cela s'est probablement produit au cours de l'évolution de l'homme.

Extrait de Jean-Baptiste de Panafieu, *Charles Darwin* (Sur les traces de...), © Gallimard jeunesse, 2004.

JULIEN

185 Tu sais que les bébés kangourous quand ils naissent ils sont pas toute formés ?

JACQUES

Hein ?

JULIEN

C'est pas comme si c'était un petit kangourou qui sort, c'est pas un kangourou.
190 C'est pas encore un kangourou, c'est un genre de haricot qui va devenir un kangourou.

JACQUES

Pis ?

JULIEN

195 Ben moi je pensais que la poche, c'était juste pour que les bébés sautent dedans quand ils ont peur, mais c'est pas juste pour ça, c'est parce qu'ils mourraient sans la poche. Ils naissent prématurés.

JACQUES

200 Pourquoi tu me parles de kangourous, c'est quoi le rapport ?

JULIEN

Le rapport avec quoi ?

JACQUES

205 Avec rien mais c'est quoi le rapport ?

JULIEN

Rien. Laisse faire.

JACQUES

T'es ben comique toi avec tes histoires
210 de kangourous.

JULIEN

C'est juste que c'est mal fait, la reproduction humaine. La mère, elle a même pas
de poche pour un bébé prématuré. C'est
215 les hôpitaux qui ont des machines pour
pas qu'il meure.

JACQUES

Pis ?

JULIEN

220 Ben, rien.

[...]

JULIEN ADULTE *s'avance vers le public*

[...]

Mais j'aimerais bien lui avoir laissé un petit souvenir à Jacques, un petit quelque
chose de cet été-là qu'on a passé ensemble et où j'ai eu l'impression qu'il m'a
sauvé la vie, parce que, quoi qu'en dise Darwin, l'héritage humain c'est plus vaste
225 que des gènes qu'on se transmet de génération en génération, il me semble.

Aujourd'hui, quand je pense aux girafes de Darwin, vouées à disparaître simplement
parce qu'elles avaient un trop petit cou et personne pour les aider, je me dis que
la sélection naturelle est cruelle. Moi qui trouve encore que la vie est brusque et
que la Terre est trop grande pour moi, moi qui suis toujours étonné d'être si
230 peu adapté à mon milieu, moi qui ne fais pas partie des forts de mon espèce, je
sais que je ne suis pas forcément voué à disparaître pour autant. Parce que,
contrairement aux girafes, j'ai autour de moi l'humanité avec qui je peux défier
les théories de Darwin. Et c'est infiniment rassurant.

Extrait de Évelyne de la Chenelière, *L'héritage de Darwin.*

Interpréter

Réagir

Comprendre

Apprécier le texte

- Faites une «lecture» de cette pièce. En termes de théâtre, cela signifie que les
  comédiens lisent la pièce à voix haute comme s'ils la jouaient vraiment. Quels
  sont, à votre avis, les défis que pose cette pièce pour les comédiens ?

- Croyez-vous à la nécessité d'aider les individus moins favorisés dans la
  société ? Quel passage, dans l'encadré de la page 320, vous permettrait
  d'étayer votre opinion ?

Le premier regard que l'on porte sur quelqu'un d'inconnu, la perception que l'on a à première vue de son apparence teintent souvent, admettons-le, l'opinion que l'on se fait de cette personne. Dans la nouvelle ci-dessous, Monique Proulx campe un personnage apparemment prisonnier de sa classe sociale, qui subit le jugement hautain de gens mieux nantis. Elle nous montre, ce faisant, le gouffre qui sépare parfois les humains entre eux.

Tenue de ville

C'est un lieu où les belles choses se côtoient sans s'oppresser, avec une distinction qui laisse à chacune l'espace pour briller. Les fauteuils, de velours chaud et d'aérienne tubulure, sont bleus comme un ciel inaltérable. À côté d'eux, les plantes encastrées dans de vastes urnes se croient sous les tropiques et se lancent dans des floraisons extravagantes. La lumière, il faut dire, émane de partout, solaire même lorsqu'il pleut. Sur les petites tables basses où le verre se marie au vrai marbre, des livres d'art luxueux et des revues culturelles sont abandonnés aux doigts errants et remplacés impitoyablement aussitôt qu'un fantôme de flétrissure apparaît au coin de leurs pages. Il y a peu de tableaux sur les murs, mais ceux qui y sont proclament leur authenticité, l'un signé par Edvard Munch, l'autre par Edmund Alleyn, le dernier par Riopelle dans sa période d'oies et de tourmentes.

C'est un îlot de bon goût et d'harmonie où la richesse ne se fait pas ostentatoire, comme si l'argent, ici, n'avait pas d'importance. Et pourtant, l'argent, ici, repose au cœur de tout, maître à penser et à suivre, destination ultime des pensées et des gestes, puisque nous sommes dans une banque.

Les gens qui travaillent ici se sont moulés sur l'esthétisme général, et ils vaquent sans bruit, sorte de prolongation transparente du décor. Le directeur et son long cou d'aristocrate évoque irrésistiblement Modigliani, sauf lorsqu'il ouvre la bouche. Les caissières ne se vêtent que dans les dispendieuses boutiques avoisinantes, quitte à sacrifier ainsi la quasi-totalité de leur salaire. L'agent de sécurité a sans doute été engagé pour la perfection de ses moustaches, qu'il cire avec une nostalgie dalinienne. Comment le client ne se sentirait-il pas bien dans ces émanations de beauté où même l'argent a acquis une odeur délicate ?...

Des clients, aujourd'hui, il n'y en a que trois, car nous sommes à l'heure creuse de l'après midi, un peu avant la fermeture. Un seul guichet est ouvert, devant lequel le premier client murmure des chiffres cabalistiques à une caissière qui acquiesce silencieusement. C'est un homme jeune et mince pour qui le beau est important, cela se voit à la façon désinvolte dont il s'habille et regarde les gens immédiatement là où ils ont des choses qui comptent. Il est metteur en scène au théâtre, un espace sacré que l'argent ne fréquente guère, mais qui débouche parfois, lorsque comme lui on a du pif et de la poigne, sur des horizons télévisuels qui dispensent des chèques à cinq chiffres sans décimales. Il se tient prêt. Dans ce quartier où il vient d'emménager avec son chum acteur, le fumet de la réussite flotte dans l'air, n'attendant que d'être humé par quelqu'un qui se tient prêt.

Le deuxième client, debout sans aucun relâchement dans les genoux ou le pantalon, est un homme aussi, moins jeune et plus classique. Il est endodontiste depuis quelques années déjà, il a des dettes à la mesure de ses moyens et une
40 famille qui s'occupe d'augmenter les unes et de grignoter les autres avec une régularité sans faille. À force d'œuvrer dans les traitements de canal, de sectionner l'infiniment petit et de traiter l'infiniment pourri dissimulé sous des apparences respectables, il a acquis, avec le désabusement, un respect scrupuleux de la minutie et de l'ordre. Il ne fait jamais attendre ses clients et il apprécie qu'ici
45 au moins on ne le fasse pas attendre : voilà qu'un autre guichet s'ouvre à son intention et qu'il s'y dirige lestement sur ses semelles spongieuses de qualité.

La dame qui demeure seule en attente a cette beauté obstinée qui tentera d'être jusqu'à ce que le corps tout entier ne soit plus. L'on ne voit pas les rides et les cheveux blancs qui existent quelque part sous les fards et les onguents parfumés,
50 l'on ne sent pas l'ardeur du combat engagé contre le temps tellement les armes sont subtiles. Cette dame est propriétaire d'une agence de voyages dans le quartier. Elle met en chiffres les rêves des autres et sait parler du Caire comme d'autres parlent des Laurentides. Elle voyage beaucoup. Hélas, elle s'ennuie horriblement aussitôt qu'elle met les pieds hors de chez elle, mais son thérapeute l'assure qu'il
55 ne s'agit là que d'une transition ombilicale qu'elle parviendra tôt ou tard à assumer.

La porte s'ouvre.

Il entre.

Monique Proulx

Née à Québec en 1952, Monique Proulx entreprend des études en littérature et en théâtre à l'Université Laval. La polyvalence de son talent l'amène sans tarder à s'illustrer dans tous les genres : le roman, la nouvelle, le scénario, la dramatique radio-phonique… Ses dramatiques *Un aller simple* et *Les gens de la ville* passent à la télévision de Radio-Canada en 1979 et 1980. Son recueil de nouvelles *Sans cœur et sans reproche* vaut à Monique Proulx, en 1983, le prix Adrienne-Choquette et le prix littéraire Desjardins. En 1993, son roman *Le sexe des étoiles* est porté au grand écran par la réalisatrice Paule Baillargeon. Le film remporte de nombreux prix, notamment celui du meilleur film canadien au Festival des films du monde de Montréal.

Il, c'est-à-dire lui, le voleur, le truand, le sans aucun doute dévaliseur de coffres-forts.

60 Il a ce glauque dans le regard qui ne trompe pas, la démarche évasive de quelqu'un qui en a pesant sur la conscience. Il a des bottes de travailleur, recouvertes de saletés innommables, des jeans trop ajustés, délavés comme ce n'est plus la mode depuis longtemps. Son chandail étriqué laisse filtrer un morceau d'abdomen crayeux, nourri probablement à la bière. Il est jeune mais il a eu le 65 temps d'attraper une gueule fourbe, surmontée de cheveux mous et d'un front qui fuit déjà sous la débâcle, une sale gueule.

Il s'approche. Bientôt il sera tout à fait dans l'aura parfumée de la dame, à machiner derrière son dos élégant quelque abomination criminelle, en feignant d'attendre son tour. La dame blêmit et ferait pire encore peut-être si un troisième 70 guichet ne venait miséricordieusement s'ouvrir pour elle, laissant le sale type dans la file inexistante, isolé, au centre de tout, des regards et des montées d'adrénaline.

Le cou Modigliani du directeur se hausse d'un centimètre dramatique, les caissières attrapent dans les doigts une nervosité qui les rapproche du bouton 75 d'alarme, le jeune homme de théâtre se demande s'il plongera sous le guichet ou jouera pour la postérité le rôle héroïque de sa vie, le spécialiste en dents creuses adresse mentalement à sa femme et ses enfants une déchirante lettre d'adieu, la dame se dit qu'elle ferait mieux de ne sortir aucun argent liquide, l'agent de sécurité pose sa main sur l'arme blottie contre sa cuisse.

80 Pendant ce temps, seul comme une plaie au milieu du visage, lui, le malfrat, le requin juvénile, laisse vaguer son regard fuyant devant, tandis qu'imperceptiblement ses doigts coulent vers la poche intérieure de son chandail pour en ramener une arme, un couteau, une bombe, imperceptiblement mais sous les yeux de tous, il sort un paquet de cigarettes.

85 Il en allume une. On voit ses doigts à la pleine lumière, ils sont sales et tachés de rouge, du sang, non, de la peinture, rouge comme sur ses bottes de travailleur, car ce n'est qu'un travailleur, un travailleur sale qui fume.

Il fume, dans cette banque où, comme je disais, un authentique Edmund Alleyn avoisine un estimé Riopelle, où la cigarette a été bannie depuis des 90 lustres avec le consentement de tous, car ce n'est même plus une question de snobisme, c'est une question d'évolution : l'*Homo postnicotinus*, le plus glorieux maillon de cette ère quaternaire, soigne sa forme et ses REÉR, fait du jogging sur le mont Royal, descend le moins possible en bas, rue du Parc, parmi la racaille où se fomentent les cancers du poumon et où pullulent les bactéries.

95 Et la tension accumulée, la peur de mourir et d'être spolié de ses avoirs les plus essentiels se transforme subitement, devient de la colère froide, rampante, dirigée sur le bout incandescent de cette cigarette hors-la-loi.

Il capte les ondes hargneuses, malgré son primitivisme, il s'empresse d'éteindre contre sa semelle, n'ayant pas reconnu le cendrier dans la potiche 100 élégante qui trône au milieu de la pièce. Il s'achemine, les épaules rentrées, vers le guichet que vient d'abandonner l'apprenti metteur en scène. Sa voix est de même nature que son regard – fuyante, en rase-mottes, peut-être tout simplement intimidée.

– C'est pour changer un chèque, dit-il.

105 Il prononce «tchèque», en tendant un papier proprement plié en deux. La caissière le prend sans hâte, entre l'index et le pouce. La dame et l'endodontiste font mine de ne pas écouter ce vers quoi toutes leurs ouïes se 110 tendent; le jeune homme de théâtre reste proche, pour ne rien perdre des possibilités dramaturgiques de la scène.

– Avez-vous un compte ici? demande la caissière avec la lassitude d'une personne à qui 115 on impose des questions aux très évidentes réponses.

– Non, bredouille-t-il.

Et comme elle fait mine de lui remettre le papier, il se défait, il pâlit, cet argent est le 120 sien, il l'a gagné, toutes les taches rouges de ses vêtements de travailleur attestent à quel point il l'a gagné, sa voix enfle, ridicule, emportée comme chez quelqu'un qui n'a pas appris à maîtriser ses pulsions primaires.

125 «Le tchèque est bon, clame-t-il, chus sûr qu'il est bon, ça vient de la grosse maison juste à côté, un architecte, c'est sûr qu'il est bon!...»

La caissière lui tend le chèque, sans mot dire, sans l'avoir même déplié. Tous les regards 130 sont sur lui, impitoyables comme la justice.

Il reprend le chèque. Il comprend. Le chèque est bon, sans nul doute. Ce n'est que lui qui ne l'est pas.

Extrait de Monique Proulx, *Les aurores montréales –
Nouvelles*, © Les Éditions du Boréal, 1996.

Apprécier le texte

Interpréter
Comprendre *Réagir*

- Pourquoi le narrateur affirme-t-il que c'est le jeune homme qui n'est pas bon (lignes 132-133)? Quelle ironie voyez-vous dans cette comparaison entre la validité du chèque et la valeur du jeune homme?

- Deux champs lexicaux s'opposent dans ce texte, celui du beau et celui du laid. Relevez les mots appartenant à l'un et à l'autre de ces champs lexicaux.

- Quelle variété de langue le personnage principal emploie-t-il? Croyez-vous que l'on puisse juger les gens à leur façon de parler? Justifiez votre réponse.

Marginalisation, préjugé, exclusion, discrimination... Que veulent dire ces mots que l'on entend souvent quand il est question de ce que vivent les plus démunis de la société? On ne naît pas tous égaux, hélas. Mais pour certains, cette inégalité va jusqu'à s'assortir d'un traitement différent de la part des autres...

Les préjugés

Les préjugés sont des opinions que l'on adopte, de façon hâtive, en l'absence d'information. Cette attitude peut être causée par une expérience personnelle ou imposée par le milieu dans lequel on vit. De façon générale, un préjugé suppose un sentiment négatif ou une forme de rejet de l'autre. Il existe toutefois des préjugés favorables. Les préjugés agissent souvent de manière inconsciente et peuvent être dévastateurs.

À la recherche du bonheur

Inspiré de faits réels, le film *À la recherche du bonheur* raconte l'extraordinaire complicité qui lie, dans l'adversité, Chris Gardner et son petit garçon de cinq ans, Christopher. Désireux d'être admis dans une prestigieuse firme de courtage, Chris Gardner abandonne son emploi de représentant de commerce, qui ne lui assurait que de maigres revenus. Lorsqu'il décroche finalement un stage non rémunéré dans la firme new-yorkaise en question, Chris Gardner est incapable de payer son loyer, sa femme ayant décidé de les quitter, lui et leur fils. Chris se retrouve donc dans la rue avec la responsabilité d'un enfant. Il mènera, pendant près d'un an, la vie d'un sans-abri, jonglant chaque jour pour trouver un coin pour dormir ou des toilettes publiques pour se laver. Malgré cela, il veillera avec un soin jaloux sur son fils. Sa détermination farouche à lutter contre son destin et la confiance aveugle que lui voue son fils l'amèneront à surmonter tous les obstacles, à tout tenter pour recouvrer sa dignité. Au terme de son stage, Chris Gardner a obtenu l'emploi qu'il convoitait et s'est rapidement hissé au rang des hommes d'affaires les plus prospères de Wall Street.

Une scène de *À la recherche du bonheur* (Gabriele Muccino, 2005).

L'âge, le sexe, l'origine ethnique, la religion, l'apparence – physique ou vestimentaire – sont autant de matières à préjugés. Cette catégorisation des gens peut donner lieu à de la discrimination ou même à des comportements extrêmes,
15 comme l'homophobie, le sexisme, le racisme, l'antisémitisme ou l'islamophobie.

On peut avoir un préjugé contre quelqu'un ou quelque chose. On peut également être victime d'un préjugé ou avoir à en surmonter un.
20 Certaines personnes entretiennent des préjugés envers des individus ou des groupes d'individus. Ainsi, une personne peut être victime de préjugés parce qu'elle est atteinte d'un handicap physique ou mental, ou parce qu'elle appartient
25 à un groupe ethnique. D'autre part, un groupe d'individus peut être lui aussi victime de préjugés à cause de sa nature même. Par exemple, au niveau socio-économique, on observe beaucoup de préjugés envers les pauvres. Des groupes
30 politiques ou religieux, tels les communistes ou les musulmans, sont aussi la cible de préjugés.

Dans la vie quotidienne, une personne peut se voir refuser l'accès à un logement en raison de son origine ethnique. Une autre peut voir sa
35 candidature à un poste non retenue en raison de son obésité. Notre société a mis en place des mécanismes afin de lutter contre ce type de discrimination basée sur des préjugés. Malheureusement, il arrive que les préjugés se
40 manifestent de façon sournoise et créent de profonds clivages dans la population.

Geneviève Bougie, Agence Science-Presse.

La dignité

Être pauvre, cela peut être ne pas avoir de logement décent, ne pas pouvoir aller au cinéma ou en vacances, ne pas pouvoir faire ses devoirs dans de bonnes conditions... Mais c'est surtout devoir affronter le regard parfois dur des autres ou bien leur indifférence et se sentir alors honteux ou coupable. «Les plus pauvres nous le disent souvent: [...] "Le pire est le mépris de nos concitoyens. [...] Le plus grand malheur dans la pauvreté extrême est d'être comme un mort vivant tout au long de son existence." », écrit Joseph Wresinski, fondateur d'ATD Quart Monde. Dans notre société, on privilégie ceux qui ont de l'argent. Ceux qui n'en ont pas ont plus de mal à se faire respecter.

Extrait de *C'est trop cher – Pourquoi la pauvreté*, collection dirigée par Anne de La Roche Saint-André et Brigitte Ventrillon, Autrement junior, série «Société», © Éditions Autrement, 2001.

Interpréter
Comprendre
Réagir

Apprécier le texte

- Donnez des exemples de préjugés favorables que vous avez pu avoir ou que vous avez toujours à l'égard de certaines personnes.

- Racontez une circonstance où vous avez personnellement réussi à surmonter un préjugé.

- Dans l'encadré «La dignité», qui cite-t-on? Quelles informations peut-on déduire sur cette personne en tenant compte du texte?

Les enfants sont parfois cruels les uns vis-à-vis des autres, exprimant leurs préjugés sans ménagements ni détours. Sans doute avez-vous déjà été témoin d'attitudes de moquerie ou de rejet en vue de blesser quelqu'un de vulnérable. Dans la première partie de cet extrait d'un roman d'Alphonse Daudet, on se prend de compassion pour Daniel Eyssette, un jeune collégien que ses compagnons de classe s'amusent à brimer. Dans la deuxième partie, voilà que ce personnage devient à son tour un bourreau...

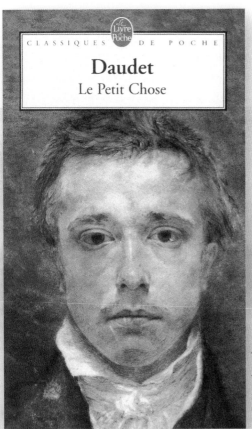

CLASSIQUES DE POCHE

Daudet
Le Petit Chose

© Le Livre de poche.

Le petit Chose extraits

1er EXTRAIT

La blouse d'écolier

Ce qui me frappa d'abord, à mon arrivée au collège, c'est que j'étais le seul avec une blouse. À Lyon, les fils de riches ne portent pas de blouses; il n'y a que les enfants de la rue, les *gones* comme on dit. Moi, j'en avais une, une petite blouse à carreaux qui datait de la fabrique; j'avais une blouse, j'avais l'air d'un
5 gone... Quand j'entrai dans la classe, les élèves ricanèrent. On disait: «Tiens! il a une blouse!» Le professeur fit la grimace et tout de suite me prit en aversion. Depuis lors, quand il me parla, ce fut toujours du bout des lèvres, d'un air méprisant. Jamais il ne m'appela par mon nom; il disait toujours: «Hé! vous, là-bas, le petit Chose!» Je lui avais dit pourtant plus de vingt fois que je m'appelais
10 Daniel Ey-sset-te... À la fin, mes camarades me surnommèrent «le petit Chose», et le surnom me resta...

Ce n'était pas seulement ma blouse qui me distinguait des autres enfants. Les autres avaient de beaux cartables en cuir jaune, des encriers de buis qui sentaient bon, des cahiers cartonnés, des livres neufs avec beaucoup de notes

15 dans le bas ; moi, mes livres étaient de vieux bouquins achetés sur les quais, moisis, fanés, sentant le rance ; les couvertures étaient toujours en lambeaux, quelquefois il manquait des pages. Jacques faisait bien de son mieux pour me les relier avec du gros carton et de la colle forte ; mais il mettait trop de colle et cela puait. Il m'avait fait aussi un cartable avec une infinité de poches, très commode,

20 mais toujours trop de colle. Le besoin de coller et de cartonner était devenu chez Jacques une manie comme le besoin de pleurer. Il avait constamment devant le feu un tas de petits pots de colle, et, dès qu'il pouvait s'échapper du magasin un moment, il collait, reliait, cartonnait. Le reste du temps, il portait des paquets en ville, écrivait sous la dictée, allait aux provisions, – le commerce enfin.

25 Quant à moi, j'avais compris que lorsqu'on est boursier, qu'on porte une blouse, qu'on s'appelle « le petit Chose », il faut travailler deux fois plus que les autres pour être leur égal, et ma foi ! le petit Chose se mit à travailler de tout son courage.

Brave petit Chose ! Je le vois, en hiver, dans sa chambre sans feu, assis à sa
30 table de travail, les jambes enveloppées d'une couverture. Au dehors, le givre fouettait les vitres. [...]

[...]

Le petit Chose est surveillant

Si j'avais quelques bonnes heures, j'en avais de mauvaises aussi. Deux fois par semaine, le dimanche et le jeudi, il fallait mener les enfants en promenade. Cette promenade était un supplice pour moi.

35 D'habitude nous allions à la Prairie, une grande pelouse qui s'étend comme un tapis au pied de la montagne, à une demi-lieue de la ville. Quelques gros châtaigniers, trois ou quatre guinguettes peintes en jaune, une source vive courant dans le vert, faisaient l'endroit charmant et gai pour l'œil... Les trois études s'y rendaient séparément ; une fois là, on les réunissait sous la surveillance
40 d'un seul maître qui était toujours moi. Mes deux collègues allaient se faire régaler par des grands dans les guinguettes voisines, et, comme on ne m'invitait jamais, je restais pour garder les élèves... Un dur métier dans ce bel endroit !

Il aurait fait si bon s'étendre sur cette herbe verte, dans l'ombre des châtaigniers, et se griser de serpolet, en écoutant chanter la petite source !... Au lieu
45 de cela, il fallait surveiller, crier, punir... J'avais tout le collège sur les bras. C'était terrible...

[...]

Parmi tous ces diablotins ébouriffés que je promenais deux fois par semaine dans la ville, il y en avait un surtout, un demi-pensionnaire, qui me désespérait pas sa laideur et sa mauvaise tenue.

50 Imaginez un horrible petit avorton, si petit que c'en était ridicule ; avec cela disgracieux, sale, mal peigné, mal vêtu, sentant le ruisseau, et, pour que rien ne lui manquât, affreusement bancal.

Alphonse *Daudet*

Alphonse Daudet est né dans le sud de la France, en 1840. C'est un enfant précoce, que la ruine de son père, en 1856, force à abandonner ses études. Dès 1858, il se fait un nom dans le monde littéraire avec un recueil de poèmes, *Les amoureuses*. Mais ce sont les contes des *Lettres de mon moulin*, publiés en feuilleton dans un journal parisien, qui consacrent sa gloire en 1866. Deux ans plus tard, son roman *Le petit Chose* ravit à nouveau le grand public. Dès lors, chacune de ses œuvres sera accueillie avec le plus grand intérêt. Sa pièce *L'Arlésienne* (1872), mise en musique par Georges Bizet, est jouée l'année même de sa parution. Outre son œuvre romanesque, Alphonse Daudet a écrit des chroniques sur le théâtre, des souvenirs et un journal intime. Atteint d'une maladie incurable à partir de 1884, il meurt en 1897.

Jamais pareil élève, s'il est permis toutefois de donner à ça le nom d'élève, ne figura sur les feuilles d'inscription de l'Université. C'était à déshonorer un 55 collège.

Pour ma part, je l'avais pris en aversion; et quand je le voyais, les jours de promenade, se dandiner à la queue de la colonne avec la grâce d'un jeune canard, il me venait des envies furieuses de le chasser à grands coups de botte pour l'honneur de ma division.

60 Bamban – nous l'avions surnommé Bamban à cause de sa démarche plus qu'irrégulière – Bamban était loin d'appartenir à une famille aristocratique. Cela se voyait sans peine à ses manières, à ses façons de dire et surtout aux belles relations qu'il avait dans le pays.

Tous les gamins de Sarlande étaient ses amis.

65 Grâce à lui, quand nous sortions, nous avions toujours à nos trousses une nuée de polissons qui faisaient la roue sur nos derrières, appelaient Bamban par son nom, le montraient du doigt, lui jetaient des peaux de châtaignes, et mille autres bonnes singeries. Mes petits s'en amusaient beaucoup, mais moi, je ne riais pas, et j'adressais chaque semaine au principal un rapport circonstancié sur 70 l'élève Bamban et les nombreux désordres que sa présence entraînait.

Malheureusement mes rapports restaient sans réponse et j'étais toujours obligé de me montrer dans les rues en compagnie de M. Bamban, plus sale et plus bancal que jamais.

Un dimanche entre autres, un beau dimanche de fête et de grand soleil, il 75 m'arriva pour la promenade dans un état de toilette tel que nous en fûmes tous épouvantés. Vous n'avez jamais rien rêvé de semblable. Des mains noires, des souliers sans cordons, de la boue jusque dans les cheveux, presque plus de culotte... un monstre.

Le plus risible, c'est qu'évidemment on l'avait fait très beau, ce jour-là, 80 avant de me l'envoyer. Sa tête, mieux peignée qu'à l'ordinaire, était encore roide de pommade, et le nœud de cravate avait je ne sais quoi qui sentait les doigts maternels. Mais il y a tant de ruisseaux avant d'arriver au collège!...

Bamban s'était roulé dans tous.

Quand je le vis prendre son rang parmi les autres, paisible et souriant 85 comme si de rien n'était, j'eus un mouvement d'horreur et d'indignation.

Je lui criai: « Va-t-en! »

Bamban pensa que je plaisantais et continua de sourire. Il se croyait très beau, ce jour-là!

Je lui criai de nouveau: « Va-t-en! Va-t-en! » Il me regarda d'un air triste et 90 soumis, son œil suppliait; mais je fus inexorable et la division s'ébranla, le laissant seul, immobile au milieu de la rue.

Je me croyais délivré de lui pour toute la journée, lorsqu'au sortir de la ville des rires et des chuchotements à mon arrière-garde me firent retourner la tête.

À quatre ou cinq pas derrière nous, Bamban suivait la promenade gravement.

95　　　– Doublez le pas, dis-je aux deux premiers.

　　Les élèves comprirent qu'il s'agissait de faire une niche au bancal, et la division se mit à filer d'un train d'enfer.

　　De temps en temps on se retournait pour voir si Bamban pouvait suivre, et on riait de l'apercevoir là-bas, bien loin, gros comme le poing, trottant dans la 100 poussière de la route, au milieu des marchands de gâteaux et de limonade.

　　Cet enragé-là arriva à la Prairie presque en même temps que nous. Seulement il était pâle de fatigue et tirait la jambe à faire pitié.

　　J'en eus le cœur touché, et, un peu honteux de ma cruauté, je l'appelai près de moi doucement.

105　　Il avait une petite blouse fanée, à carreaux rouges, la blouse du petit Chose, au collège de Lyon.

　　Je la reconnus tout de suite, cette blouse, et dans moi-même je me disais : « Misérable, tu n'as pas honte ? Mais c'est toi, c'est le petit Chose que tu t'amuses à martyriser ainsi. » Et, plein de larmes intérieures, je me mis à aimer de tout 110 mon cœur ce pauvre déshérité.

Bamban s'était assis par terre à cause de ses jambes qui lui faisaient mal. Je m'assis près de lui. Je lui parlai... Je lui achetai une orange... J'aurais voulu lui laver les pieds.

À partir de ce jour, Bamban devint mon ami. J'appris sur son compte des
115 choses attendrissantes.

C'était le fils d'un maréchal-ferrant qui, entendant vanter partout les bienfaits de l'éducation, se saignait les quatre membres, le pauvre homme! pour envoyer son enfant demi-pensionnaire au collège. Mais, hélas! Bamban n'était pas fait pour le collège, et il n'y profitait guère.

120 Le jour de son arrivée, on lui avait donné un modèle de bâtons en lui disant: « Fais des bâtons! » Et depuis un an, Bamban faisait des bâtons. Et quels bâtons, grand Dieu!... tortus, sales, boiteux, clopinants, des bâtons de Bamban!...

Personne ne s'occupait de lui. Il ne faisait spécialement partie d'aucune classe; en général, il entrait dans celle qu'il voyait ouverte. Un jour, on le trouva
125 en train de faire ses bâtons dans la classe de philosophie... Un drôle d'élève ce Bamban!

Je le regardais quelquefois à l'étude, courbé en deux sur son papier, suant, soufflant, tirant la langue, tenant sa plume à pleines mains et appuyant de toutes ses forces, comme s'il eût voulu traverser la table... À chaque bâton il
130 reprenait de l'encre, et à la fin de chaque ligne, il rentrait sa langue et se reposait en se frottant les mains.

Bamban travaillait de meilleur cœur maintenant que nous étions amis...

Quand il avait terminé une page, il s'empressait de gravir ma chaire à quatre pattes et posait son chef-d'œuvre devant moi, sans parler.

135 Je lui donnais une petite tape affectueuse en lui disant: « C'est très bien! » C'était hideux, mais je ne voulais pas le décourager.

De fait, peu à peu, les bâtons commençaient à marcher plus droit, la plume crachait moins, et il y avait moins d'encre sur les cahiers... Je crois que je serais venu à bout de lui apprendre quelque chose; malheureusement, la destinée
140 nous sépara.

Extrait de Alphonse Daudet, *Le petit Chose*.

Apprécier le texte

Interpréter

Réagir

Comprendre

- Comment expliquez-vous que le petit Chose, lui-même rejeté à l'école, soit devenu à son tour un bourreau (lignes 86 à 100)?

- Pourquoi le petit Chose soutient-il qu'il lui faut travailler deux fois plus fort que les autres?

- Si vous aviez à actualiser ce texte, par quoi remplaceriez-vous les objets mentionnés aux lignes 13 à 15? Pourquoi, quand vient le temps d'accepter ou de refuser quelqu'un dans un groupe, le critère de ses possessions matérielles est-il si souvent pris en compte?

Fidèle à son habitude, l'écrivain américain Paul Auster s'intéresse aux hasards, et plus particulièrement à la chance qui surgit parfois inopinément dans le cours de nos vies. Sans doute connaissez-vous l'expression «son heure n'avait pas encore sonné». Elle s'avère parfaitement appropriée dans le récit que voici.

Heureux hasards

Peu de temps après mon retour à New York (en juillet 1974), un ami m'a raconté l'histoire que voici. Elle se passe en Yougoslavie, pendant ce qui devait être les derniers mois de la Seconde Guerre mondiale.

L'oncle de S. était membre d'un groupe de partisans serbes qui combattaient
5 l'occupation nazie. En s'éveillant, un matin, lui et ses compagnons s'aperçurent que les troupes allemandes les encerclaient. Ils étaient terrés dans une ferme au fond de la campagne, trente centimètres de neige couvraient le sol, et ils n'avaient aucune possibilité de s'échapper. Ne sachant que faire, les hommes décidèrent de tirer au sort. Leur plan consistait à sortir l'un après l'autre de la
10 ferme, à se ruer à travers la neige et à voir s'ils parvenaient à se sauver. D'après le résultat du tirage au sort, l'oncle de S. devait partir le troisième.

Il regarda par la fenêtre le premier homme courir dans la blancheur du champ. Il y eut un barrage de tirs de mitrailleuses en provenance de la forêt, et l'homme fut fauché. Un instant plus tard, le second sortit et la même chose se
15 passa. Les mitrailleuses tonnèrent et il tomba mort dans la neige.

C'était donc le tour de l'oncle de mon ami. Je ne sais pas s'il hésita sur le seuil, je ne sais pas quelles pensées l'obsédèrent à ce moment. La seule chose qu'on m'ait racontée, c'est qu'il se mit à courir, à foncer droit devant lui de toutes ses forces. Sa course lui parut durer éternellement. Puis, soudain, il ressentit une
20 douleur à la jambe. Une seconde après, une chaleur irrésistible lui envahit le corps, et une seconde après cela il perdit conscience.

Quand il se réveilla, il gisait sur le dos dans la carriole d'un fermier. Il n'avait aucune idée du temps qui s'était écoulé, aucune idée de la façon dont il avait été secouru. Il avait simplement ouvert les yeux – et s'était trouvé là, couché dans
25 une charrette tirée par un cheval ou un mulet sur une route de campagne, à contempler la nuque d'un paysan. Il observa cette nuque pendant plusieurs secondes, et puis de violentes explosions retentirent en provenance du bois. Trop faible pour bouger, il continua de fixer la nuque, et soudain elle disparut. Elle s'envola du corps du paysan, et là où un instant plus tôt était assis un
30 homme entier, il y avait désormais un homme sans tête.

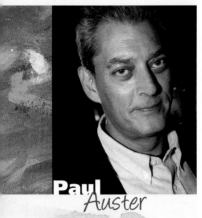

Paul Auster

Né aux États-Unis en 1947, Paul Auster rédige de petits récits et des poèmes dès l'âge de douze ans. À l'approche de la vingtaine, il entreprend la traduction de poètes français et écrit lui-même des vers. Par la suite, il publie des articles sur le cinéma dans des revues et travaille aux premières versions de ses futurs grands romans, notamment *Le voyage d'Anna Blume* (1989) et *Moon Palace* (1990), où la structure narrative épouse les coïncidences et les hasards étonnants de la vie. Paul Auster ne sera reconnu comme un écrivain majeur qu'à partir de 1985, avec le premier volet de la *Trilogie new-yorkaise*, *La cité de verre*. Dès lors, les succès s'accumuleront : romans, nouvelles, pièces, scénarios, adaptations cinématographiques (*Smoke* et *Brooklyn Boogie*), qui lui vaudront une quantité impressionnante de prix.

Encore du bruit, encore de l'agitation. Je ne saurais dire si oui ou non le cheval tirait toujours la carriole, mais après quelques minutes, quelques secondes peut-être, un important contingent militaire russe déferla sur la route. Des jeeps, des tanks, une foule de soldats. Quand l'officier qui les commandait vit la jambe de l'oncle de S., il le dirigea aussitôt vers une infirmerie qu'on venait d'installer dans le voisinage. Ce n'était guère qu'une cabane branlante, en planches – un poulailler, sans doute, ou quelque dépendance d'une ferme. Là, le médecin russe déclara que la jambe ne pouvait être sauvée. Elle était trop gravement atteinte, affirmait-il, il fallait l'amputer.

L'oncle de mon ami se mit à hurler. Ne me coupez pas la jambe, criait-il. Je vous en prie, je vous en supplie, ne me coupez pas la jambe! Mais personne ne l'écoutait. Les infirmiers le sanglèrent sur la table d'opération, et le médecin s'empara de sa scie. Au moment précis où il allait entamer la peau de la jambe, il y eut une nouvelle explosion. Le toit de l'infirmerie s'effondra, les murs s'écroulèrent, l'endroit fut totalement détruit. Et, une fois de plus, l'oncle de S. perdit connaissance.

Cette fois, quand il s'éveilla, il était couché dans un lit. Les draps étaient propres et doux, il y avait des odeurs agréables dans la pièce, et sa jambe était encore attachée à son corps. Quelques instants plus tard, il aperçut le visage d'une belle jeune femme. Elle lui souriait et lui faisait manger du bouillon à la cuiller. Sans savoir comment cela s'était passé, il avait de nouveau été secouru et amené dans une autre ferme. Pendant plusieurs minutes après être revenu à lui, l'oncle de S. se demanda s'il était vivant ou mort. Il lui paraissait possible qu'il se fût réveillé au paradis.

Il demeura dans cette maison jusqu'à sa guérison et tomba amoureux de la belle jeune femme, mais ces amours restèrent sans lendemain. J'aimerais savoir pourquoi, mais S. ne m'a jamais raconté les détails manquants. Ce que je sais, c'est que son oncle conserva sa jambe – et qu'après la fin de la guerre, il partit en Amérique pour commencer une vie nouvelle. D'une manière ou d'une autre (les circonstances ne sont pas claires pour moi), il aboutit à Chicago, comme démarcheur d'assurances.

Extrait de Paul Auster, *Le carnet rouge*, © Actes Sud, 1993.

Apprécier le texte

Interpréter

Comprendre

Réagir

- Relevez dans le texte des passages dans lesquels l'énonciateur doute de certains éléments de son histoire.

- Observez comment sont présentées les paroles rapportées aux lignes 40-41. Que dégagez-vous de particulier?

- Des histoires de chance inouïe, vous en avez sans doute vous aussi. En petits groupes, racontez-vous vos histoires brièvement et déterminez laquelle présente le coup de chance le plus extraordinaire.

Peut-on provoquer le hasard? Dans cette nouvelle, dont l'action se déroule à New York, on met d'abord en scène un riche industriel un peu rustre, qui a une sérieuse discussion avec son fils. Ce dernier, épris d'une jeune fille de la haute société, juge fort minces les chances qu'il a de gagner son cœur. À moins que quelqu'un, quelque part, donne un petit coup de pouce au destin...

Mammon et le petit archer

L e vieil Anthony Rockwall, industriel retraité, et ex-propriétaire du savon Rockwall-Eureka, jeta un regard par la fenêtre de sa bibliothèque et grimaça un sourire. Son voisin de droite, dans la Cinquième Avenue, l'aristocratique clubman G. Van Schuylight Suffolk-Jones, venait de sortir et, tout en se dirigeant
5 vers sa luxueuse automobile, avait comme d'habitude retroussé ses narines d'un air dédaigneux à l'aspect des sculptures « Renaissance italienne » qui décoraient la façade du manoir Eureka-Rockwall.

« Vieille momie! grogna l'ex-roi du savon. Vieux fainéant de bon à rien! Le Musée de l'Éden ne va pas tarder à récolter ce vieux Nesselrod pétrifié s'il ne fait
10 pas attention. L'été prochain je ferai peindre cette maison en bleu, blanc, rouge pour voir si ça lui fera lever son nez hollandais un peu plus haut!»

Puis Anthony Rockwall, qui n'aimait pas se servir des sonnettes, se dirigea vers la porte de sa bibliothèque et gueula: «Mike!» de la même voix dont il faisait autrefois trembler le firmament au-dessus des prairies du Kansas, au risque de faire tomber des morceaux de plâtre du céleste Plafond.

«Dites à mon fils, ordonna Anthony au valet accouru, de passer me voir avant de sortir.»

Lorsque le jeune Rockwall entra dans la bibliothèque, le bonhomme laissa tomber le journal qu'il était en train de lire et contempla son fils avec un sourire affectueux et bourru. Puis, il fourragea d'une main sa rude tignasse de cheveux blancs tout en faisant de l'autre main sauter ses clés dans sa poche.

«Richard, dit Anthony Rockwall, combien payes-tu le savon dont tu te sers habituellement?»

Richard était un grand garçon aux joues roses et imberbes, qui n'avait quitté l'université que depuis six mois. La question de son père le fit tressaillir légèrement; il n'avait pas encore eu le temps de s'habituer aux brusques saillies du bonhomme, dont la conduite était souvent aussi surprenante que celle d'une jeune fille à sa première sortie dans le monde.

«Six dollars la douzaine, je crois, papa.

— Et tes complets?

— Environ soixante dollars, en moyenne.

— Tu es un gentleman, affirma Anthony énergiquement. J'ai entendu raconter que ces jeunes snobs de la "haute" payent leur savon vingt-quatre dollars la douzaine, et leurs complets plus de cent dollars. Tu as autant d'argent qu'eux à dépenser, et pourtant tu persistes à te contenter d'articles de qualité moyenne et de prix modéré. Moi, je me sers du vieil Eureka, non seulement pour des raisons sentimentales, mais parce que c'est vraiment le savon le plus pur qui ait jamais été fabriqué. Chaque fois que tu achètes un morceau de savon plus de vingt sous, on te fait payer l'étiquette et de sales parfums bon marché au prix de la marchandise. Mais six dollars la douzaine, ça peut aller pour un jeune homme de ta génération, de ta position et de ta condition. Je te l'ai déjà dit, tu es un gentleman. On prétend qu'il faut trois générations pour en faire un. Quelle blague! L'argent vous fabrique ça en cinq sec, mon garçon. C'est grâce à lui que tu en es un. Dieu me savonne! La chère vieille galette a presque réussi à faire de moi aussi un gentleman! Je suis devenu à peu près aussi impoli, aussi désagréable et aussi mal élevé que ces deux vieux Van-de-Krottenbick qui habitent de chaque côté de ma maison et qui ne peuvent pas dormir parce que je suis venu me fourrer entre eux deux!

— Il y a pourtant des choses que l'argent ne peut pas faire, remarqua le jeune Rockwall d'un air plutôt sombre.

— Voyons! Ne dis pas ça! fit le vieil Anthony d'un ton indigné. Je te parie que l'argent gagne à tous les coups, mon garçon. J'ai feuilleté toute l'encyclopédie depuis A jusqu'à Z pour tâcher d'y trouver quelque chose qu'on ne peut pas se procurer avec de l'argent: le diable m'emporte si j'en ai découvert une seule, même à l'article "Incorruptible". Je te dis que l'argent arrive toujours dix longueurs devant le reste du lot. Cite-moi quelque chose qu'on ne peut pas acheter avec de l'argent.

O. Henry

De son vrai nom William Sydney Porter, O. Henry naît aux États-Unis en 1862 et y meurt en 1910. Doué pour les arts, il quitte l'école à quinze ans et vit de mille métiers, faisant sa marque principalement dans le dessin. En 1895, il accepte de tenir une chronique quotidienne dans un journal de Houston, au Texas. En 1898, il est condamné à cinq ans de prison pour un improbable détournement de fonds dont l'accuse un ancien patron. C'est durant son séjour en prison que O. Henry entreprendra son œuvre littéraire. Libéré pour bonne conduite au bout de trois ans, il connaîtra la célébrité avec la publication d'un grand nombre de nouvelles, dont plusieurs s'inspirent des turbulences et des péripéties de son existence. Les meilleures nouvelles de l'année, aux États-Unis, sont récompensées par un prestigieux prix littéraire du nom de O. Henry Award.

– Eh bien! par exemple, répliqua le jeune Richard avec une certaine chaleur, l'argent ne suffit pas pour vous faire accepter dans les sphères exclusives de la haute société.

60 – Ha! Ha! Vraiment! tonitrua le champion du veau d'or. Dis-moi un peu où seraient aujourd'hui tes sphères exclusives si le premier Astor ou Van-de-Putte qui a débarqué ici n'avait pas eu l'argent pour payer son passage, hein?»

Richard soupira.

«Et voilà où je voulais en venir, dit le bonhomme d'un ton un peu radouci. 65 C'est pour ça que je t'ai fait prier de venir me voir. Il y a quelque chose qui n'a pas l'air de gazer chez toi, fiston. Je m'en suis bien aperçu; et ça dure depuis quinze jours. Allez! Crache le morceau! Tu sais que je peux disposer de trente-cinq millions en moins de vingt-quatre heures, sans compter les propriétés foncières. Si c'est ton foie qui ne va pas, tu n'as qu'à sauter dans le Rambler, il est sous 70 pression dans la baie, et en deux jours tu es aux Bahamas.

– Pas trop mal deviné, papa. C'est presque ça.

– Ah! fit Anthony en scrutant d'un regard perçant le visage du jeune homme. Comment s'appelle-t-elle?»

Richard se mit à marcher de long en large dans la bibliothèque. Il y avait tant 75 de camaraderie et de sympathie en ce fruste vieux papa que le jeune homme se sentit enclin aux confidences.

«Pourquoi ne la demandes-tu pas carrément en mariage? fit le vieil Anthony. Elle en sautera de joie. Tu es riche, beau garçon, et bien élevé par-dessus le marché! Et tes mains sont propres, bien qu'il n'y ait pas de savon Eureka dessus. 80 Il est vrai que tu as été au collège; mais c'est une chose qu'elle pardonnera facilement.

– Je n'ai jamais trouvé l'occasion de lui parler, dit Richard.

– Crée-la, bon Dieu! s'écria Anthony. Emmène-la promener dans le parc, à pied, à cheval ou en voiture! Va la chercher à la sortie de l'église! Une occasion! 85 Peuh!

– Tu ne connais pas le "moulin" mondain, papa. Elle est dans le courant qui le fait tourner. Tout ce qu'elle doit faire est prévu et fixé heure par heure, minute par minute, huit jours d'avance. Et, pourtant, si je ne peux pas la conquérir, cette ville ne sera plus jamais pour moi qu'un marécage fétide et sombre! Et je ne 90 peux pas lui écrire ça, ce n'est pas des choses qu'on écrit!

– Tut tut! dit le bonhomme. Tu ne vas pas me faire croire qu'avec tout l'argent que je possède, tu n'es pas fichu de passer une heure ou deux en tête à tête avec cette jeune fille?

– Hélas! il est trop tard maintenant! Elle s'embarque après-demain à midi 95 pour l'Europe, où elle doit rester deux ans. Je dois la voir seule demain soir pendant quelques minutes. Elle est à Larchmont aujourd'hui chez sa tante; je ne suis pas autorisé à l'y aller retrouver, mais l'on me permet d'aller l'attendre demain soir avec une voiture au train de huit heures trente, à la gare de Grand Central. De là nous descendrons Broadway à toute allure, jusqu'au Wallack où 100 sa mère et des amis nous attendront dans le hall. Crois-tu qu'elle consentirait à

écouter une déclaration dans ces circonstances, et en sept minutes encore ? Et quelles chances de plus aurai-je ensuite, au théâtre ou ailleurs ? Aucune ! Non, papa. C'est là une de ces maudites fatalités que tout ton argent est incapable de détourner. On ne peut pas acheter le temps comme du savon, pas même une
105 minute. Si l'on pouvait, les gens riches vivraient plus longtemps. Il n'y a aucun espoir pour moi de pouvoir causer un peu plus longuement avec Miss Lantry avant son départ.

– Très bien, Richard, mon garçon, dit le vieil Anthony joyeusement. Tu peux aller à ton club maintenant. Je suis content que ce ne soit pas ton foie. Mais
110 n'oublie pas de brûler de temps en temps quelques cierges en l'honneur du grand dieu Mazuma. Tu dis que le temps ne s'achète pas avec de l'argent ? Oui, bien entendu, tu ne peux pas commander une douzaine de siècles payables à domicile, livraison franco de port et d'emballage. N'empêche que j'ai parfois vu le Père Temps attraper de sérieuses ampoules quand il déambulait au milieu des
115 mines d'or ! »

Ce soir-là, tante Ellen, une petite vieille aimable, sentimentale, ratatinée, farcie d'œillades et de soupirs, et paraissant écrasée par la fortune, entra chez son frère Anthony au moment où celui-ci lisait son journal du soir, et se mit à discourir sur le thème immortel des infortunes amoureuses.

120 « Il m'a tout dit, fit Anthony en bâillant. Je l'ai informé que mon compte en banque était à sa disposition. Et alors il s'est mis à débiner l'argent, dit que l'argent était impuissant dans le cas en question ; que les règles, barrières, fils barbelés ou je ne sais quoi, de la "haute société" ne sauraient être enfoncés même d'un centimètre par un attelage de millionnaires.

125 – Oh ! Anthony, soupira tante Ellen, tu te fais une idée bien trop haute de l'argent. La fortune ne compte pas lorsqu'une véritable affection est en jeu. L'amour est tout-puissant. Si seulement il avait parlé plus tôt ! Jamais elle n'aurait refusé notre Richard ! Mais hélas ! je crains qu'il ne soit trop tard maintenant. Il ne peut plus avoir aucune occasion de lui proposer... son cœur. Et tout ton or est
130 impuissant à donner le bonheur à ton fils ! »

Le lendemain soir à huit heures, tante Ellen prit dans un antique écrin tout mité un vieil anneau d'or et l'offrit à Richard.

« Porte-le ce soir, mon neveu, pria-t-elle. C'est ta mère qui me l'a donné. Elle prétendait qu'il portait bonne chance en amour. Et c'est elle qui me fit promettre
135 de te le présenter lorsque tu aurais trouvé l'élue de ton cœur ! »

Le jeune Rockwall prit l'anneau révérencieusement et l'essaya sur son petit doigt : il entrait à peine. Richard le mit dans la poche de son gilet, selon la tradition masculine. Puis, il fit avancer sa voiture.

À la gare, il cueillit Miss Lantry au milieu de la foule des voyageurs exactement
140 à huit heures trente-deux.

« Il ne faut pas faire attendre maman et nos amis, dit-elle.

– Au théâtre Wallack, et à tout vitesse ! » commanda loyalement Richard au chauffeur.

Ils avalèrent la Quarante-Deuxième Rue, puis tournèrent dans Broadway, et
145 s'élancèrent dans cette artificielle Voie lactée, constellée d'astres électriques, qui
commence aux douces prairies du crépuscule et finit aux coteaux rocailleux de
l'aurore.

Au croisement de la Trente-Quatrième Rue, le jeune Richard, qui laissait
pendre sa main droite par la fenêtre en jouant négligemment avec l'anneau de
150 la tante Ellen, frappa tout à coup à la vitre pour faire arrêter le chauffeur.

« Excusez-moi, dit-il à Miss Lantry, j'ai laissé tomber une bague. Elle me vient
de ma mère, et je ne voudrais pas la perdre. J'en ai pour une minute. »

Et en effet, en moins de cinquante secondes il était de retour sur les coussins
de la voiture.

155 Mais durant sa courte absence, un autobus d'une ligne transversale s'était
arrêté juste devant eux. Le chauffeur essaya de passer à gauche, mais il fut barré
par un lourd camion. Une nouvelle tentative pour forcer le blocus par la droite
fut annihilée grâce à l'arrivée tout à fait inopportune d'un autocar vide. Pas
moyen de reculer non plus maintenant : le chauffeur leva les bras au ciel en
160 maugréant. Ils étaient bloqués au milieu d'un inextricable embouteillage, qui,
comme il arrive parfois dans la grande cité, semblait avoir arrêté tout d'un coup
les battements de son cœur.

« Pourquoi n'avancez-vous pas ? demanda Miss Lantry impatiemment. Nous allons être en retard. »

165   Richard se souleva sur les coussins et regarda autour de lui. Il aperçut un flot congestionné de voitures, de taxis, de camions, d'autobus qui couvraient entièrement le vaste carrefour de Broadway, au confluent de la Sixième Avenue et de la Trente-Quatrième Rue. Et de tous côtés il en arrivait d'autres, qui se précipitaient à toute allure vers la mêlée dans un étourdissant fracas de trompes, 170 de freins et d'imprécations. Toute la circulation automobile de Manhattan semblait s'être concentrée en ce maudit carrefour, où elle s'étranglait désespérément. De mémoire d'homme on n'avait encore jamais vu à New York un embouteillage aussi formidable.

    « Je suis navré, dit Richard en se tournant vers Miss Lantry, mais il semble 175 que nous sommes bien bloqués. Il y en a au moins pour une heure avant que les agents puissent débrouiller cet écheveau de véhicules. Je vous demande pardon : c'est ma faute. Si je n'avais pas laissé tomber cette bague...

    – Faites-la-moi voir, dit Miss Lantry. Puisqu'il n'y a rien à faire, après tout, ça m'est égal. Je déteste les théâtres... »

180   À onze heures cette nuit-là, quelqu'un frappa légèrement à la porte de la chambre d'Anthony Rockwall.

    « Entrez ! » hurla Anthony, qui, vêtu d'une robe de chambre rouge, était en train de lire un récit palpitant de pirateries romanesques à vingt-cinq sous le volume.

    C'était tante Ellen radieuse, pareille à un vieil ange à cheveux gris qui aurait 185 été oublié sur la terre par erreur.

    « Ils sont fiancés, Anthony, dit-elle d'une voix céleste. Elle a promis à notre Richard de l'épouser. Tandis qu'ils se rendaient au théâtre, il y a eu un embouteillage, et leur voiture n'a pas pu se dépêtrer avant deux bonnes heures. Anthony, mon frère ! Garde-toi de vanter désormais la puissance de l'argent ! C'est un petit 190 emblème du véritable amour, un petit anneau symbolisant une affection éternelle et pure de toute vénalité, qui a apporté le bonheur à notre Richard. Il lui échappa dans la rue, et il sortit pour le ramasser. Et juste à ce moment-là se produisit l'embouteillage qui les empêcha de continuer leur route. Alors il put tout à loisir parler à sa bien-aimée et la conquérir pendant tout le temps que la voiture resta 195 bloquée. L'argent n'est que poussière comparé au véritable amour, Anthony !

    – Parfait ! dit le vieil Anthony. Je suis ravi que le fiston ait fini par dégoter sa chérie. Je lui avais dit que je ne regarderais pas à la dépense pour tout ce qui pourrait...

    – Oh ! Mais mon frère Anthony, à quoi ton argent eût-il pu être bon en cette 200 circonstance ?

    – Ma chère sœur, dit Anthony Rockwall, mon pirate est dans une situation désespérée. Son bateau vient de se faire crever les flancs, et il veut à tout prix l'empêcher de couler, car c'est un trop bon juge de la valeur de l'argent. Je te supplie de me laisser finir mon chapitre. »

205   L'histoire devrait s'arrêter là. J'aurais désiré, aussi cordialement que vous-même sans doute, qu'elle s'arrêtât là. Mais il nous faut aller chercher la vérité jusqu'au fond du puits.

Le lendemain, un individu aux mains rouges, le cou ceint d'une cravate bleue à pois marron, se présenta chez Anthony Rockwall, expectora d'une voix 210 rauque le nom de Kelly, et fut aussitôt introduit dans la bibliothèque.

« Alors, fit Anthony en saisissant son carnet de chèques, nous avons fait une superbe salade. Voyons, je vous avais remis cinq mille dollars en espèces ?

– J'y ai ajouté trois cents dollars de ma poche, dit Kelly. Ça dépasse un peu le forfait convenu, mais j'ai pas pu faire autrement. J'ai eu les taxis pour cinq 215 dollars la pièce en moyenne ; mais les camions n'ont pas voulu marcher à moins de dix dollars. Pour les autobus et les autocars, il a fallu que j' crache de quinze à vingt dollars par conducteur. C'est les flics qui m'ont saigné le plus fort : cinquante dollars que j'ai payé les deux galonnés, et le reste de vingt à vingt-cinq dollars par tête de pipe. Mais c' que ça a bien gazé, Mr. Rockwall ! Formidable ! Si 220 le type d'Hollywood qui fabrique les mouvements de foule avait été là, il en serait crevé de jalousie. Et on n'avait même pas fait une seule répétition ! Tous mes zèbres se sont amenés juste à l'heure dite, à une seconde près. Pendant deux heures, même un serpent n'aurait pas pu passer sous la statue de Greeley.

– Treize cents dollars, voilà, Kelly, dit Anthony en tendant un chèque à 225 l'homme. Vos mille dollars d'honoraires, plus les trois cents dollars que vous avez ajoutés de votre poche. Et, dites, Kelly, vous ne méprisez pas l'argent, vous ?

– Moi ? gueula Kelly indigné. Si j' pouvais dégoter l' type qu' a inventé la pauvreté, qu'est-ce que j' lui f...rais comme trempe ! »

L'homme fit ses adieux et se retira. Il allait refermer la porte, lorsque 230 Anthony le rappela.

« Dites, Kelly, fit-il, vous n'avez pas aperçu dans la bagarre une espèce de petit garçon plutôt grassouillet, qui tirait des flèches dans le tas avec un arc – un gosse tout nu – non ?

– Sûrement pas, fit Kelly mystifié. S'il était tout nu comme vous dites, 235 possible que les flics l'aient coffré avant que j'arrive.

– Je me doutais bien que le petit crapaud ne serait pas là, gloussa Anthony. Adieu Kelly. »

Extrait de O. Henry, *New York tic tac*,
© Éditions Stock pour la traduction française, 1965, 1987.

Interpréter
Comprendre
Réagir

Apprécier le texte

• Qui est le personnage cité aux lignes 232-233 ? Quel rôle joue-t-il dans cette histoire ?

• Êtes-vous d'accord avec les propos que tient Anthony Rockwall quant au pouvoir de l'argent ? Justifiez votre réponse.

Quand le hasard se manifeste dans votre vie, au détour du chemin, essayez-vous
d'en donner une explication rationnelle ou y voyez-vous plutôt un signe du destin ?
Le texte suivant cherche à répondre à cette question.

Les coïncidences : fruit du hasard... ou clins d'œil du destin ?

« J'aime pas New York », dit Alban Henry à l'homme avec lequel il vient de sympathiser sur une plage de St. Augustine, en Floride. Le Montréalais, directeur régional d'un fournisseur
5 d'accessoires de plomberie, est venu prendre des vacances bien méritées au soleil.

L'année précédente, lui raconte-t-il, à la fin d'une réunion d'affaires qui se déroulait dans la Grosse Pomme, il a récupéré son imperméable
10 beige au vestiaire et s'est aperçu qu'il était beaucoup trop petit ! Quelqu'un avait pris le sien par erreur.

Son nouveau compagnon le dévisage un moment, éberlué, puis éclate de rire. « Votre
15 imperméable est dans ma garde-robe ! » Son fils assistait lui aussi à cette réunion, explique-t-il. Ce jour-là, trop pressé, il a quitté les lieux sans enfiler ce qu'il croyait être son imper et a sauté dans un avion pour aller voir ses parents en
20 Floride. À son arrivée, comprenant sa méprise, il a laissé le vêtement sur place...

Alban Henry ne s'est jamais réconcilié avec New York, mais il a au moins retrouvé son imperméable grâce à une de ces fameuses coïncidences
25 qui chamboulent parfois notre vie. Nous en avons tous déjà vécu : rêver à un ami qu'on n'a pas revu depuis 20 ans et le croiser dans la rue le jour même ; s'apercevoir que nous vivions enfant à deux portes de l'élu de notre cœur ; se poser une
30 question et trouver la réponse par hasard sur une affiche ou dans un journal... Ces hasards étranges qui jalonnent nos vies sont-ils mus par une logique invisible, impossible à décoder ? Ont-ils un message à nous transmettre ?

[...]

35 Même les experts les plus cartésiens doivent bien admettre que la tendance consistant à expliquer certaines coïncidences par une intervention surnaturelle est tout à fait humaine.

« Nous avons besoin de donner un sens à ce
40 qui nous arrive et, si nous n'en trouvons pas un qui soit rationnel, alors nous faisons appel au paranormal ou à la métaphysique pour nous rassurer », explique Louis Dubé, président de l'association Les Sceptiques du Québec, un
45 organisme qui promeut la pensée critique et la rigueur scientifique. « Et puis, ajoute-t-il, notre mémoire "sélective" nous fait apparaître les coïncidences plus extraordinaires qu'elles ne le sont en réalité. Les gens sont étonnés d'avoir pensé
50 à quelqu'un au moment même de sa mort, mais ils oublient toutes les fois où ils ont rêvé à des personnes qui, elles, ne sont pas mortes ! »

Soit ! Mais on ne peut nier le caractère résolument impressionnant de certaines coïncidences
55 quand celles-ci bouleversent la vie des gens qui les vivent. Dans son livre *Les hasards nécessaires*, le

Vous allez éviter de gros ennuis.

Vous aurez toujours de la chance et surmonterez plusieurs difficultés.

Vous pourriez assister à une fête avec d'étranges coutumes.

Une agréable surprise vous attend.

Coïncidences présidentielles

Comment ne pas s'étonner devant les similitudes des destins d'Abraham Lincoln et de John Kennedy?

Lincoln a été élu au Congrès en 1846 et à la présidence en 1860. Kennedy y est pour sa part entré en 1946 avant de devenir président en 1960.

Tous deux ont été assassinés d'une balle dans la tête tirée par derrière, un vendredi, en présence de leur femme.

L'assassin de Lincoln a tiré sur lui dans un théâtre avant d'être retrouvé dans un entrepôt. Celui de Kennedy a tiré depuis un entrepôt et a été arrêté dans un cinéma.

Les deux assassins ont été abattus avant d'avoir pu être jugés.

Kennedy a été tué dans une Lincoln fabriquée par Ford, et Lincoln dans sa loge du Ford's Theatre.

Les successeurs de Lincoln et de Kennedy s'appelaient Johnson, tous deux nés à cent ans d'intervalle (1808 et 1908), et morts dix ans après leur prédécesseur.

psychologue Jean-François Vézina raconte l'histoire de Lise, une femme qui voulait ouvrir une boîte à chansons à Québec. Pour attirer les journalistes 60 à l'inauguration, elle avait tenté de joindre le chanteur Félix Leclerc. Sans succès. Un soir, toujours sans nouvelles du grand homme, Lise éprouve l'envie étrange d'aller faire un tour en voiture dans la nuit et le froid. Elle roule depuis un moment 65 quand, tout à coup, une voiture fait une embardée devant elle et termine sa course dans un banc de neige. Elle s'arrête pour aider l'infortuné conducteur qui

n'est autre, vous l'aurez deviné, que Félix Leclerc! Quinze jours plus tard, il fait l'ouverture de la boîte 70 de Lise.

Le psychanalyste Carl Gustav Jung a baptisé «synchronicités» ces coïncidences chargées de sens pour celui qui les vit.

Un jour, au moment où une patiente lui 75 racontait un rêve où on lui offrait un scarabée en or, un véritable scarabée est venu se cogner contre la vitre de son bureau. Ouvrant sa fenêtre, Jung a saisi l'insecte et l'a tendu à sa patiente en lui disant: «Le voici, votre scarabée!» Le psychanalyste affirme 80 que ce simple événement a été déterminant dans le processus de guérison.

Il semblerait que ce type de coïncidence survienne le plus souvent dans un moment de crise – perte, bouleversement de la vie professionnelle 85 ou familiale – ou lors de certaines étapes de la vie.

«Dans ces moments charnières, nous sommes plus réceptifs aux messages symboliques que la vie nous envoie», explique Jean-François Vézina.

Des situations de crise, Suzanne Leblanc en 90 avait traversé plus que son dû. À la suite d'une douloureuse rupture avec le père de ses enfants, elle venait d'acheter une maison à Boisbriand et devait y faire abattre un gros orme chinois. L'émondeur qu'elle a appelé vient couper l'arbre pendant qu'elle 95 est au bureau, mais lorsqu'il vient se faire payer, le courant passe tout de suite. «Son sourire m'a complètement envoûtée, raconte-t-elle. On a parlé des heures sur les marches de mon perron.» Pas assez toutefois pour s'engager davantage et, quand 100 Yvan part ce jour-là, Suzanne est sûre de ne jamais le revoir.

Trois semaines plus tard, un très gros orage couche un autre de ses arbres. Le seul arbre déraciné de la région! «J'ai rappelé mon émondeur, et notre 105 histoire d'amour dure depuis six ans», conclut Suzanne.

Ici encore, on serait tenté de voir dans cette rencontre autre chose qu'une suite d'événements fortuits, même si, comme le rappelle le très sceptique 110 Louis Dubé, «personne n'a réussi à démontrer que les coïncidences avaient d'autres lois que celles du hasard». Selon lui, ceux qui croient le contraire ne comprennent assurément pas la loi des grands nombres, cette loi statistique qui établit qu'avec un échantillon suffisamment large, le plus improbable devient probable... même gagner à la loterie!

Dans leur livre *Devenez sorciers, devenez savants*, les physiciens français Georges Charpak et Henri Broch racontent qu'un jour, lors d'une émission de télé française, un médium a prétendu qu'il était capable, par le simple pouvoir de sa pensée, de faire griller à distance les ampoules chez les téléspectateurs. Il demanda donc à ces derniers d'allumer une lampe chez eux et se concentra. Durant l'heure qui suivit, le standard fut submergé d'appels confirmant l'explosion d'ampoules chez les auditeurs sidérés par le pouvoir du médium. Stupéfiant?

La preuve a été faite ensuite qu'un simple calcul pouvait expliquer ce qui s'était passé. L'émission était diffusée en France à une heure de grande écoute. Le médium avait demandé aux dix millions de téléspectateurs d'allumer une lampe chez eux. Si l'on émet l'hypothèse tout à fait raisonnable que deux millions d'entre eux se sont pliés à sa requête et sachant que la durée de vie d'une ampoule est d'un millier d'heures, environ 2000 d'entre elles auront grillé pendant l'heure que durait l'émission! Même si seulement la moitié de ces gens ont appelé, nous arrivons à 1000 appels en une heure. Seize par minute. Un toutes les quatre secondes! De quoi saturer bien des standards téléphoniques.

Cet exemple démontre bien combien nous sommes vulnérables face aux vendeurs de miracles de tout acabit qui s'inventent de faux dons paranormaux à des fins mercantiles. Les Sceptiques du Québec offrent 10 000 $ à toute personne capable de prouver scientifiquement qu'elle possède un véritable pouvoir paranormal. « Depuis 15 ans,

plus de 100 personnes se sont inscrites. Aucune n'a réussi le test », affirme Louis Dubé.

Aussi louable soit-elle, cette entreprise de démystification néglige un élément fondamental: même si l'on nous assenait la preuve irréfutable de l'inexistence du divin, la plupart d'entre nous continueraient d'y croire comme si de rien n'était. « Et c'est très bien ainsi, estime le psychologue Jean-François Vézina. La relation au mystère fait partie de la condition humaine. Si on évacue ça en tentant de tout expliquer, ça fait des vies bien plates. »

Qu'elle soit ou non le pur fruit du hasard, la coïncidence titille chez la plupart d'entre nous la fibre du merveilleux bien plus que celle des lois de la probabilité.

Joany Dubé-Leblanc, de Laval, repense souvent à cette journée où elle rentrait chez elle avec son amie Caroline. Pressées d'essayer un nouveau jeu vidéo, les deux amies papotaient joyeusement dans la voiture à un feu rouge quand un camion de déménagement est venu leur bloquer le passage juste au moment où le feu passait au vert. Impatientes, les filles se sont mises à fulminer contre la bêtise humaine quand un camion remorque a brûlé un feu rouge et traversé en flèche le carrefour sur lequel elles allaient s'engager.

« Si celui qu'on traitait d'imbécile quelques secondes plus tôt ne nous avait pas bloqué le chemin, raconte Joany, le camion nous heurtait de plein fouet! »

Vous pouvez bien sûr expliquer à Joany et à Caroline les lois du hasard, mais, pour elles, ce sont les fées du destin qui veillaient au grain ce jour-là.

Apprécier le texte

Interpréter
Comprendre
Réagir

- Qu'ont en commun Louis Dubé, Georges Charpak et Henri Broch?

- Comment réagissez-vous aux coïncidences présentées dans l'encadré de la page 344? Quel sens leur donnez-vous?

Voici le début d'une nouvelle intitulée «Je ne voulais que téléphoner». On y fait la connaissance de María, une jeune femme qui vivra une malchance effroyable, celle de ne pouvoir s'expliquer parce que personne ne la croit... Mettez-vous dans la peau de ce personnage dont le destin sera scellé par ceux-là même qui l'auront dépannée un jour de pluie...

Je ne voulais que téléphoner *extrait*

Par une après-midi de pluies printanières, alors qu'elle se rendait seule à Barcelone au volant d'une voiture louée, María de la Luz Cervantes tomba en panne dans le désert des Monegros. C'était une Mexicaine de vingt-sept ans, jolie et sérieuse, qui avait quelques années plus tôt connu un certain succès comme
5   actrice de variétés. Elle était mariée à un illusionniste qu'elle allait rejoindre ce jour-là après avoir rendu visite à des parents du côté de Saragosse. Au bout d'une heure de signaux désespérés aux voitures et aux camions qui passaient en trombe dans la bourrasque, le chauffeur d'un autocar délabré eut pitié d'elle. Il la prévint toutefois qu'il n'allait pas bien loin.

10   « Ça ne fait rien, dit María. Tout ce qu'il me faut c'est un téléphone. »

C'était vrai car il lui fallait prévenir son mari qu'elle ne serait pas rentrée avant sept heures du soir. Avec son manteau d'étudiante et ses sandales de plage en plein mois d'avril, on aurait dit un petit oiseau tout mouillé, et l'incident l'avait à ce point choquée qu'elle avait oublié de prendre les clés de la voiture.
15   Une femme à l'allure militaire mais aux gestes doux qui voyageait près du conducteur lui tendit une serviette et une couverture et lui fit une place à côté

d'elle. Après s'être à demi essuyée, María s'assit, s'enveloppa dans la couverture
et tenta d'allumer une cigarette mais ses allumettes étaient mouillées. Sa
voisine lui donna du feu et lui demanda une des cigarettes qui étaient restées
20 sèches. Tandis qu'elles fumaient, María céda à l'envie de s'épancher et sa voix
couvrit le bruit de la pluie et les toussotements de l'autocar. La femme
l'interrompit, un doigt sur les lèvres.

« Elles dorment », murmura-t-elle.

María jeta un regard par-dessus son épaule et vit que l'autobus était rempli
25 de femmes d'âge indéterminé et de condition inégale qui dormaient emmitou-
flées dans des couvertures pareilles à la sienne. Gagnée par leur sérénité, María
se pelotonna sur son siège et s'abandonna à la rumeur de la pluie. Lorsqu'elle
s'éveilla il faisait nuit et l'averse s'était réduite à un serein glacé. Elle n'avait pas
la moindre idée du temps qui s'était écoulé pendant son sommeil ni de l'endroit
30 où elle se trouvait. Sa voisine était sur le qui-vive.

« Où sommes-nous ? demanda María.

– Nous sommes arrivées », répondit la femme.

L'autocar s'engageait dans la cour pavée d'un bâtiment énorme et sombre
qui ressemblait à un ancien couvent au milieu d'un bois d'arbres gigantesques.
35 Les passagères, à peine éclairées par la lanterne de la cour, demeurèrent immobiles
jusqu'au moment où la femme à l'allure militaire les fit descendre en leur
lançant des ordres frustes, comme à la maternelle. Elles avaient toutes un certain
âge et se déplaçaient dans l'obscurité de la cour avec une telle lenteur qu'on eût
dit des images d'un rêve. María, la dernière à descendre, pensa que c'étaient des
40 religieuses. Elle changea d'avis lorsqu'elle aperçut plusieurs femmes en uniforme
qui les attendaient devant l'autocar, leur couvraient la tête avec les couvertures
afin qu'elles ne soient pas mouillées, et les alignaient en file indienne tout en
leur intimant des ordres muets au rythme péremptoire de battements de mains.
Après avoir pris congé de sa voisine, María voulut lui rendre la couverture, mais
45 celle-ci lui dit de s'en couvrir la tête pour traverser la cour et de la remettre au
concierge.

« Y a-t-il un téléphone ? demanda María.

– Bien sûr, dit la femme. On va vous y conduire. »

Elle demanda une autre cigarette à María qui lui fit cadeau du reste du
50 paquet mouillé. « Elles sécheront en route », lui dit-elle. Debout sur le marchepied,
la femme agita la main en guise d'adieu et lui cria presque : « Bonne chance. »
L'autocar démarra sans lui laisser le temps d'ajouter autre chose.

María se mit à courir vers l'entrée du bâtiment. Une gardienne tenta
d'abord de la retenir en frappant dans ses mains puis poussa un cri impérieux :
55 « Halte-là, ai-je dit ! » María regarda par-dessous la couverture et vit des yeux de
glace et un index impitoyable qui lui montrait les rangs. Elle obéit. Dans le
vestibule, elle se sépara du groupe et demanda au concierge où elle pouvait
trouver un téléphone. L'une des gardiennes la fit rentrer dans le rang à petites
tapes dans le dos en lui disant d'une voix très douce :

60 « Par ici, ma belle, par ici il y a un téléphone. »

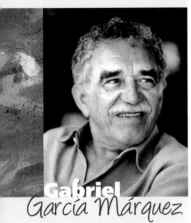

Gabriel García Márquez

Né en Colombie en 1928, Gabriel García Márquez exerce d'abord le métier de journaliste, tout en consacrant ses moments libres à l'écriture à partir de 1947. Dès les premières années de sa carrière littéraire, chacune de ses nouvelles œuvres est saluée comme un événement dans le monde des lettres. Très vite reconnu comme un maître dans l'art de la narration, il compte en outre parmi les deux ou trois créateurs d'un genre nouveau : le réalisme magique. En 1967, il devient l'écrivain sud-américain le plus célèbre avec *Cent ans de solitude*, ouvrage qui sera traduit en trente-cinq langues et vaudra à Gabriel García Márquez le prestigieux prix Nobel de littérature, en 1982. Plusieurs œuvres de ce sympathisant des mouvements révolution-naires latino-américains ont été portées à l'écran, notamment *Chronique d'une mort annoncée* et *L'amour au temps du choléra*.

María parcourut avec les autres femmes un couloir ténébreux puis pénétra dans un dortoir où les surveillantes ramassèrent les couvertures et commencèrent l'attribution des lits. Une femme différente, qui parut à María plus humaine et de grade plus élevé, inspecta le rang en comparant une liste avec les noms écrits
65 sur des cartons cousus aux corsages des nouvelles recrues. Lorsqu'elle s'arrêta devant María, elle s'étonna de ne voir sur elle aucun signe de son identité.

« Je suis venue pour téléphoner », lui dit María.

Elle lui expliqua en quelques mots que sa voiture était tombée en panne sur la route. Son mari était un prestidigitateur qui se produisait dans des fêtes
70 privées, et il l'attendait à Barcelone où ils avaient trois engagements pour la soirée. Elle voulait le prévenir qu'elle n'arriverait pas à temps pour l'accompagner. Il était presque sept heures. Il devait être sur le point de partir et elle avait peur qu'il n'annulât tout à cause de son retard. La surveillante semblait l'écouter avec attention.

75 « Comment t'appelles-tu ? », lui demanda-t-elle.

María déclina son nom en poussant un soupir de soulagement tandis que la femme lisait et relisait la liste sans le trouver. Elle se renseigna, inquiète, auprès d'une autre gardienne et celle-ci, n'ayant rien à dire, haussa les épaules.

« Mais je ne suis venue que pour téléphoner, insista María.

80 – D'accord, ma belle, d'accord, lui dit la supérieure en la poussant vers son lit avec une douceur trop ostensible pour être authentique. Si tu es bien sage tu pourras téléphoner à qui tu veux. Mais pas maintenant, demain. »

Quelque chose se produisit alors dans l'esprit de María qui lui fit comprendre pourquoi les femmes de l'autocar se déplaçaient comme au fond d'un aquarium.
85 On leur avait administré des calmants, et ce palais obscur, avec ses murs épais en pierre de taille et ses escaliers glaciaux, était en réalité un hôpital pour malades mentales. Effrayée, elle s'échappa en courant du dortoir mais avant qu'elle n'atteigne la porte, une gardienne gigantesque en bleu de mécanicien l'arrêta d'un coup de patte et la cloua au sol d'une prise magistrale. María la
90 regarda de côté, paralysée par la terreur.

« Pour l'amour de Dieu, dit-elle. Je jure sur la tête de ma mère que je ne suis venue que pour téléphoner. »

Il lui suffit d'entrevoir le faciès de cette énergumène en bleu de travail, que l'on surnommait Herculina en raison de sa force démesurée, pour comprendre
95 que toute prière était inutile. Elle était chargée des cas difficiles, et deux recluses étaient mortes étranglées par son bras d'ours polaire dressé à l'art de tuer par inadvertance. Pour le premier cas, on démontra qu'il s'agissait d'un accident. Pour le second, les choses furent moins évidentes et Herculina fut sanctionnée et prévenue que la prochaine fois elle serait l'objet d'une enquête approfondie.
100 Mais la rumeur courait que cette brebis égarée appartenant à une famille illustre avait derrière elle une carrière d'accidents douteux dans plusieurs asiles d'Espagne.

La première nuit, pour la faire dormir, on dut faire à María une piqûre de somnifère. Avant le lever du jour, lorsque l'envie de fumer la réveilla, elle se découvrit attachée par les poignets et les chevilles aux barreaux du lit. Personne

¹⁰⁵ n'accourut à ses cris. Dans la matinée, tandis qu'à Barcelone son mari ne trouvait nulle part aucune trace d'elle, on dut la conduire à l'infirmerie car on l'avait découverte sans connaissance dans la fange de ses propres immondices.

Elle ne sut pas combien de temps avait passé quand elle revint à elle. Le monde lui semblait un paradis d'amour, et au pied de son lit se tenait un ¹¹⁰ vieillard monumental à la démarche de plantigrade et au sourire apaisant qui, en deux temps trois mouvements, lui rendit sa joie de vivre. C'était le directeur de l'hôpital.

Avant de lui expliquer quoi que ce soit ou même de lui dire bonjour, María lui demanda une cigarette. Il lui en tendit une allumée et lui fit cadeau d'un ¹¹⁵ paquet presque plein. María ne put retenir ses larmes.

« Vas-y, pleure tout ton soûl, lui dit le médecin d'une voix lénifiante. Il n'est meilleur remède que les larmes. »

María s'épancha sans pudeur comme elle n'avait jamais réussi à le faire avec ses amants d'un soir pendant le désœuvrement d'après l'amour. Tout en ¹²⁰ l'écoutant, le médecin lui passait les doigts dans les cheveux, tapotait son oreiller afin qu'elle respire mieux, la guidait dans les arcanes de son incertitude avec une sagesse et une douceur dont elle n'avait jamais rêvé. C'était, pour la première fois de sa vie, le prodige d'être comprise par un homme qui l'écoutait de toute son âme sans espérer en retour coucher avec elle. Au bout d'une longue heure, ayant ¹²⁵ tout dit, elle lui demanda l'autorisation de téléphoner à son mari.

Le médecin se leva avec toute la majesté de son rang. « Pas encore, ma reine, lui dit-il en lui donnant sur la joue la petite tape la plus tendre qu'elle eût jamais reçue. Chaque chose en son temps. » Et il lui adressa de la porte une bénédiction épiscopale avant de disparaître à tout jamais.

¹³⁰ « Aie confiance en moi », lui dit-il.

Cette même après-midi, on inscrivit María à l'asile sous un numéro suivi d'un commentaire succinct sur le mystère de sa provenance et les doutes quant à son identité. Dans la marge, on pouvait lire cette épithète écrite de la main du directeur : agitée.

Extrait de Gabriel García Márquez, « Je ne voulais que téléphoner », dans *Douze contes vagabonds*, traduction d'Annie Morvan, © Éditions Grasset & Fasquelle, 1993.

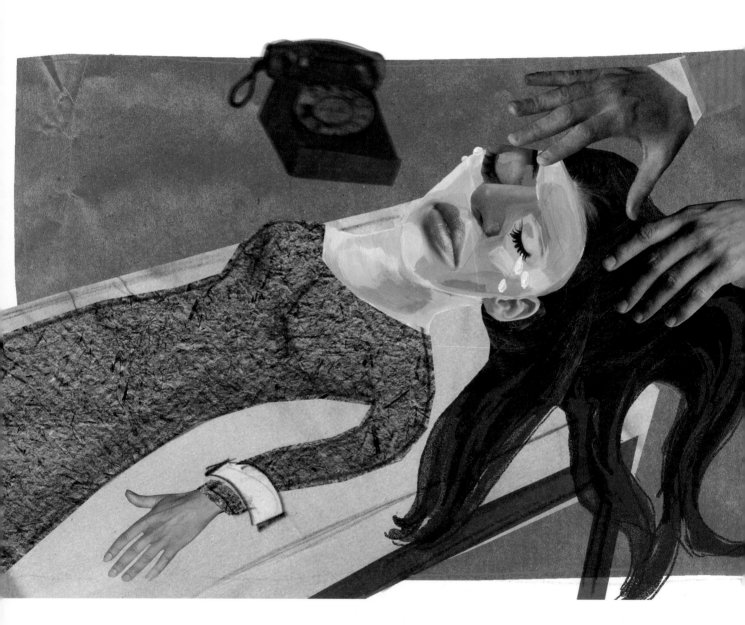

Apprécier le texte

Interpréter
Comprendre
Réagir

- À partir précisément de quel moment dans le récit avez-vous compris ce qui arrivait à María ? Qu'est-ce qui vous l'a fait deviner ?

- Imaginez une suite à ce récit.

Par négligence, désinvolture ou incompétence, certaines personnes ont pu provoquer d'effroyables catastrophes. Pouvez-vous définir ce que l'on entend dans la société par « responsabilité » ? La nouvelle qui suit traite cette notion avec beaucoup d'à-propos.

Le fait du jour

Je ferais mieux d'aller me coucher mais je ne peux pas.

Mes mains tremblent.

Je crois que je devrais écrire une sorte de rapport.

J'ai l'habitude. J'en rédige un par semaine, le vendredi après-midi, pour
5 Guillemin mon responsable.

Là, ça sera pour moi.

Je me dis : « Si tu racontes tout en détail, si tu t'appliques bien, à la fin quand tu te reliras, tu pourras croire pendant deux secondes que le couillon de l'histoire c'est un autre gars que toi et là, tu pourras peut-être te juger objectivement. Peut-
10 être. »

Donc je suis là. Je suis assis devant mon petit portable qui me sert d'habitude pour le boulot, j'entends le bruit de la machine à laver la vaisselle en bas.

Ma femme et mes gosses sont au lit depuis longtemps. Mes gosses, je sais qu'ils dorment, ma femme sûrement pas. Elle me guette. Elle essaye de savoir. Je
15 pense qu'elle a peur parce qu'elle sait déjà qu'elle m'a perdu. Les femmes sentent ces choses-là. Mais je ne peux pas venir contre elle et m'endormir, elle le sait bien. Il faut que j'écrive tout ça maintenant pour ces deux secondes qui seront peut-être tellement importantes, si j'y arrive.

Je commence au début.

20 J'ai été engagé chez Paul Pridault le premier septembre 1995. Avant j'étais chez un concurrent mais il y avait trop de petits détails irritants qui s'accumulaient, comme par exemple les notes de frais payées avec six mois de retard, et j'ai tout plaqué sur un coup de tête.

Je suis resté presque un an au chômage.

25 Tout le monde pensait que j'allais devenir marteau à tourner en rond chez moi en attendant un coup de téléphone de la boîte d'interim où je m'étais inscrit.

Pourtant c'est une époque qui restera toujours comme un bon souvenir. J'ai pu enfin finir la maison. Tout ce que Florence me réclamait depuis si longtemps : j'ai accroché toutes les tringles à rideaux, j'ai arrangé une douche dans le cagibi
30 du fond, j'ai loué un motoculteur et j'ai retourné tout le jardin avant d'y remettre un beau gazon tout neuf.

Anna Gavalda

Née en France en 1970, Anna Gavalda fait des études en littérature et pratique divers métiers tout en consacrant ses temps libres à la lecture et à l'écriture. Tour à tour journaliste, chroniqueuse, professeure de français et assistante-vétérinaire, elle connaît une première consécration littéraire avec son recueil de nouvelles *Je voudrais que quelqu'un m'attende quelque part*, couronné par le grand prix RTL-Lire en 1999 et traduit dans près de trente langues. Tout en veillant à l'éducation de ses deux enfants, elle tente l'aventure du roman en 2004. L'ouvrage *Ensemble, c'est tout* remportera un succès éclatant – tant littéraire que public – et sera même adapté au cinéma, par Claude Berri, en 2007.

Le soir j'allais chercher Lucas chez la nourrice puis on passait prendre sa grande sœur à la sortie de l'école. Je leur préparais des gros goûters avec du chocolat chaud. Pas du Nesquik, du vrai cacao touillé qui leur dessinait des

35 moustaches magnifiques. Après, dans la salle de bains, on se regardait dans la glace avant de les lécher.

Au mois de juin, quand j'ai réalisé que le petit n'irait plus chez madame Ledoux parce qu'il avait l'âge de la maternelle, j'ai recommencé à chercher du boulot sérieusement et en août, j'en ai trouvé.

40 Chez Paul Pridault, je suis agent commercial sur tout le grand Ouest. C'est une grosse entreprise de cochonnailles. Comme une charcuterie si vous voulez, mais à l'échelle industrielle.

Le coup de génie du père Pridault, c'est son jambon au torchon emballé dans un vrai torchon à carreaux rouge et blanc. Évidemment c'est un jambon

45 d'usine fabriqué avec des cochons d'usine sans parler du fameux torchon de paysan qui est fabriqué en Chine mais n'empêche que c'est avec ça qu'il est connu et maintenant – toutes les études de marché le prouvent – si vous demandez à une ménagère derrière son caddie ce que Paul Pridault évoque pour elle, elle vous répondra « jambon au torchon » et si vous insistez, vous saurez que le

50 jambon au torchon il est forcément meilleur que les autres à cause de son petit goût authentique.

Chapeau, l'artiste.

On fait un chiffre d'affaires annuel net de trente-cinq millions.

Je passe plus de la moitié de la semaine derrière le volant de ma voiture de

55 fonction. Une 306 noire avec une tête de cochon rigolard décalquée sur les côtés.

Les gens n'ont aucune idée de la vie que mènent les gars qui font la route, les routiers et tous les représentants.

C'est comme s'il y avait deux mondes sur l'autoroute : ceux qui se promènent et nous.

60 C'est un ensemble de choses. D'abord il y a la relation avec son véhicule.

Depuis la Clio 1L2 jusqu'aux énormes semi-remorques allemands, quand on monte là-dedans, c'est chez nous. C'est notre odeur, c'est notre foutoir, c'est notre siège qui a pris la forme de notre cul et il s'agirait pas de trop nous titiller avec ça. Sans parler de la cibi qui est un royaume immense et mystérieux avec

65 des codes que peu de gens comprennent. Je ne m'en sers pas beaucoup, je la mets en sourdine de temps en temps quand ça sent le roussi mais sans plus.

Il y a aussi tout ce qui concerne la bouffe. Les auberges du Cheval Blanc, les resto-routes, les promos de L'Arche. Il y a les plats du jour, les pichets, les nappes en papier. Tous ces visages qu'on croise et qu'on ne reverra jamais...

[...]

70 Je suis en contact avec les responsables-alimentation des moyennes et grandes surfaces. Ensemble on définit des stratégies de lancement, des perspectives de vente et des réunions d'information sur nos produits.

Pour moi, c'est un peu comme si je me baladais avec une belle fille sous le bras en vantant ses charmes et tous ses mérites. Comme si je voulais lui trouver un beau parti.

Mais ce n'est pas tout de la caser, encore faut-il qu'on s'occupe bien d'elle et quand j'en ai l'occasion, je teste les vendeuses pour savoir si elles mettent la marchandise en avant, si elles n'essayent pas de vendre du générique, si le torchon est bien déplié comme à la télé, si les andouillettes baignent dans leur gelée, si les pâtés sont dans de vraies terrines façon ancienne, si les saucissons sont pendus comme s'ils étaient en train de sécher, et si et si et si...

Personne ne remarque tous ces petits détails et pourtant, c'est ce qui fait la différence Paul Pridault.

Je sais que je parle trop de mon boulot et que ça n'a rien à voir avec ce que je dois écrire.

En l'occurrence c'est du cochon mais j'aurais pu vendre aussi bien du rouge à lèvres ou des lacets de chaussures. Ce que j'aime c'est les contacts, la discussion et voir du pays. Surtout ne pas être enfermé dans un bureau avec un chef sur le dos toute la journée. Rien que d'en parler, ça m'angoisse.

Le lundi 29 septembre 1997, je me suis levé à six heures moins le quart. J'ai ramassé mes affaires sans bruit pour éviter que ma femme ne grogne. Ensuite j'ai eu à peine le temps de prendre ma douche parce que je savais que la voiture était à sec et je voulais en profiter pour vérifier la pression des pneus.

J'ai bu mon café à la station Shell. C'est un truc que je déteste. L'odeur du diesel qui se mélange avec celle du café sucré me donne toujours un peu envie de vomir.

Mon premier rendez-vous était à huit heures et demie à Pont-Audemer. J'ai aidé les magasiniers de Carrefour à monter un nouveau présentoir pour nos plats sous vide. C'est une nouveauté qu'on vient de sortir en association avec un grand chef. (Faut voir les marges qu'il se prend pour montrer sa bonne bouille et sa toque sur l'emballage, enfin...)

Le second rendez-vous était prévu à dix heures dans la ZI de Bourg-Achard.

J'étais un peu à la bourre, surtout qu'il y avait du brouillard sur l'autoroute.

J'ai éteint la radio parce que j'avais besoin de réfléchir.

Je me faisais du souci pour cet entretien, je savais qu'on était sur la sellette avec un concurrent important et pour moi c'était un gros challenge. D'ailleurs, j'ai même failli rater la sortie.

À treize heures j'ai reçu un coup de téléphone paniqué de ma femme :

– Jean-Pierre, c'est toi ?

– Ben qui veux-tu que ce soit ?

– ... Mon Dieu... Ça va ?

– Pourquoi tu me demandes ça ?

– À cause de l'accident évidemment! Ça fait deux heures que j'essaye de t'appeler sur ton portable mais ils disent que toutes les lignes sont saturées! Ça
115 fait deux heures que je suis là à stresser comme une malade! J'ai appelé ton bureau au moins dix fois! Mais merde! Tu aurais pu m'appeler quand même, tu fais chier à la fin...

– Mais attends de quoi tu me parles là... de quoi tu me parles?

– De l'accident qui a eu lieu sur l'A13 ce matin. Tu ne devais pas prendre
120 l'A13 aujourd'hui?

– Mais quel accident?

– Je rêve!!! C'est TOI qui écoutes France Info toute la journée!!! Tout le monde ne parle que de ça. Même à la télé! De l'accident horrible qui a eu lieu ce matin près de Rouen.

125 – ...

– Bon allez je te laisse, j'ai plein de boulot... J'ai rien fait depuis ce matin, je me voyais déjà veuve. Je me voyais déjà en train de jeter une poignée de terre dans le trou. Ta mère m'a appelée, ma mère m'a appelée... Tu parles d'une matinée.

– Eh nan! désolé... c'est pas pour cette fois! Faudra attendre encore un peu
130 pour te débarrasser de ma mère.

– Espèce d'idiot.

– ...

– ...

– Eh Flo...

135   – Quoi?

– Je t'aime.

– Tu me le dis jamais.

– Et là? Qu'est-ce que je fais?

– ... Allez... à ce soir. Rappelle ta mère sinon c'est elle qui va y passer.

140   À dix-neuf heures j'ai regardé les infos régionales. L'horreur.

Huit morts et soixante blessés.

Des voitures broyées comme des canettes.

Combien?

Cinquante? Cent?

145   Des poids lourds couchés et complètement brûlés. Des dizaines et des dizaines de camions du SAMU. Un gendarme qui parle d'imprudence, de vitesse excessive, du brouillard annoncé la veille et de certains corps qui n'ont pas encore pu être identifiés. Des gens hagards, silencieux, en larmes.

À vingt heures j'ai écouté les titres du journal de TF1. Neuf morts cette fois.

150   Florence crie depuis la cuisine:

– Arrête avec ça! Arrête! Viens me voir.

On a trinqué dans la cuisine. Mais c'était pour lui faire plaisir car le cœur n'y était pas.

C'est maintenant que j'avais peur. Je n'ai rien pu manger et j'étais sonné
155 comme un boxeur trop lent.

Comme je n'arrivais pas à dormir ma femme m'a fait l'amour tout doucement.

À minuit, j'étais de nouveau dans le salon. J'ai allumé la télé sans le son et j'ai cherché une cigarette partout.

À minuit et demi, j'ai remonté un tout petit peu le volume pour le dernier
160 journal. Je n'arrivais pas à détacher mon regard de l'amas de tôles qui s'éparpillaient dans les deux sens de l'autoroute.

Quelle connerie.

Je me disais : les gens sont quand même trop cons.

Et puis un routier est apparu sur l'écran. Il portait un tee-shirt marqué Le
165 Castellet. Je n'oublierai jamais son visage.

Ce soir-là, dans mon salon, ce gars a dit :

– D'accord, y avait le brouillard et c'est sûr les gens roulaient trop vite mais
tout ce merdier ça serait jamais arrivé si l'autre connard n'avait pas reculé pour
rattraper la sortie de Bourg-Achard. De la cabine, j'ai tout vu, forcément. Y en a
170 deux qu'ont ralenti à côté de moi et puis après j'ai entendu les autres s'encastrer
comme dans du beurre. Croyez-moi si vous pouvez mais je voyais rien dans les
rétros. Rien. Du blanc. J'espère que ça t'empêche pas de dormir mon salaud.

C'est ce qu'il m'a dit. À moi.

À moi, Jean-Pierre Faret, à poil dans mon salon.

175 C'était hier.

Aujourd'hui, j'ai acheté tous les journaux. À la page 3 du *Figaro* du mardi
30 septembre :

UNE FAUSSE MANŒUVRE SUSPECTÉE

« La fausse manœuvre d'un conducteur, qui aurait fait marche arrière à
180 l'échangeur de Bourg-Achard (Eure), serait à l'origine de l'enchaînement qui a
causé la mort de neuf personnes hier matin dans une série de carambolages sur
l'autoroute A13. Cette erreur aurait provoqué le premier carambolage, dans le
sens province-Paris, et l'incendie du camion-citerne qui s'est aussitôt ensuivi.
Les flammes auraient alors attiré l'attention de... »

185 Et à la page 3 du *Parisien* :

L'EFFARANTE HYPOTHÈSE D'UNE FAUSSE MANŒUVRE

« L'imprudence voire l'inconscience d'un automobiliste pourrait être à
l'origine du drame qui s'est traduit par cet indescriptible amas de tôles broyées
dont neuf personnes au moins ont été retirées hier matin sur l'autoroute A13.
190 Les gendarmes ont en effet recueilli un témoignage effarant selon lequel une
voiture a fait marche arrière pour rattraper la sortie de Bourg-Achard, à une
vingtaine de kilomètres de Rouen. C'est en voulant éviter cette voiture que les... »

Et comme si ça ne suffisait pas... :

« En voulant traverser l'autoroute pour porter secours aux blessés, deux autres
195 personnes sont tuées, fauchées par une voiture. En moins de deux minutes, une
centaine d'autos, trois poids... »

(*Libération*, même jour.)

Même pas vingt mètres, à peine, juste un peu mordu sur les bandes blanches.

Ça m'a pris quelques secondes. J'avais déjà oublié.

200 Mon Dieu.

Je ne pleure pas.

Florence est venue me chercher dans le salon à cinq heures du matin.

Je lui ai tout raconté. Évidemment.

Pendant de longues minutes elle est restée assise sans bouger avec ses mains
205 sur son visage.

Elle regardait vers la droite puis vers la gauche comme si elle cherchait de
l'air et puis elle m'a dit :

– Écoute-moi bien. Tu ne dis rien. Tu sais que sinon ils vont t'inculper pour
homicide involontaire et tu iras en prison.

210   – Oui.

– Et alors ? Et alors ? Qu'est-ce que ça changera ? Des vies supplémentaires
de foutues et qu'est-ce que ça changera ?!

Elle pleurait.

– De toute façon, moi ça y est. Elle est foutue ma vie.

215 Elle criait.

– La tienne peut-être mais pas celle des enfants ! Alors tu ne dis rien !

Moi je n'arrivais pas à crier.

– Parlons-en des enfants. Regarde-le celui-là. Regarde-le bien.

Et je lui ai tendu le journal, à la page où on voyait un petit garçon en pleurs 220 sur l'autoroute A13.

Un petit garçon qui s'éloigne d'une voiture méconnaissable.

Une photo dans le journal.

Dans la rubrique « Le Fait du Jour ».

– ... Il a l'âge de Camille.

225 – Mais bon sang arrête avec ça !!! C'est ce que gueule ma femme en m'empoignant par le col... Arrête avec ça merde ! Tu te tais maintenant ! Je vais te poser une question. Une seule. À quoi ça sert qu'un gars comme toi aille en taule ? Hein, dis-moi, à quoi ça servirait ?!

– À les consoler.

230 Elle est partie effondrée.

Je l'ai entendue qui s'enfermait dans la salle de bains.

Ce matin, devant elle, j'ai hoché la tête mais là, maintenant, ce soir, dans ma maison silencieuse avec juste le lave-vaisselle en bruit de fond...

Je suis perdu.

235 Je vais descendre, je vais boire un verre d'eau et je vais fumer une cigarette dans le jardin. Après je vais remonter et je vais tout relire d'une traite pour voir si ça m'aide.

Mais je n'y crois pas.

Extrait de Anna Gavalda, « Le fait du jour », dans *Je voudrais que quelqu'un m'attende quelque part*, © le dilettante, 1999.

Apprécier le texte

Interpréter
Réagir
Comprendre

- Observez bien les premiers paragraphes du texte : dans quel contexte le narrateur raconte-t-il son histoire ? Quelle impression l'auteure veut-elle donner aux lecteurs ?

- Si l'on exclut les dialogues, le discours rapporté direct occupe une place importante dans cette nouvelle. Relevez les marques qui permettent d'identifier ce type de discours et déterminez les différentes sources citées.

La liberté de choisir

Dans la nouvelle qui suit, Jean-Paul, un jeune homme qui se dévoue sur la ferme familiale, sent en lui l'appel déchirant d'une vocation. À l'âge que vous avez, éprouvez-vous avec force, comme le personnage, la nécessité de choisir telle ou telle voie parce qu'elle correspond à vos aspirations et à vos aptitudes ?

Les mains

Maurice Henrie

« Si tu veux y aller à l'école, t'as ben beau, dit le grand-père. C'est pas moi qui vas t'en empêcher. J'ai rien à dire de contre ça, ben au contraire. Je serais le premier à me vanter d'avoir un avocat ou ben un docteur dans la famille. Ça fait que gêne-toi pas pis fais-toi-z-en pas pour nous autres,
5 parce que je trouverai ben moyen de me débrouiller tout seul avec les petits gars. »

Jean-Paul écoutait parler le grand-père, sans le regarder et surtout sans lui répondre d'aucune manière. Mais tout en continuant à creuser encore un peu de sa pelle ronde au manche clair le trou où il planterait un dernier
10 poteau de cèdre avant d'aller dîner, il pensait que le grand-père n'était pas tout à fait sincère. Bien entendu, il ne doutait pas de sa droiture et de son désintéressement. Mais derrière les paroles apparemment généreuses et raisonnables, il saisissait un autre message, presque imperceptible celui-là, qu'il était peut-être le seul à bien comprendre et dont le grand-père lui-
15 même n'était que vaguement conscient. C'était d'abord une sorte d'angoisse devant la solitude anticipée sur cette ferme. C'était aussi l'attente de trouver chez son fils aîné un peu d'amour pour ce dur métier de cultivateur, une certaine fidélité à cette terre de la cinquième concession, que la nécessité lui avait imposée et qu'il avait fini par aimer avec une sorte de férocité. C'était
20 enfin une inquiétude sans nom face aux métamorphoses que ne manque- raient pas de faire subir à Jean-Paul les longues années d'étude, les villes loin- taines, les riches amis et, qui sait, peut-être aussi les femmes étrangères à ce coin du pays. Oui, c'était tout cela que la voix tranquille et assurée du grand- père ne disait pas.

25 Jean-Paul laissa glisser le poteau jusqu'au fond du trou. Il y jeta aussi quelques pelletées de terre et deux ou trois pierres qu'il choisit pour leur grosseur et leur forme. Après avoir tassé le tout du talon de sa botte, il recula de six pas pour juger si le poteau était à la bonne hauteur, bien perpendicu- laire au sol et aligné correctement sur le reste de la clôture. Il revint finir de
30 remplir l'espace vide laissé autour du poteau, après quoi il s'assura de nouveau qu'il était droit et solide.

« En tout cas, c'est à toi de décider, pis ce que tu feras sera ben fait, conclut le grand-père. »

L'après-midi passa plus lentement que d'habitude. Un ciel gris et bas
35 rendait le temps lourd et humide. Pendant le dîner, une pluie soudaine mais de courte durée était tombée et avait détrempé le sol, de sorte qu'une glaise

Né en 1936 à Rockland East, en Ontario, Maurice Henrie étudie à Ottawa et à Paris, où il obtient un doctorat en lettres. Après avoir enseigné les langues et le théâtre dans des écoles secondaires, il se voit confier de nombreux mandats dans la fonction publique fédérale. Il mène, parallèlement à cette activité, une carrière littéraire en publiant des nouvelles, des romans, des essais, des livres humoristiques. Les recueils de nouvelles de ce Franco-Ontarien ont presque tous été récompensés par des prix littéraires. Son roman *Le balcon dans le ciel* est couronné, en 1995, par trois prix prestigieux en Ontario. Ces consécrations valent à Maurice Henrie de jouir d'une notoriété internationale et d'être traduit en plusieurs langues, notamment en anglais et en espagnol.

blanchâtre mêlée de menus débris végétaux collait aux semelles dès qu'on s'éloignait des espaces recouverts de gravier. Du taillant de sa hache, Jean-Paul soulevait l'écorce à l'extrémité d'un des poteaux de cèdre couchés sur le sol puis,
40 en tirant vers lui, déchirait et arrachait de longues lanières brunâtres, découvrant la chair tendre et humide d'un bois couleur de miel. Mais bientôt une nouvelle ondée l'obligea à abandonner son travail et à se réfugier dans le hangar tout près, dont la porte était restée grande ouverte. Il s'appuya contre le chambranle, croisa les bras et se mit à regarder tomber la pluie d'un œil vide, hypnotisé. Si ça
45 continuait ainsi, il n'aurait pas le temps de terminer la clôture avant la fin de l'après-midi. Il entendit claquer la contre-porte de la maison puis, aussitôt après, l'exhortation de la grand-mère à l'un des garçons :

« Rentre ou ben sors, mais arrête d'ouvrir pis de fermer la porte. Tu vois ben que les mouches sont collantes aujourd'hui pis qu'elles attendent rien qu'une
50 chance d'entrer dans la maison pour venir salir le plafond pis les murs. »

Oui, s'il le voulait, Jean-Paul pourrait retourner au secondaire et terminer les cours qu'il avait abandonnés depuis déjà quelques années. Ensuite, il irait retrouver à l'université plusieurs amis des environs qui, eux, avaient quitté la ferme sans hésitation pour entreprendre des études de droit ou de médecine.
55 Quelques-uns avaient même choisi d'aller au séminaire. Jean-Paul, lui, préférait l'histoire et les sciences. Il se souvenait d'ailleurs avec attendrissement de la grande campagne militaire d'Hannibal contre les Romains, de sa traversée des Alpes à dos d'éléphant, de son invincible avance dans les plaines d'Italie, et surtout de son hésitation fatale à donner l'assaut définitif à Rome pendant que
60 l'ennemi était en désarroi. Il se souvenait aussi de la structure moléculaire de la majorité des éléments chimiques, et surtout de celle de l'hydrogène, à partir duquel on pouvait produire de l'eau lourde, et celle de l'uranium qui avait permis de fabriquer les bombes que les Américains avaient laissé tomber sur des villes japonaises. Il conservait encore près de son lit un livre à couverture jaune et
65 blanche qu'il n'ouvrait plus mais dont le titre, qu'il avait sans cesse sous les yeux, lui revenait souvent à l'esprit : *Introduction à l'économie contemporaine*. Oui, les salles de classe et les livres lui semblaient toujours bien fascinants.

La pluie cessa tout à coup et l'épaisse masse nuageuse qui couvrait le pays depuis deux jours s'effrita rapidement, si bien qu'en moins d'une demi-heure le
70 ciel redevint bleu et qu'un soleil convalescent se mit à briller après plusieurs

jours d'absence. Jean-Paul recommença à peler les derniers poteaux de cèdre. Encore huit à planter avant la traite des vaches... Si tout allait bien, c'était encore possible. Il reprit sa pelle ronde et se remit à creuser dans le sol amolli par la pluie, d'un geste facile et rythmique. Sans effort, aurait-on dit.

75 Même dans l'obscurité complète, Jean-Paul continuait à connaître parfaitement la grande ferme. Il savait, sans pour autant la voir, où commençait et où s'arrêtait la clôture du trécarré, il pouvait dire d'instinct où se trouvait le troupeau de vaches, il savait découvrir dans le hangar, sans l'aide d'un fanal, l'outil qu'il cherchait. Avec les années, les objets, les masses et les espaces de cette ferme s'étaient peu 80 à peu mêlés à sa chair et à son âme, si intimement qu'ils l'habitaient tout à fait. Une étroite connivence s'était établie entre eux et lui. Il y avait eu apprivoisement mutuel. Et c'était par les mains surtout que s'incarnait et se perpétuait cette magie. Jean-Paul avait appris à toucher et à prendre les formes qui l'entouraient, à les pousser et à les tirer, à les soulever et à les soupeser, à les caresser ou à les 85 serrer très fort s'il le fallait. Il se souvint tout à coup de quelque chose qui l'avait hanté durant les années passées à l'école, surtout lorsqu'il était assis depuis de longues heures dans la salle de classe, quelque chose qu'il n'arrivait pas à nommer mais qui était comme le désir et la faim qu'éprouvaient ses mains d'étreindre ces objets indispensables et ensorcelés. Non, Jean-Paul le sentait – et c'était peut-être 90 un bien grand malheur –, il ne vivrait pas de son esprit, mais de son corps.

Le dernier poteau planté, il recula et, fermant l'œil droit, examina si la clôture était toujours bien droite. Puis il consulta sa montre et vit qu'il était déjà quatre heures. Il faudrait attendre au lendemain pour tendre les fils barbelés entre les poteaux. Pour l'instant, il fallait aller chercher les vaches, qui avaient pris récemment 95 la mauvaise habitude de se réfugier dans la dernière pièce, tout au fond de la terre, ce qui l'obligeait à entreprendre chaque fin d'après-midi une longue marche. Il ne s'en plaignait pourtant pas, y trouvant plutôt un délassement après sa journée de travail et un prétexte à ses réflexions solitaires.

Il entra dans la maison prendre son tabac et des allumettes, but rapidement 100 une tasse d'eau, passa en silence près du grand-père assis dans sa berceuse et rejoignit le chien qui l'attendait déjà derrière la grange. L'animal l'aperçut et courut vers lui pour recevoir la caresse rituelle. Puis l'homme et la bête partirent en direction des champs, le chien trottinant une vingtaine de pieds devant Jean-Paul.

Extrait de Maurice Henrie, « Les mains », dans *Dix ans de nouvelles – Une anthologie québécoise*, nouvelles rassemblées et présentées par Gilles Pellerin, © Éditions de L'instant même, 1996.

Interpréter
Réagir
Comprendre

Apprécier le texte

- Récrivez le texte des lignes 1 à 6 dans une langue plus standard. Pourquoi l'auteur s'est-il permis d'employer la variété de langue populaire dans ce passage?

- La vie sur une terre agricole pourrait-elle vous plaire à vous aussi? Préféreriez-vous plutôt vous vouer à des occupations intellectuelles? Faites le point sur l'avenir tel que vous l'entrevoyez.

La force de la détermination

Charles Aznavour

Charles Aznavour est un auteur-compositeur-interprète français né en 1924. Bien que d'abord remarqué par la grande Édith Piaf, il connaît des débuts difficiles. Ce n'est qu'à 36 ans, alors qu'il chante à l'Olympia, la salle de spectacle la plus prestigieuse de Paris, que le public lui fait un triomphe. Dès lors, il ne cessera de se produire dans toutes les grandes villes du monde. Plusieurs générations d'admirateurs ont applaudi cette bête de scène, qui chante dans plus de cinq langues. Ses grands succès sont nombreux : *La bohème*, *Tu te laisses aller*, *Les plaisirs démodés*, *Et pourtant*, *Emmenez-moi*. Il a également joué au cinéma dans plus de 60 films, dont *Tirez sur le pianiste*, de François Truffaut, en 1960.

Même si la chanson suivante a été créée en 1960, son propos reste très actuel. Quel artiste, en effet, n'a pas rêvé, à l'amorce de sa carrière, que la gloire couronnerait sans tarder son talent ?

Je m'voyais déjà

À dix-huit ans j'ai quitté ma province
Bien décidé à empoigner la vie
Le cœur léger et le bagage mince
J'étais certain de conquérir Paris

5 Chez le tailleur le plus chic j'ai fait faire
Ce complet bleu qu'était du dernier cri
Les photos, les chansons et les orchestrations
Ont eu raison de mes économies

Je m'voyais déjà en haut de l'affiche
10 En dix fois plus gros que n'importe qui mon nom s'étalait
Je m'voyais déjà adulé et riche
Signant mes photos aux admirateurs qui se bousculaient

J'étais le plus grand des grands fantaisistes
Faisant un succès si fort que les gens m'acclamaient debout
15 Je m'voyais déjà cherchant dans ma liste
Celle qui le soir pourrait par faveur se pendre à mon cou

Mes traits ont vieilli, bien sûr, sous mon maquillage
Mais la voix est là, le geste est précis, et j'ai du ressort
Mon cœur s'est aigri un peu en prenant de l'âge
20 Mais j'ai des idées, j'connais mon métier et j'y crois encore

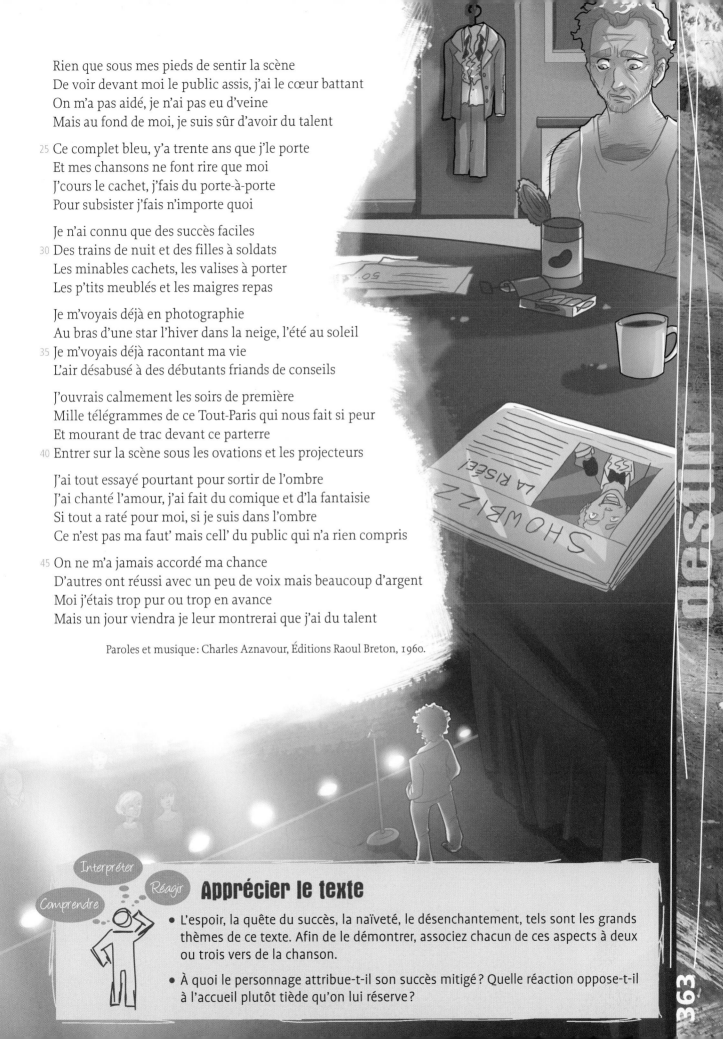

Rien que sous mes pieds de sentir la scène
De voir devant moi le public assis, j'ai le cœur battant
On m'a pas aidé, je n'ai pas eu d'veine
Mais au fond de moi, je suis sûr d'avoir du talent

25 Ce complet bleu, y'a trente ans que j'le porte
Et mes chansons ne font rire que moi
J'cours le cachet, j'fais du porte-à-porte
Pour subsister j'fais n'importe quoi

Je n'ai connu que des succès faciles
30 Des trains de nuit et des filles à soldats
Les minables cachets, les valises à porter
Les p'tits meublés et les maigres repas

Je m'voyais déjà en photographie
Au bras d'une star l'hiver dans la neige, l'été au soleil
35 Je m'voyais déjà racontant ma vie
L'air désabusé à des débutants friands de conseils

J'ouvrais calmement les soirs de première
Mille télégrammes de ce Tout-Paris qui nous fait si peur
Et mourant de trac devant ce parterre
40 Entrer sur la scène sous les ovations et les projecteurs

J'ai tout essayé pourtant pour sortir de l'ombre
J'ai chanté l'amour, j'ai fait du comique et d'la fantaisie
Si tout a raté pour moi, si je suis dans l'ombre
Ce n'est pas ma faut' mais cell' du public qui n'a rien compris

45 On ne m'a jamais accordé ma chance
D'autres ont réussi avec un peu de voix mais beaucoup d'argent
Moi j'étais trop pur ou trop en avance
Mais un jour viendra je leur montrerai que j'ai du talent

Paroles et musique : Charles Aznavour, Éditions Raoul Breton, 1960.

Apprécier le texte

Interpréter
Comprendre
Réagir

- L'espoir, la quête du succès, la naïveté, le désenchantement, tels sont les grands thèmes de ce texte. Afin de le démontrer, associez chacun de ces aspects à deux ou trois vers de la chanson.

- À quoi le personnage attribue-t-il son succès mitigé ? Quelle réaction oppose-t-il à l'accueil plutôt tiède qu'on lui réserve ?

ZONE

« (...) J'ai bien essayé de te comprendre, moi. Il faut pourtant qu'il y en ait qui disent oui. Il faut pourtant qu'il y en ait qui mènent la barque. Cela prend l'eau de toutes parts, c'est plein de crimes, de bêtise, de misère... Et te gouvernail

conflit

est là qui ballotte. L'équipage ne veut plus rien faire, il ne pense qu'à piller la cale et tes officiers sont déjà en train de se construire un petit radeau confortable, rien que pour eux, avec toute la provision d'eau douce pour tirer au moins leurs os de là. »

Extrait de Jean Anouilh, « Antigone », dans *Nouvelles pièces noires*, © Éditions de la Table Ronde, 1946.

La poète Louise Desjardins emprunte la voix d'une adolescente pour rendre compte du sentiment de solitude qui étreint parfois les jeunes. Appréciez la puissance d'évocation de ces deux « morceaux d'adolescence » que caractérisent une grande économie de mots et des images coups de poing.

Louise Desjardins

Née à Rouyn-Noranda en 1943, Louise Desjardins a produit à ce jour une douzaine de recueils, parmi lesquels *La 2ᵉ avenue* s'est hissé au rang des finalistes pour le Prix du gouverneur général en 1995. Signalons également *Ni vu ni connu*, destiné à la jeunesse. Louise Desjardins a aussi publié des nouvelles et des romans, dont *La Love*, qui lui a valu le Grand Prix du Journal de Montréal en 1994 ainsi que le Prix des Arcades de Bologne. Poète, nouvelliste, romancière, scénariste, traductrice de poésie, biographe, Louise Desjardins s'illustre dans tous les genres littéraires. Après avoir enseigné la littérature pendant plusieurs années, elle poursuit son œuvre de diffusion de la littérature au sein du Conseil des arts et des lettres du Québec, depuis 2001.

Morceaux d'adolescence

La neige fond partout
Découvrant bras tatoués
Et nombrils percés
Dans les décombres
5 De ma solitude

C'est plus fort que moi
Je me mêle aux autres

Pourtant je le sais
Je ne suis ni l'un ni l'autre
10 Je suis à part

Mon père me regarde
En pointe d'épingle

Ses yeux silex
Me coupent les ailes

5 Le silence scellé entre nous
Sur un pied de guerre

Ma mère nous sert une soupe
Tomate et alphabet

Tête baissée
10 Nous ingurgitons nos lettres rouges

Tous ces mots en vrac
Dans nos estomacs

Louise Desjardins, *Ni vu ni connu*, © 2002, Les Éditions de la courte échelle inc., p. 13 et 30.

Apprécier le texte

Interpréter *Réagir* *Comprendre*

- Quels sont les thèmes liés à l'adolescence qu'aborde Louise Desjardins dans chacun de ces poèmes ?

- Expliquez la métaphore dans les vers finaux du poème de droite « Tous ces mots en vrac / Dans nos estomacs ».

- Décrivez la structure de ces deux textes.

Êtes-vous en crise d'adolescence? Cet âge de la vie, généralement tourmenté, effraie de nombreux parents, qui ne savent trop quelle attitude avoir. L'adolescence est caractérisée par le fait que l'individu n'est plus un enfant, et pas tout à fait un adulte. S'agit-il, comme on le prétend, d'un passage à risque? Cette question a fait couler beaucoup d'encre. Le magazine *Québec Science* a réuni un groupe d'experts qui se prononcent là-dessus.

Les ados: c'est quoi le problème?

L'adolescence prend parfois des allures d'énigme, même pour ceux qui côtoient les jeunes de près. *Québec Science* a réuni autour d'une table quatre spécialistes qui les connaissent bien. Jean
5 Wilkins, pédiatre à la Clinique de médecine de l'adolescence de l'Hôpital Sainte-Justine, à Montréal, accueille les jeunes depuis 32 ans. «Des ados, j'en ai vu tous les jours depuis 1974. Ils souffrent et ils ont besoin d'un *time out*, d'une
10 pause, parce qu'on les pousse trop loin trop vite.» La sexologue Jocelyne Robert, auteure de *Full sexuel* et *Parlez-leur d'amour et de sexualité* (Éditions de l'Homme), confirme la tendance: «Depuis 3 ans, j'ai reçu 2000 courriels d'adolescents! Ils ont des
15 préoccupations que je n'aurais jamais imaginées il y a une décennie!»

L'anthropologue Gilles Bibeau s'intéresse quant à lui à «ce qui se passe dans les sociétés qui n'ont plus de rites de passage». Professeur à
20 l'Université de Montréal, il s'est penché sur le rôle des gangs chez les adolescents afro-antillais (*Gangs: une chimère à apprivoiser*, Éditions Boréal). Selon lui, ces gangs proposeraient une nouvelle forme de rituel pour combler une partie du vide
25 laissé par les nouvelles dynamiques familiales. Pour compléter ce quatuor, la voix de Michel Parazelli, professeur à l'École de service social de l'Université du Québec à Montréal. Issu du milieu communautaire, il a tout d'abord travaillé
30 dans la rue avec les jeunes marginalisés avant de compléter un doctorat en études urbaines. Il est convaincu que la rue peut permettre aux jeunes de s'insérer dans la société en passant par la marge. «La marge, c'est une caricature de la
35 norme par son contraire. Parce que la seule façon de s'approprier la loi c'est d'éprouver ce qui n'est pas la loi. Un grand paradoxe!»

L'adolescence est-elle plus à risque qu'elle ne l'était auparavant? «J'ai vu les problèmes pour
40 lesquels on me consulte changer au fil des ans, raconte Jean Wilkins. Au départ, j'étais un spécialiste des drogues dures, puis je suis devenu un spécialiste de la gynéco. Ensuite, les problèmes liés aux séparations et aux divorces sont apparus;
45 puis il y a eu les tentatives de suicide. Aujourd'hui, les troubles de la conduite alimentaire ont envahi notre unité de soins. Sur 22 lits réservés aux adolescents, j'ai 15 patientes anorexiques.»

Heureusement, nuancent nos invités, la
50 majorité des adolescents s'en tirent sans trop de dommages. «Certains se démarquent même par leur contribution, leur créativité, note Michel Parazelli. Les altermondialistes, par exemple, sont en majorité des jeunes.»

55 Mais les règles du jeu du passage de l'enfance à l'âge adulte sont de plus en plus complexes. Et pour ceux qui flanchent, les risques sont grands. «C'est comme un petit enfant, dit le pédiatre Jean Wilkins. Quand il marche sur le plancher des
60 vaches et qu'il tombe, il se fait moins mal que s'il dégringole du haut d'un escalier.» L'escalier atteint aujourd'hui des sommets inégalés. Quand on tombe, c'est souvent pour plonger dans le vide.

Jocelyne Robert ne cache pas son inquiétude: «Ça fait 30 ans que je travaille avec les jeunes et je n'ai jamais connu une période autant à risque. Notre société n'est pas très conséquente. Alors que les jeunes sont plus que jamais exposés à la pornographie, on supprime l'éducation sexuelle des programmes scolaires. Le discours dominant est ambivalent, ce qui est une grande source d'anxiété. Durant la grande noirceur ou pendant la révolution sexuelle, on savait à quoi s'en tenir! Aujourd'hui, on se scandalise des mutilations génitales alors qu'on passe notre temps à aller se faire charcuter pour correspondre à des normes de beauté. On voit des filles qui veulent se faire resserrer le vagin ou qui se font offrir des seins pour leur seizième anniversaire! Il y a 20 ans, on n'en était pas là!» Et Jean Wilkins de rétorquer, sourire en coin: «C'est peut-être qu'on a vieilli, madame! Tout ce que vous décrivez, je le vois aussi, mais ça ne m'affole pas, car je sais que la plupart ne s'enliseront pas là-dedans. Parce que les adolescents développent leur intelligence.»

À qui la faute? «Nous sommes dans une société individualiste et extrêmement compétitive, où il faut réussir socialement, constate l'anthropologue Gilles Bibeau. Les standards sont très élevés, à l'école et ailleurs. De surcroît, pour exister, il faut consommer.» La pression est tellement forte que le jeune prend parfois des risques.

Et même pour ceux et celles qui se conforment à l'ordre établi, cette pression est parfois source de bien des maux. «La majorité de ma clientèle est constituée de "performantes" qui ont suivi la trajectoire de l'excellence, se désole Jean Wilkins. Depuis qu'elles sont nées, on leur a montré la voie en leur disant: c'est comme ça qu'il faut que ça marche. Mais à l'adolescence, l'urgence d'agir doit venir de l'intérieur, pas d'une pression externe.»

[...]

«Pour exister, il faut que tu mettes le paquet, ironise Michel Parazelli. Il faut te refaire le corps, l'esprit! Tout, aujourd'hui, valorise la jeunesse. Les adultes rêvent de rester jeunes. Les adolescents sont donc l'incarnation de ce que les adultes voudraient être. Mais ce n'est pas comme cela que l'on accompagne un jeune.» Depuis la fin des années 1990, Michel Parazelli note aussi un dangereux virage vers la prévention: «Au lieu d'encadrer les jeunes, on anticipe les problèmes qu'ils pourraient avoir. On projette un adolescent qui n'existe pas, un adolescent virtuel. C'est comme si on considérait leurs problèmes comme une maladie. Pour affronter la situation, on a recours à la logique qui a prévalu en santé publique pour lutter contre la rougeole ou la méningite. Au fond, on intervient avant même que l'adolescence ne se manifeste. On va jusqu'à faire de la prévention précoce auprès d'enfants à peine sortis du ventre de leur mère», affirme-t-il.

Les adultes sont-ils la source du mal-être adolescent? Selon Gilles Bibeau, les familles recomposées, et toutes les nouvelles structures familiales, avec leur cortège de figures paternelles et maternelles, compliquent la vie des adolescents. «Ce n'est pas facile aujourd'hui, pour un garçon, d'entrer dans la masculinité et de construire son image de la paternité; et ça ne l'est pas davantage pour une fille de se bâtir une image de mère», soupire l'anthropologue. Dans les villages africains où il a travaillé durant une quinzaine d'années, Gilles Bibeau a remarqué que les rituels d'initiation permettent aux jeunes de répondre à de grandes questions: «Qui suis-je par rapport à mon père, à ma mère?» Ces rites de passage servent aussi à apprivoiser la sexualité. Que faire dans nos sociétés en deuil de rituels? «On ne peut pas imposer des rituels pour aider les jeunes, répond Gilles Bibeau. Il faut essayer de comprendre ce qui remplit une fonction rituelle pour les ados d'aujourd'hui. Traditionnellement, ces rites marquent un point de rupture, une étape entre l'enfance et l'âge adulte, un moment où le jeune se prépare à devenir père ou mère.»

[...]

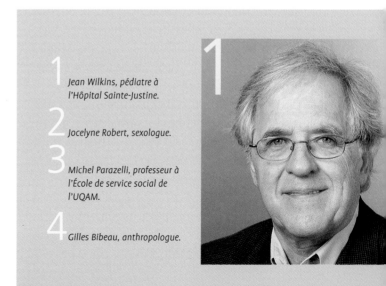

1 Jean Wilkins, pédiatre à l'Hôpital Sainte-Justine.

2 Jocelyne Robert, sexologue.

3 Michel Parazelli, professeur à l'École de service social de l'UQAM.

4 Gilles Bibeau, anthropologue.

Le mot « *adolescence* »

Le mot « adolescence » est attesté dès le XIIIe siècle en ancien français. Dans les premiers dictionnaires du XVIIe siècle, le mot « adolécent », comme on l'écrit à l'époque, est surtout employé comme raillerie, et l'Académie précise qu'il « ne se dit que des garçons ». Le mot vient du latin *adulescens* qui, pour sa part, tire son origine du verbe *adolescere*, signifiant « grandir », dont le participe présent se dit *adolescens*, « en train de grandir », et le participe passé *adultus*, « qui a fini de grandir ». Chez les Romains, le terme *adulescens* s'employait pour désigner un jeune homme âgé entre 17 et 30 ans, parfois plus. En français, le féminin « adolescente » apparaît tardivement et ce n'est qu'en 1932 que le *Dictionnaire de l'Académie française* efface toute distinction entre les sexes dans la définition du mot « adolescent ». Cela reflète la toute petite place accordée aux filles dans l'histoire de l'adolescence.

Extrait de Marie-Claude Bourdon, « L'adolescence dans tous ses sens », *Québec Science*, septembre 2006.

Comment s'en sortir? Comment redonner aux
jeunes leur droit à l'adolescence et les outiller pour
franchir cette étape? «L'amitié est encore une
valeur très forte», observe Jocelyne Robert. «Il faut
trouver des lieux pour débattre», réclame Michel
Parazelli. «Est-ce qu'il y a des normes qu'on peut
négocier entre nous sans qu'elles soient imposées
comme avant? Actuellement, on assiste à un affrontement entre institutions qui se renvoient les
blâmes, mais il n'y a pas de débat réel.»

En attendant, les adolescents – et peut-être
surtout les adultes! – doivent apprendre à vivre
avec l'incertitude. Bon nombre de questions restent

sans réponse, mais une seule grande règle demeure:
à chaque ado, son rythme. Un adage qui se vérifie
jour après jour à la Clinique de médecine de
l'adolescence de l'Hôpital Sainte-Justine où le docteur
Wilkins doit, certains matins, dire à des parents
découragés: «Laissez donc votre ado tranquille!
Oui, ça va aller mal. Mais si on intervient, on va se
réveiller avec encore plus de problèmes. J'ai créé un
lien avec votre enfant. On va capitaliser sur le
temps, sur ce lien, sur cet accompagnement.»
Même avec toute sa science, Jean Wilkins doit
parfois laisser faire le temps, parce que grandir et
faire grandir, c'est un art, pas une science exacte.

Propos recueillis par Chantal Srivastava,
dans *Québec Science*, septembre 2006.

Interpréter

Comprendre

Réagir

Apprécier le texte

- À qui s'adresse cet article à votre avis? Relevez les indices à l'appui de votre réponse.

- Deux idées s'opposent entre les lignes 65 à 85. Résumez ces points de vue contradictoires.

- Comparez la situation argumentative des deux publicités sociétales présentées ci-dessus. Qui sont les destinataires de chacune d'elles?

Peut-on tout pardonner par amour ? *La femme du boulanger* est un film de Marcel Pagnol qui apporte une réponse fort originale à cette question. La scène suivante est la toute dernière du film. Aurélie, une jolie jeune femme, est mariée au boulanger d'un village du sud de la France. Elle s'éprend d'un autre homme et quitte le foyer conjugal pour suivre son nouvel amant. Le boulanger sombre dans un profond désespoir et cesse même d'alimenter son four, ce qui crée un émoi chez les villageois qui n'ont aucune autre source d'approvisionnement pour leur pain quotidien. Comble d'ironie, la chatte du boulanger fait elle aussi une fugue. Après quelques jours, Aurélie reviendra auprès de son mari, repentante. Coïncidence ? Leur chatte réapparaîtra le même jour. Étonnamment, le boulanger accueillera calmement sa femme, mais ne retiendra pas sa colère contre l'animal.

La femme du boulanger [extrait]

Sur la montée du village.

La boulangère est assise sur un cheval. Le curé tient la bride. Elle baisse la tête en silence.

Dans les maisons.

Les persiennes sont fermées, tout le monde est aux fenêtres, essayant de regarder par des trous.

5 *Dans un grand silence, on entend les sabots du cheval qui ramène la pécheresse.*

Devant la boulangerie.

Les portes sont fermées. Seule, la petite porte basse du milieu est ouverte, et laisse échapper une vive lumière.

Le cheval arrive dans cette lumière. Le curé l'arrête. Il tend la main à Aurélie.

10 **LE CURÉ**

Voici votre foyer, ma fille. Priez un moment, Dieu vous aidera... Que la paix soit avec vous.

Il prend le cheval par la bride. Il s'éloigne. Aurélie demeure un instant immobile puis elle entre bravement et elle referme la porte derrière elle.

15 *Elle reste debout contre la porte qu'elle vient de fermer. Elle lève les yeux. Au fond, devant le four, il y a Aimable qui la regarde. Un assez long silence. Enfin Aurélie parle.*

AURÉLIE *(à voix basse)*

Pardon.

20 **LE BOULANGER**

Pardon de quoi ?

AURÉLIE

De ce que j'ai fait.

LE BOULANGER

25 Ce que tu as fait, qui te le demande ?

AURÉLIE

Tu le sais ?

Affiche de la version originale du film (1938).

LE BOULANGER

Forcément que je le sais.

30 **AURÉLIE**

Je t'ai fait du mal ?

LE BOULANGER *(d'un ton dégagé)*

J'ai été beaucoup inquiet. Parce que tu ne me l'avais pas dit. Tu pars, toi, comme ça, quand ça te prend. Et tu ne m'avertis pas. Tu ne me dis même pas où tu avais 35 mis la boîte du café, ni mes mouchoirs, ni mon bouton de col. Je le cherche depuis deux jours. Tu as eu envie de voir ta mère : je le comprends, je ne te le reproche pas. Tu n'as pas voulu me le dire, parce que je suis un peu trop autoritaire... D'accord, je le comprends. Mais ta mère, est-ce qu'elle ne pouvait pas envoyer un télégramme, est-ce qu'elle ne pouvait pas me rassurer ? Enfin, tout de 40 même, elle a été raisonnable puisqu'elle t'a envoyée tout de suite. Tu n'as pas eu froid au moins ?

AURÉLIE

Qu'est-ce que ça peut faire ?

LE BOULANGER

45 Beaucoup. Maintenant que je suis si content de te revoir, tu ne vas pas me faire une maladie ? Viens t'asseoir, viens, ne reste pas là.

Il l'emmène dans le fournil. Et dans le fournil, il y a la petite table toute prête, avec un poulet rôti, une bonne bouteille, et un petit pain en forme de cœur.

LE BOULANGER

50 Assieds-toi là, ma belle. Tu dois avoir faim ? Tiens, j'avais préparé à manger pour moi, parce que je ne savais pas si tu reviendrais ce soir. Mange, va, moi j'ai pas faim.

AURÉLIE

Elle a brusquement de grosses larmes.

55 Ne me pardonne pas comme ça. Ça me fait mal.

LE BOULANGER *(avec douceur)*

Ne me parle plus de pardon, parce que tu finirais par me donner des idées !

Il prend le seau et commencer à verser de l'eau dans le pétrin. Aurélie le regarde, immobile.

60 **LE BOULANGER**

Ça t'étonne, de me voir pétrir à ces heures-ci ?

AURÉLIE *(absente)*

Je ne sais pas.

LE BOULANGER

65 Écoute, il faut que je t'avoue quelque chose. Depuis que tu es partie, je ne me suis pas bien conduit. *(Elle lève les yeux vers lui, effrayée.)* N'aie pas peur ; ce n'est pas bien grave. Mais enfin, comme j'étais seul, j'en ai profité pour boire des apéritifs. Eh oui ! C'est une envie qui m'est venue, comme ça, bêtement. Une espèce de

coup de folie... Un coup de folie, ça peut tomber sur tout le monde... D'ailleurs,
70 ça m'a rendu malade comme un chien, et aujourd'hui, je n'ai pas fait de pain.
Alors, dans le village, ça les a bien ennuyés, et je leur ai promis de leur en faire
pour ce soir. Voilà, voilà la vérité.

*Il retourne à sa farine et à ses seaux. Aurélie prend sur la table le petit pain doré, en
forme de cœur.*

75 **AURÉLIE**

Et celui-là, qui est-ce qui l'a fait ?

LE BOULANGER *(gêné)*

C'est moi. Il a une drôle de forme, une forme comique... Je l'ai cuit dans le four
du poêle de la cuisine. J'ai jeté un morceau de pâte dedans, au hasard... Et regarde
80 un peu comme cette pâte est allée tomber ! Enfin, je n'ai fait que celui-là, pour
toi. Enfin, pour moi. Je dis pour toi parce que c'est toi qui vas le manger... Mange,
Aurélie. Fais-moi ce plaisir. Mange.

*Il va au pétrin. Il commence à brasser la pâte. Aurélie, qui pleure, se met à manger.
D'abord, du bout des lèvres. Puis de bon appétit, parce qu'elle est jeune, et qu'elle a faim.*
85 *Elle le regarde longuement.*

AURÉLIE

Aimable, une bonté comme la tienne, c'est pire que des coups de bâton.

LE BOULANGER *(qui tire la pâte)*

Que veux-tu, la bonté, c'est difficile à cacher. Alors, excuse-moi. Je ne le fais pas
90 exprès, et je te demande pardon.

AURÉLIE

Tu sais tout ?

LE BOULANGER

Moi. Oui. Tout ce qui concerne le pain. Et ça me suffit. Je ne veux savoir rien
95 d'autre. À quoi ça me servirait ?

◄ *Scène du film* La femme du boulanger,
*avec Raimu dans le rôle titre et Ginette
Leclerc dans le rôle d'Aurélie (1938).*

AURÉLIE

À ne pas être ridicule.

LE BOULANGER

Il se relève, il fait un pas vers elle. Il est tout pâle.

100 Tu ne veux pas que je sois ridicule ?

AURÉLIE

Non.

LE BOULANGER

C'est la première et la seule parole d'amour que tu m'aies dite… Alors, je ne sais
105 plus quoi faire.

*Il reste là, et au bout de ses bras ballants pendent ses grosses mains, que la pâte épaissit
encore. Et tout à coup, il tourne la tête vers la petite porte qui conduit à la cave : par la
chatière, la chatte noire, la Pomponnette, vient d'entrer. Le boulanger la regarde un
instant, et il prend un air sévère.*

110 **LE BOULANGER**

Ah ! Te voilà, toi ? *(À sa femme.)* Regarde, la voilà la Pomponnette… Garce, salope,
ordure, c'est maintenant que tu reviens ? Et le pauvre Pompon, dis, qui s'est fait
un mauvais sang d'encre pendant ces trois jours ! Il tournait, il virait, il cherchait
dans tous les coins… Plus malheureux qu'une pierre, il était… *(À sa femme.)* Et elle,
115 pendant ce temps-là avec son chat de gouttières… Un inconnu, un bon à rien… Un
passant du clair de lune… Qu'est-ce qu'il avait, dis, de plus que lui ?

AURÉLIE

Elle baisse la tête.

Rien.

120 **LE BOULANGER**

Toi, tu dis : « Rien. » Mais elle, si elle savait parler, ou si elle n'avait pas honte – ou
pas pitié du vieux Pompon – elle me dirait : « Il était plus beau. » Et qu'est-ce que
ça veut dire, beau ? Qu'est-ce que c'est, cette petite différence de l'un à l'autre ?
Tous les Chinois sont pareils, tous les Nègres se ressemblent, et parce que les
125 lions sont plus forts que les lapins, ce n'est pas une raison pour que les lapines
leur courent derrière en clignant de l'œil. *(À la chatte, avec amertume.)* Et la tendresse alors, qu'est-ce que tu en fais ? Dis, ton berger de gouttières, est-ce qu'il se
réveillait, la nuit, pour te regarder dormir ? Est-ce que si tu étais partie, il aurait
laissé refroidir son four, s'il avait été boulanger ? *(La chatte, tout à coup, s'en va tout
130 droit vers une assiette de lait qui était sur le rebord du four, et lape tranquillement.)* Voilà.
Elle a vu l'assiette de lait, l'assiette du pauvre Pompon. Dis, c'est pour ça que tu
reviens ? Tu as eu faim et tu as eu froid ?… Va, bois-lui son lait, ça lui fait plaisir…
Dis, est-ce que tu repartiras encore ?

AURÉLIE

135 Elle ne repartira plus…

LE BOULANGER *(à la chatte, à voix basse)*

Parce que, si tu as envie de repartir, il vaudrait mieux repartir tout de suite : ça serait sûrement moins cruel...

AURÉLIE

140 Non, elle ne repartira plus... Plus jamais...

Elle s'est élancée vers lui, elle baise la grosse main toute gluante de pâte, puis elle se blottit contre lui.

LE BOULANGER

Qu'est-ce que tu as, Aurélie ? Qu'est-ce qu'il te prend ?

145 **AURÉLIE**

Je ne sais pas. Je ne suis pas bien.

LE BOULANGER

Si tu allais te coucher ?

AURÉLIE

150 Non, je veux rester près de toi... J'ai froid.

LE BOULANGER

Écoute, c'est le moment de rallumer le four. Viens, ça nous réchauffera tous les deux.

Il va vers le four, il ouvre la grosse porte de pierre. Elle l'a suivi jusque-là. Il prend un 155 *morceau de fil de fer qui porte un petit chiffon, il le trempe dans un couvercle de boîte en fer-blanc, qui est plein d'alcool. Puis il allume le tampon à la lampe, et il approche des fagots la petite flamme bleue. Timidement, Aurélie arrête son bras.*

LE BOULANGER *(pensif)*

Oh ! ça, ça serait bien... Ça serait juste... *(Il lui donne la petite flamme.)* Il s'éteint 160 quand tu t'en vas, tu l'allumes quand tu reviens. C'est naturel.

Aurélie plonge la flamme dans les fagots de bois de pin, et, tout à coup, le feu crépite. Le boulanger regarde l'incendie ; un peu de fumée vient dans le fournil. Le boulanger s'essuie les yeux, et en riant, il dit :

LE BOULANGER

165 Cette fumée, j'ai beau en avoir l'habitude. Elle m'a toujours fait pleurer.

Extrait de Marcel Pagnol, *La femme du boulanger*, © Éditions de Fallois, 2005.

Apprécier le texte

Interpréter
Comprendre
Réagir

- Pourquoi le boulanger se montre-t-il aussi dur avec sa chatte ?

- Quels propos du boulanger, à la ligne 124, témoignent d'un préjugé tenace envers certains peuples ? Que pensez-vous de cette affirmation ?

- Le four peut être interprété comme un symbole de l'amour entre le boulanger et sa femme. Expliquez comment.

François
Guizot

L'homme politique et
historien français
François Guizot naît en
1787, soit deux ans avant
la Révolution française, et
meurt en 1874, laissant
une œuvre historique
abondante, qui a marqué
l'historiographie de son
époque par sa rigueur
ainsi que par la hauteur
de ses vues. Signalons
notamment son *Histoire de
la Révolution d'Angleterre*
(1826-1827), son *Histoire de
la civilisation en France*
(1830) et ses *Mémoires
pour servir à l'histoire de
mon temps* (1858-1868). Cet
esprit discipliné et rigoriste
ne s'en était pas moins
pris de passion, vers 1836,
pour la très belle Dorothée
de Benkendorf, comtesse
puis princesse de Lieven,
née en Lettonie en 1785
et morte à Paris en 1857.
Le rôle politique et
diplomatique que joua
à Londres cette grande
séductrice lui valut le
surnom de «Sibylle
diplomatique de l'Europe».

Au risque de se montrer indiscrets, bien des éditeurs se sont intéressés à la correspondance d'écrivains décédés. En effet, c'est souvent dans les lettres d'amour que se manifeste la virtuosité d'une plume. Cette lettre de François Guizot à Mme de Lieven, son amante, est un vibrant cri d'amour, même si le couple semble en péril. Pouvez-vous imaginer qu'un jour on puisse publier vos courriels ou vos lettres les plus intimes?

J'ai besoin de vous parler

*Val-Richer, lundi 25 septembre 1837,
5 heures*

*J'ai besoin de vous parler.
Vous n'êtes pas là. Vous ne m'entendez pas.
Ce que je vous dis n'ira à vous que dans*

deux jours. Mais j'ai besoin de vous parler. Vous avez eu un tel accès de
désespoir! Pardon, dearest, pardon; ma première impression n'a pas été
toute pour vous, pour vous seule. Je vous ai vue sanglotant. J'ai été navré.
Mais au même instant un mouvement de tristesse toute personnelle s'est
élevé en moi. Quoi? Je ne suis pas encore parvenu à vous donner plus de
confiance dans ma tendresse! Ma tendresse n'a pas sur vous plus de pouvoir!
Vous ne savez pas tout ce que vous êtes pour moi, tout ce que j'ai dans le
cœur pour vous. Mais moi, je le sais, je le sens. Quelquefois encore, je m'en
étonne, je me demande si c'est bien vrai. Et ce que je me réponds à moi-
même, je vous l'ai dit; je vous le redis tous les jours. Moi aussi, Madame,
j'avais enfermé mon âme dans un tombeau. Vous l'en avez fait sortir. Vous
l'avez appelée, et elle est venue à vous; elle a ressuscité devant vous. Quelle
marque d'affection peut égaler celle-là? Savez-vous quel bonheur j'avais
possédé, j'avais perdu? Savez-vous que, si l'on m'eût dit: «Il y a une créature
qui peut vous rendre une heure de ce bonheur» – j'aurais souri avec le plus
incrédule dédain? Et que si l'on m'eût dit: «Cherchez dans le monde entier
une épingle perdue; si vous la trouvez, vous retrouverez une heure de votre
bonheur», je serais parti à l'instant même, j'aurais cherché toute ma vie
pour courir après cette imperceptible chance? Voilà où j'en étais, Madame,
avant le 15 juin; voilà quel chemin j'ai eu à faire pour arriver à vous, pour
vous dire ce que je vous dis aujourd'hui. Est-ce assez pour que j'aie sur vous
la puissance d'écarter le désespoir, d'arrêter les sanglots? Est-ce assez pour
que vous ayez foi en moi?

Et vous croyez que je ne supporterais pas vos sanglots ? Je supporterais tout, Madame, pour combattre, pour adoucir un moment de votre peine. J'ai bien supporté de voir mourir, mourir lentement les créatures que j'aimais le mieux au monde ; je n'ai pas cessé un instant de les regarder, de leur parler pour que le sentiment de ma tendresse se mêlât à leur angoisse, à leur dernier souffle, et qu'elles l'emportassent en me quittant. Et ce qui m'a donné, ce qui, je crois, me donnerait encore ce courage, c'est que j'ai, de la puissance d'une affection vraie et des souveraines douceurs qui y sont attachées, une si haute idée qu'il me semble que le plus grand bien qu'on puisse faire à une créature désolée, à une créature qui souffre, c'est de lui répéter sans cesse : « Je t'aime ! je t'aime ! », pour moi je ne connais point de douleurs que ces mots d'une bouche chérie n'aient la vertu de calmer...

François Guizot, dans Danielle Volle, *Mots d'amour*, © Éditons Jean-Claude Lattès, 1991.

Apprécier le texte

Interpréter
Comprendre
Réagir

- Cette lettre d'amour est un texte argumentatif. Démontrez-le en indiquant les composantes de la situation argumentative.

- Comment expliquez-vous le passage du *vous* au *tu* dans cette lettre ?

Qu'arrive-t-il à un couple après plusieurs années de vie commune ? C'est sur le mode de la farce qu'Eugène Ionesco répond à cette question dans cet extrait de *La cantatrice chauve*, un chef-d'œuvre du théâtre absurde, où se multiplient les non-sens, pour le plus grand plaisir des spectateurs.

La cantatrice chauve extrait

SCÈNE IV

LES MÊMES [M. ET Mᵐᵉ MARTIN], MOINS MARY

Mᵐᵉ et M. Martin s'assoient l'un en face de l'autre, sans se parler. Ils se sourient, avec timidité.

5 **M. MARTIN** *(le dialogue qui suit doit être dit d'une voix traînante, monotone, un peu chantante, nullement nuancée)*

Mes excuses, Madame, mais il me semble, si je ne me trompe, que je vous ai déjà rencontrée quelque part.

Mᵐᵉ MARTIN

10 À moi aussi, Monsieur, il me semble que je vous ai déjà rencontré quelque part.

M. MARTIN

Ne vous aurais-je pas déjà aperçue, Madame, à Manchester, par hasard ?

15 **Mᵐᵉ MARTIN**

C'est très possible. Moi, je suis originaire de la ville de Manchester ! Mais je ne me souviens pas très bien,
20 Monsieur, je ne pourrais pas dire si je vous y ai aperçu, ou non !

M. MARTIN

Mon Dieu, comme c'est
25 curieux ! Moi aussi je suis originaire de la ville de Manchester, Madame !

Photos de Henry Cohen, dans Eugène Ionesco, *La cantatrice chauve*, © Éditions Gallimard.

▶ *Mᵐᵉ et M. Martin, personnages centraux de La cantatrice chauve.*

Mme MARTIN

Comme c'est curieux !

30 **M. MARTIN**

Comme c'est curieux !... Seulement, moi, Madame, j'ai quitté la ville de Manchester, il y a cinq semaines, environ.

Mme MARTIN

Comme c'est curieux ! quelle bizarre coïncidence ! Moi aussi, Monsieur, j'ai
35 quitté la ville de Manchester, il y a cinq semaines, environ.

M. MARTIN

J'ai pris le train d'une demie après huit le matin, qui arrive à Londres à un quart avant cinq, Madame.

Mme MARTIN

40 Comme c'est curieux ! comme c'est bizarre ! et quelle coïncidence ! J'ai pris le même train, Monsieur, moi aussi !

M. MARTIN

Mon Dieu, comme c'est curieux ! peut-être bien alors, Madame, que je vous ai vue dans le train ?

45 **Mme MARTIN**

C'est bien possible, ce n'est pas exclu, c'est plausible et, après tout, pourquoi pas !... Mais je n'en ai aucun souvenir, Monsieur !

M. MARTIN

Je voyageais en deuxième classe, Madame. Il n'y a pas de deuxième
50 classe en Angleterre, mais je voyage quand même en deuxième classe.

Mme MARTIN

Comme c'est bizarre, que c'est curieux, et quelle coïncidence ! moi aussi, Monsieur, je voyageais en deuxième classe !

[...]

55 **M. MARTIN**

Ma place était dans le wagon n° 8, sixième compartiment, Madame !

Mme MARTIN

Comme c'est curieux ! ma place aussi était dans le wagon n° 8,
60 sixième compartiment, cher Monsieur !

M. MARTIN

Comme c'est curieux et quelle coïncidence bizarre ! Peut-être nous sommes-nous rencontrés dans le sixième compartiment, chère Madame ?

[...]

Eugène Ionesco

Né en Roumanie, en 1909, d'un père roumain et d'une mère française, Eugène Ionesco meurt en France en 1994. Il émigre en France en 1938. Il y bénéficie d'une bourse pour rédiger une thèse sur le thème du péché et de la mort dans la littérature française depuis Baudelaire. Sa carrière littéraire s'amorce avec *La cantatrice chauve* (1950), une œuvre dramatique qui constitue une révélation malgré son échec initial auprès du grand public. Ce renouveau de l'expression théâtrale – où le comique né de l'absurde mène au désespoir – s'imposera toutefois très vite, à la faveur d'une impression-nante production jalonnée de succès. Parmi ses œuvres, mentionnons *La leçon* (1950), *Les Chaises* (1952), *Jacques ou la soumission* (1955), *L'impromptu de l'Alma* (1956), *Rhinocéros* (1959), *Le roi se meurt* (1962). La critique classe son œuvre dans le genre de l'*absurde*, mais Ionesco la qualifiait quant à lui d'*insolite*. Eugène Ionesco a été élu à l'Académie française en 1970.

65 **M. MARTIN**

Comme c'est curieux, comme c'est bizarre, quelle coïncidence! Eh bien alors, alors, nous nous sommes peut-être connus à ce moment-là, Madame?

Mᵐᵉ MARTIN

Comme c'est curieux et quelle coïncidence! c'est bien possible, cher Monsieur!
70 Cependant, je ne crois pas m'en souvenir.

M. MARTIN

Moi non plus, Madame.

Un moment de silence. La pendule sonne 2-1.

M. MARTIN

75 Depuis que je suis arrivé à Londres, j'habite rue Bromfield, chère Madame.

Mᵐᵉ MARTIN

Comme c'est curieux, comme c'est bizarre! moi aussi, depuis mon arrivée à Londres j'habite rue Bromfield, cher Monsieur.

[...]

M. MARTIN

80 Je demeure au nº 19, chère Madame.

Mᵐᵉ MARTIN

Comme c'est curieux, moi aussi j'habite au nº 19, cher Monsieur.

M. MARTIN

Mais alors, mais alors, mais alors, mais alors, mais alors, nous nous sommes
85 peut-être vus dans cette maison, chère Madame?

[...]

M. MARTIN, *songeur.*

Comme c'est curieux, comme c'est curieux, comme c'est curieux et quelle coïncidence! vous savez, dans ma chambre à coucher j'ai un lit. Mon lit est couvert d'un édredon vert. Cette chambre, avec ce lit et son édredon vert, se
90 trouve au fond du corridor, entre les water et la bibliothèque, chère Madame!

Mᵐᵉ MARTIN

Quelle coïncidence, ah mon Dieu, quelle coïncidence! Ma chambre à coucher a, elle aussi, un lit avec un édredon vert et se trouve au fond du corridor, entre les water, cher Monsieur, et la bibliothèque!

95 **M. MARTIN**

Comme c'est bizarre, curieux, étrange! alors, Madame, nous habitons dans la même chambre et nous dormons dans le même lit, chère Madame. C'est peut-être là que nous nous sommes rencontrés!

LA CANTATRICE CHAUVE

suivie d'une scène inédite. Interprétations *typographique* de Massin et *photo- graphique* d'Henry Cohen d'après la mise en scène de Nicolas Bataille   Éditions Gallimard

◀ *1re de couverture d'une édition de La cantatrice chauve de 1964.*

◀ *4e de couverture de la même édition de La cantatrice chauve.*

Eugène Ionesco, *La cantatrice chauve*. Interprétations typographique de Massin et photographique de Henry Cohen, d'après la mise en scène de Nicolas Bataille.

Mme MARTIN

100 Comme c'est curieux et quelle coïncidence! C'est bien possible que nous nous y soyons rencontrés, et peut-être même la nuit dernière. Mais je ne m'en souviens pas, cher Monsieur!

M. MARTIN

J'ai une petite fille, ma petite fille, elle habite avec moi, chère Madame. Elle a
105 deux ans, elle est blonde, elle a un œil blanc et un œil rouge, elle est très jolie, elle s'appelle Alice, chère Madame.

Mme MARTIN

Quelle bizarre coïncidence! moi aussi j'ai une petite fille, elle a deux ans, un œil blanc et un œil rouge, elle est très jolie et s'appelle aussi Alice, cher Monsieur.

110 **M. MARTIN**, *même voix traînante, monotone.*

Comme c'est curieux et quelle coïncidence! et bizarre! c'est peut-être la même, chère Madame!

Mme MARTIN

Comme c'est curieux! c'est bien possible cher Monsieur.

115 *Un assez long moment de silence... La pendule sonne vingt-neuf fois.*

M. MARTIN, *après avoir longuement réfléchi, se lève lentement et, sans se presser, se dirige vers Mme Martin qui, surprise par l'air solennel de M. Martin, s'est levée, elle aussi, tout doucement ; M. Martin a la même voix rare, monotone, vaguement chantante.*

Alors, chère Madame, je crois qu'il n'y a pas de doute, nous nous sommes déjà vus
120 et vous êtes ma propre épouse... Élisabeth, je t'ai retrouvée!

Mme MARTIN *s'approche de M. Martin sans se presser. Ils s'embrassent sans expression. La pendule sonne une fois, très fort. Le coup de la pendule doit être si fort qu'il doit faire sursauter les spectateurs. Les époux Martin ne l'entendent pas.*

Mme MARTIN

125 Donald, c'est toi, darling!

Ils s'assoient dans le même fauteuil, se tiennent embrassés et s'endorment. La pendule sonne encore plusieurs fois. [...]

Extrait de Eugène Ionesco, *La cantatrice chauve – Anti-pièce*, © Éditions Gallimard, 1954.

Interpréter

Réagir

Comprendre

Apprécier le texte

- À la lumière de cet extrait, que peut-on dégager de la vie du couple mis en scène?
- Quelle est votre appréciation de ce type de théâtre, qui défie toute logique?

Cette saynète de Jacques Prévert paraît loufoque à première vue. Quelque peu macabre, par ailleurs, elle révèle néanmoins les tensions cachées au sein d'une famille.

En famille

La mère est seule dans la maison. Le fils entre. Il est jeune, pâle, fébrile, échevelé. Il va se jeter contre le mur.

LE FILS

Ferme la porte, mère, vite, je t'en prie !

5 La mère, hochant la tête, ferme la porte avec un profond soupir.

LA MÈRE

(poussant le verrou et poussant en même temps un profond soupir comme son enfant)

Le verrou... Voilà ! (Examinant son fils) Voyez-vous ça, il entre en coup de vent et
10 il crie, et il tremble de tous ses membres.

LE FILS

Oh ! Mère, si tu savais...

LA MÈRE

Je ne sais pas mais je m'en doute... (avec un bon sourire)
15 Tu as encore fait des bêtises !

LE FILS

Hélas !

LA MÈRE

Et pourquoi cette fièvre, et ce regard inquiet,
20 et qu'est-ce que tu caches sous ton bras ?

LE FILS

C'est la tête de mon frère, mère.

LA MÈRE

(surprise)
25 La tête de ton frère !

LE FILS

Je l'ai tué, mère !

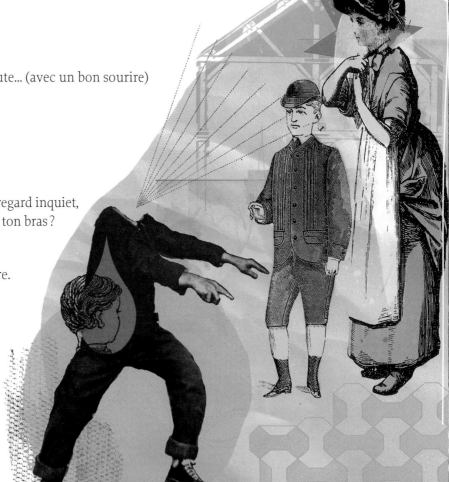

383

Jacques Prévert

Né en France en 1900 et mort en 1977, Jacques Prévert fait ses premières armes en théâtre et, surtout, en cinéma, en signant une série de scénarios et de dialogues dont la production s'échelonnera jusqu'à la fin des années 1970. Naîtront ainsi un nombre remarquable de longs métrages réalisés par les plus grands noms du cinéma français : Jean Renoir (*Le crime de Monsieur Lange*, 1936), Marcel Carné (*Quai des Brumes*, 1936), Claude Autant-Lara (*L'affaire du courrier de Lyon*, 1937), Christian-Jaque (*Les disparus de Saint-Agil*, 1938), Jean Delannoy (*Notre-Dame de Paris*, 1956), etc. Parallèlement, Prévert écrit, en collaboration avec le compositeur Joseph Kosma, des chansons (*Les feuilles mortes*, 1946 ; *Barbara*, 1954) qui figurent au répertoire des plus grands interprètes. Son premier recueil de poésie, *Paroles*, paraît en 1945. C'est un succès retentissant, qui ne se démentira jamais et surpassera tous les recueils qu'il publiera par la suite.

LA MÈRE

Était-ce bien nécessaire ?

30 **LE FILS**

(faisant un geste lamentable avec ses bras)

Il était plus intelligent que moi.

LA MÈRE

Pardonne-moi, mon fils, je t'ai fait comme j'ai pu... je t'ai fait de mon mieux...
35 Mais qu'est-ce que tu veux, ton père, hélas, n'était pas très malin lui non plus ! (avec à nouveau un bon sourire) Allez, donne-moi cette tête, je vais la cacher... (souriante) C'est pas la peine que les voisins soient au courant. Avec leur malveillance ils seraient capables d'insinuer un tas de choses... (Elle examine la tête.)

40 **LE FILS**

(angoissé)

Ne la regarde pas, mère !

LA MÈRE

(sévère, mais enjouée)

45 Manquerait plus que ça, que je ne regarde pas la tête de mon aîné une dernière fois !... (puis tendrement) Évidemment, tu es mon préféré, mais tout de même, n'exagérons rien, « on connaît son devoir ! » (Examinant à nouveau la tête) Et voyez-vous ça, petit garnement. Non seulement il tue son frère, mais il ne prend pas même la peine de lui fermer les yeux ! (Elle fait la chose.) Ah ! ces enfants,
50 tout de même ! (souriante) Si je n'étais pas là ! (Réfléchissant) Je pense que dans le cellier derrière la plus grosse pierre...

LE FILS

(inquiet)

Dans le cellier, mère, tu ne crains pas vraiment que... vraiment...

55 **LA MÈRE**

(désinvolte)

Rien à craindre : c'est là où, déjà, j'ai mis la tête de ton père quand je l'ai tué, il y a vingt-cinq ans.

LE FILS

60 !!!

LA MÈRE

Eh oui, j'étais jeune, amoureuse, j'étais folle ; j'aimais rire, danser... (elle sourit) Ah ! jeunesse, folies et billevesées !... (elle va sortir) Je reviens tout de suite... N'oublie pas de mettre le couvert.

65 **LE FILS**

Bien, mère.

LA MÈRE

(se retournant sur le pas de la porte)

Et le corps ? Fils, qu'est-ce que tu as fait du corps ?

70 **LE FILS**

(après une légère hésitation)

Le corps ? Il court encore...

LA MÈRE

Ah ! jeunesse ! Tous les mêmes... toujours dehors à galoper, gambadant par
75 monts et par vaux...

Elle sort. Le fils reste seul et commence à mettre le couvert. Soudain on frappe.

LE FILS

???

On frappe à nouveau.

80 **LE FILS**

(inquiet)

Qui est là ? (aucune réponse, mais à nouveau des coups frappés) Qui est là ? (Les
coups redoublent mais aucune réponse ne se fait entendre.) Quelqu'un frappe,
je questionne, et personne ne me répond... Mais une force invincible me pousse
85 à tirer le verrou...

(Il s'avance, tire le verrou et recule, épouvanté. Le corps entre. C'est le corps sans
tête d'un jeune homme qui a beaucoup couru et qui est tout essoufflé. Le fils
sans rien dire, mais très embêté, regarde le corps de son frère qui va et vient dans
la pièce, visiblement très décontenancé.)

90 **LE FILS**

Assieds-toi... (il avance une chaise que l'autre évidemment ne voit pas) Évidemment... (Profond soupir).

LA MÈRE

(entrant, alerte et réjouie)

95 Ça y est... la chose est faite... (Soudain elle aperçoit, qui va et vient, son fils sans
tête) Ah ! te voilà, toi ! Eh bien, tu es joli ! (tout en parlant, elle pose sur la table
les assiettes du repas) A-t-on idée vraiment de se mettre dans des états pareils ! Et
tout essoufflé avec ça. Allez... (elle le prend par le bras affectueusement) À table,
et mange ta soupe... (à son autre fils) Et toi aussi. (et affectueuse et compréhen-
100 sive) Et puis, hein, j'espère que vous n'allez pas encore vous disputer ? Allez,
donnez-vous la main et faites la paix...

LE FILS

Mais, mère !

LA MÈRE

105 Tu m'entends, oui ?

LE FILS

(soumis)

Oui, mère.

Il prend doucement la main de son frère
110 sans tête et la secoue.

Ne m'en veux pas... J'ai agi dans un moment
de colère...

LA MÈRE

À la bonne heure. (Regardant ses enfants
115 avec une immense tendresse) Mais c'est pas
tout, ça, ta soupe va refroidir...

LE FILS

(Commençant à manger sa soupe s'arrête
soudain, l'appétit coupé)

120 Mais mère!... (désignant son frère sans tête)
Il ne pourra pas, lui, la manger... (il sanglote)
sa soupe!...

LA MÈRE

(éclatant)

125 Manquerait plus que ça! (puis avec un bon
sourire) Va chercher l'entonnoir...

LE FILS

L'entonnoir, mère?...

LA MÈRE

130 Bien sûr, grosse bête... (elle fait le geste de verser la soupe au-dessus de la « tête »
du corps de son fils sans tête) Voyons, tout de même, c'est pas sorcier... (hochant
douloureusement la tête) Vraiment, on a beau être patient, il y a véritablement
des moments... (hochant de plus en plus douloureusement la tête) où je me
demande ce que j'ai fait au bon Dieu pour avoir des enfants pareils!...

135 **RIDEAU**

Extrait de Jacques Prévert, *Spectacle*, © Éditions Gallimard, 1949.

Apprécier le texte

Interpréter *Réagir* *Comprendre*

- Ce théâtre s'apparente à celui du dramaturge Eugène Ionesco. Faites des parallèles
  avec l'extrait de *La cantatrice chauve*, aux pages 378 à 382.

- Imaginez que vous avez à monter cette saynète. Pensez à certains éléments
  scéniques tels que les costumes, le décor, les maquillages, les éclairages. Voyez
  comment vous vous y prendriez pour représenter le fils... sans sa tête.

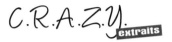

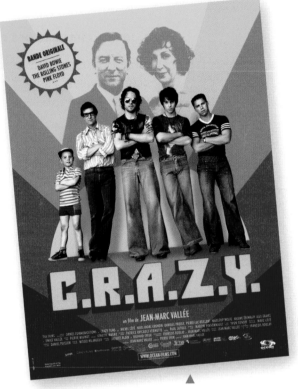

Le film québécois *C.R.A.Z.Y.* raconte l'histoire de la famille Beaulieu, composée des parents, Gervais et Laurianne, et de leurs cinq fils : Christian, Raymond, Antoine, Zachary et Yvan. (Remarquez que l'assemblage des premières lettres de ces prénoms donne le mot anglais *crazy*.) Le personnage principal, Zachary, est un jeune homme tourmenté par la découverte de son homosexualité. Son père, Gervais, un homme viril, accepte mal le fait que son garçon soit différent des autres. Dans les scènes suivantes, on assiste d'abord à une dispute occasionnée par la découverte d'un disque brisé, auquel tenait beaucoup Gervais. Puis, on se retrouve huit ans plus tard, alors que les frères s'insultent mutuellement.

1er EXTRAIT

GERVAIS (hors-champ)

Qui c'est qui a fait ça ?

COUP DE TONNERRE.

INT. JOUR – SALON – BUNGALOW BEAULIEU (1968)

5 Christian, Raymond, Antoine et Zachary sont assis côte à côte sur le divan devant Gervais qui brandit devant eux un disque de Patsy Cline brisé en deux. On entend la pluie qui tombe à l'extérieur.

GERVAIS

10 Onze piasses ! Un disque... de collection. Importé.

Un temps.

GERVAIS

Vous allez me le payer chacun votre tour si le coupable se montre pas.

15 Vous allez apprendre à assumer ce que vous faites, Christ.

LAURIANNE

Gervais.

Les garçons sont figés. Assise à l'écart, Laurianne berce le petit Yvan en faisant comprendre à Gervais, d'un regard, de se calmer. Les trois frères aînés se regar-

20 dent puis se tournent vers Zac.

ZACHARY

C'est pas moi.

Zac constate que tous ont les yeux rivés sur lui, même le Christ encadré au mur. Puis il flanche.

25 **ZACHARY**

C'est un accident.

Affiche du film C.R.A.Z.Y. (2005).

Gervais regarde Laurianne d'un air sévère puis se tourne vers ses trois plus vieux.

GERVAIS

Vous autres, faites de l'air.

30 Christian, Raymond et Antoine disparaissent dans leur chambre.

GERVAIS

Non seulement tu vas payer pour le disque, mais tu vas payer aussi pour tes menteries. J'vas t'apprendre, moi, tu vas voir. Va dans ta chambre, là.

Zac prend docilement la direction de sa chambre.

35 Gervais baisse des yeux découragés sur son disque brisé.

INT. JOUR – CHAMBRE DES PARENTS – BUNGALOW BEAULIEU **(1968)**

Gervais est couché dans son lit, pensif. Il pleut toujours. Laurianne se glisse sous les couvertures et éteint.

LAURIANNE

40   Bonne nuit!

Gervais ne répond pas. Puis, après quelques secondes...

GERVAIS

Veux-tu ben me dire qu'est-ce que tu y as faite?

Laurianne ne comprend rien à la question.

45   **GERVAIS**

Zac! Y'est pus pareil. Il braille pour rien, il s'habille en fille, c'est pas normal!

LAURIANNE

Reviens-en! C'est toi qui es pas normal! C'est un enfant! Laisse-le donc! Qu'est-ce que j'y ai faite, pfff.

50   **GERVAIS**

Les autres étaient pas de même!

LAURIANNE

Y'en a pas un de pareil. Zac est plus doux, c'est toute. Plus sensible.

GERVAIS

55   Pas plus doux, plus mou.

CHAMBRE DE ZAC & ANTOINE – BUNGALOW BEAULIEU – SUITE

Couché dans son lit jumeau, toujours au-dessous d'Antoine, Zac regarde longuement un petit crucifix en plastique accroché au mur. La foi des Beaulieu n'est définitivement pas proportionnelle à la qualité de leurs crucifix.

60   **ZACHARY** (chuchotant)

Mon Dieu, faites que je sois pas mou...

Long silence. Zac ferme les yeux comme pour donner plus de force à ses prières.

ZACHARY

Pis que mon père redevienne comme avant.

65 Zac sursaute lorsqu'un coussin tombe du ciel pour le frapper à la figure.

ANTOINE

Ta yeule !

On s'approche lentement de Zac qui a des yeux inquiets. NOIR.

MONTAGE SÉQUENCE – RÊVE (1968)

70 **SOUS-SOL** : un disque vinyle reflète l'image de Zac. Le gamin serre les dents et brise le disque. Crac !

ÉGLISE : on fonce sur une cabine de confession. Zac est à genoux à l'intérieur de la cabine, vêtu de son pyjama.

ZACHARY

75 J'ai fait exprès.

À travers le grillage de confession, une neige fine tombe doucement sur un **PRÊTRE** qui se tourne vers Zac avec des yeux méprisants. On reconnaît Raymond.

RAYMOND

J'vas le dire à P'pa, p'tit pisseux.

▲
Zachary Beaulieu en 1976.

La musique omniprésente, véritable protagoniste du film, accompagne le propos, suggère les émotions et marque le passage du temps. Les Patsy Cline, Aznavour, David Bowie vibrent au même rythme que les personnages et nous font vibrer aussi. Les décors, les événements et les gestes posés, tous plus vrais que nature, sauront nous rappeler des souvenirs de notre jeunesse. Une attention particulière semble avoir été portée à chaque petit détail.

Marc-André Grondin incarne avec beaucoup de justesse et de sensibilité cet adolescent qui voudrait tant combler les idéaux de son père et qui refoule pour cette raison sa vraie nature. Michel Côté, dans le rôle du paternel affectueux mais maladroit qui refuse la différence, offre une performance extraordinaire et en émouvra certainement plus d'un. Notons également le jeu superbe de Danielle Proulx en mère de famille compréhensive, et celui de Pierre-Luc Brillant dans la peau d'un junkie.

Extrait de Stéphanie Nolin, « C.R.A.Z.Y. ou un portrait de famille », LeCinéma.ca.

389

Jean-Marc Vallée

La carrière de Jean-Marc Vallée prend son envol en 1995 avec le film à sensations *Liste noire*, qui obtient neuf nominations au prix Génie. Ce succès signale le réalisateur à l'attention des studios américains, qui lui confient la réalisation d'épisodes de séries télévisées et d'un western. Jean-Marc Vallée entreprend par la suite la rédaction d'un scénario avec le scénariste François Boulay. Cinq ans plus tard, soit en 2005, paraît le film *C.R.A.Z.Y.*, qui rafle d'innombrables prix : onze prix Génie, quatorze prix Jutra, le prix du meilleur film canadien au Festival international du film de Toronto ainsi que plusieurs distinctions à l'étranger.

80 Zac regarde soudainement entre ses jambes.

INT. NUIT – CHAMBRE DE ZAC & ANTOINE – BUNGALOW BEAULIEU (1968)

Zac se réveille et se redresse. Il reste là, sans bouger, les yeux fermés, à respirer difficilement. Comme s'il s'agissait d'un automatisme, il sort de son lit et quitte sa chambre tandis qu'Antoine pète dans son sommeil.

85 ### CHAMBRE DE ZAC & ANTOINE – BUNGALOW BEAULIEU – PLUS TARD

Zac réapparaît avec sa mère. Malgré l'odeur qui la dérange, Laurianne continue de retirer le drap mouillé du lit de Zac. Elle passe un linge sec sur le matelas recouvert d'un plastique et replace un nouveau drap.

Vêtu d'un nouveau pyjama, Zac monte dans son lit et se glisse sous les couvertures
90 fraîches.

[...]

2ᵉ EXTRAIT

INT. JOUR – SALON – BUNGALOW BEAULIEU (1976)

Yvan, 8 ans, regarde la télé, avachi sur le divan. Zac fait de même, avachi dans un fauteuil. Il se prépare à se mettre une gomme dans la bouche mais se ravise. Il la coupe en deux et lance la moitié à Yvan qui affiche aussitôt un large sourire.

Raymond arrive au salon en provenance du sous-sol, change le récepteur de
95 chaîne et va s'écraser sur le divan.

ZACHARY

Eh ! On était là en premier !

RAYMOND

Ta yeule, le fif !

100 Gervais apparaît dans le salon en provenance de la cuisine.

GERVAIS

Comment tu l'as appelé ?

Raymond n'a pour réponse qu'un regard insolent. Zac est surpris de l'intervention de Gervais.

105 **GERVAIS**

Excuse-toi.

Raymond pouffe de rire.

GERVAIS

Excuse-toi, pis remets-lui son émission !

110 Raymond réalise que Gervais n'entend pas à rire. Il se lève et marche en direction du sous-sol en continuant à défier son père du regard.

GERVAIS

(en criant)

Excuse-toi, j'ai dit !

115 Yvan reste saisi par le cri de son père. Laurianne apparaît dans le salon en provenance de la cuisine, suivie de Christian, un livre à la main.

ZACHARY

C'est pas grave, P'pa !

GERVAIS

120 (en criant de plus belle)

Envoye !

RAYMOND

(en fixant Gervais)

Excuse-moi.

Les personnages du film C.R.A.Z.Y. : la famille Beaulieu en 1968.

▼

Les fils Beaulieu en 1968 (de gauche à droite, Christian, Raymond, Antoine et Zachary).

125 Raymond quitte la maison en claquant la porte. Gervais et Laurianne s'échangent un regard d'impuissance. L'homme retourne à la cuisine, tandis qu'Antoine fait son entrée en laissant tomber au sol une énorme poche d'équipements de hockey.

ANTOINE

130 (désignant Raymond, dehors)

Y'avait pas d'l'air content, lui.

(à Laurianne)

Qu'est-ce qu'on mange ?

Laurianne remarque ses blessures au visage.

135 **LAURIANNE**

Qu'est-ce qui est arrivé ?

ANTOINE

Une p'tite chicane au hockey.

LAURIANNE

140 C'était pas une pratique que t'avais ?

ANTOINE

Ben oui.

CHRISTIAN

Tu t'es battu avec un de tes joueurs ?

145 **ANTOINE**

On s'est chamaillés un peu, c'est toute. On a même pas enlevé nos gants.

Christian remarque que Zac n'a pas la tête à se joindre à la conversation.

YVAN

Contre qui ?

150 **ANTOINE**

Tremblay.

CHRISTIAN

(à Antoine, provocant)

Tu t'es fait planter par le p'tit fif à Tremblay ?

155 Zac, Laurianne et Yvan sont surpris par la sortie de Christian. Antoine, lui, mord
à l'hameçon.

ANTOINE

Qu'est-ce que tu veux, toi, grand fif à lunettes ?

Gervais réapparaît, exaspéré.

160 **GERVAIS**

C'est quoi l'idée de se traiter de fif à tout bout de champ ? À vous écouter,
on est une belle gang de tapettes.

Un temps. Antoine cherche à comprendre. Laurianne retourne à ses chaudrons
puis retient un fou rire qui, rapidement, devient contagieux. Christian regarde
165 Zac qui n'entend pas du tout à rire, lui.

INT. NUIT – CHAMBRE DE ZAC & YVAN – BUNGALOW BEAULIEU (1976)

Zac et Yvan sont couchés dans leur lit respectif. Yvan dort. Zac, lui, est perdu
dans ses pensées. Un temps pendant lequel il lève les yeux sur le crucifix au mur.
Il lui tourne le dos puis se met à cligner des yeux pour retenir l'émotion qui lui
170 fait briller les pupilles.

ZACHARY

Pas ça, s'il vous plaît. N'importe quoi mais pas ça.

Extrait de Jean-Marc Vallée avec la collaboration de François Boulay, *C.R.A.Z.Y.*,
© Jean-Marc Vallée et les Éditions Les 400 coups, 2005.

Interpréter

Comprendre

Réagir **Apprécier le texte**

- Quelles sont les valeurs qui semblent très importantes pour Gervais, le père ?

- Pourquoi, à votre avis, le père tient-il tant à ce que Raymond s'excuse auprès
de Zachary ?

- À la dernière ligne du texte, Zac dit : « Pas ça... ». De quoi parle-t-il ? Pourquoi
emploie-t-il le pronom *ça*, d'après vous ?

- Comparez les didascalies d'un scénario de film avec celles d'une pièce de théâtre.
Quelles différences ou quels traits communs y voyez-vous ?

On a parfois la nostalgie de ces familles d'antan, qui étaient passablement unies et où les rôles du père et de la mère étaient clairement définis. Hervé Anctil se questionne sur ce qu'est devenue la famille, alors que le taux de divorce est plus élevé que jamais et que l'institution qu'elle représente semble traverser une crise. La famille se porte-t-elle aussi mal qu'on le dit parfois ?

En crise, la famille ?

Qu'est devenue exactement la famille ? Toutes les semaines, les médias diffusent de nouvelles statistiques sur le taux de mariage et de divorce, la proportion de couples qui vivent en union libre, 5 le taux de fécondité, etc. Ils nous apprennent par exemple que les parents d'aujourd'hui ont en moyenne 1,5 enfant, 2,5 téléviseurs et 1,8 automobile. Le jour n'est peut-être pas loin où l'on pourra lire que les enfants ont 3,1 parents et 5,3 grands-10 parents (non, personne n'a osé !). La famille, c'est l'inflation des chiffres !

Comme si les statistiques ne suffisaient pas, le discours nourrit lui aussi la rumeur : mariage et union ne s'écrivent plus sans qu'on leur accole 15 rupture et divorce. Et la rumeur alimente l'angoisse. Tellement que tout le monde ou presque est convaincu que la famille se porte mal, très mal. La famille des autres s'entend : un sondage Angus Reid, commandé par *L'actualité* au milieu de l'Année 20 internationale de la famille, révèle que 63 % des gens (70 % au Québec) jugent que LA famille est en crise. À l'opposé, neuf personnes sur dix se disent très satisfaites de leur propre vie familiale. L'enfer, c'est toujours chez le voisin.

MA FAMILLE, L'AN PASSÉ…

MA FAMILLE, CETTE ANNÉE…

GARNOTTE

25 Mais soyons honnêtes! Tous les chiffres ne sauraient mentir. On ne peut nier que le nombre de divorces a triplé depuis 20 ans et qu'on se marie de moins en moins. Est-ce à dire que la famille est en crise? Cela signifie surtout qu'une
30 certaine idée de la famille est effectivement «en crise». Mais la famille, elle, évolue. Les statistiques ont le défaut de figer les gens dans des instantanés, la rupture notamment; les taux de désunion sont très bien connus. Les gens, eux,
35 continuent de vivre, d'assumer leurs responsabilités parentales, de se remarier, parfois d'avoir d'autres enfants. Or, dans le champ postrupture, les statistiques restent floues, parce qu'on n'a pas encore réussi à mettre au point les grilles d'enquête
40 nécessaires. Tout juste sait-on que les remariages comptent maintenant pour le tiers des mariages.

La réalité, c'est que la cellule familiale a connu sa révolution démocratique. L'institution hiérarchisée d'hier a cédé beaucoup de terrain à
45 l'union égalitaire. De nouveaux mots d'ordre occupent maintenant l'espace social: égalité, autonomie, développement personnel. Aussi, la famille ne sera plus jamais ce qu'elle a été. Mais la famille est! Elle signe et persiste. Au-delà des
50 idéologies, des religions, des intégrismes qui ont tenté (et tentent encore dans plusieurs régions du monde) de l'enfermer dans des modèles, de la mettre au service d'une cause ou de la mouler selon une certaine vision du monde. Or la famille
55 appartient au profane, comme la vie. Elle est ce que les gens en font. «La famille n'est pas une convention juridique ou sociale, c'est une adaptation naturelle de l'espèce [...]» De fait, aucune convention ne pourra jamais changer le fait
60 qu'un couple refait chaque fois le monde à sa manière, dans l'intimité, qu'un enfant a toujours besoin d'un père et d'une mère.

Extrait de Hervé Anctil, *La vie format familial*,
© Éditions du Méridien, 1994.

Tenir un conseil de famille

Le meilleur moyen de garder vivant le projet familial et de réellement pratiquer la coopération consiste à instaurer des conseils de famille. Les conseils de famille sont des occasions privilégiées pour planifier des activités, partager les bonnes comme les mauvaises expériences et apprendre à s'exprimer ouvertement. Tenus à un rythme planifié, ils favorisent l'harmonie familiale. Les conseils de famille permettent véritablement à la petite communauté de pratiquer la coopération et d'expérimenter la démocratie:

- en prenant des décisions conjointes;
- en établissant des règles communes;
- en reconnaissant officiellement les bonnes choses qui se vivent dans la famille;
- en faisant ressortir les forces, les habiletés et les compétences de chacun des membres;
- en pratiquant régulièrement la communication et la négociation pacifique des conflits.

Extrait de Jacques Ross, «Droit de parole»,
Le magazine Enfants Québec, décembre-janvier 1998.

Apprécier le texte

Interpréter
Comprendre
Réagir

- Tentez de résumer aussi brièvement que possible la thèse d'Hervé Anctil.

- Expliquez dans vos mots l'argument qu'il fait valoir aux lignes 17 à 24.

- Faites la liste des modèles familiaux qu'on peut trouver aujourd'hui dans nos sociétés et dont ne tient pas compte l'auteur.

- Quelle est l'opinion d'Hervé Anctil sur les statistiques?

Dès l'arrivée des Européens en Amérique, les intérêts divergents entre Autochtones et Européens ont été une source de conflit. Rapidement dépassés par les technologies et les armes des Européens, les Autochtones d'Amérique du Nord ont été réduits à un groupe minoritaire dont on se préoccupait peu. Après avoir lutté pendant des centaines d'années pour leur survie et la préservation de leur mode de vie, les communautés autochtones sont aujourd'hui aux prises avec de graves problèmes sociaux. Voici les grandes lignes d'une histoire qu'on a tendance à oublier.

La longue lutte des peuples amérindiens

Les Amérindiens vivaient en Amérique du Nord bien avant l'arrivée des Européens. Plusieurs nations étaient établies sur le territoire et vivaient de la chasse, de la pêche et de l'agriculture. La rencontre
5 entre Européens et Amérindiens a été un choc dont ces derniers ne se sont jamais totalement remis. Durant les premiers temps de la colonie française, les Amérindiens jouaient un rôle clef dans l'économie puisqu'ils étaient les principaux fournisseurs de
10 fourrures. Cependant, leur importance économique et politique a rapidement diminué.

Plusieurs nations se livraient des guerres entre elles pour le contrôle du commerce des fourrures avec les Européens et plusieurs autres étaient ou-
15 vertement en guerre contre les Français. Décimés par ces guerres ainsi que par les maladies venues d'Europe, il devenait difficile pour les Amérindiens de maintenir leur pouvoir politique. En 1701, un traité est signé entre 39 nations amérindiennes et la

20 Nouvelle-France, mettant ainsi fin aux conflits et disputes. À partir de là, les relations entre les deux groupes se sont pacifiées, mais les Amérindiens étaient déjà exclus du développement économique de l'Amérique du Nord.

La Loi sur les Indiens

25 Affaiblis par le déclin de leur population, les Amérindiens sont rapidement devenus un facteur politique négligeable en Amérique du Nord. Même si les Amérindiens étaient les alliés militaires des colonies britanniques (dont le Québec faisait partie
30 depuis 1763) lors de la guerre de 1812, le gouvernement a perdu tout intérêt dans son alliance avec eux. Il se montrait par contre bien plus intéressé par les terres qu'occupaient les Amérindiens. Il s'est donc employé à acquérir ces terres, parfois par des
35 moyens plus ou moins honnêtes.

▲ Une famille autochtone de la région de Québec, vers 1880.

La Grande Paix de Montréal, 1701. ▶

En 1876, le gouvernement du Canada a adopté la Loi sur les Indiens qui créait les réserves et réduisait les Amérindiens au statut de mineurs sous la tutelle de l'État. En vertu de cette loi, les 40 Amérindiens devaient vivre sur les réserves et avoir sur eux une carte d'identité s'ils en sortaient. La femme qui se mariait avec un non-Indien devait renoncer à son statut d'Indienne et les Métis, de leur côté, n'avaient pas droit au statut 45 d'Indiens. Enfin, le droit de vote n'était accordé aux Indiens qu'à condition pour eux de renoncer à leur statut. Plusieurs modifications ont été apportées à cette loi par la suite ; aujourd'hui, les droits des Autochtones sont davantage respectés.

Revendications territoriales et problèmes sociaux

50 En 1990, un conflit a éclaté entre le gouvernement du Québec et les Amérindiens Mohawks de la région d'Oka. Ces derniers s'opposaient à l'agrandissement du terrain de golf d'Oka sur leurs terres. Ce conflit a rapidement dégénéré en un 55 affrontement armé entre les Mohawks et les policiers. Cette crise, qui a paralysé une partie de la région de Montréal et fait couler beaucoup d'encre durant plusieurs mois, a mis en lumière la détermination des Amérindiens à protéger 60 leurs territoires ancestraux et à faire valoir leurs droits.

Aujourd'hui plus libres de leurs actions et davantage ouverts sur le monde, les Amérindiens du Québec et du Canada sont aux prises avec de 65 graves problèmes sociaux, comme la toxicomanie et le suicide. La vie dans les réserves est difficile puisqu'il y a très peu de débouchés pour les jeunes. Les Autochtones sont souvent abandonnés à leur sort dans ces réserves, mais des gens comme 70 l'anthropologue Serge Bouchard et le cinéaste-poète Richard Desjardins ont dénoncé cette situation pour tenter de changer les choses. D'autres communautés autochtones du Canada ont fait des revendications semblables à celles des 75 Mohawks au cours des dernières années.

Alexandre Lanoix, M. A. histoire.

Apprécier le texte

Interpréter
Réagir
Comprendre

- Dans le texte que vous venez de lire, quels événements de l'histoire des Amérindiens vous ont le plus étonnés ?

- À votre avis, la condition des Amérindiens s'améliore-t-elle ou se dégrade-t-elle ? Sur quoi fondez-vous votre réponse ?

- Nommez les communautés amérindiennes qui vivent le plus près de chez vous. Quels liens entretenez-vous avec ces communautés ?

Cette pièce de théâtre raconte l'histoire d'une communauté d'Amérindiens qui apprend qu'une puissante compagnie minière s'apprête à exploiter le territoire dans lequel elle est établie. Les principaux personnages font partie du Conseil de bande et débattent pour savoir comment ils doivent accueillir la nouvelle. Déchirés entre les traditions, d'une part, et les promesses de la vie moderne, d'autre part, les personnages expriment à leur façon les questions qui préoccupent les représentants des Premières Nations. On retrouve donc Tom et Sonny, juste avant une réunion importante. Tom est jeune, il n'a que 25 ans. En conflit avec son père, il a des difficultés financières et n'entrevoit pas l'avenir avec beaucoup d'optimisme. Sonny, un ami sexagénaire de son père, est un trappeur attaché aux traditions. Lequel des deux est le plus sage, selon vous?

Il n'y a plus d'Indiens extrait

SCÈNE 2

Une cabane de trappeur. Tom entre dans le shack de Sonny qui attendait en fumant sa pipe.

TOM PEZINDAWATCH

5 Ça y est Sonny, c'est fini! Une chance que t'avais d'la broche pour attacher la pédale à gaz; une maudite bonne invention la broche.

SONNY CRIS

Oui, une ben bonne invention des Blancs. Ils sont pas tous bêtes, ces gens-là!

TOM PEZINDAWATCH

10 Ouais, ben! J'espère que mon père sera pas fâché parce qu'on est en retard... C'pas d'ma faute si les «pines» de fer lâchent! La mécanique c'est comme cela! Pis le camion est pas jeune... On y va tu?

SONNY CRIS, *ramassant ses pièges et fourrures, etc.*

Fred sera pas fâché. Il est pas fou. Il sait ben qu'on fait pas exprès, pis le temps au 15 fond c'est tout ce qui nous reste! Le temps.

TOM PEZINDAWATCH

T'as ben raison Sonny! Avec le chômage y a pas grand monde qui a d'autre chose à faire que de passer le temps.

SONNY CRIS, *s'arrêtant net*

20 Dans ma jeunesse presque tout le monde trappait pour vivre, aujourd'hui on est plus rien qu'une dizaine à savoir trapper. Les autres sont sur le chômage ou le bien-être social.

TOM PEZINDAWATCH

Oui, mais dans ta jeunesse Sonny il y avait juste une couple de cents personnes 25 sur la réserve et il y avait encore beaucoup de gibier!

SONNY CRIS

C'est vrai c'que tu dis mon jeune, mais dans ce temps-là y avait pas des centaines de trappeurs du dimanche qui oubliaient les trappes et y laissaient pourrir les animaux à fourrure. J'ai trouvé un vison à moitié dévoré par un hibou, dans un piège qui avait pas été visité depuis au moins deux semaines. Un trappeur pour le « fun » qui a gaspillé vingt-cinq dollars de fourrure que j'aurais pu vendre !

TOM PEZINDAWATCH

Je sais ben que t'as raison Sonny. Mais qu'est-ce que tu veux ? Les temps changent. Le monde sera plus jamais pareil ! Il va falloir que vous compreniez ça vous autres aussi. Les jeunes feront plus jamais comme vous autres. Ils veulent travailler en ville, faire de l'argent. Prends moi par exemple, si j'étais en ville je pourrais travailler comme mécanicien dans un garage, mais au village il y a quatre-vingts mécaniciens pour six mille habitants et cinq garages. C'est à croire qu'y a rien que des mécaniciens dans ce village de Blancs. Et les gens de la réserve ont plus confiance aux Blancs qu'aux Indiens pour réparer leur bazou.

SONNY CRIS

Comme les Blancs ont plus confiance en un Indien comme guide de chasse et de pêche, chacun sa culture. C'est ça qui est triste Tommy, c'est les préjugés.

TOM PEZINDAWATCH

Tu parles comme mon père Sonny ! Il dit la même chose, il parle souvent des préjugés.

SONNY CRIS

C'est un homme sage ton père. Tu devrais l'écouter plus souvent. Il parle juste et vrai.

TOM PEZINDAWATCH

Ah ! J'ai jamais dit qu'il était fou ! Seulement il parle toujours de tradition, de culture différente et du préjugé des Blancs envers les Indiens.

Bernard Assiniwi

Bernard Assiniwi est né à Montréal en 1935 d'un père cri et d'une mère québécoise d'origine algonquine. Après des études en Ontario et à Hull, il occupe divers postes dans le domaine culturel, notamment comme directeur d'une compagnie théâtrale et fondateur de la section culturelle du ministère des Affaires indiennes du Nord. Historien spécialiste des questions autochtones, il a également animé des émissions et réalisé des documentaires sur les Amérindiens. Collaborateur auprès de divers journaux et revues, Bernard Assiniwi a été, en 1971, le premier écrivain amérindien à publier en français un ouvrage destiné au grand public : *Anish-Nah-Bé, contes adultes du pays algonkin*. Mais c'est seulement en 1997 qu'il obtiendra la consécration du public et de la critique avec *La Saga des Béothuks*, un roman historique qui lui vaudra le prix France-Québec Jean-Hamelin. Un doctorat honorifique de l'Université du Québec à Trois-Rivières lui a été octroyé pour l'ensemble de son œuvre littéraire. Bernard Assiniwi est mort en 2000.

SONNY CRIS

Il les a vécus, les préjugés. Savais-tu qu'un jour un Américain a refusé de marcher devant lui parce qu'il avait entendu dire qu'il ne fallait jamais tourner le dos à 70 un Indien ?

TOM PEZINDAWATCH

Oui, il en parle souvent.

SONNY CRIS

Pis qu'un jour il a voulu entrer à l'hôtel Central pour offrir un verre à l'agent des 75 Affaires indiennes et qu'on l'a refusé à cause de la loi des Indiens faite par des Blancs et qui dit que les débits de boissons ont pas le droit de servir de l'alcool aux Indiens ?

TOM PEZINDAWATCH

Oui, mais c'était en 1944, pendant la guerre. Aujourd'hui personne l'applique 80 c'te loi-là.

SONNY CRIS

Mais elle existe encore. Ben pire que ça, ton père revenait du front comme soldat, il avait le droit de se faire tuer, mais pas de prendre un verre.

TOM PEZINDAWATCH

85 Je sais aussi qu'ils avaient pas le droit de voter non plus! Aujourd'hui on a le droit mais personne va voter quand y a une élection. Qu'est-ce que cela donne de plus ?

SONNY CRIS

C'est qu'on ne reconnaît pas le gouvernement qui refuse de nous reconnaître 90 comme peuple indépendant et souverain, en ne respectant pas les traités.

TOM PEZINDAWATCH

J'pense qu'on est mieux d'arrêter de parler de ça. On a évolué, pis ça change beaucoup tous les jours. Bon, il faut partir, Sonny! La neige commence à être épaisse en pas pour rire…

Extrait de Bernard Assiniwi, *Il n'y a plus d'Indiens*, © Les Éditions Leméac inc., 1983.

Interpréter
Comprendre
Réagir

Apprécier le texte

- Résumez les opinions divergentes de Sonny et de Tom.
- Cette pièce de théâtre a été écrite en 1983. Qu'est-ce qui, à votre avis, a pu évoluer depuis ? Qu'est-ce qui, par ailleurs, est probablement inchangé pour les Autochtones du Canada ?

La question des peuples autochtones ne touche pas exclusivement l'Amérique du Nord. L'histoire est jalonnée par des conquêtes, des colonisations et des invasions territoriales. Des populations bien établies se sont vues contraintes de partager leur espace et leurs ressources avec des visiteurs indésirés. Les blessures sont profondes et on cherche aujourd'hui à réparer de lourdes injustices. L'historien Bernard Assiniwi (auteur de l'extrait *Il n'y a plus d'Indiens*, p. 402 à 404) tente ici de redresser les faits sur cette question. Cette préface de l'un de ses livres vous interpelle-t-elle ?

Je te permettrai de me juger seulement si

Dans son HISTOIRE DU CANADA FRANÇAIS, le Chanoine Lionel Groulx consacre trente-deux lignes à la « DÉCOUVERTE DE L'AMÉRIQUE PAR LES ASIATIQUES » en précisant que les Européens
5 qui colonisèrent ce continent par la suite étaient « socialement et culturellement prêts à apporter quelque chose à ce continent ».

Dans ces trente-deux lignes, le Chanoine Groulx omet de dire que ces supposés ASIATIQUES
10 habitaient ce sol depuis trente-sept à cinquante mille ans.

De plus, il fait montre d'une grande prétention en disant que L'EUROPÉEN était beaucoup plus prêt socialement et culturellement.

[...]

15 Les anthropologues modernes sont maintenant tous d'accord pour dire que celui qui vivait ici depuis des siècles et des siècles, ainsi soit-il, était l'être le mieux adapté à son environnement.

De tous les peuples civilisés de l'époque des
20 grandes conquêtes, aucun n'avait su gouverner de façon vraiment démocratique. Pas même les GRECS pourtant cités comme les Pères de la démocratie. Les sauvages habitants de ce merveilleux pays, eux, l'avaient réussi et ce, depuis des centaines
25 d'années. Malgré les rumeurs qui firent croire que les peuples indiens étaient toujours en guerre les uns contre les autres, il est maintenant prouvé que tous, sans exception, étaient d'abord et avant tout gens de paix.

30 Qu'il y ait eu des querelles entre les différentes tribus, cela est tout à fait naturel. Qu'il y ait eu des guerres entre ces tribus, cela est fort probable. Mais ce ne fut vraiment qu'après l'arrivée des peuples européens que les guerres
35 inter-tribales commencèrent.

Et il est important de dire que ces nouveaux arrivants ne furent pas étrangers à ces guerres, puisqu'ils étaient les véritables instigateurs de ces conflits.

40 Les FRANÇAIS montaient les ALGONKINS contre les IROQUOIS qui, eux, se voyaient fournir des armes par les ANGLAIS. Les HOLLANDAIS

Lionel Groulx (1878-1967). Prêtre, éducateur, intellectuel et historien, Lionel Groulx a profondément marqué la culture québécoise de la première moitié du XXe siècle et contribué à l'avancement de l'histoire comme discipline rigoureuse. On lui doit plusieurs ouvrages sur l'histoire du Canada français.

L'histoire dont Lionel Groulx a rendu compte était essentiellement axée sur le peuple canadien-français (ainsi qu'on l'appelait alors). La plupart de ses textes faisaient l'éloge de la résistance des Canadiens français, qui, malgré la Conquête anglaise, avaient su sauvegarder leur langue, leur culture et leur religion.

Le sort réservé aux Amérindiens n'a pas préoccupé outre mesure l'historien qu'était Lionel Groulx. Signalons qu'à son époque, non seulement on connaissait bien peu de choses de l'histoire des Amérindiens, mais on ne faisait pas grand effort pour en apprendre davantage.

Jusqu'à la fin de ses jours, Groulx fut un ardent défenseur du nationalisme canadien-français. Pour lui, la survie de la nation canadienne-française et de ses valeurs était fondamentale. Cette survie passait par la préservation du français et de la religion catholique, par l'attachement à la terre ainsi que par l'encouragement de la natalité. Ces idéaux sont omniprésents dans l'œuvre de Lionel Groulx.

disputaient aux ANGLAIS cette alliance importante des CINQ-NATIONS, alors que les FRANÇAIS, qui
45 excitaient les ALGONKINS, refusaient ensuite de leur fournir ces armes, sous prétexte qu'ils n'étaient pas CHRÉTIENS, car seul un chrétien avait le droit d'être bien armé pour se défendre. Ce qui fit que, mieux armés et plus en confiance chez les ANGLAIS,
50 les IROQUOIS augmentaient leur puissance de frappe au détriment des ALGONKINS et des HURONS, mal armés et mal défendus par les FRANÇAIS profiteurs.

Telle était la meilleure préparation qu'avait L'EUROPÉEN à développer ce continent immense.

55 Il avait aussi l'avantage d'avoir une philosophie de conquérant, de propriétaire de la terre et de maître absolu de la vérité, alors que celui que les historiens appellent ASIATIQUE avait une philosophie toute différente.

60 Il vivait en communauté, ne se considérait que locataire du sol, et qu'un membre ordinaire de la nature dans laquelle il vivait.

Il préférait se conformer aux lois naturelles plutôt que de vouloir dompter cette nature.

© Jérémie Monderie-Larouche.

Le chanteur Richard Desjardins (à gauche) a réalisé le documentaire Le Peuple invisible *(2007) en collaboration avec Robert Monderie (à droite). Ce film examine le destin de la nation algonquine, laquelle ne compte plus que 9000 personnes, réparties dans une dizaine de communautés.*

© Jérémie Monderie-Larouche.

L'actualité **a rencontré Richard Desjardins chez lui, dans son jardin, sous un immense caryer. Rencontre avec un bon gars, qui ne parle pas la langue de bois.**

Les Québécois sont-ils racistes envers les Autochtones ?

R.D. Oui. Il y a un racisme qui augmente à mesure que tu t'approches des endroits où vivent les Indiens. Pour beaucoup d'Abitibiens, ce sont encore des « encombrants ». À un certain moment dans le documentaire, on montre un vieux couple qui dit : « Y sont chanceux, les Indiens, ils vont à la pêche tant qu'ils veulent, vont à la chasse, paient pas de taxes. » Quand je leur demande : « Êtes-vous prêts à changer d'existence avec eux ? », ils répondent par la négative. Jamais de la vie ! C'est ce que pensent des millions de Québécois, j'en suis convaincu. S'il y a un problème d'accommodement raisonnable, c'est bien celui de nos rapports avec les Indiens.

L'enseignement de l'histoire a beaucoup à voir avec les clichés qui se perpétuent : les Indiens ont tué des missionnaires, ils ne sont pas capables de travailler, ils font le trafic des cigarettes, etc. C'est la raison pour laquelle nous nous en sommes tenus à l'angle historique. Nous n'avons pas touché à l'aspect culturel.

Extrait d'une entrevue avec Richard Desjardins, « Un Indien, ça ne vaut rien », *L'actualité*, 15 novembre 2007.

◀ *Scène du film* Le Peuple invisible *(2007).*

Il considérait la liberté de l'être comme la chose la plus chère à son cœur et était toujours prêt à partager ce qu'il possédait.

[...]

Ce pays qu'occupait mon ancêtre, fût-il ALGONKIN ou IROQUOIEN, s'étendait depuis les marécages humides au-delà des «Grands Lacs», jusqu'aux confins de la terre connue, vers le soleil de la barre du jour.

Ce pays, mon ancêtre l'occupait depuis des milliers d'années.

[...]

Ce découvreur que mon ancêtre a accueilli, nourri, soigné, promené à travers les pistes déjà bien battues, nous a apporté une nouvelle civilisation: «SA» civilisation qu'il appelait «LA» civilisation.

[...]

Si tu appartiens à la descendance de cet homme qui m'a oublié volontairement dans cet immense pays, devenu trop petit pour que je m'y sente encore à mon aise, noyé que je suis dans cet étang qui manquera d'eau bientôt et que tu appelles «RÉSERVE», écoute bien ce que j'ai envie de te dire depuis si longtemps.

Écoute bien le «SAUVAGE» que je suis [...].

Tu sauras comment je t'ai vu arriver, vivre et abuser de ma naïveté.

Tu connaîtras enfin les tourments qui m'ont assailli à mesure que tu prenais la place qui m'était nécessaire.

Tu sauras ce que j'ai ressenti, en voyant mourir mon frère, ma sœur, mon père, ma mère, les animaux et les arbres de ma forêt.

Tu connaîtras les raisons de mes guerres et de mes paix. Tu apprendras ce que tu appelles ma «passivité» au développement de «mon pays» et à mon intégration à «ton monde».

Tu sentiras couler sur ton visage toutes les larmes versées par mes yeux, au regard de ma fierté blessée.

Tu vivras mon angoisse présente et ma crainte du lendemain face à ton inconscience de mon droit à la liberté culturelle et linguistique...

Alors, mais alors seulement, je te permettrai de me juger... si tu as compris...

Extrait de Bernard Assiniwi, *Histoire des Indiens du Haut et du Bas Canada*, vol. 1, © Éditions Leméac, coll. Ni-T'chawama
Mon ami mon frère, 1973.

◀ *Les relations entre Français et Amérindiens vers 1745.*

Apprécier le texte

Interpréter

Comprendre   *Réagir*

- Quels passages du texte de Bernard Assiniwi vous ont paru le plus convaincants? Pourquoi?

- Commentez l'utilisation dans le texte des pronoms *je* et *tu*.

- Partagez-vous l'opinion du chanteur Richard Desjardins en ce qui concerne le racisme des Québécois envers les Autochtones (texte de l'encadré, p. 402)? Nuancez votre réponse.

Avez-vous remarqué que les noms de lieux en Amérique sont souvent d'origine amérindienne ? Le mot *Canada*, pour ne prendre que cet exemple, vient de *Kanata*, mot huron qui désignait un village (Cartier s'en est inspiré pour nommer tout un territoire !). Les auteurs Gilles Bélanger et Joséphine Bacon ont offert le texte suivant à l'interprète Chloé Sainte-Marie. Ils y égrènent ces mots qui nous viennent de l'algonquin, du cri, de l'inuktitut et de ces autres langues qu'on parle ou qu'on a parlé autrefois sur le territoire du Canada, des États-Unis et du Mexique.

La question autochtone

Gilles Bélanger et Joséphine Bacon

Né en Gaspésie en 1947, l'historien et auteur-compositeur-interprète Gilles Bélanger avait déjà à son actif, en 2008, plus de 200 chansons. Depuis 1998, il a écrit et composé pour la chanteuse Chloé Sainte-Marie bon nombre de ses plus belles chansons. C'est aussi pour elle qu'il a mis en musique des poèmes de Gaston Miron, Roland Giguère, Patrice Desbiens, Joséphine Bacon. La cinéaste et écrivaine Joséphine Bacon est née en 1956 dans la communauté innue de Betsiamites. En plus de réaliser des documentaires sur les communautés innues, elle collabore aux recherches de l'anthropologue Sylvie Vincent, avec qui elle recueille les récits traditionnels amérindiens.

Mishapan Nitassinan
(Que notre terre était grande)

Coaticook Mazatian Manitou Mégantic
Manouane Ivujivic Mascouche Maniwaki
Saskatchewan Shipshaw Matawin Windigo
Kamouraska Témiscamingue Copan Chibougamau

5 *Mishapan mishapan*
Nitassinan nitassinan

Québec Manicouagan Hushuai Matapédia
Tadoussac Guanahani Chicoutimi Arthabaska
Natashquan Magog Mexico Shawinigan
10 Matane Michigan Wyoming Nebraska

Mishapan mishapan
Nitassinan nitassinan

Mississippi Dakota Saglouc Oklahoma
Pohenegamook Kuujjuak Acapulco Miguasha
15 Acadie Winnipeg Yucatan Manitoba
Outaouais Abitibi Massawipi Alaska

Mishapan mishapan
Nitassinan nitassinan

Saguenay Mistassini Chihuahua Paspébiac
20 Manhattan Milwaukee Watchiya Rimouski
Escuminac Chitchen Itza Caraquet Matagami
Squatec Tabousintac Ixtapa Tracadigache

Mishapan mishapan
Nitassinan nitassinan

25 Que notre terre était grande

Chanson interprétée par Chloé Sainte-Marie, paroles de Gilles Bélanger et Joséphine Bacon, tirée de l'album *Je marche à toi*, FGC Disques inc., 2002.

Interpréter
Comprendre
Réagir

Apprécier le texte

- Pourquoi peut-on affirmer que ce texte littéraire a des visées argumentatives ? Quelle en serait la thèse ?

- Comment expliquez-vous que Chloé Sainte-Marie emploie le déterminant *notre* pour parler de la terre des Amérindiens ?

La question acadienne

Si vous avez voyagé dans les Maritimes, vous avez certainement remarqué les drapeaux tricolores que font flotter les Acadiens d'origine pour signaler fièrement leur appartenance à un peuple qui a survécu à une déportation sauvage. Leur combat pour la sauvegarde de la langue française est farouche et passionné. Il passe notamment par la musique, le théâtre, la littérature. Pour les Acadiens, se souvenir de ce qui s'est produit le 5 septembre 1755 est un devoir de mémoire.

5 septembre 1755

Le drapeau acadien. ▶

L'histoire de l'Acadie

Dès le début des années 1600, l'Acadie représentait un élément important des colonies françaises en Amérique du Nord. Située sur le ter-
5 ritoire actuel de la Nouvelle-Écosse, elle servait de port vers l'Europe et on y acheminait toutes sortes de produits, y compris des fourrures. Du fait de sa position stratégique importante, l'Acadie était constamment au cœur de conflits entre la France et l'Angleterre. Elle est passée
10 définitivement aux mains des Anglais en 1713.

Au cours des années 1750, une série de conflits ont opposé la France et l'Angleterre au regard du contrôle de l'Amérique du Nord. Aux prises avec une population française sympathique
15 à la Nouvelle-France et qui faisait tout pour nuire au gouvernement anglais, les autorités ont décidé de déporter la population française d'Acadie et de la remplacer par des colons anglais. À l'été 1755, environ 7000 Acadiens ont été
20 déportés par bateau dans différentes colonies anglaises d'Amérique du Nord ; c'est ce que l'on a appelé le « Grand dérangement ». Les habitants ont été forcés de s'expatrier sous la menace d'une arme et leurs villages ont parfois été incendiés.

25 Très peu d'Acadiens ont réussi à échapper à la déportation et plusieurs se sont réfugiés en Nouvelle-France ou même en France. Une fois la guerre terminée, plusieurs Acadiens sont revenus au pays, mais les bonnes terres avaient été prises
30 par les colons anglais. Ils ont donc dû s'installer à l'intérieur des terres, sur le territoire actuel du Nouveau-Brunswick.

L'Acadie d'aujourd'hui

Endurcis par des années de lutte pour la préservation de leur culture et de leur langue, les
35 Acadiens d'aujourd'hui parlent toujours le français et ont une culture très dynamique. Bien que l'Acadie n'ait pas d'existence politique officielle, plusieurs symboles, comme le drapeau et la Fête nationale du 15 août, témoignent de sa vitalité. L'Acadie a
40 su tisser des liens avec la francophonie mondiale, comme en témoigne la tenue du Sommet de la francophonie à Moncton, en 1999.

Alexandre Lanoix, M. A. histoire.

La statue d'Évangéline à Grand-Pré, en Nouvelle-Écosse. (Évangéline ▶
est le titre d'un poème épique de Henry Wadsworth Longfellow, qui
raconte l'histoire de la déportation des Acadiens.)

Interpréter
Comprendre
Réagir

Apprécier le texte

- Que savez-vous d'autre sur la communauté acadienne ? Pouvez-vous nommer, par exemple, des artistes acadiens qui ont contribué au rayonnement de leur culture ?

- Nommez d'autres peuples minoritaires qui luttent aussi pour la reconnaissance de leurs droits. Racontez brièvement leur histoire.

La question acadienne

Antonine Maillet

Figure de proue de la littérature acadienne, la romancière et dramaturge Antonine Maillet naît au Nouveau-Brunswick en 1929. En 1962, elle se fait remarquer par un premier roman, *Pointe-aux-Coques*. En 1971, elle conquiert le public québécois avec sa pièce *La Sagouine*. Par la suite, elle multiplie les succès avec, entre autres, *Don l'Orignal* (1972), *Mariaagélas* (1973) et *Pélagie-la-Charrette*, couronné en 1979 par le célèbre prix Goncourt, qui la hisse au rang des écrivains de renommée internationale. Depuis, Antonine Maillet cumule les distinctions de tous ordres, notamment : officier de l'Ordre du Canada (1976), chevalier de l'Ordre de la Pléiade (Francophonie, 1981), officier des Arts et des Lettres de France (France, 1985), officier de l'Ordre de la Légion d'honneur (France, 2004). Elle est membre des plus prestigieuses académies et associations littéraires de la francophonie.

Un personnage peut-il exprimer la douleur de tout un peuple ? L'écrivaine Antonine Maillet a relevé le défi en créant pour la scène le personnage de la Sagouine. Dans une « parlure » particulièrement colorée, cette femme, qui passe sa vie à nettoyer la crasse des autres, raconte son histoire. Dans son monologue, elle témoigne des bouleversements historiques que le peuple acadien a vécus en gardant toute sa dignité. Voici le début de la pièce, dont le titre est le nom même de son héroïne.

La Sagouine extrait

J'ai peut-être ben la face nouère pis la peau craquée, ben j'ai les mains blanches, Monsieur ! J'ai les mains blanches parce que j'ai eu les mains dans l'eau toute ma vie. J'ai passé ma vie à forbir. Je suis pas moins guénillouse pour ça... j'ai forbi sus les autres. Je pouvons ben passer pour crasseux : je
5 passons notre vie à décrasser les autres. Frotte, pis gratte, pis décolle des tchas d'encens... ils pouvont ben aouère leux maisons propres. Nous autres, parsoune s'en vient frotter chus nous.

Parsoune s'en vient non plus laver nos hardes. Ni coudre, ni raccommoder. Ils pouvont ben nous trouver guénilloux : je portons les capots usés
10 qu'ils nous avont baillés pour l'amour de Jésus-Christ. Par chance qu'ils avont de la religion : ils pensont des fois à nous douner par charité leux vieilles affaires. Leux vieilles affaires et leux vieilles hardes qu'étiont neuves un jour que ça nous faisait rêver d'en aouère des pareilles. Je finissons par les receouère pour nous payer nos journées d'ouvrage, mais quand c'est que j'en
15 avons pus envie. Quand c'est que t'as vu dix ans de temps un chapeau de velours sus la tête d'une femme, au coumencement tu le trouves ben beau et tu voudrais ben l'aouère. Pis il coumence à cobir pis finit par ressembler une crêpe de boquite. C'est ce temps-là qui te le dounont. Ils te dounont des châles itou quand c'est qu'ils se portont pus, et des bottines quand c'est la
20 mode des souliers. Ça arrive même qu'ils te dounont deux claques du même pied, ou ben un manteau trop petit où c'est qu'ils avont louté les boutons. Ils pouvont ben trouver que je sons mal attifés.

[...]

Ils voulont pas que nos enfants s'asseyissent en avant de la classe trop proches des autres par rapport qu'ils avont des poux. Et ceuses-là qu'en
25 avont jamais eu, avont plusse peur des poux pis des puces que du mauvais mal. Ils devont croire que ça peut vous dévorer un houme en vie. Ils pouvont se mettre une livre de cire à chaussures ou de graisse d'ourse dans leu propre tignasse, mais s'ils voyont un pou grous coume un œu' de hareng dans la chevelure d'un autre... Ils voulont pas s'assire à côté de nos enfants et
30 les envoyont derrière la classe d'où c'est qui ouayont et compornont rien. C'est point aisé de te faire instruire quand c'est que tu ouas pas le tableau et que t'endends pas la maîtresse.

C'est point aisé non plus d'apprendre à parler en grandeur et à se comporter coume du monde parmi le monde, quand c'est que t'as pas le droit de leur adresser
35 la parole sans passer pour un effaré. Va-t'en dire à la femme à Dominique : « Salut ben ! » en rentrant par la porte d'en avant pour laver sa place... A' se pincera le nez coume si même ton salut sentit point bon. Ça fait que la prochaine fois, tu rentreras par la porte d'en airiére et tu te farmeras la goule.

[...]

... Y en a qu'avont des maladies, de ce monde-là, même ceuses-là qu'avont la
40 peau ben blanche et ben cirée. Ça une belle peau, des cheveux frisés à grandeur de la tête, des ongles longs coume ça et pointus coume des clochers d'église. Pis ça sent le musc et la dentifreeze à jeter à bas. Ben propre que ça paraît du dehors. Mais d'en dedans ? Une parsoune peut pas saouère tout ce qui grouille en dedans à moins de s'en aouère été ouère. Je sais ben qui faisont des oparations asteur où
45 c'est qui ouayont toute. Le ventre rouvert, la cœur rouvert, la caboche rouvarte... oui, ils te rouvront même la caboche, à l'heure qu'il est, t'as qu'à ouère ! T'as le fait de la tête fendu jusqu'au cagouette, à ce qui paraît. Ils ouèront pas la Sagouine couchée sus une salle d'oparation à se faire rouvrir le corps pour saouère ce qu'elle a dans la caboche... Et pis ce qu'elle a dans la caboche,
50 elle l'a jamais caché à parsoune. Gapi, lui, il conte que si je nous cachions pour ouère ce que les docteurs pouvont découvri' dans le corps ouvert de leu monde, ça serait point un dîner de Nouël
55 que je trouverions là... Je pouvons pas saouère. Moi je me figure qu'un corps ouvert ça doit ressembler à tous les autres corps ouverts. C'est quand c'est qu'il est refarmé, avec sa peau ben serrée
60 autour du cou pis de l'estoumac, qu'un corps de riche ressemble pus à cti-là du pauvre. D'abord, le gros de leux maladies, au monde riche, ça leu vient des narffes. Et la maladie
65 des narffes, ça paraît pas. Ils faisont des petites crises de temps en temps, mais ils avont pas la peau noircie, ni des froncles dans la face, ni les jointures tordues, ni les yeux croches, ni de l'eau dans leux genoux de
70 laveuse. C'est ça qui vous défigure une parsoune. Ben des crises... tous les riches en faisont et ils pouvont faire ça avec leux belles hardes sur le dos sans que de rien paraissit... Je l'ai dit à Gapi : Saye malade
75 riche pis saye malade pauvre, c'est point la même maladie. Un mal pour chaque potte, coume qui dirait...

Viola Léger dans le rôle de la Sagouine. ▶

... C'est malaisé d'être pauvre. Y en a qui se figuront qu'y a rien que les riches qu'avont du trouble. Les riches, ils avont leu trouble dans le cœur et dans
80 la caboche. Ben nous autres, j'avons notre trouble dans les ous. Ouais... il vient un temps où c'est qu'une parsoune a pus rien que ses ous. Et ce jour-là, c'est dans ses ous qu'a logera ses troubles. Les docteurs appelont ça des rhumatisses, des artrisses, ou l'équipolent. Faut ben qu'ils leu douniont des noms, s'ils sont docteurs. Et qu'ils te douniont itou une petite bouteille de liniment pour te frotter
85 l'échine. Tu peux te frotter la peau avec toutes les annonces des Almanacs, tu t'arracheras pas les troubles des ous. Y a trop de frette de ramassé là-dedans. Et pis trop de lumbégo et de bardeau. Quand c'est que toute ta vie t'as frotté, pleyée en deux sus un prélat, t'as beau te frotter les ous avec du liniment, t'achèveras tes jours pleyée en quatre. C'est pas si aisé de te redresser quand c'est que t'es
90 pauvre. Avec ça que t'as jamais été accoutumée à marcher la tête haute, 'tant jeune.

... Ni 'tant jeune, ni 'tant vieux. Un pauvre, c'est fait pour traîner ses galoches de pavé en pavé pis de porte en porte... Traîne tes galoches, ton bréyant pis ton siau. Tu laisseras tes
95 galoches sus la galerie pour pas salir la place que tu t'en viens laver; tu forniras ta moppe, pis ta chaudiére, pis ton savon; tu t'accroupiras sus un cartron pour pas qui te rentrit de l'eau dans les genoux; tu prendras des grand' travées pour leu montrer ouère que t'es pas regardant à l'ouvrage; tu
100 gratteras la gomme avec une allumelle, pis tu feras mirer les têtes de clous; tu frotteras, rinceras, forbiras... pis le souère, ils te bailleront ta paye pis queques vieilles hardes qu'ils voulont pus porter. Tu sortiras de là avec la peau un petit
105 brin plusse craquée et les ous un petit brin plusse raides, mais t'auras les mains blanches, Monsieur !

... Sacordjé oui ! Toutes les femmes du pays avont beau se laver la peau dans le lait de
110 beurre et l'eau de colonne, y en ara jamais une seule qu'ara les mains pus blanches que la Sagouine, qu'a passé sa vie les mains dans l'eau.

Extrait de Antonine Maillet, *La Sagouine – pièce pour une femme seule*, © Éditions Leméac inc., 1973.

La Sagouine, ▶
un personnage
plein de verve.

Interpréter

Réagir

Comprendre

Apprécier le texte

- À quelles valeurs la Sagouine accorde-t-elle particulièrement d'importance ?

- Relevez certaines caractéristiques propres au français acadien que parle la Sagouine.

- Le français n'est pas parlé partout de la même manière. Selon que l'on vive à Port-au-Prince, à Val-d'Or, à Bruxelles ou à Saint-Boniface, des expressions, des mots ou des façons de prononcer peuvent différer. Donnez quelques exemples de variations langagières liées à la géographie.

Sur quoi repose un bon discours ? Il s'appuie, certes, sur le sens de la formule, mais exige de la passion pour frapper ou convaincre. Ici, Georges Arès, alors président de la Fédération des communautés francophones et acadienne du Canada, prend la parole à l'occasion des États généraux sur la situation et l'avenir de la langue française au Québec. Organisé par le gouvernement provincial en 2000-2001, cet événement visait à permettre à différents participants de donner leur avis sur la question. Georges Arès s'y est prononcé au nom de tous les francophones hors-Québec. Voici des extraits de sa communication.

Le discours de Georges Arès

Québec, le 18 janvier 2001

Permettez-moi d'abord de vous dire à quel point la Fédération des communautés francophones et acadienne du Canada apprécie
5 l'invitation que vous nous avez faite de participer aux États généraux du Québec sur l'avenir de la langue française.

[...]

Nous ne pouvons pas minimiser l'importance du message que vous, des États généraux du Québec,
10 envoyez à tous les francophones du Canada aujourd'hui. Notre présence ici, en soi, est un message. Et c'en est un de solidarité, entre habitants d'un espace continental qui, au plus profond de leur âme, partagent malgré tout une même mission
15 fondamentale, une même responsabilité, autant collective qu'individuelle, envers la survie et l'épanouissement de cette langue.

[...]

La question de l'assimilation des francophones à la langue et à la culture de la majorité anglophone
20 du pays est un phénomène troublant qui nous hante depuis des décennies et qui nous préoccupe quotidiennement, au sein des minorités francophones et acadiennes. [...]

[...]

Monsieur le Président, l'assimilation n'est
25 pas une question purement théorique pour nous. Elle n'est pas hypothétique non plus. Nous la voyons, nous l'entendons, nous la vivons, nous la touchons en chair et en os, dans nos villes, dans nos villages, dans nos quartiers, dans nos cours
30 d'école, dans nos cercles d'amis, dans nos familles.

Nous savons fort bien ce qu'est l'assimilation. Nous savons qu'elle existe, et nous savons qu'elle est pernicieuse et puissante.

POPULATION DE LANGUE MATERNELLE FRANÇAISE AU CANADA EN 2006			
PROVINCES ET TERRITOIRES	**POPULATION TOTALE**	**POPULATION DE LANGUE MATERNELLE FRANÇAISE**	
		Nombre	**Pourcentage**
Québec	7 435 905	5 877 660	79,0 %
Nouveau-Brunswick	719 650	232 975	32,4 %
Ontario	12 028 895	488 815	4,1 %
Île-du-Prince-Édouard	134 205	5 345	4,0 %
Manitoba	1 133 515	43 960	3,9 %
Territoire du Yukon	30 190	1 105	3,7 %
Nouvelle-Écosse	903 090	32 540	3,6 %
Territoires du Nord-Ouest	41 055	970	2,4 %
Alberta	3 256 355	61 225	1,9 %
Saskatchewan	953 850	16 060	1,7 %
Colombie-Britannique	4 074 385	54 745	1,3 %
Nunavut	29 325	370	1,3 %
Terre-Neuve-et-Labrador	500 610	1 885	0,4 %

Source : Statistique Canada.

Ainsi vont les Acadiens

Ainsi vont les Acadiens : déterminés et têtus mais silencieux et insaisissables. On n'échappe pas en vain à une déportation. On s'en souvient. On en garde des séquelles. On s'installe. On se construit un espace dans l'espace qui reste. On semble se fondre dans l'air ambiant. On ne brandit pas – ou plus ou presque jamais – des pancartes contestataires et extrémistes. On ne *feele* pas provocateur. Non. Mais on peint les poteaux de téléphone de la compagnie anglaise aux couleurs du drapeau. Tous les poteaux. On colle des affiches dans ses fenêtres. On s'éduque. On garde son français, on laisse aller – un peu beaucoup – sa foi, on développe ses institutions.

Et puis, tout d'un coup semble-t-il, on ouvre les rideaux, on sort sur les perrons, on chante à tue-tête des vieux chants et des nouveaux. On exprime une modernité. On regarde devant sans cracher sur l'ancien temps, avec juste ce qu'il faut de colère retenue, histoire de ne pas oublier l'histoire.

David Lonergan, « La culture au quotidien : un petit portrait des arts dans l'Acadie d'aujourd'hui », dans Bona Arsenault, *Histoire des Acadiens*, © Éditions Fides, 2004.

Georges Arès, président de la Fédération des communautés francophones et acadienne du Canada.

[...]

Lorsqu'on est francophone et qu'on tient à le
35 rester à l'extérieur des frontières du Québec, il faut s'en convaincre tous les jours. À chaque matin, on se lève en se disant qu'aujourd'hui, pour une journée de plus, on choisira de vivre en français. Malgré la force de nos convictions, aucun d'entre nous n'est
40 absolument à l'abri d'une glissade inexorable vers l'anglicisation.

Parce qu'en Amérique du Nord, l'anglais, c'est beaucoup plus facile. Comme on dit chez nous : « L'anglais, ça ne s'apprend pas, ça s'attrape ! »

[...]

45 [...] je tiens à dire ceci : nous, des communautés francophones et acadienne, avons appris depuis longtemps que nous ne pouvons, nous ne devons, d'abord et avant tout, compter que sur nous-mêmes.

Personne ne volera à notre secours si nous ne
50 sommes pas prêts à nous tenir debout. Aucune loi ne nous sauvera, si nous n'avons pas la volonté collective, autant qu'individuelle, d'exiger le respect de [la Loi sur les langues officielles], à coups de sacrifices s'il le faut.

55 Et notre espoir d'en venir à bout repose sur notre volonté d'être solidaires, de ne jamais briser les rangs lorsque l'avenir de notre langue, de notre culture est en cause.

[...]

Ensemble, nous ne pouvons échouer,

60 Merci.

Extrait du discours de Georges Arès, « Partager la passion de la langue française avec le Québec », Bibliothèque virtuelle du patrimoine canadien francophone.

Apprécier le texte

Interpréter
Comprendre
Réagir

- Déterminez les éléments de la situation argumentative : dans quel contexte s'inscrit ce discours ? à qui est-il destiné ? quelles idées défend-il ? quelles sont les visées de l'énonciateur ?

- Pour captiver son auditoire, l'auteur emploie des formules-chocs. Relevez-en quelques-unes.

- Quels sont les défis que pose la présentation d'un discours ? Pour répondre à la question, lisez le texte à voix haute, comme si c'était vous qui deviez faire ce discours devant une assemblée.

En crise, le Québec?

Qu'est-ce qu'une crise? André Pratte, éditorialiste au journal *La Presse*, se questionne ici sur le sens de ce mot qu'on emploie parfois trop promptement, selon lui. Son commentaire nous fait réfléchir sur les médias et leur propension à traiter avec sensationnalisme des événements d'une gravité relative.

La crise des crises

Crise des algues bleues, crise de la vache folle, crise du budget, crise du logement, crise forestière, crise du bois d'œuvre, crise des urgences, crise du Suroît, crise des finances publiques, crise des
5 barrages, crise des piscines, crise de Kanesatake, crise des prêts et bourses, crise du mont Orford, crise(s) au PQ, crise des médecins spécialistes, crise des écoles juives... Décidément, il y a beaucoup de crises au Québec. C'est à se demander
10 comment une société peut survivre à autant d'événements graves... à moins qu'il ne s'agisse pas vraiment de crises. Que ce soient les médias, les lobbies et les politiciens qui transforment de simples problèmes en prétendues crises.

15 Le phénomène n'est pas particulier au Québec. Le géographe français Gérard-François Dumont déplore «l'usage inflationniste» du terme «crise», qui devrait selon lui être réservé aux «événements qui introduisent des ruptures,
20 des changements». Au Québec, la crise d'Octobre en fut certainement une; il y a un avant et un après crise d'Octobre. On peut sans doute aussi parler de la crise du verglas (qui n'a toutefois pas acquis la majuscule...). Mais y a-t-il une «crise des
25 algues bleues»? Sent-on toute la société tendue, préoccupée? Qu'en restera-t-il dans les livres d'histoire?

S'il s'aggrave vraisemblablement, le problème des algues bleues pourrit dans nos lacs depuis des
30 années. Avant l'an dernier, les médias n'y portaient à peu près pas d'intérêt. Le chroniqueur en environnement du *Devoir*, Louis-Gilles
35 Francoeur, avait décrit dès 1996 le phénomène de la «purée verte» de la baie de Missisquoi. Un peu plus tard, M. Francoeur s'était
40 intéressé à l'invasion aux algues bleues du lac Brome.

L'été 2007 se trouve à être particulièrement tranquille. Or, la nature média-
45 tique et politique a une sainte horreur du vide. Tout le monde a donc plongé dans la purée. Ainsi est née la «crise des algues bleues».
50 On a condamné l'inertie du

SI TU FAIS PAS DODO, PAPA VA ENCORE TE RACONTER LA CRISE DU VERGLAS!

D'APRÈS NOS EXPERTS MICROBIOLOGISTES, IL N'Y A PAS DE CRISE DES ALGUES BLEUES !

D'APRÈS NOS EXPERTS EN COMMUNICATION, IL Y A UNE GRAVE CRISE DES ALGUES BLEUES !

André-Philippe Côté, *Le Soleil*.

gouvernement (dans l'indifférence générale, il avait pourtant annoncé en juin un plan d'action). On a réclamé que la ministre de l'Environnement interrompe ses vacances, que le premier ministre prenne 55 le dossier en main !

Quelle crise ? Y a-t-il des gens malades ? Des morts appréhendées ? Compte tenu de la médiatisation du phénomène, on aurait pu s'attendre à ce que le nombre de cas rapportés 60 explose cette année ; il n'en est rien (72 lacs l'an dernier, 85 cette année). Les partis d'opposition – demandez-vous à qui pro- 65 fite la crise... – exigent une action immédiate ; ils s'étaient eux-mêmes bien peu préoccupés de la question jusqu'à ce qu'elle 70 leur garantisse du temps sur RDI.

La multiplication des crises peut avoir un impact bénéfique : lorsqu'un pro- 75 blème est élevé par les médias au rang de crise, gouvernants et citoyens sont davantage disposés à prendre le taureau par les 80 cornes. Mais cette inflation verbale a aussi des effets pervers. Les solutions adoptées en catastrophe, pour calmer la galerie, ne 85 sont pas toujours les meilleures. Et les politiciens finissent par moins gouverner que sauter d'une crise à l'autre. Par conséquent, des problèmes aussi graves mais moins médiatisés sont négligés. Jusqu'à ce que quelqu'un décide... de faire une crise.

André Pratte, dans *La Presse*, 4 août 2007.

Interpréter

Comprendre *Réagir* **Apprécier le texte**

- Cet article date d'août 2007, au moment où les médias faisaient grand bruit relativement au problème des algues bleues. Ce texte est-il toujours d'actualité ? Justifiez votre réponse.

- Quelle est la « crise du jour » ? Portez attention à l'actualité et déterminez si les médias accordent en ce moment une importance démesurée à un problème en particulier.

Bouleversements planétaires

La guerre

Ce n'est pas d'hier que les artistes s'engagent dans la défense de causes sociales ou humanitaires. Le phénomène est particulièrement frappant aux États-Unis. Des vedettes comme Mia Farrow, Angelina Jolie, Richard Gere ou Susan Sarandon ont souvent pris la parole pour conscientiser les gens aux tragédies qui frappent certaines populations. En associant le public à leur cause, ces artistes espèrent secouer l'inertie des gouvernements. Le texte suivant est une sollicitation de l'organisme québécois *Les artistes pour la paix*, un groupe de pression créé en 1983 pour promouvoir la paix et la compréhension entre les peuples.

Les artistes pour la paix

> Recto

LES ARTISTES pour la paix

Nous sollicitons votre appui!

PARCE QUE plus que jamais nous devons nous unir pour dénoncer haut et fort l'escalade des dépenses militaires canadiennes qui servent surtout à l'acquisition d'armes offensives destinées à faire la guerre et non à maintenir la paix. Avec Oscar Arias Sanchez, Prix Nobel de la Paix, nous croyons que « *Tant que les nations, aussi bien les riches que les pauvres, continueront de consacrer à la fabrication et à l'achat d'armes les ressources abondantes qu'à ce jour elles ont ainsi gaspillées, il sera impossible d'atteindre partout dans le monde un niveau de développement capable d'assurer la paix et la stabilité.* »

Je suis convaincu que si les grands de ce monde transformaient bombes et fusils en pain et beurre pour tous, ils feraient de grandes économies. Et si nous, de notre côté, l'on faisait renaître la terre dans toute sa beauté, au lieu de se faire la guerre, quel bel héritage nous laisserions à nos enfants.
Claude Lafortune, animateur télé

Certains disent des pacifistes qu'ils sont des irréalistes, des peureux, des naïfs. Et si être pacifiste, c'était au contraire être visionnaire, audacieux et lucide. Car qui sont les vrais naïfs? Ceux qui ne voient pas que, même si on invoque des motifs nobles pour entrer en guerre, il est plus souvent question de désir de domination et d'argent...
Geneviève Rioux, comédienne

En ce début de XXIe siècle, au sein de notre monde civilisé, il est parfaitement absurde que la solution militaire soit encore de mise. Une fois pour toutes mettons nos intelligences au service de la paix.
François Avard, auteur

La paix n'est pas qu'absence de guerre. Elle n'est possible que fondée sur ces quatre piliers : la justice, la vérité, la liberté et l'amour. C'est pourquoi on peut dire paradoxalement que la paix est un long combat. Mais ce combat ne peut être réalisé par le pouvoir et les armes qui n'engendrent que blessure, destruction et haine. « *La où il y a la haine, que je mette l'amour,* » dit François d'Assise.
Gilles Tremblay, compositeur

Dans ce monde où la violence répond à la violence, serait-ce utopique de croire à des alternatives à l'utilisation d'armes dans la résolution de conflits? Mon expérience coopérative au Cameroun et en Haïti me dit que le meilleur vecteur de changement demeure la mobilisation; voilà pourquoi je me joins aux Artistes pour la Paix afin de dire oui à la vie, non à la guerre!
Ginette Ainer, auteure-compositeure-interprète

Pour souscrire à notre campagne ou pour le renouvellement de votre membership, veuillez compléter le coupon-réponse ci-dessous. Vous voulez savoir qui nous sommes?

------ Découpez ici ------

JE ME JOINS AUX ARTISTES POUR LA PAIX!

Face aux tensions mondiales et afin de contrer le discours belliqueux dominant, les artistes doivent plus que jamais s'unir pour faire entendre l'appel à la Paix.

Ma contribution est de :
☐ 25$ ☐ 50$ ☐ 100$ ☐ autre : _____

SVP COMPLÉTER

Votre adresse courriel : _____
Soyez assurés que nous l'utiliserons avec parcimonie afin de ne pas encombrer inutilement votre boîte courriel.

Discipline artistique : _____

Téléphone : _____

Veuillez faire votre chèque à l'ordre des ARTISTES POUR LA PAIX et utiliser l'enveloppe-réponse ci-jointe. Veuillez nous prévenir de tout changement d'adresse.

Le Club des cent
Créé sous la présidence d'Antonine Maillet, le Club des cent est composé de tous les membres des Artistes pour la Paix qui « arrondissent » leur cotisation à 100 $. Ces sommes nous permettront d'assurer une permanence au bureau, pour coordonner et diffuser le travail des bénévoles. Joignez-vous au Club des cent!

413

QU'EST-CE QUE LA GUERRE?

La guerre, c'est d'abord la business d'une poignée de riches inconscients des conséquences de leurs actions, en premiers lieux la misère, voire la mort de millions de pauvres.

Pierre Jasmin, président des Artistes pour la Paix

C'est ça que nous voulons?

Dans les guerres d'autrefois, 90% des victimes étaient des militaires et 10% des civils. Dans les guerres des 25 dernières années (Congo, Darfour, Éthyopie, Tchétchénie, Colombie, Guatemala, ex-Yougoslavie, Rwanda, Irak, Afghanistan...), 90% des victimes sont des civils et 10% des militaires. C'est pourquoi il est du devoir des civils de se prononcer sur les guerres qui les concernent!

À quoi sert notre Défense nationale?

Quiconque voudrait attaquer le Canada recevrait sur le champ la riposte des États-Unis qui se sentiraient menacés. Seuls les États-Unis pourraient attaquer le Canada, dont l'armée serait anéantie en un rien de temps. Le Canada est un pays à la fois inattaquable et indéfendable. Pourquoi consacrer tant d'argent à la Défense (?) nationale? Notre alignement sur les politiques américaines a produit, entre autres, une prison à Kingston en Ontario, où sont détenus des présumés terroristes musulmans, à l'encontre de toutes les lois canadiennes et internationales. C'est notre Guantanamo du Nord.

BUDGET DU MINISTÈRE DE LA DÉFENSE

(MILLIARDS DE $)

- 1990-2000 : 9,4
- 2003-2004 : 12,3
- 2006-2007 : 15,5

La guerre et l'argent

Tant que 20% de la population mondiale continuera d'accaparer 80% des ressources et de l'énergie de la planète, le pouvoir militaire sera utilisé pour maintenir cette situation injuste.

Extrait du *Traité des ONG sur la militarisation, l'environnement et le développement.*

La valse des milliards

En dix-huit mois de pouvoir, le gouvernement conservateur a « investi » 31 milliards de dollars en dépenses militaires hors du budget régulier de fonctionnement du ministère de la Défense. Cela, en flagrante contradiction avec la politique recommandée par le groupe Canada 21, créé par le gouvernement canadien, il y a une douzaine d'années, pour le conseiller sur la politique de Défense du Canada en vue du 21e siècle.

Il reste à peine une cinquantaine de casques bleus canadiens déployés dans le monde, alors que quelque 2 500 de nos soldats combattent en Afghanistan, où six employés de l'ACDI tentent d'apporter une aide humanitaire. Et le Canada prétend être un pays de paix.

POUR LA PAIX

Pourquoi pour la paix

D'énormes forces militaro-industrielles et financières sont engagées dans la guerre. Voilà pourquoi on ne peut se contenter de souhaiter la paix : il faut s'engager pour la paix.

Une petite minute

Si chaque artiste québécois consacre une petite minute à l'envoi de notre carte postale, monsieur Harper en recevra quelque 15 000. De quoi le faire réfléchir et encourager les partis d'opposition, que nous informerons de cet envoi, à soutenir notre démarche. On compte sur vous!

1 sur 10 = 1 500

SI UN ARTISTE QUÉBÉCOIS SUR 10 devient membre des Artistes pour la Paix, nous serons plus de 1 500 à promouvoir activement et collectivement la cause de la paix. Serez-vous de cette avant-garde pacifiste?

LES ARTISTES pour la paix

Vous voulez connaître notre histoire, notre philosophie, nos prises de positions, nos actions? Vous voulez savoir qui nous sommes? Visitez le site :

artistespourlapaix

Les Artistes pour la paix, automne 2007.

Apprécier le texte

Interpréter · *Comprendre* · *Réagir*

- Quels sont les objectifs formulés dans cette brochure?
- Qu'est-ce que la participation des artistes ajoute à cette cause, selon vous?
- À quels procédés graphiques a-t-on recouru ici pour donner du poids à ce message?

Si vous suivez l'actualité internationale, vous savez qu'en 2001, le Canada, à la demande de l'ONU, envoyait des troupes en Afghanistan pour soutenir le nouveau gouvernement. Celui-ci succédait au régime des talibans dont se méfiaient les Occidentaux par suite des attentats terroristes du 11 septembre 2001. Le Canada doit-il participer à ce type de mission? Les avis sur cette question divergent. Le militant pacifiste Francis Dupuis-Déri a une sœur militaire. Il lui a adressé une longue lettre pour lui dire ce qu'il pensait de la mission canadienne, au moment où elle s'apprêtait à se rendre à Kandahar, en Afghanistan. Il a publié cette lettre dans un quotidien montréalais. Catherine Déri lui a répondu quelques jours plus tard. Voici donc ces deux lettres ouvertes, témoignages d'une opinion partagée dans la population elle-même.

Lettre à ma sœur militaire qui part en Afghanistan

Le 22 juin, toi qui es capitaine dans l'armée canadienne, tu participeras dans la ville de Québec aux festivités du 22e régiment, basé à Valcartier, qui doit partir pour se mêler dès cet
5 été à la guerre en Afghanistan. On vous aura dit que vous partez pour aider à consolider la paix (en faisant la guerre?) et protéger le peuple afghan (en occupant et en bombardant son territoire?) contre des combattants venus de l'étranger (et
10 vous, d'où venez-vous?). Combien d'entre vous reviendront dans des cercueils ou avec des blessures et des handicaps physiques et psychologiques? Combien d'entre vous seront devenus des assassins?

15 En plus de politiciens voulant bien paraître dans les médias, des familles de plusieurs militaires assisteront aux festivités et à la parade du 22 juin pour exprimer leur « fierté » et leur appui à leur proche militaire. Je me rendrai moi
20 aussi à Québec, mais pour manifester contre la présence de l'armée canadienne en Afghanistan. La coalition Guerre à la guerre organise en effet une manifestation, et j'espère que nous serons nombreux à protester.

Une guerre injuste

25 Ma sœur, tu dois savoir que vous allez dans un pays profondément divisé par une guerre civile qui se poursuit depuis presque 30 ans. L'armée canadienne participe à cette guerre civile en prenant parti pour une faction, celle des
30 dirigeants qui gouvernent aujourd'hui ce pays dont le nom officiel est « République islamique d'Afghanistan ».

Bien sûr, l'ancien régime des talibans imposait son pouvoir de manière injuste et brutale,
35 surtout pour les femmes. Mais selon le rapport 2007 d'Amnistie internationale, « des atteintes au droit international humanitaire et relatif aux droits humains ont été commises [en Afghanistan] en toute impunité par toutes les parties au
40 conflit, que ce soit les forces de sécurité afghanes et internationales ou les talibans ». L'armée canadienne commet de nombreux méfaits graves en Afghanistan, dont tuer des civils et remettre des prisonniers à des tortionnaires.

45 Les politiciens qui gouvernent aujourd'hui la République islamique d'Afghanistan et que l'armée canadienne protège contre leurs ennemis sont en grande majorité des chefs de milice qui ont perpétré des crimes de guerre : viols en masse
50 de femmes, tortures et exécutions de combattants et de civils.

Manifestation antimilitariste tenue à Québec, en mars 2008.

Selon une féministe afghane, le gouvernement est présentement contrôlé par des «misogynes, anti-démocrates et réactionnaires» et par de «distingués trafiquants de drogue» (voir le site de l'Association révolutionnaire des femmes en Afghanistan). De plus, ces dirigeants sont profondément corrompus, détournant en toute impunité des millions de dollars destinés à l'aide humanitaire. Pourquoi l'armée canadienne devrait-elle se porter à la défense d'un tel régime ?

Peut-être parce que le sang qui coule là-bas, le vôtre et celui de vos ennemis, a une grande valeur aux yeux des élites des États-Unis, ce voisin puissant et très influent du Canada. Peut-être aussi parce que des propriétaires et des actionnaires de compagnies de matériel militaire convertissent en millions de dollars chaque litre de sang qui coule, ce qui expliquerait tous ces contrats très rentables octroyés – souvent sans appel d'offres – par l'État canadien depuis le début de cette guerre pour de la quincaillerie meurtrière. Peut-être parce que des politiciens, dont le premier ministre du Canada, Stephen Harper, tirent un profit politique à visiter les militaires canadiens en Afghanistan, ce qui expliquerait qu'ils aiment s'y faire filmer et photographier par les médias.

Vous ne partez tout de même pas là-bas pour accroître la sécurité du Canada, les experts ayant convenu que les pays occidentaux engagés dans les guerres en Afghanistan et en Irak courent aujourd'hui plus de risques d'être la cible d'attentats, sans compter que les sommes englouties dans la guerre pourraient être investies plus adéquatement pour répondre aux vrais besoins de la population. Ni pour le bien des enfants afghans, que vous tuez parfois et dont vous devez bombarder le village et emprisonner ou tuer les parents pour leur construire des écoles. Ni pour les femmes afghanes, elles aussi victimes de la guerre et toujours opprimées par les politiciens que vous défendez.

En vertu de la loi actuellement en vigueur dans la République islamique d'Afghanistan, des femmes sont en prison simplement pour avoir parlé en public à un homme qui n'est pas leur époux ou un membre de leur famille, d'autres pour s'être sauvées du domicile de leur époux, ce qui est illégal pour une femme mariée. Et les femmes ayant eu une relation sexuelle hors mariage peuvent être lapidées, selon la loi (pour d'autres renseignements critiques sur la politique en Afghanistan, voir les sites du collectif Échec à la guerre et Bloquez l'empire – Montréal). C'est cet État que vous voulez défendre ?

Refuser de participer à la guerre

[...]

Ma sœur, [...] je me suis mis à rêver que tu quittais l'armée [...] et que nous marchions ensemble à Québec le 22 juin, contre la guerre. Parce que cette guerre canadienne est injuste ; parce que je t'aime.

Francis Dupuis-Déri, dans *Le Devoir*, 15 juin 2007.

Groupe de manifestants opposés à la guerre.

▼

Membres des Forces canadiennes à bord d'un avion de transport stratégique, à Kandahar, en Afghanistan.

Réponse à mon frère qui s'oppose à mon déploiement en Afghanistan

Vendredi passé, tu as publié une lettre m'étant adressée et exposant tes arguments contre l'implication militaire canadienne en Afghanistan. Certains croiront que ta missive m'atteint per-
5 sonnellement ou que tu te sers de ta sœur pour « sensationnaliser » ton message. Moi, je comprends que c'est plutôt la décision politique que tu remets en question sans viser les soldats directe-ment – quoique tu souhaiterais qu'ils prennent
10 davantage position sur le sujet. Il t'est déjà arrivé de contester ouvertement des décisions. Par contre, celle-ci a un impact direct sur ta vie personnelle puisque moi, ta sœur, je ferai partie des 2 500 mili-taires canadiens qui se déploieront cet été dans ce
15 pays qui a vécu des décennies d'instabilité.

Les valeurs canadiennes

Je respecte la passion que tu démontres pour tes convictions et je t'encourage à faire plein usage du principe de liberté d'expression pour les communiquer. Cet acte démocratique est une des
20 valeurs chéries par la population canadienne. C'est une liberté fondamentale qu'on souhaite à tous les habitants des pays où les membres des Forces canadiennes sont déployés. Nos soldats ont toujours participé à l'effort global de stabili-
25 sation et sont reconnus à travers le monde comme des militaires d'une grande compétence. Je suis fière de faire partie de cette équipe, et c'est un honneur pour moi que d'être sélectionnée pour des missions outre-mer.

30   Tu te demandes pourquoi je m'en vais en Afghanistan. J'y vais parce que j'y ai été invitée par les Afghans! Le Canada fournit des troupes, comme le font aussi 36

35 autres pays, dans le cadre d'une mission autorisée par les Nations unies. Toutes nos opérations ont lieu avec le consentement du gouvernement afghan. Ce gouvernement, main-

40 tenant constitué d'hommes et de femmes, comporte selon moi une majorité d'individus dont les intentions sont nobles. Les personnes d'influence qui émergent des pays en

45 guerre n'ont certes pas toujours un passé reluisant, mais nous unissons nos efforts avec les leaders en place qui désirent la même chose que nous: permettre au peuple afghan

50 d'aspirer à un avenir meilleur.

      [...]

Que faire pour aider l'Afghanistan ?

   Te souviens-tu quand nous étions tout petits ? Tu jouais à conquérir le monde avec tes soldats en plastique pendant que je dessinais

55 mes rêves sur la porte du frigo. Trente ans plus tard, je porte un uniforme militaire et tu illustres tes espoirs dans les médias. Ma profession me permet de contribuer

60 activement à la réalisation de mes rêves et des tiens en m'impliquant pour aider les peuples en détresse. L'Afghanistan a vécu très peu de périodes d'accalmie mais regorge

65 d'hommes, de femmes et d'enfants qui partagent les mêmes espoirs que nous. En tant que professeur de science politique, dis-moi donc comment on peut venir en aide aux

70 pays disloqués de l'intérieur ? Combien de politiciens ont songé au sort de l'Afghanistan et à sa

Un membre de l'Élément de soutien national des Forces canadiennes donnant un sac de sucreries à une fillette afghane, à Kandahar, en Afghanistan.

Un membre du 12e Régiment blindé du Canada examine une jeune Afghane dans une clinique médicale de Spin Boldak, en Afghanistan.

valeur stratégique sans pour autant que l'avenir des Afghans ne s'améliore? Voilà ma chance, 75 comme pour mes 7500 confrères qui m'ont précédée, de faire quelque chose de concret pour aider ces gens à fonder des bases solides en matière de sécurité, de gouverne et de développement.

80 Contrairement à ce que tu laisses entendre, les progrès sont palpables en Afghanistan. Parfois, on peut douter de la transformation, préférant plutôt se concentrer sur les incidents sanglants qui attirent les médias. Toutefois, sur le 85 terrain, des réalisations se matérialisent chaque jour. Dans ce pays complètement détruit par la guerre, on mesure les progrès un pas à la fois. Notre mission sera de longue haleine, et il nous arrive de connaître des revers, mais les exemples 90 suivants sont très encourageants.

Dix aéroports régionaux et nationaux ont été remis en service; 83 % de la population a maintenant accès à des services de santé; plus de cinq millions d'enfants (dont un tiers de filles) 95 fréquentent à nouveau l'école; plus de 1000 écoles ont été construites et emploient 45 000 professeurs qualifiés; des femmes siègent aux comités de développement communautaire de 17 000 villages; 52 % des routes ont été asphaltées et 82 % du 100 réseau routier est ouvert au trafic; un million de mines antipersonnel ou antichar ont été détruites; des milliers d'arbres ont été plantés à Kandahar afin de redonner vie à cette ville; l'armée et la police afghanes ont des effectifs de plus de 105 80 000 personnes.

[...]

Et les talibans dans tout ça? Les soldats canadiens se trouvent dans la région la plus troublée de l'Afghanistan. La difficulté d'instaurer la sécurité dans la province de Kandahar est un défi 110 de taille. Nos soldats ont donc été impliqués dans des opérations de combat contre ce groupe extrémiste qui menace grandement les efforts de stabilisation. Sache que nos opérations respectent les conventions internationales et les lois du 115 droit des conflits armés. Nous ne sommes pas en Afghanistan pour tuer des talibans mais bien pour sécuriser la région afin de permettre la reconstruction des infrastructures et des institutions et de redonner à la population la possibilité 120 de rêver.

[...]

Je te saluerai à Québec le 22 juin prochain alors que je défilerai devant toi avec mes confrères militaires et que tu manifesteras contre cet événement en regardant passer la parade. Même 125 si nous sommes dans des camps opposés, je sais que le lien qui nous unit est plus fort que ces divergences d'opinion. Je le sais parce que tu as eu le courage de publier une lettre dans les journaux pour m'exprimer tes pensées; je le sais parce que, 130 dans le fond, nous rêvons tous les deux à la paix mondiale; mais surtout, je le sais simplement parce que moi aussi, je t'aime.

Catherine Déri, dans *Le Devoir*, 20 juin 2007.

Interpréter

Réagir

Comprendre

Apprécier le texte

- Pourquoi, selon vous, les auteurs de ces lettres ont-ils choisi de régler leurs comptes sur la place publique?

- De quel côté vous rangez-vous? Qu'est-ce qui vous convainc dans le message de chacune de ces deux personnes?

- De façon générale, à quoi et à qui servent les lettres ouvertes publiées dans les journaux?

Ce texte a été publié dans un ouvrage traitant du scepticisme. S'il est vrai que l'environnement est un sujet préoccupant, Michel Bellemare nous invite cependant à être vigilants quand cette question est abordée, et à faire preuve d'esprit critique dans tout débat scientifique. Aussi noble que soit la cause, c'est l'exactitude de l'information qui importe, selon lui.

Appel à l'autorité et environnement

L'environnement est au centre des préoccupations des citoyens; il est intéressant de voir à quel point les règles d'une information de qualité sur ce sujet sont bafouées. J'aimerais donc, dans cette
5 chronique de scepticisme appliqué au quotidien, examiner l'aspect de « l'appel à l'autorité », tel que défini par Jacques Pelletier.

Lorsque vient le temps de changer votre automobile, vous faites davantage confiance à un
10 chroniqueur automobile… qu'à votre beau-frère. Nous faisons constamment référence à des experts pour justifier nos actions, ou nos opinions, mais il existe une façon adéquate de parvenir aux résultats escomptés. Pelletier nous rappelle les conditions
15 essentielles à la validité de cette méthode.

1. La personne est-elle une autorité ou un expert ?
2. L'expert est-il une autorité dans le domaine dont il est question ?
3. Y a-t-il consensus des experts de ce domaine sur
20 cette question ?
4. L'expert est-il en conflit d'intérêts ?

Voyons ce que donne ce petit exercice si on l'applique sous l'angle des questions environnementales.

La personne est-elle une autorité ou un expert ?

25 J'ai parfois l'impression que la condition essentielle pour être considéré comme un expert par nos médias est… la notoriété. Un chanteur populaire devient un expert en foresterie, et un comédien, un expert en aménagement de rivières.
30 Rien n'empêche Richard Desjardins et Roy Dupuis de donner leur opinion, mais cet avis n'a pas plus ou moins de valeur que celui de n'importe quel quidam s'intéressant à ce sujet. Est-il normal que nous entendions davantage l'opinion de ces individus
35 que l'avis d'universitaires ayant consacré de nombreuses années d'étude à ces sujets ?

L'expert est-il une autorité dans le domaine dont il est question ?

Certaines personnes passent plus facilement dans le rôle « d'expert ». Prenons l'exemple de

L'Amundsen *dans les eaux arctiques.*

l'astrophysicien Hubert Reeves. Celui-ci est un
40 scientifique de renom, qui a manifestement plus de
connaissances scientifiques que Paul Piché, mais
c'est un astrophysicien et non un climatologue.

Connaissez-vous Sallie Louise Baliunas?
Elle est aussi astrophysicienne que Hubert
45 Reeves, elle est diplômée de l'université Harvard
et... est tout à fait en désaccord avec Reeves sur ses
conclusions au sujet du réchauffement planétaire. Que Baliunas soit moins connue que Reeves
a peu d'importance, après tout, tout le monde n'a
50 pas la même notoriété. Ce qui est scandaleux,
c'est que l'argumentation de Baliunas soit inconnue. Pourtant, cette astrophysicienne travaillant
au *Harvard-Smithsonian Center for Astrophysics* a
reçu une récompense en 1997, le «Peter Beckman
55 Award», pour cet argumentaire. Lorsqu'un seul
côté de la médaille a droit de cité dans les médias,
lorsqu'on laisse sous-entendre une unanimité
factice dans la communauté scientifique, la
qualité de notre information laisse sérieusement
60 à désirer.

[...]

Y a-t-il consensus des experts de ce domaine sur cette question?

Même si on tente de nous le faire croire, il
n'y a pas de consensus sur la question du réchauffement planétaire. Plusieurs experts en climatologie diffèrent d'opinions dans ce domaine
65 dont, notamment, le professeur en météorologie
Richard Lindzen. Celui-ci est titulaire de la chaire
Alfred Sloan de météorologie du M.I.T. C'est aussi
le cas de Patrick J. Michael, professeur en environnement à l'université de Virginie et *Senior Fellow*
70 *in Environmental Studies* à l'institut Cato. Ou celui
de Robert C. Baling, directeur de l'office de
climatologie de l'Arizona.

Cette liste est loin d'être exhaustive; elle ne
sert qu'à démontrer que le consensus des experts
75 n'existe pas.

L'expert est-il en conflit d'intérêts?

L'*Amundsen* est un ancien brise-glace de la
Garde côtière canadienne, transformé en navire
de recherche. Année après année, l'*Amundsen* se
rend dans l'Arctique avec des équipes de
80 chercheurs subventionnés par le gouvernement.
Année après année, ces mêmes chercheurs
reviennent avec des données alarmantes sur le
réchauffement de l'Arctique. Cela préoccupe la
population, ce qui attire l'attention des politiciens
85 et favorise l'octroi de nouvelles subventions
gouvernementales.

Il est aussi bizarre que seules les conséquences
négatives au réchauffement planétaire soient
mentionnées. Pourtant, un automne prolongé
90 pourrait rendre possibles des récoltes supplémentaires. Un hiver doux et plus clément
réduirait la consommation énergétique du
Québec... mais le réchauffement n'amène toujours
que des catastrophes. Si l'*Amundsen* revenait de
95 l'Arctique avec la conclusion que tout y est
parfaitement normal, il est tout à fait logique de
croire que ses expéditions nordiques seraient
plus rares. Cela dit, ça ne veut pas dire que les
données recueillies soient erronées. Tout comme
100 il est illogique de dire que toutes les études des
négationnistes contestant le réchauffement de la
planète sont pilotées par l'industrie pétrolière.
Nous pouvons seulement affirmer que le statut
d'expert revendiqué peut être remis en doute par
105 ces «considérations matérielles».

Extrait de Michel Bellemare, dans *Le Québec sceptique*,
n° 62, printemps 2007.

Interpréter

Comprendre

Réagir

Apprécier le texte

- Vrai ou faux? Lorsqu'une personnalité artistique prend part à un débat environnemental, ses opinions n'ont aucune valeur. Nuancez votre réponse, s'il y a lieu.

- À la fin du texte, l'auteur évoque un possible *conflit d'intérêts*. Définissez cette expression. Fournissez d'autres exemples de situations où des scientifiques pourraient être en conflit d'intérêts.

L'humour est un formidable support pour débattre de choses sérieuses. En effet, tout en dédramatisant le sujet qu'il sert, l'humour invite à la réflexion. Le célèbre illustrateur argentin Quino a su traiter de sujets graves à l'aide de son coup de crayon caricatural. Il l'a fait notamment avec Mafalda, son personnage fétiche, qui se pose constamment des questions sur le sort de l'humanité. Il le fait ici aussi, avec ces deux planches particulièrement cyniques.

Le monde vu par Quino

Dans Quino, *Un présent imprésentable*, Éditions Glénat,
coll. Glénat Humour, © Quino, 2004.

Dans Quino, *Un présent imprésentable*, Éditions Glénat,
coll. Glénat Humour, © Quino, 2004.

Interpréter

Comprendre

Réagir

Apprécier le texte

- Expliquez dans vos mots l'idée que soutiennent ces deux dessins.

- Quel dessin vous a fait le plus réagir? Pour quelles raisons?

La fin du monde vous fait-elle peur ? Jacques Languirand trouve cette perspective en quelque sorte inspirante. C'est ainsi qu'il conclut sa pièce *Man Inc.*, une œuvre de la fin des années 1960. Il y met en scène un couple qui traverse de façon métaphorique les temps modernes. Jacques Languirand a fait, il y a 40 ans, une description visionnaire de la société de consommation et des menaces qui pèsent sur la planète. Il fait vivre à ses personnages un lendemain de fin du monde qui porte à réfléchir.

Man Inc. extrait

NEUVIÈME TABLEAU :

Le retour aux sources

SÉQUENCE 24

MADELEINE

5 **PIERRE**

On retrouve le couple dans un lieu désert.

Pierre a l'impression qu'ils sont désormais, Madeleine et lui, les seuls survivants de la fin du monde.

Madeleine est enceinte et se déplace avec une poussette dans laquelle on devine la
10 *présence d'un enfant. Pour elle, il s'agit simplement de survivre. Pour Pierre, c'est peut-être enfin l'occasion de refaire le monde – en mieux !*

Pierre tente d'allumer un feu en frottant un bout de bois entre ses mains comme les primitifs.

PIERRE

15 *Après un temps.*

Tu veux que je te dise ?

MADELEINE

Quoi ?

PIERRE

20 Depuis le temps qu'on en parlait, je crois que, ça y est...

MADELEINE

Ça y est, quoi ?

PIERRE

Il hésite.

25 ... Que c'était la fin du monde.

MADELEINE

Toujours les grands mots...

Un temps.

Qu'est-ce qui te fait dire ça ?

Affiche d'Orangetango
pour la production de la pièce
Man Inc. de Jacques Languirand
au Monument-National
de Montréal, en 2003.

PIERRE

30 Quoi ?

MADELEINE

Que c'était la fin du monde.

PIERRE

35 Une idée, comme ça.

MADELEINE

Et alors ?

PIERRE

Eh bien, alors, c'est raté...

MADELEINE

40 Tu me fais rire. La fin du monde, ça ne rate jamais.

PIERRE

Comment te sens-tu ?

MADELEINE

45 J'ai un peu mal dans le dos.

PIERRE

Donc, tu vis !

MADELEINE

Bien sûr que je vis ! Et après ?

Jacques Languirand (à gauche) avec Zilon, créateur de la murale qui constitua le fond de scène de la pièce Man Inc.

▼

PIERRE

50 Donc, nous avons survécu à la fin du monde ! Et c'est tout ce que ça te fait ?

MADELEINE

Tu vas voir que ça va encore nous attirer des ennuis...

Un temps.

55 Qu'est-ce que tu fais ?

PIERRE

Toujours occupé à frotter son bout de bois.

J'essaie d'allumer un feu.

MADELEINE

60 Si tu pouvais te voir !

PIERRE

Il renonce.

Il va pourtant falloir réapprendre la vie.

Il éclate de rire.

65 Tout à coup, je pense aux meubles qui se trouvent payés! Aux primes d'assurances, à la facture du dentiste, à ma déclaration d'impôts – à tout ce qui maintenant n'a plus de sens.

Soudain grave.

L'humanité vient de faire l'acquisition du bien le plus précieux : la liberté !

70 **MADELEINE**

Qu'est-ce que nous allons devenir ?

PIERRE

Pense à la responsabilité qui repose sur nous... Plus question de nous séparer, Madeleine.

75 **MADELEINE**

La fin du monde a son bon côté.

PIERRE

L'humanité est arrivée à un carrefour. Il s'agit maintenant de savoir si elle s'arrête avec nous, ou si nous allons lui donner une nouvelle chance.

80 **MADELEINE**

Nous n'avons pas le choix puisque nous sommes en vie !

PIERRE

Madeleine, les circonstances exigent que nous pensions grand.

MADELEINE

85 Et l'enfant ? Et l'autre que je porte ?

PIERRE

... Pourvu que ce soit une fille.

*Murale de Zilon, qui servit de toile de fond dans la pièce
Man Inc. de Jacques Languirand.*

▼

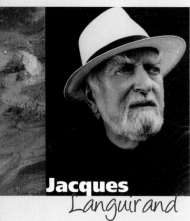

Jacques Languirand

Né à Montréal en 1931, Jacques Languirand s'embarque à dix-huit ans pour la France, où il fait ses débuts à la radio. De retour en 1953, il entreprend de front trois carrières : en radio, en télévision et en théâtre. En 1956, la pièce *Les insolites* le consacre comme dramaturge. Il produit de nombreuses œuvres pour la radio et la télévision et met en scène des pièces d'auteurs étrangers, ce qui lui vaut le Prix du gouverneur général en 1962. En 1971, ce communicateur exceptionnel lance l'émission *Par quatre chemins*, qui témoigne de son intense recherche spirituelle, philosophique et scientifique. Ce succès radiophonique en était à sa 37ᵉ année en 2008 ! Cette prodigieuse activité n'empêche pas Jacques Languirand de poursuivre son œuvre de vulgarisation dans des essais.

MADELEINE

Pourquoi ?

90 **PIERRE**

Pour la suite du monde.

MADELEINE

Scandalisée.

Pierre !

95 **PIERRE**

Tu serais Ève, je serais Adam. Nous aurions été chassés du paradis terrestre... Et voilà !

MADELEINE

En attendant il faut manger, Pierre, trouver un endroit où dormir... Tu penseras 100 à la suite du monde demain !

PIERRE

Mais la suite du monde, Madeleine, c'est ça : manger, dormir, travailler, s'amuser...

MADELEINE

105 C'est comme avant, quoi !

PIERRE

Ce n'est pas comme avant puisque maintenant nous sommes libres.

MADELEINE

Libres de quoi ?

110 **PIERRE**

... Oui, c'est vrai. La liberté me prend au dépourvu. Tout ce qu'on m'a enseigné à l'école se trouve dépassé. Il n'y a pas de modèle de ce que nous devons devenir. Et pourtant, je me demande si je pourrai enseigner autre chose.

MADELEINE

115 Il vaut peut-être mieux se raccrocher à ce que nous avons appris.

PIERRE

Mais alors, Madeleine, nos descendants grandiront comme nous avons grandi : au milieu des monuments et des clichés... Comment faire pour que ça se passe autrement ? Dieu Lui-même est peut-être nécessaire... J'aurais cru, tu vois, qu'à 120 l'occasion de la fin du monde Il se serait manifesté plus clairement.

MADELEINE

S'Il existe, nous devrons l'aider à se définir. Ou alors s'Il n'existe pas, nous devrons peut-être l'inventer...

PIERRE

125 Alors chaque fois que quelque chose nous échappera, on dira...

MADELEINE

… c'est la volonté de Dieu!

PIERRE

Et un jour d'orage, je monterai sur une montagne pour en revenir avec les tables
130 de Loi…

MADELEINE

On devra déterminer ce qui est bien, ce qui est mal, ce qui est permis, ce qui est
défendu…

PIERRE

135 C'est à ça qu'elle va servir, la liberté…

MADELEINE

En attendant, moi, j'ai faim! Tu ne sais pas ce que je mangerais?

PIERRE

Une pomme!!!

140 **MADELEINE**

Comment le sais-tu?

PIERRE

Ça me revient…

MADELEINE

145 Je te préviens! Je n'ai pas l'intention de passer ma vie à faire des enfants!

PIERRE

Pourquoi penses-tu que nous avons été épargnés? Nous avons maintenant un
but dans la vie… Promets-moi, Madeleine, que nous allons nous efforcer de faire
mieux: j'aimerais tellement qu'un jour on puisse dire qu'à partir de nous deux,
150 ça s'est amélioré… L'homme nouveau – c'est nous deux!

Extrait de Jacques Languirand, « Man Inc. », dans *Presque tout Jacques Languirand*,
© Les Éditions internationales Alain Stanké, 2001, p. 869-875.

Interpréter

Réagir

Comprendre

Apprécier le texte

- La pièce *Man Inc.* était avant-gardiste à l'époque de sa création. On y avait intégré des performances musicales, des projections vidéo, de la danse, de la peinture. Imaginez des éléments de mise en scène originaux, qui viendraient appuyer les paroles des personnages de l'extrait.

- À quelle histoire très connue Jacques Languirand réfère-t-il avec cet homme et cette femme qui vont refaire le monde à partir de rien? Quelle symbolique est reliée à l'un de ces personnages?

Textes littéraires

Textes courants

Index

Les numéros en gras renvoient à la partie **ⓘ Information** de la section Grammaire.

H : haut   B : bas   G : gauche   D : droite
C : centre   FP : fond de page

Couverture :
(1) © James Robert Fuller / Corbis
(2) © ShutterStock   (3) © Wally McNamee /
Corbis   (4) © Bryan Bedder / Getty Images

D①SSIER

Ouverture – 3 Gracieuseté de Ronnie Burkett
Theater of Marionnettes   **1** © James Robert
Fuller / Corbis   **4** © Stutio Patellani / Corbis
5 Frédéric Côté, illustrateur de la page
couverture de *Contes pour un homme seul*
d'Yves Thériault, © 2008 Éditions du dernier
havre   **16** Domaine public   **17G** © Topfoto /
PONOPRESSE   **D** Collection privée © Costa /
Leemage   **26** © Frederic Soulouy / Gamma-
Eyedea / PONOPRESSE   **27G** Domaine public
D © Roger-Viollet / Topfoto / PONOPRESSE
48 – 49 © ShutterStock

D②SSIER

Ouverture – 51 © ShutterStock
53HD © Danita Delimont / Alamy
BG © Yann Arthus-Bertrand / Corbis
BG © Kim Crockatt (HKS)   **54** © Minnesota
Historical Society / Corbis   **55** © Cité
Amérique / Michel Gauthier, photographe
56 G – D © Minnesota Historical Society /
Corbis   **66** © Bettmann / Corbis
68 © Reuters / Corbis   **72** © Frederic Soulouy /
Gamma-Eyedea / PONOPRESSE   **73** (Marie
Curie) 36985493 © 2008 Jupiter Images et
ses représentants   (Isaac Newton) 36945824
© 2008 Jupiter Images et ses représentants
(Françoise Dolto) © Catherine Cabrol / Kipa /
Corbis   (Albert Jacquard) © Brice Toul /
Gamma-Eyedea / PONOPRESSE (Jacques
Cousteau) © Topfoto / PONOPRESSE
75 © ShutterStock   **78 FP** © ShutterStock
79 © Frederic Soulouy / Gamma-Eyedea /
PONOPRESSE   **84** © Gamma-Eyedea /
PONOPRESSE   **87 H** © The Photolibrary Wales /
Alamy   **C** © James Robert Fuller / Corbis

D③SSIER

Ouverture – 88 © ShutterStock
90 © Atlantide Phototravel / Corbis
91 © Gail Mooney-Kelly / Alamy   **92** Domaine
public   **93 HD – BG** © TNM, Yves Renaud
BD © TNM, Michael Slobodian
BC © Théâtre du Trident 1994, Daniel Mallard
107 BG © M. Rosevear   **C** © TNM, Yves Renaud
108 G © TNM, Yves Renaud   **D** © Josée
Lambert / PONOPRESSE   **109** © Avanti Ciné
Vidéo, Michel Tremblay, photographe
115 HD – B © Théâtre Jean Duceppe,
Pierre Desjardins   **CD** © Archives de la
Société de la Place des arts   **120** © Josée
Lambert   **121 HG** © Angelo Barsetti
B © Andersen-Gaillarde / Gamma-Eyedea /
PONOPRESSE   **HD** © Ulf Andersen / Gamma-
Eyedea / PONOPRESSE   **CD** © Martine Doyon
MG Sonia Léontieff, illustratrice de la page
couverture de *Assoifés* de Wajdi Mouawad
130 D © Yves Renaud   **G** © Suzanne O'Neil
136 © Théâtre de Quat'Sous
139 H Gracieuseté du Théâtre Granada
D © Axel Koester / Corbis

D④SSIER

Ouverture – 141 © ShuterStock
142 D © Ministère de la Santé et des Services
sociaux (MSSS). Reproduction autorisée par
les Publication du Québec, 2006   **B** © Jon
Arnold Images Ltd / Alamy   **143 G** © Musée
de la civilisation, *Plus que jamais... Achetons
des obligations de la victoire (1939-1945)* Ida
Labrie – n° 88-1339   **D** © BAC – C-087501
144 © Ministère de la Santé et des Services
sociaux (MSSS). Reproduction autorisée
par les Publication du Québec, 2006
151 (Bono) © Szenes Jason / Corbis Sygma
145 Campagne de sensibilisaton de l'ONG
Action Innocence   **151** (Mineurs) © Bettmann /
Corbis   **151** (Pétition) © Hulton-Deutsch
Collection / Corbis   **152** © CP Photo / Jacques
Boissinot   **160** 37796909 © 2008 Jupiter Images
et ses représentants   **164** © ShutterStock
167 H © EDUC'ALCOOL   **B** © Rosalie
Bourdages   **168** © EDUC'ALCOOL
172 – 173 © ShutterStock   **175 H** ©
ShutterStock   **B** Photos de la galerie d'images
des Forces canadiennes 2008 – Département
de la défense nationale. Reproduit avec la
permission du Ministre des travaux publics
et des services du Gouvernement du Canada,
2008.

H : haut   B : bas   G : gauche   D : droite
C : centre   FP : fond de page

C◯RPUS*destin*

226-227 © James Robert Fuller / Corbis
310 © Sylvain Majeau   **311** © Lennart Nilsson
312 © Frederic Souloy / Gamma-Eyedea /
PONOPRESSE   **313** Domaine public
314 Domaine public   **316** Domaine public
317 © Simon Ménard, photographe
324 © Martine Doyon   **326** © Fotoblitz /
Stills-Eyedea / PONOPRESSE   **330** Domaine
public   **334** © David Lefranc / Gamma-Eyedea /
PONOPRESSE   **338** Domaine public
339 © ShutterStock   **343** © ShutterStock
344 Domaine public   **348** Domaine public
352 © Frederic Souloy / Gamma-Eyedea /
PONOPRESSE   **359** Gracieuseté de M. Henrie
362 © Lionel Flusin / Stills / Gamma-Eyedea /
PONOPRESSE

C◯RPUS*conflit*

364-365 © ShutterStock   **366 G** © Gaëtan
Beauchamp   **C** © ShutterStock
367 © ShutterStock   **368** Gracieuseté du
Dr Jean Wilkins   **369 HG** © Roger Ressmeyer /
Corbis   **HC** © Hulton-Deutsch Collect. /
Corbis   **CG** © Hulton-Deutsch Collect. / Corbis
CD © Bettmann / Corbis   **CB** © ShutterStock
C © Photodisc   **BG** © Pierre Dionne
BC © Alexandre Balmer, Genève
BD © Université de Montréal
370 Jeunesse, J'écoute   **371** © Jean Dubout
372 © Roger-Viollet / Topfoto / PONOPRESSE
373 © Roger-Viollet / Topfoto / PONOPRESSE
376 H © Roger-Viollet / Topfoto / PONOPRESSE
B © ShutterStock   **377** © Topham
Picturepoint / Topfoto / PONOPRESSE
380 © Lipnitzki / Roger-Viollet / Topfoto /
PONOPRESSE   **384** © Roger-Viollet / Topfoto /
PONOPRESSE   **387** © Cirrus Communications
Inc.   **389** © Cirrus Communications Inc.
390 © Frederic Souloy / Gamma-Eyedea /
PONOPRESSE   **391-392** © Cirrus
Communications Inc.   **396 G** © BAC-PA135187
D © F. Girard / Vidéanthrop   **397** © Megapress
400 © La Presse   **401** © F. Girard /
Vidéanthrop   **402** © Jérémie Monderie-
Larouche   **404 HG** Gracieuseté de Gilles
Bacon   **HC** © Daniel Marleau
D © Pierre Dury   **405** Domaine public
406 © Michel Ponomareff / PONOPRESSE
407-408 © Michel Ponomareff / PONOPRESSE
410 © FCFA du Canada   **411** © Musée McCord –
M2000.93.134   **412** © André-Philippe Côté,
Le Soleil   **415-416** © Phébus /
voixdefaits.blogspot   **417-418** Photos de la
galerie d'images des Forces canadiennes
2008 – Département de la défense nationale.
Reproduit avec la permission du Ministre
des travaux publics et des services du
Gouvernement du Canada, 2008.
420 © Marc Tawil / ArcticNet
421 © ShutterStock
424-425 © Les Productions Minos
426 © Carl Lessard, Les Productions Minos